3・11後の教育実践記録

第1巻　地震・津波被災校と3・11受入校

大森直樹　大橋保明　〔編著〕

一般財団法人 教育文化総合研究所　〔編〕

はじめに

大森直樹

本書は、2011年の東日本大震災後における教育の歩みを10年が経過した時点で振り返り、そのことを通じて、これからの教育のあり方を明らかにすることを目的としている。2011年に0歳で津波から避難した子どもは、2021年に小学5～6年生になり、今後に中学、高校、大学や就業へと進む。そうした子どもが、地震・津波による被災の事実を改めて整理して受け止めることや、被災や避難を免れた子どもと一緒に自然災害について認識を深めていく学習を、小中高大においてどう具体化するべきか。こうした目的ともかかわって、本書には4つの特徴がある。

第1は、地震・津波被災校の拡がりの大きさをふまえて、そこでの教育の歩みを振り返ろうとしていることだ。本書では、地震・津波被災校を「児童生徒の死亡・行方不明」「教職員の死亡・行方不明」「避難先等になった」「校舎損壊により他校等を間借りした」のいずれかに該当する学校と定義している。編者の大橋保明と大森直樹の調査によると、2011年3月時点で岩手・宮城・福島の3県における公立の地震・津波被災校は739校に及び、そこには25万6,193人の子どもが在籍していた。25万6,193という数は東北3県の公立校児童生徒総数61万2,028の42パーセントに相当する。

第2は、東北地方太平洋沖地震と東京電力福島第一原子力発電所事故（以下、3・11）がもたらした3・11受入校の拡がりの大きさをふまえて、そこでの教育の歩みについても振り返ろうとしていることだ。本書では3・11受入校を「震災により、震災前の学校と別の学校において受け入れた子どもが在籍する学校」と定義している。文科省によると「震災により、震災前の学校と別の学校において受け入れた幼児児童生徒の数」は2018年5月時点でも1万3,065人であり、そうした子どもが在籍する3・11受入校は47都道府県に拡がっている。各都道府県の受け入れ数は、福島3,311人、宮城1,899人、岩手789人、新潟741人、山形664人、埼玉553人、茨城532人、北海道450人、東京445人、神奈川397人、残り37府県3,284人である。

第3は、地震・津波被災校と3・11受入校における教育の歩みを、教育実践を中心に振り返ろうとしていることだ。教育実践とは、「教育の実際の活動を意識的に把握しようとする言葉」（横須賀薫「教育実践」『新教育学大事典 第2巻』第一法規、1990年）であるが、ここでは次のことを確認しておきたい。

1つは、この言葉が、1951年3月の無着成恭編『山びこ学校』を皮切りとする教育実践記録の「めざましい刊行のなかで」（海老原治善『現代日本教育実践史』明治図書、1975年）、人々に支持されてきたこと。

2つは、その無着による教育実践においては、子どもの生活の事実が大切にされていたこと。無着は1948年に山形県山元村（現在の上山市）の山元中に社会科教員として着任した。無着は、「学級の2割の生徒が家の仕事の都合で欠席するというような、貧困きわまる村の現実」に接して、文部省著作の教科書（『日本のいなかの生活』）の内容と村の現実があまりにも異なること、教科書をそのまま教えたのでは嘘を教えることになることを痛感した（太郎良信「山びこ学校」『現代教育史事典』東京書籍、2001年）。それと同時に無着は、教科書に「自分たちの村の生活を振り返って〔中略〕新しいいなかの社会をつくりあげるよう努力すること」と書かれていたことにも着目し、戦前の綴方の教育方法についても活用を

行い、新たな教育内容としても「子どもの生活の事実」を位置付けていった。

　子どもの生活の事実を大切にすることと、国が定めてきた教育内容のプラスとマイナスを吟味して新たな教育内容をつくること。これらのことは、3・11後の学校において、いよいよ発展させなければならない教育実践の原則となるのではないか。

　3つは、この言葉が、授業実践のみでなく、「国の教育政策そのものへの改革」にかかわる「教育課程改革」や「教育制度改革」も含めたものとして用いられてきたこと（『現代日本教育実践史』）。

　第4は、以上のことをふまえて本書では、地震・津波被災校と3・11受入校において「自然災害と向き合った教育実践の記録」を幅広く集めて収録していることだ。かつて教育学者の海老原治善は、日本の教員たちが「その時代の核心的な歴史的、社会的な教育課題にどう立ち向かったのか」という問いを立てて1912〜45年の教育実践史の研究を行い、戦前から戦後に引き継ぐべき「歴史的、社会的な教育課題」として「児童解放」「貧困」「反戦平和」「『地域』にねざす教育」があること、新たな教育課題として「疎外」「差別」があることを指摘していた（『現代日本教育実践史』）。これらの「歴史的、社会的な教育課題」に「自然災害」を加えるべきであると編者たちは考えている。

　地震・津波被災校において「自然災害と向き合った教育実践の記録」として、すでに書籍として公表されてきたものの中には、教職員と保護者、高校生、教員が作成した以下のものがある。

　1）宮城県教職員組合編『東日本大震災　教職員が語る　子ども・いのち・未来』明石書店、2012年
　2）雁部那由多・津田穂乃果・相澤朱音（語り部）佐藤敏郎（案内役）『16歳の語り部』ポプラ社、
　　　2016年
　3）制野俊弘『命と向きあう教室』ポプラ社、2016年
　4）徳水博志『震災と向き合う子どもたち−心のケアと地域づくりの記録』新日本出版社、2018年

　1）は教職員と保護者が震災翌年にまとめた記録であり、2）は震災時に東松島市立大曲小の5年生だった子どもが高校生になってから体験を語ったものである。3）4）はそれぞれ東松島市立鳴瀬第二中と石巻市立雄勝小における記録である。いずれの書も、宮城県下における震災後の取り組みを具体的に伝えることとあわせて、子どもが震災を語る意味、命と教育の関係、地域と学校の関係、心のケアの課題など、これまでの学校教育のあり方を問い直す重要な問題提起を行っている。

　これらの書の意味の大きさをふまえたとき、まだ書籍として公表されていない幾多の地震・津波被災校の教育実践記録についても改めて参照して、東日本大震災下における教育の歩みの全体を振り返る必要が痛感されてくる。そこで大森と大橋が着目したのが、全国の教育現場で毎年作成される教育実践記録のタイトルをもっとも体系的に整理した書誌として『日本の教育』（1952〜2020年）と『日本の民主教育』（1990〜2020年）があり、それらがいずれも東京学芸大学附属図書館にフルセットで収蔵されていることだった。前者は、日本教職員組合（日教組）が1952年6月に機関誌『教育評論』の臨時特集号として第1集に相当する書誌を発行したものであり、第2集を岩波書店が発行したこと等をへて、いま第69集がアドバンテージサーバーから発行されている。後者は、教育研究全国集会実行委員会が1990年10月に第1集に相当する書誌を労働旬報社から発行したものであり、いま第39集に相当する書誌の発行が大月書店から行われている。

今回、大森と大橋は、まず『日本の教育』の第61〜69集の参照を行い、そこに2011〜19年度に公表された教育実践記録約5,400件のタイトルが掲載されていることを手がかりにして、それらの全ての本文を一般財団法人日本教育会館附設教育図書館において閲覧し、次の教育実践記録のリストアップを行った。「地震・津波被災校で自然災害と向き合った教育実践記録」と「3・11受入校で自然災害と向き合った教育実践記録」をあわせた39件である。そのうえで大森と大橋は、これらの教育実践記録の著者から許諾が得られたものを中心にして本書を編むための出版を計画した。この計画が一般財団法人教育文化総合研究所の支持と参加を得たことにより、2020年夏から本書の編集が始まり、26件の教育実践記録を以下の構成により収録することになった。

　Ⅰ　地震・津波被災校で自然災害と向き合った教育実践記録　23件
　Ⅱ　3・11受入校で自然災害と向き合った教育実践記録　3件

　これらの記録は、同一校の重複を除いた実数では18校に及ぶ地震・津波被災校の教育実践を伝えている。18校の中で2011年3月に存立していた学校は17校になるが、この17という数字は、2011年3月の地震・津波被災校739校の2パーセントに相当する。残る722校98パーセントではどのようなとりくみが重ねられていたのか。それらの事実が今後改めて整理される必要がある。本書に大橋が作成した地震・津波被災校一覧を収録したのは、そのためである。

　本書の「Ⅱ」に収録した教育実践記録はまだ3件に限られているが、これらから得られた新たな知見の1つに、「避難した子どもが安心して生活できる3・11受入校の雰囲気」の重要性がある。こうした雰囲気がつくられている学校では、避難した子どもが安心して自分の経験を話し始めることができる。こうした知見をひろく教育界に知らせることも、本書がとくに意図したことである。

　本書の刊行にあたっては多くの人たちから激励と協力をいただいた。桂正孝大阪市立大学名誉教授は、阪神・淡路大震災後の教育実践の成果を教えてくださった。3・11受入校の定義に際して兵庫教育文化研究所と公教育計画学会における質疑から教えられたことは大きかった。日教組とそれに加盟する都道府県教職員組合（県教組）は、本書の刊行を支持するだけでなく、教育実践記録の著者への連絡についても便宜を図ってくださった。本書に収録した教育実践記録は、いずれも県教組の教育研究集会における討論をへたものである。教育実践記録の著者からは、コロナ下での多忙な職務の中で原稿の確認と本書への掲載の許諾をいただいた。

　本書の内容は「はじめに」「Ⅰ　解説　地震・津波被災校一覧　教育実践記録」「Ⅱ　解説　教育実践記録」「おわりに」の順になっているが、とくにⅠⅡの「教育実践記録」26件はそれぞれが独立した内容を備えている。どうか自由な順番で読み進めていただきたい。

目　次

Ⅱ　3・11 受入校で自然災害と向き合った教育実践記録

1. 「Ⅰ」「Ⅱ」に収録した教育実践記録の対象

　日本教職員組合が2011〜19年度に主催した教育研究全国集会において報告されたリポート（以下、教育実践記録と記す）の中から26件を収録した。

2. 「Ⅰ」「Ⅱ」における教育実践記録の排列

　報告年度順に排列した。2011〜19年度の教育研究全国集会の「開催年度」「開催次数」「開催地」「会期」は次の通りである。本書の目次や図表における「2011年度」という表記は、下記をふまえて「2012年1月28〜30日に富山で開催された教育研究全国集会において報告された教育実践記録」の意で用いる。「2012年度」「2013年度」…についても同様とする。

2011年度	第61次	富山	2012年1月28〜30日
2012年度	第62次	佐賀	2013年1月26〜28日
2013年度	第63次	滋賀	2014年1月24〜26日
2014年度	第64次	山梨	2015年2月6〜8日
2015年度	第65次	岩手	2016年2月5〜7日
2016年度	第66次	新潟	2017年2月3〜5日
2017年度	第67次	静岡	2018年2月2〜4日
2018年度	第68次	福岡	2019年2月1〜3日
2019年度	第69次	広島	2020年1月24〜26日

3. 「Ⅰ」「Ⅱ」における教育実践記録の収録にあたって

　教育研究全国集会において報告された教育実践記録は、一般財団法人日本教育会館附設教育図書館に開催年度と分科会ごとに製本され収蔵されている。それらの教育実践記録は「タイトル」「サブタイトル」「目次」「都道府県教職員組合名」「著者名」「報告時の所属校名」「本文」「分科会の番号と名称」からなるが、本書への収録にあたっては以下のことを行った。

　1）実践番号

　　本書における整理のため、タイトルの頭に実践番号を付した。この実践番号は、目次、解説、図表、地震・津波被災校一覧の備考欄等における記載と対応している。

　2）タイトルとサブタイトル

　　タイトルとサブタイトルを著者の了解を得て一部変更した。元のタイトルは図表2、9に記した。

　3）実践が行われた学校の設置者と校種別

　　読者の便宜のため、タイトルとサブタイトルの後に、実践が行われた学校の設置者略称と校種別を〔宮城県東松島市・中学〕のように記した。県立高校については〔岩手県（大槌町）・高校〕のように（　）内に学校が所在する市町名を記した。

　4）目次と都道府県教職員組合名と報告時の所属校名等

　　これらは省略した。

　5）本文

　　原則として全文を収録したが、都道府県教職員組合が主催した教育研究集会の内容等を記した部分や図表や写真の多くは割愛した。読みやすくするため、本文の一部と、本文内の章・節・項の番号等は、著者の了解を得て一部変更した。

　6）分科会の番号と名称

　　分科会の番号は省略し、分科会の名称を図表2、9に記した。

I

地震・津波被災校で
自然災害と向き合った
教育実践記録

解　説　I

地震・津波被災校一覧　739 校

教育実践記録 1 ～ 23

解説 I

大森直樹

地震・津波被災校の拡がりと教育実践記録

　東日本大震災後の2011〜19年度の教育実践を振り返るため、まず地震・津波被災校について論じておきたい。本書においては、地震・津波被災校を、「児童生徒の死亡・行方不明」「教職員の死亡・行方不明」「避難先等になった」「校舎損壊により他校等を間借りした」のいずれかに該当する学校と定義している。それは以下の理由による。

　1つは、児童生徒の死亡・行方不明について事実が十分に共有されていないからだ。このことに言及するとき、参照されることが多い公文書が文科省「東日本大震災による被害情報について」（第6〜208報、第1〜5報は未公表）である。2011年9月8日の同第158報によると、国公私立学校で死亡が確認された児童生徒は463名（岩手78、宮城313、福島72、他都県0）とされている。

　だが、これは確定した事実ではない。2012年9月14日の同第208報によると、国公私立学校で死亡が確認された児童生徒は479名（岩手80、宮城325、福島74、他都県0）である。16名増えているのは、1年前には行方不明とされていた児童生徒の死亡がこの間に確認されたためである。同報には、行方不明が74名（岩手23、宮城41、福島10）という記述もある。ただし、これは園児児童生徒学生と教職員をあわせた数であり、この中の何名が児童生徒であるかはわからない。

　同第6〜208報には、もう1つ不足する点がある。それは、児童生徒の死亡・行方不明について学校別の数を公表していないことだ。学校別の事実が共有されなければ、異動を重ねる教職員と、入学と卒業を重ねる子どもが、死亡・行方不明の子どもをわすれないとりくみを進めることが難しくなる。そこで本書では、東北3県の教職員組合による調査結果ほか[1]を参照して、児童生徒が死亡・行方不明となった公立校を1校ずつ数えて、本書25〜42頁の地震・津波被災校一覧に記している。その総数は146校513名（岩手89、宮城351、福島73）に及ぶ。

　2つは、教職員の死亡・行方不明についても事実が十分に共有されていないからだ。災害後の教育界では「教師自身が被災者であるということは、なかなか自分たちからは言いにくい現実」[2]があるが、教職員の被災についてもわすれてはならない。同第208報によると、死亡が確認された国公私立学校の教職員は38名（岩手9、宮城24、福島3、東京2、他県0）である。ただし、この数には幼稚園や大学等の教職員も含まれている（東京の2名は私立専門学校教職員）。学校別の数もわからない。そこで本書では、前記の調査結果ほかを参照して、教職員が死亡・行方不明となった公立校を1校ずつ地震・津波

1　国民教育文化総合研究所東日本大震災と学校資料収集プロジェクトチーム編『資料集　東日本大震災・原発災害と学校－岩手・宮城・福島の教育行政と教職員組合の記録』明石書店、2013年、30〜42頁所収。

2　植松なおみ「福島からの問いかけ－1996年度日教組第46次教研にリポーターとして参加」桜井輝之・中村信治・守本明範編『阪神・淡路大震災20年－私たちは、震災を忘れない』兵庫県退職教職員協議会芦屋支部、2015年、15頁。

8

図表1　地震・津波被災校数と児童生徒数（東北3県　2010年度）

		校数	県全体	%	児童生徒数	県全体	%
岩手	小中	165	582		39,112	108,675	
	高特	32	83		12,733	32,860	
	計	197	665	29.6	51,845	141,535	36.6
宮城	小中	409	666		146,697	190,705	
	高特中等	43	105		24,647	51,567	
	計	452	771	58.6	171,344	242,272	70.7
福島	小中	45	747		11,866	176,923	
	高特	45	116		21,138	51,298	
	計	90	863	10.4	33,004	228,221	14.5
東北3県	計	739	2,299	32.1	256,193	612,028	41.9

被災校一覧に記している。その総数は19校28名（岩手5、宮城21、福島2）である。

　3つは、避難先等になった学校についても、事実の整理が不足しているからだ。本書では、避難先等になった学校については、校舎や体育館が住民の避難場所となったことと狭く捉えるのではなく、岩手県教育委員会による整理もふまえ、[3] ①避難場所の利用、②避難場所以外での利用（支援物資保管・自衛隊等の基地・遺体安置・遺失物保管等）、③学校の受け入れ等、④仮設住宅の設置、⑤仮設店舗の設置のいずれかに該当する学校と押さえている。

　4つは、校舎損壊により他校等を間借りした学校についても事実の共有が遅れているからだ。同第208報にはそうした学校について記載がないが、他校の間借りが子どもと教育活動に与える影響は大きい。なお、校舎損壊は3月11日に生じたものであるが、他校等の間借りの始期は4月以降のことが多い。本書に収録した津波・被災校一覧（2011年3月）では、校舎損壊の日付により「校舎損壊により他校等を間借りした」学校を数えている。

　以上のいずれかに合致する学校、すなわち、地震・津波被災校を東北3県について2011年3月時点で数えると、739校となる。そこには25万6,193人の子どもが在籍していた。739という校数は東北3県の公立校総数2,299の32パーセントに相当し、25万6,193という人数は東北3県の公立校児童生徒総数61万2,028の42パーセントに相当する（図表1、3）。

　さて、739の地震・津波被災校では、教職員と子どもが自然災害とどう向き合ってきたのか。日本教職員組合編『日本の教育』第61～69集には、2011～19年度公表の教育実践記録約5,400件のタイトルが収録されている。それらの本文にあたると、地震・津波被災校で自然災害と向き合った教育実践記録が37件あることがわかった（図表2）。37件の中から、本書「Ⅰ」に23件、「Ⅱ」に2件[4]（**実践24、26**）、計25件を収録している。以下、その25件を中心としながら、ここに収録できなかった12件の内容もふまえて解説を行うことにしたい。

3　『岩手県教育委員会　東日本大震災津波記録誌』岩手県教育委員会、2014年。
4　この2校は地震・津波被災校であると同時に3・11受入校でもある。

図表2　地震・津波被災校で自然災害と向き合った教育実践記録37件（東北3県　2011–19年度）

著者	実践校 （県）	タイトル （分科会）実践記録番号
2011年度		
甘竹浩枝	山田町立山田中 （岩手）	詩の鑑賞指導（日本語教育）5
熊谷貴典	岩泉町立小本中 （岩手）	震災と社会の学習（社会科教育）7
佐藤昭彦	気仙沼市立松岩小 （宮城）	東日本大震災と社会科教育（同上）8
福島隆嗣	仙台市立仙台工業高 （宮城）	震災後の社会科の授業を創る（同上）3
制野俊弘	東松島市立鳴瀬第二中 （宮城）	狼煙とともに（保健・体育）1
中里真理	岩手県立高田高 （岩手）	高校生平和大使活動報告（平和教育）
阿部広力	山元町立山下第一小 （宮城）	ふるさとの復興を考える（情報化社会と教育・文化活動）4
西條剛志	大船渡市立甫嶺小 （岩手）	「安心と安全・笑顔あふれる学校」をめざして（カリキュラムづくりと評価）2
石垣就子 菅野由紀	東松島市立矢本第二中 （宮城）	被災から半年　子どもたちの心は・・・（同上）6
片山直人	釜石市立小佐野小 （岩手）	つなぐこと（自治的諸活動と生活指導）21
2012年度		
羽柴隆之	陸前高田市立第一中 （岩手）	「書く」ことで自己を表現させるきっかけづくり（日本語教育）
制野俊弘	東松島市立鳴瀬第二中 （宮城）	5347人の軌跡（保健・体育）11
浅倉修	山田町立山田北小 （岩手）	「つなぐ」・「つなげる」・「つながる」（カリキュラムづくりと評価）10
鷹觜孝彦	宮古市立津軽石中 （岩手）	東日本大震災・津波に被災した学校で（地域における教育改革とPTA）
今野忠頼	大船渡市立大船渡北小 （岩手）	地域の元気のために、子どもたちの笑顔のために（総合学習）
阿部広力	山元町立山下第一小 （宮城）	ふるさとと心の復興を考える（同上）9
2013年度		
外島明子	野田村立野田中 （岩手）	震災後の体育祭（保健・体育）15
制野俊弘	東松島市立鳴瀬未来中 （宮城）	いつの日にかや元に戻さん（同上）13
上野明	岩手県立高田高 （岩手）	地域の発展に寄与する人材をいかに育てるべきか（技術・職業教育）
小國博文	大槌町立大槌小 （岩手）	様々な発達課題をかかえる子どもたちの支援体制についての実践（人権教育）
浅倉修	山田町立山田北小 （岩手）	「つなぐ」「つなげる」「つながる」・・・2013（カリキュラムづくりと評価）14
今野忠頼	大船渡市立大船渡北小 （岩手）	東日本大震災の被災地から（地域における教育改革とPTA）
菅野晋	山田町立山田北小 （岩手）	被災地における地域学習（総合学習）12
2014年度		
千葉芳江	大船渡市立大船渡小 （岩手）	ぼくたちの町をつくろう（社会科教育）18
徳水博志 佐藤孝幸	石巻市立雄勝小 （宮城）	「震災体験の対象化」による被災児への《心のケア》の試み（美術教育）16
岩崎一美	宮古市立高浜小 （岩手）	家庭と学校と子どもたちの輪（自治的諸活動と生活指導）
片山直人	釜石市立小佐野小 （岩手）	ふるさと釜石を思う（地域における教育改革とPTA）17

| 菅野晋 | 山田町立山田北小 (岩手) | 耕して、種を蒔く (総合学習) 19 |

2015年度
| 細野泰久 | 岩手県立宮古恵風支援 (岩手) | 美術は3.11とどのように向き合っているか (美術教育) 20 |
| 濱口智 | 陸前高田市立高田小 (岩手) | お手紙作戦 (総合学習と防災・減災教育) |

2016年度
| 菊池勝彦 | 陸前高田市立米崎小 (岩手) | 被災地における狭い場所を利用した体力づくりの実践 (保健・体育) |

| 首藤裕子 | 大船渡市立蛸ノ浦小 (岩手) | 子どもたちに生きぬく力を！ (総合学習と防災・減災教育) |

2017年度
| 菅野晋 | 山田町立山田北小 (岩手) | 海に学び、地域を育てる総合学習 (同上) 21 |
| 松橋郁子 | 岩手県立大槌高 (岩手) | 大槌高校復興研究会 (同上) 22 |

2018年度
| 及田一夫 | 陸前高田市立竹駒小 (岩手) | 地域の力を生かした教育実践 (地域における教育改革とPTA) |

2019年度
| 鈴木紗季 | 岩手県立大槌高 (岩手) | 生徒とともに、復興・防災・減災を考える (総合学習と防災・減災教育) 23 |
| 渡邊大子 | 盛岡市立厨川中 (岩手) | 災害を自分のこととして考えるために (同上) 26 |

　37件の県別の内訳は、岩手28件、宮城9件である。37件の中には、同一の地震・津波被災校において複数の教育実践記録が作成されたものもあり、その重なりを整理すると網羅している地震・津波被災校は27校となる[5] (図表4)。こうした37件27校の教育実践記録から、その成果を整理すると4点にまとめられる。

1　子どもの生活の事実を大切にする

　第1は、東日本大震災後における子どもの生活の事実を記録してきたことだ。以下にその一部を書き抜いてみたい。宮城県の東松島市立鳴瀬第二中では、津波により校舎が損壊し、近隣校における間借りが続いた[6]。同校に震災前から勤めていた制野俊弘は、津波から生き延びた子どもについて2012年の時点で記している (**実践11**)。

　　一度は「死んだ」と思ったBも必死で桶につかまり難を逃れる。しかし、Bを探しに家に戻った父親は帰らぬ人となった。Bは「自分のせいで父親が亡くなった」という思いに苛まれる。辛く重い十字架をたった15の子どもが背負うことになる。これは何もBに限ったことではなかっ

5　27校には地震・津波被災校であると同時に原発被災校も2校含まれている。宮城県の石巻市立雄勝小と山元町立山下第一小。また27校には2013年開設の東松島市立鳴瀬未来中も含めている。同校には地震・津波被災校である鳴瀬第一中と鳴瀬第二中を統合した経緯があるためである (「3・11被災継承校」)。
6　東松島市立鳴瀬第一中に2年間。

図表３　自治体別地震・津波被災校数（東北３県　2011年3月）

地震・津波被災校がある市町村

岩手県

① 洋野町	2
② 久慈市	9
③ 野田村	2
④ 普代村	1
⑤ 田野畑村	3
⑥ 岩泉町	5
⑦ 宮古市	33
⑧ 山田町	11
⑨ 大槌町	8
⑩ 釜石市	17
⑪ 大船渡市	23
⑫ 陸前高田市	16
⑬ 盛岡市	35
⑭ 遠野市	6
⑮ 住田町	3
⑯ 滝沢村	2
⑰ 矢巾町	1
⑱ 花巻市	1
⑲ 北上市	2
⑳ 奥州市	6
㉑ 平泉町	2
㉒ 一関市	9
校数	197

宮城県

㉓ 気仙沼市	29
㉔ 南三陸町	9
㉕ 石巻市	67
㉖ 女川町	6
㉗ 東松島市	15
㉘ 松島町	3
㉙ 利府町	5
㉚ 塩竈市	12
㉛ 七ヶ浜町	5
㉜ 多賀城市	10
㉝ 仙台市	183
㉞ 名取市	15
㉟ 岩沼市	9
㊱ 亘理町	11
㊲ 山元町	7
㊳ 登米市	10
㊴ 涌谷町	1
㊵ 美里町	4
㊶ 大崎市	19
㊷ 大郷町	2
㊸ 富谷町	4
㊹ 柴田町	1
㊺ 大河原町	3
㊻ 角田市	7
㊼ 丸森町	3
㊽ 栗原市	2
㊾ 色麻町	1
㊿ 大和町	2
51 白石市	6
52 七ヶ宿町	1
校数	452

福島県

53 新地町	2
54 相馬市	6
55 南相馬市	13
56 浪江町	2
57 双葉町	1
58 大熊町	1
62 いわき市	25
66 伊達市	6
67 川俣町	3
68 田村市	1
69 小野町	3
74 二本松市	3
77 郡山市	6
78 須賀川市	1
80 石川町	1
84 福島市	8
87 矢吹町	1
94 西郷村	1
95 猪苗代町	2
96 会津若松市	3
98 会津坂下町	1
校数	90

総校数 739

図表４　自然災害と向き合った教育実践が記録された地震・津波被災校数（東北３県　2011-19年度）

□ 地震・津波被災校
がある市町村

■ 地震・津波被災校
で自然災害と向き
合った教育実践記
録が認められた市
町村

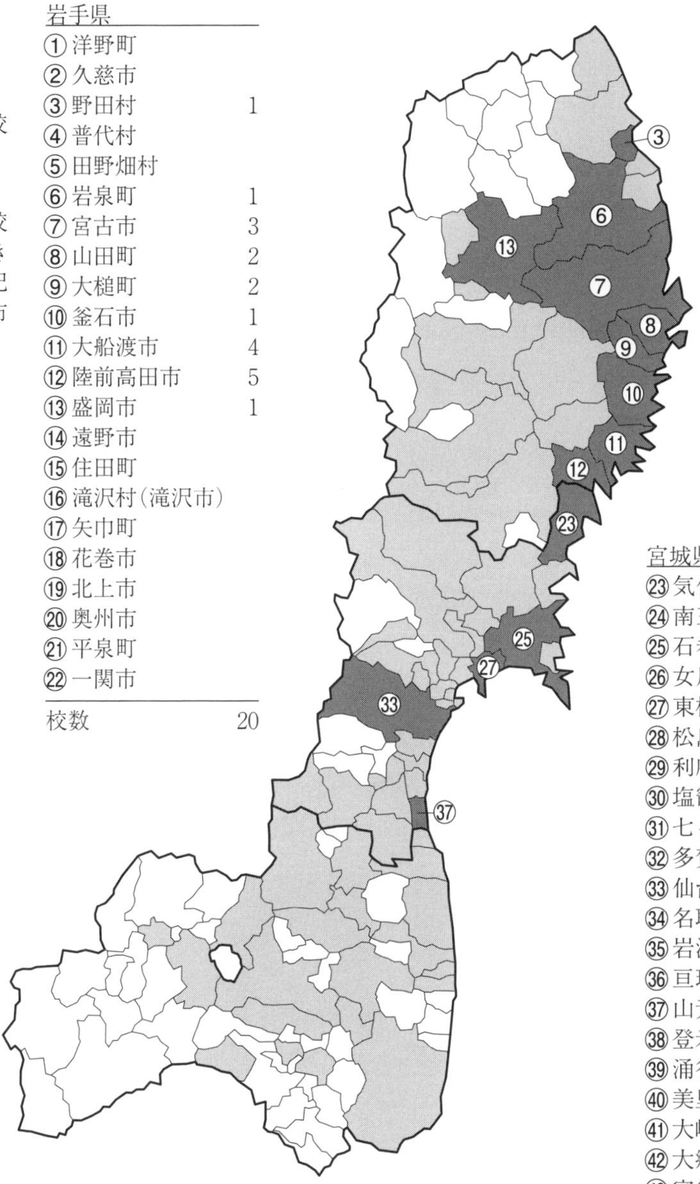

岩手県
① 洋野町
② 久慈市
③ 野田村　　　　1
④ 普代村
⑤ 田野畑村
⑥ 岩泉町　　　　1
⑦ 宮古市　　　　3
⑧ 山田町　　　　2
⑨ 大槌町　　　　2
⑩ 釜石市　　　　1
⑪ 大船渡市　　　4
⑫ 陸前高田市　　5
⑬ 盛岡市　　　　1
⑭ 遠野市
⑮ 住田町
⑯ 滝沢村（滝沢市）
⑰ 矢巾町
⑱ 花巻市
⑲ 北上市
⑳ 奥州市
㉑ 平泉町
㉒ 一関市

校数　　　　　　20

宮城県
㉓ 気仙沼市　　　1
㉔ 南三陸町
㉕ 石巻市　　　　1
㉖ 女川町
㉗ 東松島市　　　3
㉘ 松島町
㉙ 利府町
㉚ 塩竈市
㉛ 七ヶ浜町
㉜ 多賀城市
㉝ 仙台市　　　　1
㉞ 名取市
㉟ 岩沼市
㊱ 亘理町
㊲ 山元町　　　　1
㊳ 登米市
㊴ 涌谷町
㊵ 美里町
㊶ 大崎市
㊷ 大郷町
㊸ 富谷市
㊹ 柴田町
㊺ 大河原町
㊻ 角田市
㊼ 丸森町
㊽ 栗原市
㊾ 色麻町
㊿ 大和町
51 白石市
52 七ヶ宿町

校数　　　　　　7

福島県
53 新地町
54 相馬市
55 南相馬市
56 浪江町
57 双葉町
58 大熊町
62 いわき市
66 伊達市
67 川俣町
68 田村市
69 小野町
74 二本松市
77 郡山市
78 須賀川市
80 石川町
84 福島市
87 矢吹町
94 西郷村
95 猪苗代町
96 会津若松市
98 会津坂下町

校数　　　　　　0

総校数 27

た。逃げ延びた子どもたちもそれぞれに十字架を背負っている。

　宮城県の石巻市立雄勝小でも、津波により校舎が損壊し、近隣校における間借りが続いた[7]。同校に震災前から勤めていた徳水博志は、2012年の５年生（震災時８～９歳）に起きた「新たな荒れ」について記している（**実践16**）。

　　震災直後に11人が転校し、残った子ども８人の学級である。〔中略〕しかし、問題は学習意欲だけではなかった。トラブルや暴力が絶えず、些細な事でイラついて、消えろ！死ね！殺すぞ！と吐き捨てる子が目立っていた。さらに教職員へのタメ口も時々見られた。

　岩手県の山田町立山田北小では、津波が校庭に押し寄せ、校舎が避難所になった。同校に2012～16年度に勤めた菅野晋（すすむ）は、2016年の６年生（震災時５～６歳）について記している（**実践21**）。

　　直接被災した子はいないが、幼稚園からの避難や友との唐突な別れ、浸水・火災の危機に遭い、復興工事に伴ってめまぐるしく変化する地域環境の中で成長してきた。家庭内の不和や親の失職・就労、自宅再建の苦労と格差を見てきた子も少なくない。子どもたちは様々な困難を抱え込んでいた。女子の間に敵対関係があり、常に気が立っているようで、なかなか指導が入りにくい状態であった。

　岩手県の大船渡（おおふなと）市立蛸ノ浦（たこのうら）小では、校舎が高台にあったため浸水を免れたが、校庭に仮設住宅が建てられ、近隣の赤崎小での間借りが６年間続いた。同校に2011～16年度に勤めた首藤裕子は、2016年の１～３年生（震災時０～３歳）について記している（**図表２**の2016年度首藤実践）。

　　近頃、落ち着かない子どもの多さに驚いている。〔中略〕「奇声を発する子が多い」「にぎやかにしているが話の内容がマイナス思考でどこか不安な様子が見られる」などの傾向は現在の１・２・３年生に見られる。

　こうした子どもの生活の事実を無視するのではなく大切にして、それを教育実践の土台としていることが、37件の教育実践記録の多くにみられる共通の成果である。

2　新たな教育内容をつくる

　第２の成果は、子どもの生活の事実をふまえて、新たな教育内容をつくりだしてきたことだ。戦前までの日本の教育実践には、その全般的な傾向として、「内容にかかわる批判と創造のうごきは、方法の動き〔ママ〕にくらべれば相対的に微弱といわざるをえな」[8]いところがあった。だが、戦後の教育

7　石巻市立河北中に２年間、石巻北高飯野川校に４年間。

8　海老原治善『現代日本教育実践史』明治図書、1975年、72頁〔『海老原治善著作集第３巻』エムティ出版、1991年より引用〕

実践においては、国が定めてきた教育内容を吟味してそれらをつくりかえるとりくみが重ねられてきた。それらのことも背景にして以下の内容がつくりだされてきた。

自由な表現を引き出す

　1つは、被災地の子どもから自由な表現を引き出す教育内容である。2011年4月、岩手県の大船渡市立甫嶺小では、自校が津波の浸水を免れたため、津波により校舎が損壊した同市立越喜来小と地震により校舎が使用できなくなった同市立崎浜小を受け入れて、3校合同の教育を進めることになった。入学式翌日の21日、3校の子どもの交流会では、仲間集めゲーム、じゃんけん列車など、手をつないだり触れ合ったりするゲームが行われた（**実践2**）。甫嶺小の西條剛志が、「1年間の楽しいイメージと希望を膨らませよう」と思いながら子どもへのインタビューを進めると、3年生が手を挙げた。その子どもは、みんなで手をつないで大きな輪になって「オー」って声を出したいという提案をした。「なるほど！」「ねえ、みんな」「やってみよっか！」。交流会はあたたかい雰囲気に包まれた。

　こうしたとりくみの背景には、トップダウンではなく3校の教職員の合意により、「安全と安心・笑顔あふれる学校」という方針がつくられていたことがあった。4月14日、最初の合同職員会議で、西條は、教育課程編成の提案の前に、「この場の全員でやりたいことがある」と切り出した。「今、どんなことを大事に仕事にあたりたいと考えているのか、また、今の時点で不安なこと疑問など考えていることがあれば出し合い、お互いの思いを共有しあってスタートしたい」。3校の教職員31人がそれぞれの思いを語り、その内容が移動黒板に貼った模造紙に書き込まれた。全員の思いが、「安全・安心」という言葉と、そこから見える子どもの姿を表した「笑顔」という言葉につながっていることがわかり、前記した方針がつくられた。

　同年5月、岩手県の野田村立野田中では、仮設校庭での半日開催の体育祭で「野田村のみなさんに元気を与え」ようと子どもがオープニングダンスを踊った（**実践15**）。同年秋、宮城県の東松島市立矢本第二中では、被災地でつくられた歌「ひまわりに希望たくして」を通して震災後の自分を振り返る授業が行われた（**実践6**）。同じく秋に、岩手県の山田町立山田中では、子どもが「自分もふくむ人間というものを肯定」することにつながるような文学の「よい作品」に接して、感想の交換により作品理解を深める授業が行われた（**実践5**）。2012年、岩手県の陸前高田市立第一中では、国語で出題を「夏」として俳句をつくった。1人の子どもが震災で以前のようには行けなくなった海のことを詠むと、教室ではそれに共感する声があがった（**図表2**の2012年度羽柴実践）。2015年、岩手県立宮古恵風支援学園では、白い大きな布に幅広の刷毛で染色をするアート・プロジェクトを子どもが体験した（**実践20**）。子どもの表現を広げる教育実践がこうして多様に進められてきた。

人と人のつながり

　2つは、被災地の子どもが人と人のつながりを再確認する教育内容である。岩手県の釜石市立小佐野小では、津波の被害はなかったが、地震により校舎の半分が使用できなくなった。体育館は避難所となり、隣の旧中学校校舎が遺体安置場になった。同校に震災前から勤めていた片山直人は、その避難所の世話をしながら、自身もそこで寝泊まりを続けていた。学校が再開できなかったため、子どもは家から出ることもなく過ごしていた。片山は、担任していた4年生と保護者に「体育館に避難して

いるみなさんを励ますとりくみ」を提案した（**実践24**）。この提案には、離れ離れになっている学校と子ども、子どもと子ども、保護者と保護者のつながりを取り戻す目的もあった。次々に子どもと保護者が集まった。桜をテーマにして画用紙30枚の貼り絵をつくった。片山は、「同じ釜石市でも津波による甚大な被害を受けたわけではない、何か『後ろめたい気持ち』がずっと残っていて、自分には何ができるのか、そればかり考えていた。結局は何かを『つなぐ』ということが、今出来ることと思い、そのことを一生懸命やるしかない、と思った」。避難所に貼り絵を子どもと保護者と持っていくと涙と拍手で喜ばれた。学校と子どもと保護者と避難者をつなげるきっかけとなり、高学年の子どもが声をかけあって避難所にボランティアに来るようになった。貼り絵を避難所に持っていったときは、ほとんどの教職員も一緒に来てくれた。4月19日に学校が始まる前のこの片山のとりくみは、被災地において人と人のつながりを再確認することの重要性を明らかにしている。

　前記した東松島市立鳴瀬第二中では、震災1年目8月27日に「地域復興の狼煙（のろし）を上げる運動会」が行われた（**実践1**）。同中では、亡くなった子どもが3名、亡くなった保護者が10名、7割の子どもが自宅外通学だった。「間借りの校舎、借り物の道具，遠方からの通学、物理的な地域の消滅」。制野俊弘は、その中であえて運動会を行い、「地域の方々の再会の場＝地域復興の第一歩」とすることを考えた。制野は、震災で傷ついた生徒や保護者の「心の傷を癒し次のステップを踏み出すために必要なのは、やはり『人』だと考え」ていた。運動会の開会式では地域の人々による「聖火リレー」を行うことが決まり、その走者を実行委員会の生徒たちが決めていった。生徒たちからはSさんの名前があがる。「Sさんは津波で妻と長男を失い、失意のどん底だったにもかかわらず、避難所の運営に奔走し地域住民の命と安全を守って」きた。最後の走者はAになった。Aは震災で父を亡くし、自分も津波にのまれ生き延びた生徒である。運動会当日に行われた「聖火リレー」の感想をKが書いている。

　　　私が印象に残っているシーンは開会式での聖火リレーである。特に、7人の方で繋いでいくシーンでは、震災でつらかったことや避難所での生活などを思い出し、感極まってしまいました。〔中略〕火が聖火台についたときの地域の人たちの歓声を聞いたときには、地域の人たち、先生方、そして鳴二中生の気持ちが共有できた気がしました。ただ一つ残念だったのは、今回の震災で亡くなってしまった3人と一緒に聖火リレーで灯された火を見れなかったことです。

　Kは震災で母を失い、避難生活では「どんどんやつれて」いった生徒だった。制野の教育実践は、壊滅的な被害を受けた地域にあっても人と人がつながって生きていけることを具体的かつ象徴的に見せていくことで被災した子どもを励まそうとするものだった。

　前記した石巻市立雄勝小では、徳水博志が「雄勝地区の復興なくして雄勝小学校の将来的な存続はない」を基本認識とする教育実践を行っていた。4月22日、隣町の河北中で授業再開。震災前108人の子どもは卒業と転校で41人になり、3人を除いて全員が自宅を流され、避難先から通学していた。震災1年目の6年生は、「地域の復興活動に学びながら〔中略〕独自の復興プランを立案」した。「子ども自身の中で学ぶことと生きることが一致して、大いに学習意欲を高めること」ができた。なぜ、徳水は、子どもたちに地域の復興活動を学ばせたのか。震災後、はじめ徳水は喪失感の中にあった。

５月25日に知人に宛てた手紙の中で徳水は次のように記している。[9]

　　雄勝の地に足を踏み入れるたびに、封印した記憶が蘇り、軽い吐き気を覚えます。目に映る瓦礫の光景を幾たび否定したことでしょうか。今でも壊れた町を受けいれることができません。

　だが、徳水の意識は少しずつ変化していった。震災後、徳水のもとには全国の教職員の仲間から支援物資や支援金が届いた。その支援物資を持って、妻と２人で避難所を回る中で、徳水は、失いかけていた地域の人々とのつながりを少しずつ取り戻した。５月28日、雄勝地区住民の有志が実行委員会をつくり、「おがつ復興市」を開催したとき、そこに徳水も参加した。希望をもって生きていく上で、地域の人々による生活の再建の動きとつながることの重要性を、徳水は身をもって学んだ。「とにかく一歩一歩できることから行動すること。具体的に行動すれば、誰かとつながりができて、同じ志を持っている人と共同する動きが生まれ、そして広がっていきます。これが今の私を支えています」。徳水は、こうした体験と認識を、雄勝小のとりくみに活かすことを考えた。子どもたちにとっても、希望をもって生きていくために必要なことは、地域の人々による復興の動きとつながることなのではないか。６月22日、こうした仮説にもとづき、徳水は、Ａ４紙２枚からなる「震災復興教育を中心にした学校運営（経営）の提案」[10]を作成し、それは雄勝小でとりくまれていった。

　翌23日、徳水は宮城県教職員組合が主催した学習会に参加し、阪神・淡路大震災後の教育に取り組んだ元中学教員の小川嘉憲の講演を聴いた。[11]講演のキーワードは「つなぐ」だった。避難所の運営で教員同士がつながり、子どもや保護者とつながり、子どもの最善の利益を考えて、学校の運営と教育課程の編成を進めたという。徳水は、自力で作成した教育案と多くの共通点があることに驚き、地域の人々とのつながりを中心にした学校づくりを進めることに力を得た。この小川の講演については、山元町立山下第一小の阿部広力による「稲むらの火」の教育実践記録の中にも言及がある（**実践４**）。

　前記した山田町立山田北小では、2012年度に内陸の前任校から赴任した菅野が、６月頃に「津波のメカニズムや津波から命や財産を守る」ための学習や被災地の生活現実の学習を考えていたが、まだ「子どもの心の状況もよく分からず、信頼関係も十分とは言えない中で、そうした学習」を進めていくことを思いとどまっていた。菅野は、「では、この子どもたちとどのような学びをつくっていけばいいのか」を考えていると、「漠然と、地域の住民と子どもをつなぎ、学校がその結節点となるような学びができないものだろうか、という思いが湧いてきていた」。こうして菅野は、秋から、５年生が自作の新聞を仮設団地の住民に配って交流を広げていくとりくみを進めた（**実践12、19**）。

子どもの喪失感と向き合う

　３つは、被災地の子どもが喪失感と向き合うための教育内容である。徳水が、2012年の５年生に起きた「新たな荒れ」に直面したことは先述した。荒れの原因は、震災による喪失感や心の傷、震災後

9　徳水博志「地域の復興なくして学校の再生なしⅠ」宮城県教職員組合編『東日本大震災　教職員が語る　子ども・いのち・未来』明石書店、2012年、147頁。

10　徳水博志「震災復興教育を中心にした学校運営の提案」2011年６月22日、大森直樹ほか『資料集　東日本大震災と教育界－法規・提言・記録・声』明石書店、2013年、62‐63頁所収。

11　徳水博志『震災と向き合う子どもたち－心のケアと地域づくりの記録』新日本出版社、2018年、39頁。

の急激な生活環境の変化によるストレスであると徳水は考えた。このまま放置するわけにはいかなかった。

　徳水は、その教育実践の手がかりを、再び自身の被災体験の中から見つける。自宅を流された喪失感や瓦礫をかき分けながら妻の母と保護者の遺体を探し回った絶望感に直面したとき、徳水が行ったのは、悲しみとも怒りともつかない慟哭の正体と向き合い、その言語化を試みることだった。震災体験の対象化の作業をへて、徳水は前を向く気力を得てきた。

　そこで徳水は、新たな教育実践を「震災体験の対象化」と名付けて「被災した子どもの心のケア」にとりくむことにした。まず、俳句と作文（9月国語）、朗読劇により（10月学校行事）、子どもたちが少しずつ震災体験と向き合うことを始めた。次に、心療内科医の助言も得ながら、子どもたちが絵本製作、ジオラマ製作を行い（12月図工）、震災体験を時系列で整理した。こうした学習の集大成が、翌2013年2〜3月に総合学習と図工でとりくまれた木版画「希望の船」の共同制作だった（**実践16**）。

　生活の再建に向けて歩みはじめた人々の姿を子どもに見せていくことや、授業を通じた「被災した子どもの心のケア」にとりくむことの重要性については、震災6年目の山田町立山田北小における教育実践からも確認ができる（**実践21**）。菅野晋が、同校において2016年の6年生が「様々な困難」を抱え込んでいることに着目したことは先述した。菅野は、2学期に、地域学習を中心とした総合学習「山田の今とこれからを見つめて」にとりくむことにした。まず、家族への聞き取りと養殖体験を行った。次に、八木節を踊ってみた。それらを通じて、具体的な事実にもとづき山田の「よさ」について認識を深めて、未来を考える学習である。2学期の終わり頃、一人の子どもが震災にかかわる切実な思いを表明できるようになった。12月、Eは日記に書いてきた。「Fと卒業したい」という。EにとってFは、山田北小に入学する前の友だちだったが、津波で行方不明だった。友だちとの唐突な別れは、Eの中でまだ過去になっていなかった。

　菅野は、子どもたちに3学期の総合学習「卒業学習プロジェクト」を提案することにした。その冒頭の学習テーマ「震災を生きぬいて」では、震災直後に入学してからの6年間をふりかえり、自らの体験や学んだことをまとめて、それらを下級生に伝えることが行われた。子どもたちは、「当時は伝えられなかった思い」を教室で言葉に記して発表を行った。その言葉の1つを菅野が要約している。「あの時の怖さや悲しさを今も忘れることができず、パニックになってしまうこともあるが、最近泣くことが減り、少し安心できるようになったようだ」。

　Eが提案した「Fと卒業」することについては、学級での話し合い、Fの保護者との話し合いが重ねられ、卒業式の台本に次の一文が加えられることになった。「一緒にすごすはずだった友だちがいたことを忘れません」。それをEが発表して、式終了後の教室ではFの両親から子どもたちに話をしてもらった。

　この菅野による2016年度の教育実践と徳水による2012年度の教育実践は、それぞれ岩手と宮城の別の学校において異なる時期と条件のもと進められたものだったが、その内容や到達において多くの重なりを見せるものとなった。

被災地の地域学習

　4つは、喪失感と向き合うこととも関連してつくられてきた地域学習の教育内容である。2011年、

宮城県の気仙沼市立松岩小では、佐藤昭彦が震災について子どもが何を知りたいかアンケートをとってみると、多くの子どもが「これからの気仙沼市はどうなっていくのだろうか」と書いた。佐藤は、「子どもたちの方が未来に対して大きな課題意識（不安や憂慮も含む）と展望を持っている」と感じて、社会における東日本大震災の教材化に着手した（実践8）。岩手県の岩泉町立小本中では、津波で校舎１階が浸水し、20キロメートル離れた岩泉中での間借りが続いていたが、熊谷貴典は、そこから歩いて行ける岩泉町議会を見学することを思いつく。議会では震災後の町づくりや小本中について話し合われるので、子どもは、「自分たちの未来について、誰がどのように決めているのかを自分の目で見ることができる」と熊谷は考えた（実践7）。仙台市立仙台工業高では、福島隆嗣が、被災地で壊れた自販機から飲料を得ることと（事実）、それが治安悪化の事例として報じられていることについて（報道）、それらの意味を1906年サンフランシスコ地震や1923年関東大震災の記録と重ねて読み解く授業を行った（実践3）。震災の教材化については、抑制的な動きもみられた教育現場において、2011年度に以上のとりくみが行われたことの意味は大きい。

　2014年度の報告の中で片山直人は、被災地における地域学習の課題を、被災地支援の光と影から浮き彫りにしている（実践17）。東京のファッションビルと釜石の中学生が接点を持ち、2013年に釜石でイベントを行った。テレビや雑誌でみる華やかな世界の人たちが訪れ、被災地の人たちはカメラと色紙を手にして笑顔になった。片山は、「笑顔になっている」ことは、それ自体は「間違いない」としたうえで、一方で、「そうした『笑顔支援』は、震災後、多くのものを失った地域の子どもたちの視線の先に『都会』を見せ、何もない、なくなった自分たちのふるさとから目を離すようになったのではないかと思わざる得」なかった。「ふるさとには何もない」といった意識を持たせるばかりでいいのだろうか。そこで片山は、2014年の小佐野小における６年の総合学習のテーマを「ふるさと釜石」にした。まず、釜石と鉄の関わりを学習することにした。橋野高炉跡と「釜石市立鉄の歴史館」を見学すると、子どもは４つのことに心を揺さぶられた。

　一、高炉に必要な条件が釜石の自然だったこと。橋野高炉は、地元で採掘された鉄鋼石を使い、水車を送風動力として、地元でつくられた木炭を還元剤に使い、1858年に操業したものだった。無意識に見ていた釜石の自然を子どもは意識して見るようになった。

　二、1880年に官営釜石鉄道が操業していたこと。子どもは社会の学習で1872年の新橋〜横浜間の鉄道開設は学んでいたが、日本で２番目に着工し３番目に操業した鉄道が地元にあったことを初めて知った。線路跡の近くに住んでいる子どもは「家に帰って聞いてみる！」と一様に興奮していた。

　三、橋野高炉が日本で初めて作られた洋式高炉だったこと。

　四、釜石にも戦争があったこと。子どもは釜石が艦砲射撃を受けたことは知っていたが、具体的な内容までは知らなかった。「艦砲射撃のことを知りたい」。地元にいる元校長から話を聞いた。釜石は東北で唯一の製鉄所を持つ軍需都市だったため、1945年７月14日、米海軍から本州初の艦砲射撃を受けた。爆死する住民、防空壕の崩壊で圧死する住民も多く、釜石の街は焼け野原になった。元校長の「この戦争からも釜石は立ち上がってきた」という言葉に子どもは耳を傾けた。

　こうした歴史とあわせて釜石の現在にも目を向けた。橋野高炉跡にバスで移動するとき、釜石でもっとも被害の大きかった鵜住居地区を通った。多くの仮設住宅が並んでいた。小佐野小に入学予定の子どもが、この場所にいて津波の被害にあっている。学級には鵜住居地区から転校してきた子ども

もいた。それでも、バスの中の子どもから「こんな感じだったなんて知らなかった」という言葉がもれてきた。子どもたちは、市内に大きなショッピングモールができて喜んでいたが、「本当はまだまだ復興なんかしていないこと」に気づいて、「今を知る」ことと「自分にできることは何かを考える」ことを課題にしていった。

　学習発表会の発表をどうするかという学年の話し合いも同時に始まった。夏休みの実行委員会では、子どもたちが出していた課題を発表につなげることを確認した。そこで出てきたのが、被災地に花火を上げて、震災で亡くなった人々を追悼し、復興を祈るとりくみを行ってきた人々の話だった。このとりくみを、自分たちと重ねながら脚本にして、劇と歌の発表をすることが決まった。片山が、3・11後の子どもたちを主人公にした劇「花を咲かせた日－今、私たちにできること」の脚本の原案を作成し、実行委員が中心になり修正をした。発表会の前には、チラシを作成し、隣接する旧小佐野中にある仮設住宅に赴き、一軒一軒まわり、近況を聞きながらチラシを渡した。

　この総合学習では、壊滅的な被害を受けた地区に隣接する地区の子どもが、市内の商業施設の復興にだけ目を奪われるのではなく、被災の現実にも目を向けて、「自分にできること」は何かを考えている。それはどうして可能になったのか。片山の学級で子どもたちは、教科書の中だけで自然や歴史を学ぶのではなく、生活をしている実際の地域の中で自然や歴史についての学習を重ねていた。さらに重要なのは、自分たちが事物に触れて感じたことや思ったことが、学級の中で大切に扱われていた。このため、まだ教科書には十分に書かれていない被災の現実についても向き合って学ぶことができたのではないか。ここには、被災地であるとなしに関わらず、すべての子どもに必要とされている地域学習の手がかりがある。

防災学習の再発見

　5つは、被災地で再発見された防災学習の教育内容である。前記した大船渡市立の甫嶺小・越喜来小・崎浜小の3校では、まず2011年の4月26日に第1回の避難訓練を行った（**実践2**）。教職員は、避難するときに子どもが海を見なくてもよい、山道を通る新しい避難路を事前に探し出した。訓練の日まで学級ごとに避難路の散策を行い少しでも避難路に親しみを感じられるようにした。当日はパニック状態になる子もなく行動ができた。この避難路には歩きにくいところもあったので、改修の要望を出したところ、1学期末に「早急な改修工事」が行われた。

　3校では、総合的な学習の時間を活用した防災教育プランもつくった。単元構成は、1）防災行動、2）防災知識、3）人としての在り方・生き方、とした。1）では新しくなった避難路を調べて、避難路マップの作成を行い、命を守るための行動を学び、2）では地震や津波のメカニズムなど自然科学の成果から学び、3）では津波と人々の歴史を学び、追悼集会を計画することまでが書き込まれていた。また、1）2）3）では「こころのアンケート」もあわせて行い、「こころのサポート」（自分自身のストレス反応をコントロールすること）と防災教育をセットにすることが重視されていた。こうした計画は、阪神・淡路大震災後の兵庫の教育実践や世界各地の被災地におけるとりくみを整理してきた兵庫教育大学大学院の冨永良喜のアドバイスを得て作成された。

　宮城県の山元町立山下第一小では、阿部広力が、2012年度に避難訓練の後で3年生に作文を書いてもらった（**実践9**）。15人中、仮設住宅の子どもが4人、1階が流され改修した住宅の子どもが2人

のクラスでは、震災以来の出来事が浮かんできた子どもも多くいた。「先生もっと書いていい。どんどん書きたいことが出てきたんだ」。阿部は、「クラスで痛みを共有し、寄り添うため」にも、地域探検（社会）と防災マップづくり（国語・総合学習）を始めることにした。「まず学校の屋上に行き、津波が来た場所と自分の家の高さを考えながら町の全体像をつかんだ」。実際に山沿いの明光院まで早足で歩いてみて10分かかることがわかり、避難の時間が無いときは学校の屋上しかないが、10分以上あるときは明光院が望ましいこともわかる。防災マップは土地の高さで色分けをして、逃げる方向を見極められるようにした。ここでも、兵庫の教育実践をふまえ、「心が軽くなる」ことと防災教育をセットにしたとりくみが着手された。

　岩手県の大船渡市立大船渡小では、津波で1階が浸水し、子どもは高台の大船渡中への避難を経験した。千葉芳江は、2014年度に、教科書を使って社会の学習をするのが苦手な4年生の子どもを前にして、何か興味を持ってもらえる内容はないか探していた。手探りで始めたのが紙の町づくりだった（**実践18**）。6月、まず1時間かけて紙の小学校をつくった。次の1時間で学校から見える公園をつくると、卒園間際に自宅が津波に遭っていた子どもは、「津波の避難ビルを作りたいな」と言い、子どもと千葉でそれぞれ一棟ずつつくった。8～9月は7時間かけて航空写真を使った防災マップにとりくみ、10月には、3時間かけて土地の高低がわかる立体地図をつくり、1時間かけて紙粘土で漁船、サンマ、カツオ、ウミネコもつくった。1時間かけて方位と浸水区域を考えた。子どもが昨年度に町探検した場所の模型が出来上がり、楽しみながら避難経路もわかった。教科書が苦手な子どもだからこそ実現したとりくみだったが、これは沿岸や山際でくらしているすべての子どもが興味をもってとりくめる防災学習の内容の再発見だった。

3　3・11をわすれない全校集会を開く

　第3は、3・11をわすれないとりくみに手をかけてきたことだ。岩手県立大槌高では、津波により6名の子どもが犠牲になった。校舎は高台にあり津波の被害を免れたが、多いときで1,000人の避難者を受け入れた。大槌高には2012年頃から交流の依頼が外部から入り、交流場所は校内から台湾にまで及び、交流内容も「震災時のとりくみの発表」から「復興まちづくりスゴロク製作」まで多岐にわたった。参加した子どもからは、「とても良かった」という感想が多く、その後、「外部で活動するときに団体名が欲しい」という子どもたちの意見があり、2013年に自分たちで大槌高校復興研究会の名称を決めて活動を行ってきた。他校交流班、町づくり班、キッズステーション、定点観測班、防災班、広報班の活動が重ねられており、2017年度の会員は全校生徒210人のうち6割以上の141人だった。他校交流班は、他県の高校から夏休みを中心に交流の要請があり、2017年度も5校との交流があった（**実践22**）。

　同校に震災前から勤務してきた地元の教員である松橋郁子は、2013～17年に大槌高校復興研究会に関わり感じたことを記している。「この活動に関わった子どもたちは、比較的落ち着いた学校生活を送り卒業しているということである。震災後に阪神大震災を経験した方から『震災後は、生徒指導が大変になる。生徒をよく観察し学校が混乱しないように気を付けてください』と伺い、大きな不安を抱いた。しかし、大槌高校はお蔭様で落ち着いた学校生活を送ってきたように思う。もしかしたら、この活動で子どもたちもベクトルが見えていて、安心して生活できていたのかもしれない」。大槌高

の子どもは、他校との交流の中で、「津波が来たとき自分がどこにいて、どういう行動をとって逃げたか」について話しており、「震災を経験していない初対面の高校生に伝える事で、心が整理されているようだ」とも松橋は記している。2017年度の大槌高生は、震災時に小学3〜5年生である。

大槌高校復興研究会の活動は、総合学習などの授業枠を使わずに放課後や休日に行われているが、1年に1度その成果が校内で共有される日がある。このことについて松橋の記述は短いがその内容は重要だ。「毎年3月11日に全校集会を開いている。東日本大震災では、本校の子どもたち6人が犠牲になった。津波で亡くなった先輩の冥福を祈り、そして子どもたちも1年間の復興研究会活動の成果を共有し、復興に向けてまた一歩前に進む勇気をもって欲しいという願いで開いている。もちろんこの集会では、スクールカウンセラーなどの専門家のメンタルヘルスも取り入れて、落ち着いて集会に参加できるように工夫している。わずか1時間足らずの集会であるが、子どもたちを見守りながら2013年から継続している集会である」。

大槌高が津波の犠牲になった6名の子どもをわすれないとりくみを続けていることの意味は何か。手がかりを与えてくれる記述が本書第2巻に収録した兵庫県の芦屋市立打出浜小の教育実践記録の中にある（第2巻の実践42）。2019年、永田守は同小に通っていた中島祥子さんが阪神・淡路大震災で亡くなった事実と自身の教育実践にもとづき「療養中、しょうこさんの木」という自主教材をつくった。この教材の中で子どもはこう語っている。

　　しょうこさんの木は、うちでの森になる「とち」という実のなる木だ。24年前、阪神・淡路大震災で亡くなった中島祥子さんを忘れないようにと植えられたそうだ。ぼくは、阪神・淡路大震災といわれてもピンとこない。だってその時、生まれていないからだ。「どうして、震災のあと、打出浜小学校の人たちは、木を植えたんだろうか？」そんなことを思いながら、木を治療した先生に話を聞いた。〔中略〕心配そうな先生の話を聞いて、ぼくもしょうこさんの木のことがすこし気になった。〔中略〕先生の言ったとおり、木の幹は大きく切られて、そこは、灰色の薬が塗られていた。心がズキンとした。でも、切り口の下からは、たくさんの枝がでていた。上を見上げると、手を大きく広げたような緑色の葉っぱが元気いっぱい太陽に向かっていた。

永田は、この自主教材を作る中で、小3の子どもと校内の打出の森に「しょうこさんの木」を見に行った。大事そうに「しょうこさんの木」に触れる子ども、「がんばってね」と声をかける子どもがいた。決められた教育内容をこなすだけの学校ではなく、震災で亡くなった子どもをわすれない学校や、そうしたとりくみを通じて今を生きている子どもを大切にしている学校を子どもは求めているのではないか。大槌高や打出浜小のとりくみから学ぶべきことは多い。

4　教職員配置を検証する

第4は、東日本大震災下の教職員配置を検証するための手がかりを残してきたことだ。東日本大震災下の義務教育諸学校には、2011年度に岩手192人、宮城216人、福島481人の教職員の加配が行われたが、その実態はどうだったのか（その課題については本書第2巻解説Ⅰに記した）。配置の具体的事例の報告が実践10の中にある。浅倉修は、岩手県の内陸の学校に勤務していたが、2012年4月に山田町立山

田北小に赴任した。県人事異動要項に、「被災地勤務を希望するものは、優先人事とする」があり、これを本人が希望したことによるものだった。浅倉は教務を担当した。「本校は児童数が90名未満なので専任教務ではないのだが、被災地加配（＋2）があり、専任で」あたった。浅倉は、「担任が子どもと向き合う時間を確保」できるようにすることを心がけて仕事をすすめた。

この具体的事例を、「阪神・淡路大震災後における教職員配置の成果（以下、兵庫の成果）」の継承という視点から整理しておきたい。兵庫の成果の1つに、兵庫県教育委員会が教育復興担当教員（復興担）の配置を行い、2004年度に心のケア担当教員に改組して2009年度まで15年間配置したことがある（図表5）。復興担は、義務教育標準法の国による震災対応運用により1995年から兵庫県内に加配された教員で、担任をもたずに震災により心のケアを必要とする児童生徒の対応等を行った。浅倉が担任をもたずに教務を担当して同僚が子どもと向き合う時間の確保につとめたことや、浅倉と同じ経緯で同校に赴任した菅野晋が授業の中で子どもの心のケアにとりくんだことは（**実践21**）、兵庫の成果と重なる。

兵庫の復興担の役割については、臨床心理士の馬場禮子による次のような観察がある。[12]「学校の中にいて、教職員として子どもたちの日常性を守りながら、心のケアの視点で学校行事や研修の計画・立案を担当したのが復興担で、これだけでなく、色々な面でのケアが必要な一人ひとりとかかわりながらの活動を展開されていました。これまでのいわゆる教師カウンセラーではなく、震災後の心の復興という課題を担う新しい機能を拡充させ、教職員による心のケアが実現しました」。馬場はスクールカウンセラー（臨床心理士など）の視点から、「復興担の学校での取組の中心は、個別指導」であり、具体的な方法は「声かけ・励まし・日記指導が約80パーセントで、生活指導・学習指導・自信をもたせる指導へと続」くものだったとする整理も行っている。

兵庫の芦屋市立精道小で2004年度に心のケア担になった永田守による実際の教育実践も見ておきたい。同年度は、1歳で震災に遭った子どもが6年生だった。永田はその子どもの授業内容に関しても母親と相談を重ねた。不用意な教材選択はフラッシュバックを起こさせてしまうからだ。永田がその子どものクラスで地震のメカニズムについての授業をしたこともあった。地震の正体は何か。古代の人々にとって地震は不可知の世界だったが、今日では地殻変動の研究によってメカニズムの解明が進んでいる。不可知は恐怖だが、勉強すれば恐怖を軽減できる。授業中その子どもは、「あーこれで大丈夫と思った」とつぶやいた。永田のもう1つの仕事が、震災を語り継ぐ会と追悼式を準備することだった。精道小は在籍した子ども8名が震災で亡くなった学校だった。

徳水博志が**実践16**の中で次のように記している。「子どもに一番長い時間接するのは学校の教員である。専門家と連携しながら教員が授業の中で子どもの心のケアに取り組むことは、今後の学校教育の課題と言える」。教員が「授業の中で心のケアに取り組む」ことの重要性については、兵庫においても東北においても、文字通り現場からの教育実践にもとづく提起が重ねられている（**実践2、4、9、16、18、21**）。こうした提起をふまえた教職員配置を進めるためにも、教育実践の成果を教育界で共有することが急務である。

浅倉の**実践10**には、被災地の教職員が被災体験の違いをふまえてどう「つながる」ことが出来る

12　兵庫県教職員組合・兵庫教育文化研究所編『いのち・やさしさ・まなび－兵庫発の防災読本』アドバンテージサーバー、2005年、85－86頁。

かについての経験の整理もある。浅倉にとって、山田において3・11の津波と火災を経験した教職員の「大変さ」は、「転勤する前に思っている以上に莫大なもの」だった。浅倉が行ったのは、機会を設けて、回を重ねて、少しずつ、同僚と言葉を交わすことだった。その中で、震災当時のことも含めて、いろいろな話ができるようになった。

　鈴木紗季も被災地への異動の経験について記している（**実践23**）。内陸の学校に勤務していた鈴木は、2015年4月に岩手県立大槌高に赴任した。鈴木は異動が決まった時に不安を覚えた。「被災もしなかった自分が、生徒たちにかけられる言葉があるのだろうか」。実際にいくつかのことに直面した。自宅の再建をできる生徒が出て来て、鈴木が「良かったね。環境としては少し落ち着くね」と声をかけたときに、「良くないですよ。思い出のある家は流されて、盛土の下ですから」と言われてはっとさせられた。「気持ちばかりが焦るものの、震災のこととなると上手に生徒と関われない日が続いた」。しかし、大槌高の復興研究会の活動をしているときには、「自然に震災の話を生徒とできること」に気がついた。鈴木は、「生徒自身も、復興研究会に所属することで、自分のタイミングで震災と向き合い、自分の中で整理が徐々にできるようになっていく様子」を感じることができた。

　鈴木の経験は、被災校における3・11をわすれないとりくみが、内陸から赴任した教員が子どもと共に震災と向き合えるようになるためにも、重要な役割を果たすことを物語っている。

図表5　兵庫県教委の震災対応教員配置

年度	教育復興担当教員	心のケア担当教員	要ケア子ども数
1995	128		調査せず
1996	207		3812
1997	207		4089
1998	207		4196
1999	207		4105
2000	207		3392
2001	180		3142
2002	130		2549
2003	65		1908
2004		55	1337
2005		36	808
2006		16	492
2007		13	341
2008		9	169
2009		4	74

出典　大森直樹「震災を忘れない学校」『世界』第855号、2014年

地震・津波被災校一覧

東北3県　739校

2011年3月

大橋保明

紙碑としての地震・津波被災校一覧

　地震・津波被災校一覧は、岩手・宮城・福島の東北3県の教育界における自然災害の事実を学校ごとに整理したものである。主な項目は、所在自治体、学校名、被害児童生徒数（死亡・行方不明）、被害教職員数（死亡・行方不明）、避難所・遺体安置所等の開設、間借り校舎・仮設校舎、児童生徒数、教員数である。備考欄には、本書所収の教育実践記録番号を付すとともに、震災後の学校統廃合の経過等を記載した。こうした経過を記したのは、地震・津波被災校として多くの尊いいのちが奪われ、巨大津波により校舎が損壊・浸水するなどの筆舌に尽くしがたい悲しみや苦しみを負った学校について、たとえ閉校や休校になったとしても、その経験や記憶を継承する統合校を「3・11被災継承校」として記録し、わすれないためである。震災後の宮城県女川町立女川中学校の生徒たちによる「女川いのちの石碑」建立の取り組みはよく知られているが、東北地方の沿岸地域には、津波被害の事実や警句が刻まれた大津浪記念碑などの石碑が数多く残されている。地震・津波被災校一覧は、学校における甚大な自然災害の事実と教訓を後世に伝え、子どもたちの未来のいのちと学びを守るためにこうした伝承碑としての役割を果たすことを期待して作成した紙碑である。教育界はもとより、思想信条の違いや被災経験の有無を超えて、多くの人々が739校の学校名が刻まれたこの地震・津波被災校一覧に向き合い、社会全体で対話を重ね、行動するその先に、震災をわすれない学校や社会の姿が見えてくると信じている。

地震・津波被災校一覧ができるまで

　地震・津波被災校一覧の作成経過についても示しておきたい。本書の鍵概念である「地震・津波被災校」は、国民教育文化総合研究所の「東日本大震災・原発災害と学校」研究委員会（以下、研究委員会）（2016）による「地震・津波等被災校[1]」の定義を再検討し、①児童生徒の死亡・行方不明、②教職員の死亡・行方不明、③避難や他校再開等の場所、④校舎損壊による他校間借等のいずれかに該当する公立学校[2]と再定義したものである。この再定義をもとに東北地方太平洋沖地震と東京電力福島第一原子力発電所事故が発生した2010年度の地震・津波被災校数とその割合を算出すると、岩手県197校（県全体の29.6%）、宮城県452校（同58.6%）、福島県90校（同10.4%）の計739校（東北3県全体の41.9%）に及ぶことがわかった。

1　①児童生徒が死亡・行方不明となった学校、②教職員が死亡・行方不明となった学校、③避難場所としての利用、支援物資保管・自衛隊等の基地・遺体安置・遺失物保管等の利用、他校の再開場所としての利用、及び、仮設住宅等の設置場所としての利用が行われた学校、④校舎損壊を受けて、他校間借、空き校舎や他施設等の利用を行った学校のうち、1つ以上該当する学校。

2　幼稚園、大学、高等専門学校のほか、私立や朝鮮学校等も対象外とした。

　東北地方太平洋沖地震と東京電力福島第一原子力発電所事故が教育や学校に与えた影響や被害については、国、教育委員会、教職員組合、研究者等により調査研究が重ねられてきたが、その被害があまりに甚大かつ広域で、巨大津波等を含む未曽有の自然災害であったため、調査研究の前提となる地震・津波被災校の定義は存在しなかった。さらに、都道府県や市町村ごとの被害数値は示されても、学校名や学校ごとの被害数値は明らかにされてこなかったため、[3]「ここが被災校だ」ということが共有されず、その結果、説得的な政策提言につながらないばかりか、被災の事実を忘れ去る動きの歯止めとなることも難しかった。

　こうした問題意識や危機感を早くから共有し、調査研究に着手したのが前述の研究委員会であり、研究委員会（2016）『「東日本大震災・原発災害と学校」研究委員会報告書（本編・資料編）』では、東北3県における2014年度の3・11被災校1,101校の子どもや教職員の被害を学校ごとに把握し、各県の教職員組合と協力して3・11被災校の臨時移転や統廃合の動態、教職員配置の推移等を克明に記している。また、東北3県における2014年度の「地震・津波等被災校」198校の特定は、津波被災の拡がりのみならず、3・11被災校の全体像把握にも手がかりを与え、被害を受けた子どもや教職員に関わる学校の現状と課題を解明するための一助となった。しかしながら、東北3県以外、特に関東地方の沿岸部の津波被災や内陸部の液状化現象等に伴う被害を受けた「地震・津波等被災校」の実態把握やそれらを含む東日本全体の学校統廃合の状況把握には着手できなかった。これらの作業は、震災から10年、時間の経過とともに難しくなるが、今回、学校統廃合の経過を整理する中で東北3県の「3・11被災継承校」を浮かび上がらせ、地震・津波被災校であり原発被災校でもある207校（一覧の☆印）を特定できたことは一定の成果である。また、東北3県739校の少なくとも256,193人の子どもたち、20,095人の教職員が消し去ることのできない苦しみの只中にあり、心のケア等の継続的な支援のあり方に関して具体的な議論ができるようにもなった。

　もうひとつの課題は、震災後の教育実践およびその全体像を質的に把握できなかったことである。戦後積み重ねられてきた教育実践記録、とりわけ日本教職員組合の教育研究全国集会リポートの収集と分析によってその課題の克服をめざそうとするのが、2020～2022年度科研費基盤研究（C）「3・11被災校における教育実践記録の収集と分析」（研究代表者：大森直樹、研究分担者：大橋保明）であり、本書はその調査研究成果の中間まとめに位置づくものでもある。本書に収録された地震・津波被災校で自然災害と向き合った教育実践記録23件、3・11受入校で自然災害と向き合った教育実践記録3件の計26件と地震・津波被災校一覧の往還により、未曽有の自然災害と向き合った地震・津波被災校等における教育実践への共感と理解を深めてほしい。

調査研究経過

○報告書等

国民教育文化総合研究所「東日本大震災・原発災害と学校」研究委員会編『「東日本大震災・原発災害と学校」研究委員会報告書（本編・資料編）』（全160頁・全162頁）、2016年

3　文部科学省統計では、2012年9月12日時点で、死亡が確認された児童生徒479人（岩手80人、宮城325人、福島74人）、行方不明は園児児童生徒学生と教職員をあわせて74人（岩手23人、宮城41人、福島10人）と公表されているが、学校ごとの児童生徒の死亡・行方不明の数は明らかにされていない。

大森直樹・大橋保明『研究資料集3・11後の教育実践（内部資料）第1巻　3・11被災校の拡がりと教育実践記録　解説編』（全127頁）、2020年

大森直樹・大橋保明『研究資料集3・11後の教育実践（内部資料）第2巻　地震・津波等被災校の教育実践記録』（全363頁）、2020年

○学会発表等

大森直樹・一木玲子・白石草・大橋保明「チェルノブイリ原発事故と阪神・淡路大震災をふまえた東日本大震災・原発災害下の学校の課題－3つの調査報告から」『日本教育学会第74回大会発表要旨集録』（お茶の水大学）、日本教育学会ラウンドテーブル、2015年

大森直樹・山口幸夫・大橋保明「花綵列島日本における教育・文化・社会の根本問題－3・11被災校の東北3県全数調査をふまえて」『日本教育学会第75回大会発表要旨集録』（北海道大学）、日本教育学会ラウンドテーブル、2016年

大森直樹・大橋保明「3・11後の教育実践－日教組教育研究全国集会リポートの分析から」『日本教育学会第78回大会発表要旨集録』（学習院大学）、日本教育学会発表、2019年

○科学研究費補助金等

2014～2015年度　国民教育文化総合研究所「東日本大震災・原発災害と学校」研究委員会（プロジェクトチーム：大森直樹、大橋保明、平山瑠子、一木玲子、神田英幸、山口幸夫）

2017～2019年度　科学研究費補助金基盤研究（C）「首都圏の学校における原発事故の影響と課題についての調査研究」（課題番号：17K04610、代表者：大森直樹、分担者：大橋保明）

2020～2022年度　科学研究費補助金基盤研究（C）「3・11被災校における教育実践記録の収集と分析」（課題番号：20K02509、代表者：大森直樹、分担者：大橋保明）

岩手県

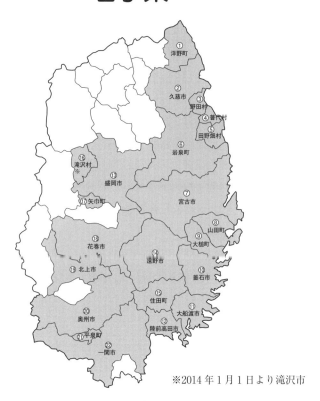

① 洋野町
② 久慈市
③ 野田村
④ 普代村
⑤ 田野畑村
⑥ 岩泉町
⑯ 滝沢村 ※
⑬ 盛岡市
⑰ 矢巾町
⑱ 花巻市
⑲ 北上市
⑦ 宮古市
⑭ 遠野市
⑧ 山田町
大槌町
⑩ 釜石市
住田町
⑪ 大船渡市
⑳ 奥州市
㉑ 平泉町
⑫ 陸前高田市
㉒ 一関市

※2014 年 1 月 1 日より滝沢市

所在自治体	学校名 （☆は原発被災校）	死亡・行方不明児童生徒数	死亡・行方不明教職員数	避難や他校再開等の場所	校舎損壊による他校間借等	児童生徒数（2010）	教員数（2010）	備考
1）小学校								
① 洋野町	種市			●		223	17	
	角浜			●		68	9	
② 久慈市	長内			●		273	17	
	平山			●		93	12	
	久喜			●		61	8	
③ 野田村	野田			●		206	14	
④ 普代村	普代			●		141	16	
⑤ 田野畑村	田野畑			●		189	13	
⑥ 岩泉町	岩泉			●		205	19	
	小本			●	●	88	10	
	小本小学校大牛内分校			●		9	4	2016.03閉校
⑦ 宮古市	宮古			●		248	19	
	鍬ケ崎			●		241	16	
	愛宕			●		45	10	2012.03閉校
	藤原			●		92	15	2020.03閉校→磯鶏
	磯鶏	1		●		306	18	
	山口			●		303	20	
	千徳			●		555	30	
	高浜			●		87	9	図表2参照
	花輪			●		164	13	
	津軽石			●		221	14	
	赤前			●		48	8	
	重茂			●		61	11	
	崎山			●		197	11	
	鵜磯				●	15	5	2014.03閉校→重茂

市	学校					児童数	学級数	備考
⑦宮古市	千鶏	2			●	30	8	2014.03閉校→重茂
	田老第一	1		●		218	18	
	田老第三			●		9	7	2019.03閉校→田老第一
⑧山田町	豊間根			●		134	11	
	大沢			●		124	11	2020.03閉校→山田
	山田北	2		●		94	11	実践10　実践12　実践14　実践19　実践21、2020.03閉校→山田
	山田南	1		●		301	17	2020.03閉校→山田
	織笠			●		64	10	2020.03閉校→山田
	轟木			●		49	7	2020.03閉校→山田
	大浦			●		47	8	2020.03閉校→山田
	船越				●	176	11	
⑨大槌町	大槌	3		●	●	282	18	図表2参照、2016.03閉校→大槌学園
	大槌北			●	●	225	16	2013.03閉校→大槌
	安渡			●	●	72	10	2013.03閉校→大槌
	赤浜			●	●	35	10	2013.03閉校→大槌
	吉里吉里			●		154	14	
⑩釜石市	釜石			●		187	16	
	双葉			●		292	21	
	白山	1		●		94	12	
	平田			●		214	15	
	唐丹				●	75	10	
	小佐野			●		345	21	実践17　実践24
	甲子			●		329	19	
	鵜住居	2	1		●	361	21	
	栗林			●		30	8	
⑪大船渡市	盛			●		140	16	
	大船渡			●		269	19	実践18
	末崎			●		232	15	
	赤崎				●	147	12	
	蛸ノ浦			●		71	8	図表2参照、2017.03閉校→赤崎
	猪川			●		345	23	
	立根			●		215	16	
	日頃市			●		68	10	
	大船渡北			●		230	21	図表2参照
	越喜来				●	73	11	
	崎浜			●	●	30	6	2012.03閉校→越喜来
	甫嶺			●		25	7	実践2　2012.03閉校→越喜来
⑫陸前高田市	高田	7		●		440	27	図表2参照
	気仙				●	94	11	
	長部			●		95	13	2013.03閉校→気仙
	広田			●		141	13	
	小友			●		95	12	
	米崎	1		●		152	12	図表2参照
	矢作			●		22	6	
	竹駒			●		54	9	図表2参照
	横田			●		54	8	
⑬盛岡市	仁王			●		426	27	
	城南			●		517	30	
	桜城			●		384	21	
	厨川			●		425	23	
	杜陵			●		295	17	
	山岸			●		607	33	
	大慈寺			●		174	13	
	米内			●		154	13	
	土淵			●		298	14	
	本宮			●		1,034	45	
	青山			●		648	33	
	北厨川			●		458	26	

市町村	学校						備考
⑬盛岡市	河北		●		168	14	
	上田		●		385	20	
	城北		●		756	39	
	大新		●		602	28	
	羽場		●		284	18	
	永井		●		354	17	
	手代森		●		292	21	
	津志田		●		724	42	
	見前南		●		332	17	
	北松園		●		356	19	
⑭遠野市	遠野北		●		384	27	
	青笹		●		117	11	
	鱒沢	1			41	7	
⑮住田町	世田米		●		154	13	
⑯滝沢村	滝沢第二		●		582	33	
	滝沢東		●		313	20	
⑰矢巾町	徳田		●		269	18	
⑳奥州市	水沢☆		●		810	43	
	姉体☆		●		252	16	
	藤里☆		●		71	11	
	広瀬☆		●		57	9	
㉑平泉町	平泉☆		●		308	20	
	長島☆		●		106	11	
㉒一関市	一関☆		●		651	33	
	山目☆		●		607	36	
	猿沢☆		●		82	9	

2）中学校

市町村	学校						備考
②久慈市	久慈		●		523	35	
	長内		●		288	30	
③野田村	野田		●		147	18	実践15
⑤田野畑村	田野畑		●		121	13	
⑥岩泉町	岩泉		●		129	15	
	小本		●	●	40	9	実践7
⑦宮古市	第二		●		155	17	
	河南		●		295	20	
	宮古西		●		253	19	
	花輪		●		87	16	
	津軽石		●		140	15	図表2参照
	重茂		●		54	9	
	田老第一			●	129	15	
	新里		●		89	12	
⑧山田町	豊間根		●		89	14	2020.03閉校→山田
	山田		●		538	32	実践5
⑨大槌町	大槌	2	●		349	25	2016.03閉校→大槌学園
	吉里吉里		●		100	11	
⑩釜石市	釜石		●		411	28	
	唐丹	1	●		62	13	
	甲子		●		141	17	
	大平		●		165	17	
	釜石東	1			217	17	
⑪大船渡市	第一		●		408	28	
	大船渡		●		294	24	
	末崎		●		152	16	
	赤崎			●	123	14	
	日頃市		●		53	12	2020.03閉校→第一
	綾里		●		78	12	
	越喜来		●		77	13	2020.03閉校→第一
	吉浜		●		45	11	2020.03閉校→第一
⑫陸前高田市	第一	2	●		298	30	図表2参照、2018.03閉校→高田第一
	気仙			●	93	13	2018.03閉校→高田第一
	広田		●	●	102	14	2013.03閉校→高田東

市町村	学校名							備考
⑫ 陸前高田市	小友	8			●	60	13	2013.03閉校→高田東
	米崎			●	●	77	11	2013.03閉校→高田東
	横田			●		28	11	2016.03閉校→第一
⑬ 盛岡市	下橋			●		245	22	
	下小路			●		601	40	
	厨川				●	631	39	実践26
	上田			●		441	39	
	河南			●		408	23	
	黒石野			●		467	31	
	城西			●		385	27	
	北陵			●		725	41	
	松園			●		319	23	
	見前			●		509	31	
⑭ 遠野市	青笹			●		117	12	2013.03閉校
⑮ 住田町	世田米			●		72	13	
⑱ 花巻市	花巻北			●		388	28	
⑲ 北上市	上野			●		407	31	
	東陵			●		148	14	
⑳ 奥州市	江刺第一☆			●		600	38	
㉒ 一関市	花泉☆			●		372	27	
	室根☆			●		160	14	
	県立一関第一高等学校附属☆			●		158	11	

3）高等学校

市町村	学校名							備考
② 久慈市	久慈			●		631	39	
	久慈工業	1	1	●		235	37	
	久慈東			●		626	70	
⑤ 田野畑村	岩泉高等学校田野畑校			●		16	9	2012.03閉校→岩泉
⑦ 宮古市	杜稜高等学校通信制宮古分室	1				203	10	
	宮古	1		●		723	53	
	宮古高等学校定時制			●		54	10	
	宮古北	1		●		131	25	
	宮古商業	1		●		456	41	2020.03閉校→宮古商工
	宮古工業			●	●	279	43	2020.03閉校→宮古商工
	宮古水産	3		●		345	44	
⑧ 山田町	山田	2		●		223	24	
⑨ 大槌町	大槌	6		●		349	29	実践22　実践23
⑩ 釜石市	釜石			●		573	46	
	釜石商工	5		●		533	62	
⑪ 大船渡市	大船渡	2		●		667	50	
	大船渡東	5		●		557	65	
⑫ 陸前高田市	高田	22	1	●	●	543	52	図表2参照
⑬ 盛岡市	盛岡第三			●		960	63	
	盛岡第四			●		845	59	
⑭ 遠野市	遠野			●		483	38	
	遠野緑峰			●		227	32	
⑮ 住田町	住田	1		●		184	20	
⑳ 奥州市	前沢☆	1		●		334	28	
㉒ 一関市	一関第一☆			●		714	53	
	一関第二☆			●		711	65	
	千厩☆			●		691	57	

4）特別支援学校

市町村	学校名							備考
② 久慈市	久慈拓陽支援学校	1				68	66	
⑦ 宮古市	宮古恵風支援学校			●		82	56	実践20
⑩ 釜石市	釜石祥雲支援学校			●		74	55	
⑪ 大船渡市	気仙光陵支援学校	2		●		110	77	
⑬ 盛岡市	盛岡青松支援学校			●		106	102	

岩手県　計

197校		89	5			51,845	4,413	

宮城県

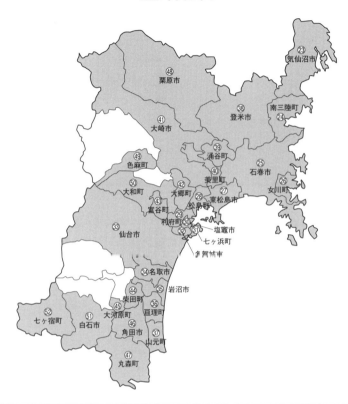

所在自治体	学校名 (☆は原発被災校)	死亡・行方不明児童生徒数	死亡・行方不明教職員数	避難や他校校舎再開等の場所	校舎損壊による他校校間借等	児童生徒数 (2010)	教員数 (2010)	備考
1) 小学校								
㉓ 気仙沼市	気仙沼			●		314	20	
	南気仙沼	1			●	357	20	2012.03閉校→気仙沼
	九条			●		313	19	
	鹿折	5				356	22	
	浦島			●		33	7	2013.03閉校→鹿折
	大島			●		116	11	
	松岩		1	●		436	23	**実践8**
	水梨			●		39	9	2019.03閉校→松岩
	唐桑			●		155	13	
	中井			●		97	11	
	小原木			●		68	13	2018.03閉校→唐桑
	大谷	1		●		214	15	
	津谷			●		247	20	
	馬籠		1	●		30	7	2017.03閉校→津谷
	小泉			●		100	11	
㉔ 南三陸町	志津川	1		●		457	26	
	入谷			●		103	15	
	戸倉	1	1	●	●	107	13	
	伊里前			●		151	13	
	名足				●	105	12	
㉕ 石巻市	石巻☆			●		284	19	
	住吉☆			●		205	18	
	門脇☆	7			●	301	20	2015.03閉校→石巻
	湊☆	1		●		204	16	
	湊第二☆	3		●	●	236	15	2014.03閉校→湊

自治体	学校							備考
㉕石巻市	釜☆	25		●		661	33	
	山下☆			●		233	18	
	蛇田☆			●		671	35	
	荻浜☆			●		21	6	2014.04休校、2018.03閉校→石浦
	東浜☆			●		34	9	
	渡波☆	7		●		453	24	
	稲井☆	1		●		295	20	
	向陽☆			●		461	26	
	貞山☆			●		275	18	
	開北☆			●		415	22	
	万石浦☆	2	1	●		397	19	
	大街道☆	2		●		416	21	
	中里☆			●		332	19	
	鹿妻☆	4		●		433	20	
	飯野川第一☆			●		152	14	2015.03閉校→飯野川
	大谷地☆			●		163	13	
	大川☆	74	10		●	110	11	2018.03閉校→二俣
	中津山第一☆			●		120	14	
	中津山第二☆			●		139	12	
	桃生☆			●		143	12	
	相川☆	1			●	72	11	2013.03閉校→北上
	橋浦☆	3		●		94	14	2013.03閉校→北上
	吉浜☆	7	1		●	48	11	2013.03閉校→北上
	広渕☆			●		169	16	
	須江☆			●		248	17	
	前谷地☆			●		103	13	
	雄勝☆	1			●	108	14	実践16
	船越☆				●	22	6	2013.03閉校→雄勝
	大須☆			●		13	6	2017.03閉校→雄勝
	鮎川☆			●		50	12	
	大原☆			●		41	9	
	寄磯☆			●		19	6	
	谷川☆				●	14	6	2012.03閉校→大原
㉖女川町	女川第一	2		●		239	22	2013.03閉校→女川
	女川第二			●		217	21	2013.03閉校→女川
	女川第四				●	17	7	2013.03閉校→女川
㉗東松島市	矢本東	2				616	31	
	大曲	11		●		424	21	
	赤井	1		●		166	18	
	大塩			●		230	18	
	矢本西			●		384	20	
	赤井南	1				245	17	
	宮戸			●		38	7	2018.03閉校→宮野森
	小野			●		133	12	2013.03閉校→鳴瀬桜華
	野蒜	9		●	●	211	15	2018.03閉校→宮野森
	浜市			●	●	168	13	2013.03閉校→鳴瀬桜華
㉘松島町	松島第二			●		165	14	
	松島第五			●		87	11	
㉙利府町	利府第二			●		335	20	
	しらかし台			●		278	19	
	青山			●		435	23	
㉚塩竈市	塩竈第一			●		302	21	
	塩竈第二			●		677	37	
	塩竈第三			●		538	34	
	月見ヶ丘			●		481	30	
	杉の入			●		451	28	
	玉川			●		359	26	
㉛七ヶ浜町	松ヶ浜			●		368	23	
	亦楽			●		348	21	
	汐見			●		519	33	
㉜多賀城市	多賀城			●		830	41	
	多賀城東			●		501	30	

市	学校名					児童数	学級数	備考
㉜ 多賀城市	天真			●		430	23	
	山王			●		767	37	
	城南			●		870	39	
㉝ 仙台市	東二番丁			●		151	14	
	木町通			●		472	28	
	立町			●		229	18	
	南材木町			●		346	21	
	東六番丁			●		406	22	
	荒町			●		455	26	
	片平丁			●		411	21	
	上杉山通			●		934	44	
	通町			●		354	22	
	連坊小路			●		499	28	
	榴岡			●		492	24	
	八幡			●		673	33	
	南小泉			●		492	25	
	原町			●		603	29	
	長町			●		886	39	
	向山			●		312	19	
	北六番丁			●		252	18	
	西多賀			●	●	586	30	
	中田			●		630	28	
	六郷			●		713	34	
	岩切			●		972	43	
	七郷			●		1,026	51	
	荒浜	1		●	●	91	11	2016.03閉校→七郷
	高砂			●		613	32	
	中野			●	●	159	12	2016.03閉校→中野栄
	岡田	1		●		245	19	
	東仙台			●		403	21	
	東長町			●		633	29	
	小松島			●		493	27	
	若林			●		312	21	
	国見			●		517	26	
	生出			●		67	11	
	宮城野			●		643	33	
	東六郷			●	●	49	10	2017.03閉校→六郷
	荒巻			●		405	21	
	鹿野			●		429	24	
	台原			●		638	29	
	四郎丸	1		●		392	22	
	新田			●		900	43	
	旭丘			●		359	20	
	遠見塚			●		357	21	
	中山			●		544	27	
	八本松			●		275	19	
	上野山			●		467	25	
	福室			●		815	36	
	北仙台			●		480	28	
	折立			●	●	383	20	
	八木山			●		483	26	
	鶴谷			●		386	20	
	幸町			●		323	21	
	大和			●		717	39	
	燕沢			●		403	20	
	大野田			●		705	36	
	桜丘			●		444	22	
	袋原			●		858	41	
	中野栄			●		557	28	
	沖野			●		552	30	
	八木山南			●		284	20	
	古城			●		410	22	
	太白			●		271	20	

市	学校							備考
	川平			●		538	30	
	芦口			●		267	19	
	蒲町			●	●	565	31	
	枡江			●		240	17	
	東四郎丸			●		405	22	
	人来田			●		252	18	
	西中田			●		680	31	
	鶴巻			●		447	26	
	東宮城野			●		200	14	
	沖野東			●		354	22	
	郡山			●		278	19	
	茂庭台			●		360	25	
	田子			●		503	29	
	貝森			●		110	10	2015.03閉校→国見
	幸町南			●		386	22	
	広瀬			●		648	31	
	作並			●		47	8	2020.03閉校→上愛子
	大沢			●		267	19	
	川前			●		484	27	
	吉成			●		423	21	
	湯元			●		95	13	
	七北田			●		735	35	
	野村			●		48	9	
	根白石			●		106	13	
	黒松			●		819	39	
	南光台				●	755	37	
	将監			●	●	509	27	
㉝仙台市	向陽台			●		947	41	
	将監西				●	303	20	
	南光台東			●		445	22	
	高森			●		203	15	
	松森			●		249	15	
	将監中央			●		412	21	
	泉ヶ丘			●		249	18	
	加茂			●		503	28	
	長命ヶ丘			●		344	19	
	八乙女			●		633	29	
	鶴が丘			●		240	16	
	寺岡			●		751	34	
	虹の丘			●		379	19	
	住吉台			●		457	24	
	館			●		600	30	
	松陵			●		76	12	2013.03閉校→泉松陵
	長町南			●		765	36	
	西山			●		321	22	
	南吉成			●		596	29	
	高森東			●		268	18	
	松陵西			●		347	21	2013.03閉校→泉松陵
	栗生			●		697	35	
	北中山			●		405	21	
	桂			●		466	25	
	柳生			●		869	38	
	市名坂			●		589	34	
	愛子			●		992	46	
	富沢			●		569	27	
	愛島			●		437	22	
	館腰			●		344	19	
	増田			●		767	36	
	不二が丘			●		413	22	
㉞名取市	下増田	5		●		299	17	
	閖上	1		●	●	293	20	2018.03閉校→閖上小中学校
	高舘			●		118	12	
	増田西			●		734	38	

市町村	学校名							備考
㉟岩沼市	岩沼			●		723	39	
	玉浦	1		●		345	20	
	岩沼西			●		1,037	50	
	岩沼南			●		664	33	
㊱亘理町	亘理☆			●		735	38	
	高屋☆	2				77	13	
	逢隈☆			●		597	29	
	荒浜☆			●	●	226	17	
	吉田☆			●		141	10	
	長瀞☆			●	●	270	22	
㊲山元町	山下☆			●		232	18	
	山下第一☆			●		113	11	実践4　実践9
	山下第二☆	1			●	205	14	
	坂元☆			●		143	14	
	中浜☆				●	59	11	2013.03閉校→坂元
㊳登米市	佐沼			●		721	35	
	米谷			●		159	15	
	石森			●		164	15	
	柳津			●		101	12	
	横山			●		73	11	
⑩美里町	北浦			●		150	14	
	中埣			●		129	12	
㊶大崎市	古川第一			●		607	32	
	古川第二			●		833	40	
	古川第三			●		604	30	
	古川第四			●		719	35	
	古川第五			●		714	34	
	志田			●		68	10	
	敷玉			●		149	13	
	富永			●		175	14	
	長岡			●		195	13	
	宮沢			●		120	12	
	東大崎			●		140	13	
	田尻			●		217	16	
	鹿島台			●		566	32	
㊷大郷町	粕川			●		68	13	2012.03閉校→大郷
㊸富谷町	富ヶ丘			●		439	24	
	東向陽台			●		938	47	
	成田東			●		781	35	
㊹柴田町	東船岡			●		364	22	
㊺大河原町	大河原南☆				●	272	21	
㊻角田市	角田☆			●		661	35	
	枝野☆			●		90	11	
	桜☆			●		175	12	
	横倉☆			●		202	15	
㊽栗原市	志波姫☆				●	382	24	
㊿大和町	宮床			●		55	9	
	小野			●		408	23	
51白石市	白石第一☆			●		466	28	
	白石第二☆			●		618	34	
	大平☆			●		85	13	

2）中学校

市町村	学校名							備考
㉓気仙沼市	気仙沼	1		●		345	26	
	条南			●		277	24	
	鹿折	1		●		231	19	
	大島			●		88	15	
	松岩			●		258	25	
	階上	3		●		167	19	
	面瀬			●		215	20	
	唐桑			●		193	22	
	小原木			●		33	15	2015.03閉校→唐桑
	小泉			●		52	12	2017.03閉校→津谷

市町村	学校名					児童数	学級数	備考
㉔南三陸町	志津川			●		313	28	
	戸倉	1	1		●	74	13	2014.03閉校→志津川
	歌津			●		178	18	
㉕石巻市	石巻☆			●		286	25	
	住吉☆			●		339	23	
	門脇☆	5		●		342	23	
	湊☆	3		●	●	246	23	
	蛇田☆			●		516	34	
	荻浜☆		1	●		27	14	
	渡波☆	6		●	●	505	29	
	稲井☆	1		●		178	21	
	山下☆			●		321	24	
	青葉☆	12		●		331	25	
	万石浦☆			●		242	19	
	飯野川☆			●		136	16	
	大川☆	3			●	58	15	2013.03閉校→河北
	河北☆			●		140	17	
	北上☆			●		107	15	
	河南東☆			●		234	19	
	河南西☆			●		215	18	
	雄勝☆				●	80	14	
	牡鹿☆			●		102	14	
㉖女川町	女川第一	2		●		246	24	2013.03閉校
	女川第二				●	11	12	2013.03閉校
㉗東松島市	矢本第一	4		●		561	42	実践25
	矢本第二	1		●		425	31	実践6
	鳴瀬第一			●		155	17	2013.03閉校→鳴瀬未来（実践13）
	鳴瀬第二	3			●	158	21	実践1　実践11 2013.03閉校→鳴瀬未来（実践13）
㉙利府町	利府西			●		382	25	
㉚塩竈市	塩竈第一			●		337	24	
	塩竈第二			●		389	26	
	玉川			●		463	38	
	浦戸			●		21	11	
㉛七ヶ浜町	七ヶ浜	1		●	●	306	24	
	向洋			●		342	30	
㉜多賀城市	多賀城			●		518	37	
	多賀城第二			●		413	28	
	東豊			●		292	25	
	高崎			●		606	42	
	塩竈市立第三	1		●		296	23	
㉝仙台市	仙台第一			●		637	36	
	仙台第二			●		326	25	
	三条			●		299	25	
	上杉山			●		456	29	
	五城			●		297	23	
	宮城野			●		672	40	
	東仙台			●		469	34	
	東華			●		396	29	
	五橋			●		631	37	
	愛宕			●	●	181	18	
	八軒			●		516	33	
	南小泉			●		477	29	
	長町			●		749	47	
	中田			●		566	33	
	六郷			●		383	26	
	七郷	2		●	●	480	29	
	高砂			●		623	34	
	岩切			●		394	31	
	西多賀			●		340	28	
	郡山			●		607	37	

市町村	学校							備考
㉝仙台市	台原			●		586	35	
	北仙台			●		311	25	
	鶴谷			●		302	21	
	八木山			●		451	30	
	中山			●		434	30	
	山田			●		335	26	
	蒲町			●		638	40	
	桜丘			●		331	24	
	中野			●		699	37	
	袋原			●		410	28	
	折立			●		353	27	
	幸町			●		497	30	
	沖野			●		416	28	
	人来田			●		168	19	
	西山			●	●	444	32	
	広瀬			●		828	49	
	大沢			●		390	26	
	吉成			●		238	21	
	七北田			●	●	582	34	
	根白石				●	94	17	
	八乙女			●		620	37	
	南光台			●		350	23	
	向陽台			●		465	27	
	加茂			●		409	30	
	将監東			●		363	25	
	鶴が丘			●		223	15	
	寺岡			●		337	22	
	南光台東			●	●	199	18	
	長命ヶ丘			●		156	19	
	富沢			●		911	52	
	南中山			●		461	33	
	茂庭台			●		234	20	
	高森			●		301	21	
	田子			●		318	23	
	住吉台				●	339	29	
	松陵			●		140	17	
	柳生			●		780	50	
	館			●		291	22	
	広陵			●		85	16	
㉞名取市	名取第一		1	●		557	38	
	増田	3		●		452	32	
	閖上	14		●	●	154	17	2018.03閉校→閖上小中学校
	名取第二			●		499	31	
㉟岩沼市	岩沼			●		447	32	
	玉浦	2		●		165	16	
	岩沼北			●		264	22	
	岩沼西			●		452	35	
㊱亘理町	亘理☆			●		466	30	
	逢隈☆			●		303	20	
	荒浜☆			●	●	145	16	
	吉田☆			●		114	14	
㊲山元町	山下☆	4		●		287	23	
	坂元☆	2		●		110	15	
㊳登米市	登米			●		138	16	
	石越				●	157	16	
㊴涌谷町	涌谷			●		355	25	
㊵美里町	南郷			●		169	18	
	不動堂			●		219	20	
㊶大崎市	古川			●		635	40	
	古川西			●		207	22	
	古川北			●		244	21	
	古川東				●	548	36	
	古川南			●		396	28	

市町村	学校名							備考
㊶大崎市	田尻			●		355	24	
㊷大郷町	大郷			●		202	21	
㊸富谷町	富谷第二			●		291	24	
㊺大河原町	大河原☆			●		606	41	
㊻角田市	角田☆			●		424	28	
	金津☆			●		113	15	
㊼丸森町	丸舘☆			●		220	21	2012.03閉校→丸森
	丸森東☆				●	50	12	2012.03閉校→丸森
㊽栗原市	志波姫☆			●		166	20	
㊿白石市	白石☆			●		326	28	
51白石市	福岡☆			●		169	18	
52七ヶ宿町	七ヶ宿☆			●		40	11	

3）中等教育学校

市町村	学校名							備考
㉝仙台市	仙台青陵中等教育学校			●		522	45	

4）高等学校

市町村	学校名							備考
㉓気仙沼市	気仙沼	1		●		832	57	
	気仙沼西	1		●		360	32	2018.03閉校→気仙沼
	気仙沼向洋	1			●	353	48	
	本吉響	1		●		340	43	
㉔南三陸町	志津川	3			●	413	43	
㉕石巻市	石巻☆	1				711	51	
	石巻好文館☆	2				598	49	
	石巻商業☆	10		●		594	53	
	石巻工業☆	2				709	70	
	水産☆	4			●	393	58	
	市立女子☆			●		581	45	2015.03閉校→市立桜坂
	市立女子商業☆	5	1	●		354	42	2015.03閉校→市立桜坂
	石巻北☆	6		●		641	56	
㉖女川町	女川		1			166	27	2014.03閉校
㉗東松島市	東松島	3				310	51	
	石巻西	9		●		591	42	
㉘松島町	松島	2				584	45	
㉙利府町	利府	1				831	70	
㉚塩竈市	塩釜	2				1,226	86	
㉜多賀城市	貞山	2				491	54	
㉝仙台市	仙台第三	1				956	64	
	宮城第一	1				848	72	
	仙台三桜	2				840	58	
	仙台南	1				833	59	
	仙台東	1				833	56	
	工業	1				947	91	
	宮城野	1				833	75	
	市立仙台工業	1				775	113	実践3
㉞名取市	農業	3			●	693	80	
	名取北	2				827	56	
㉟岩沼市	名取	1				824	56	
㊱亘理町	亘理☆	10		●		532	51	
㊳登米市	登米			●		470	39	
	上沼			●		192	34	2015.03閉校→登米総合産業
	米谷工業	1		●		355	55	2015.03閉校→登米総合産業
㊺大河原町	柴田農林☆	1		●		420	58	
㊼丸森町	伊具☆	1				359	51	
㊾色麻町	加美農業			●		278	53	
51白石市	白石工業☆	1				693	76	

5）特別支援学校

市町村	学校名							備考
㉕石巻市	石巻支援学校☆	4				158	86	
㉞名取市	名取支援学校☆	1				271	114	
㊻角田市	角田支援学校☆		1			110	67	

宮城県　計

452校	351	21			171,344	12,006	

39

福島県

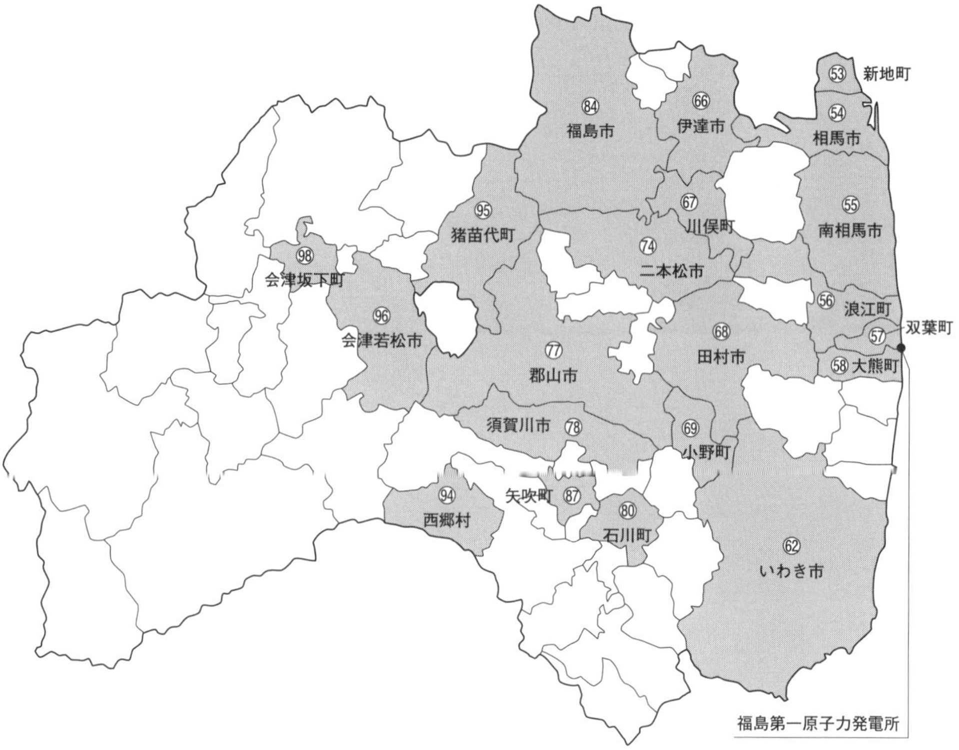

所在自治体	学校名（☆は原発被災校）	死亡・行方不明児童生徒数	死亡・行方不明教職員数	避難や他校再開等の場所	校舎損壊による他校間借等	児童生徒数(2010)	教員数(2010)	備考
1）小学校								
(53) 新地町	新地☆	2				230	19	
(54) 相馬市	磯部☆	11				117	12	
(55) 南相馬市	高平☆	2				193	15	
	大甕☆	5				204	15	
	鹿島☆	2				317	20	図表２参照（２巻）
	真野☆				●	75	9	2014.03閉校→鹿島
	八沢☆	1		●		120	11	
	上真野☆			●		141	13	
(58) 大熊町	熊町☆	1				333	17	
(62) いわき市	郷ヶ丘☆			●		502	25	
	中央台北☆			●		448	25	
	中央台南☆			●		370	20	
	豊間☆	2			●	202	14	
	高久☆			●		163	12	
	四倉☆			●		399	20	
	鹿島☆			●		322	18	
	江名☆			●		170	12	
	永崎☆				●	289	18	
(66) 伊達市	梁川☆				●	520	27	
	保原☆				●	768	37	
(67) 川俣町	川俣南☆			●		188	15	
(68) 田村市	菅谷☆				●	78	10	2016.03閉校→滝根
(69) 小野町	浮金☆				●	34	7	2020.03閉校→小野

市	学校							備考
⑧④ 福島市	北沢又☆			●		626	28	
	下川崎☆				●	96	11	

2）中学校

市	学校							備考
⑤④ 相馬市	中村第二☆	1				246	23	
	磯部☆	5				70	16	
⑤⑤ 南相馬市	原町第二☆			●		319	24	
	原町第三☆	1				163	16	
	鹿島☆	3		●		297	22	
	小高☆	4				386	25	
⑤⑥ 浪江町	浪江東☆	2				179	15	2018.04休校→なみえ創成（実践30（2巻））
⑥② いわき市	中央台北☆			●		474	29	
	豊間☆	1			●	128	14	
	藤間☆			●		170	14	
	四倉☆				●	377	23	
	湯本第二☆			●		90	12	
	田人☆	1				33	13	
⑥⑥ 伊達市	梁川☆			●		594	37	
	松陽☆			●		238	21	
	桃陵☆			●		474	31	
⑥⑦ 川俣町	川俣☆			●		392	26	
⑥⑨ 小野町	浮金☆			●		31	10	2014.03閉校→小野
⑦⑦ 郡山市	逢瀬☆			●		121	14	
⑦⑧ 須賀川市	長沼☆	1				179	14	

3）高等学校

市	学校							備考
⑤③ 新地町	新地☆	9				202	22	
⑤④ 相馬市	相馬☆	2		●		705	54	
	相馬東☆	7		●		712	64	
⑤⑤ 南相馬市	原町☆			●		708	47	
	相馬農業☆	1				332	47	
	小高工業☆	6	1			588	59	2017.03閉校→小高産業技術
⑤⑥ 浪江町	浪江☆	1				315	33	2017.04休校
⑤⑦ 双葉町	双葉☆		1			469	36	2017.04休校
⑥② いわき市	磐城☆			●		959	69	
	磐城桜が丘☆			●		954	68	
	平工業☆			●		814	80	
	平商業☆			●		825	64	
	湯本☆				●	951	65	
	いわき海星☆	1			●	407	54	
	磐城農業☆	1			●	457	54	
	好間☆			●		347	30	
⑥⑥ 伊達市	梁川☆			●		253	30	
⑥⑦ 川俣町	川俣☆			●		321	46	
⑥⑨ 小野町	小野☆			●		464	51	
⑦④ 二本松市	安達☆			●		712	50	
	二本松工業☆			●		585	64	
	安達東☆			●		267	32	
⑦⑦ 郡山市	郡山北工業☆			●		833	80	
	あさか開成☆			●		640	58	
⑧④ 福島市	福島商業☆			●		715	53	
	福島西☆			●		830	63	
	福島北☆			●		716	64	
	福島南☆			●		715	58	
⑧⑦ 矢吹町	光南☆			●		719	77	
⑨⑤ 猪苗代町	猪苗代			●		226	25	
⑨⑥ 会津若松市	葵			●		836	53	
	会津工業			●		713	79	
⑨⑧ 会津坂下町	坂下☆			●		269	21	

4）特別支援学校

市	学校							備考
⑤④ 相馬市	相馬養護学校☆			●		68	48	2017.04相馬支援学校

㉒ いわき市		平養護学校☆			●			106	114	2017.04平支援学校
		いわき養護学校☆			●			234	142	**実践11（２巻）**、2017.04いわき支援学校
⑰ 郡山市		郡山養護学校☆			●			162	152	2017.04郡山支援学校
		あぶくま養護学校☆			●			350	181	2017.04あぶくま支援学校
		あぶくま養護学校安積分校☆				●		30	24	2017.03閉校
⑳ 石川町		石川養護学校☆			●			112	86	2017.04石川支援学校
㉔ 福島市		聾学校福島分校☆			●			15	14	2017.04聴覚支援学校福島校
		大笹生養護学校☆			●			171	117	**実践11（２巻）**、2017.04大笹生支援学校
㉞ 西郷村		西郷養護学校☆			●			94	68	2017.04西郷支援学校
㉟ 猪苗代町		猪苗代養護学校☆			●			35	34	2017.04猪苗代支援学校
㊱ 会津若松市		会津養護学校			●			202	117	2017.04会津支援学校

福島県 計								
90校	73	2			33,004	3,676	

東北3県 計								
739校	513	28			256,193	20,095	

1　狼煙とともに
ー学校・地域・人間の復興に向けて

〔宮城県東松島市 中学校〕

制野　俊弘

1　3・11ー廃墟からの出発

　約80名の子ども・保護者とともに足下に迫る濁流に死を覚悟した日から10ヶ月あまり。今は海も川も何事もなかったかのように穏やかに陽光を反射させている。学校は「余景（よけ）の松原」と呼ばれる国有林に囲まれていた。白砂眩しい野蒜海岸を眼前に、西に日本三渓の一つ「嵯峨渓」を、東に遠く牡鹿半島を望む。

　3・11の震災はまさしく「激甚」と呼ぶに相応しいものだった。家が押しつぶされ車が流れていく光景はもとより、地形そのものが変わる地殻変動を私たちは目撃した。鳴瀬川の河口は数倍に広がり、宮戸島の道路は海水によって挟られた。

　私は卒業式後の「祝う会」を学校近くの海から150mほどの施設で行っていた。経験したことのない長く激しい揺れの後、私たちは一階から四階へと駆け上がった。すぐに10mの津波警報をキャッチし、さらに屋上へ。約200人の客は極寒と猛吹雪の中を着のみ着のままで耐えた。やがて四階へ再移動し警報が解除されるのを待った。「津波がきた！」間もなく子どもが叫んだ。松原の間から濁流がなだれ込み、一気に松林をなぎ倒し、車や家々を飲み込んだ。自宅の見える保護者は呆然自失となった。やがて雪もやみ、真っ赤な夕焼け空と共に月明かりの綺麗な夜がやってきた。わずかに照らし出される破壊された町。いつしか小さな火の手があがったが、それを消す者は誰もいない。

　翌日の夕方、ようやく施設を脱出した。私たちは多くの瓦礫を乗り越え、徒歩で野蒜小学校へ向かった。地上を歩くことさえ恐ろしかった。行き交う人々の中に子どもの姿を探した。自衛隊による捜索は既に始まっており、亡骸が次々と運ばれてきた。それを覆う毛布の間からは泥にまみれた頭髪や裸足がのぞいていた。

　その後の一週間は凄まじかった。子どもの安否確認、食料の確保、衛生状態の維持・管理、再避難の会議、移動手段の確保、教職員の職務一覧表の作成…筆舌に尽くしがたい惨状の中で私たちは4日間をその小学校で過ごした。部屋には昼夜問わず親族を捜す人たちが訪ねてきた。「○○という一歳の子ども知りませんか？」胸を締め付けられながら首を横に振るしかなかった。

　私自身は妻の安否が不明だったため家族の心を鎮めるのに必死だったが、自転車やヒッチハイクで移動しながら避難所に食料や布団を運んだ。自分の子どもたちに手書きのチラシを作らせ近所に配布した。また、教育委員会に行って「壊滅した学校に450人もの避難者がいるのは危険だ」と訴えた。二次避難を決める会議では故郷から遠ざかる不安と寂しさ、そして見つからない親族を置いていくこ

との悔しさが訴えられた。しかし、危険な場所から遠ざかることが再起への第一歩であると決意して移動を決めた。前進のための撤退−みんな生きるのに必死だった。

　その後、子どもの避難先・連絡先の情報収集、高校受験の事後処理、必要な物資の調査・調達、スクールバスルートの設定、終業式・始業式・入学式の準備と波状的に仕事に追われた。津波による家屋の被災率は83.5%に上り、当初は40%近い保護者が何らかの形で離職を余儀なくさせられた。死亡した子どもは全校156名中3名、亡くなった保護者は10名に及び、その他の親族に至っては数え切れない。70% 近い子どもたちが自宅外通学を余儀なくさせられている。学校も壊滅的な被害を受け、現在は鳴瀬第一中学校を間借りしている。

2　狼煙

　8月27日。この日は私たちにとって忘れられない日となった。学校が津波によって壊滅的な被害を受け、本当に何もなくなったあの日から169日目。火は再び灯った。

　「地域復興祈念大会」と銘打った親子大運動会が盛大に開催された。間借りの校舎、借り物の道具、遠方からの通学、物理的な地域の消滅…マイナス材料は数え切れなかったが、子どもたちの「地域復興の狼煙を上げる」という意気込みは最後まで萎えなかった。準備は夏休み前から行われた。私はまず職員会議でなぜ運動会をするのかという点を訴えた。例年であれば目的の吟味はほどほどにすぐに中身の議論に入るのだが、今年は違った。地域の方々の再会の場＝地域復興の第一歩であること、そして将来この地域を支える人間として必要な力（村を捨てない学力）を身に付けさせたいと訴えた。私は学校にとって地域がいかに大切か、地域が崩壊すれば子どもの立ち位置が不透明になり、支え合いの基盤が脆弱になることを伝えたかった。普段はあまり意識することのない地域と子どもと学校の関係を他の教職員たちと真剣に考える機会にしたかった。

　ひとつ心配だったのは物理的に地域がなくなった中で、保護者や地域の方々が心から賛同し参加してくれるだろうかということだった。心のつながりが唯一の支えであり、それが切れているのではという不安もつきまとっていた。

3　白馬に乗った王子と聖火

　実行委員会でオープニングについて話し合っていたところ、Hが「白馬に乗って入場行進をするのはどうか」という意見を出してきた。さらに、聖火リレーを行ってはどうかという教師側の提案に子どもたちは賛同してくれた。しかし、「どのように火をつけるか」ということが問題になった。マッチやライターで火をつけるのは簡単だが、オリンピックの聖火は元々太陽から採火している。どうにかして火を起こすことはできないか。

　すると突然、普段はおとなしいYが発言した。「鏡を使って光を集めてはどうか」。全校生が鏡を持ち、光を一点に集中させ、発火させる−私はこれらの意見を「いいぞいいぞ」と思いながら聞いていた。そして、感動を覚えた。情景が目に浮かぶ。実行委員長が馬に乗って堂々と行進する姿、全員の光に集中させた視線、それを見守る観衆、発火した瞬間の歓声…実現したらさぞ感動するだろう。Yの発想は運動会の趣旨とマッチしていた。この発言は実行委員会の議論が少しずつ醸成してきていると実感した瞬間だった。また、聖火は誰がつなぐかということも徹底的に議論した。子どもたちから

匿名で先生たちや地域の代表という声が挙がる。私は子どもたちの議論が形式化していることが気になった。「あなたたちは聖火リレーでどんなメッセージを送りたい？」。聖火リレーで発するメッセージとは何か。そして、それはどうすれば伝わるのだろうか。

　私は具体的な名前を挙げて聖火リレーのメンバーを決めさせようと思った。震災で傷ついた人々の心の傷を癒し次のステップを踏み出すため必要なのは、やはり「人」だと考えたからだ。具体的な「人」を挙げることで震災からの再生を決意させたかった。

　特に、生徒会長のAには特別な思いがあった。今回の震災で自らも津波にのまれ、かろうじて生き延びた。しかし、住職である父親を出来上がったばかりの本堂や自宅とともに亡くした。それでも悲しみの淵で生徒会長の役割をまっとうし、折れそうになる心と体を必死で支え、残された母親とともに再起を誓っていた。

　そのAが自分の住んでいた地区の区長を推薦してきた。「震災の後、住民のために一生懸命働いてくれたから」という理由だったが、それだけではないだろう。多くの檀家と共に命を落とした父親と震災後に奮闘する区長の姿を重ね合わせていたのかもしれない。

　また、Sさんの名前が挙がった。Sさんは津波で妻と長男を失い、失意のどん底だったにもかかわらず、避難所の運営に奔走し地域住民の命と安全を守ってきた。私は避難所生活の中でSさんの笑顔に何度救われたかわからない。避難所の本部には雑多な要求が舞い込む。避難者の要望や苦情を一手に引き受け、食料や水、衣類や薬品の配給に奔走した。私は数日過ごしただけで惚れ込んでしまった。悲しみを乗り越え住民のために尽くしたSさんが聖火を持って走ることはそのまま復興のシンボルになると考えた。結局、本校の校長とPTA会長、間借りしている中学校の校長、地元出身の教育委員長、Sさん、Aの推薦した区長、そして生徒会長のAと決まった。それぞれ震災直後から学校の再開に奔走した方々であり、これからの町づくりの中心となる方々である。どんなメッセージを発するか－子どもたちの思いは少しずつ高まっていった。

4　「おらほの校庭をつくるべ」

　運動会直前、私たちは長雨に悩まされた。校庭の状態が悪く、予報も雨続きのため整備用の土か砂を用意しなければと職員室で話をしていた。するとある先生がこう言った。「砂なら学校に行けばいくらでもあるべっちゃ」「んだ。運べばいいんだ」。職員室がにわかに色めき立った。「砂持ってきて撒けばおらほの校庭とおんなじだ。おらほの校庭つくるべ」。校長の動きが最も早かった。すぐに市役所に連絡し市の軽トラックを借りる手はずを整えた。午前と午後の日程を入れ替え、先生方6人で砂を取りに行くことにした。おのおのジャージに着替えて準備を整えた。

　被災した私たちの学校の校庭は元々砂地だった。私たちはスコップを片手に次々と砂をトラックに積んだ。厳しい日差しの中、校長も私たちも大粒の汗をかきながらの作業を進めた。ガラスが混じっていないかを確認する。ずしりと重い砂。

　やがてトラック一杯に砂が積まれた。間借りの中学校に戻り、まだ水の浮いている校庭に砂を撒き始めた。職員室からも応援が続々と出てくる。「おらほの校庭」づくりは大変だったが、みんな笑っている。泥に足を踏み入れながら砂を撒く喜びは何とも言えない。ある先生の突然の発言から生まれた一体感。先生方の目には確かに以前の学校の姿が映っていた。校長は先頭を切って作業をしてい

る。女性の教員たちから「こういうのがいいんだよね」と笑みがこぼれる。約2時間の作業を終える。何とも言えない感動を共有。先生方の並々ならぬ意欲を感じた瞬間だった。

　この「砂運び」は職員室のムードを一変させた。私たちは津波で全てを失った訳ではなかった。まだ私たちにも残されたモノがあった。この試みは全教職員に勇気を与えた。

5　馬、採火式、聖火リレー

　結局、馬は無償で二頭提供してもらった。そのうちの一頭は震災でかろうじて生き残った馬で、背中や足には痛々しい傷口があった。実行委員長のKはこの馬に乗って入場することとなった。

　採火式は鏡での集光を断念し、地元・奥松島縄文村から火おこし器を借りることにした。しかし、この火おこしが簡単ではない。力の入れ具合では5分も10分もかかってしまう。種火をおがくずに移すのだが、練習段階での子どもたちの発火率は5割といったところ。はたして採火式はうまくいくのか。火の神候補たちの特訓は一週間続いた。迎えた当日、絶好の運動会日和。朝6時。地区の人たちがテントを立て始めた。津波以来、初めて地区ごとに人々が集まる。トラックを囲むように少しずつテントが立てられていく。何とも言えない。借り物のテントではあるが、かつての光景が蘇っていく。なくなった地域が再生していく。

　午前8時。待望の馬が到着。いよいよオープニングの準備が整う。聖火台と手作りのトーチ、そして火おこし器も準備万端。

　午前8時45分。馬に乗った実行委員長のKを先頭に、入場開始。続いて生徒会旗を身にまとったA。観客・来賓・子どもたちの視線が2人に注がれる。たくさんのシャッター音が響く。

　いよいよ採火式。火の神に推薦されたRが2人の火の子を従えてトラックの中央に進み出る。子どもたちは車座になって取り囲む。そして、火をおこし始める。少しずつ煙が起き始める。実は総練習ではうまくつけられなかった。見守る子どもたちも緊張感に包まれる。トラックの外側で見守る保護者たちも固唾を飲んで火がつく瞬間を待つ。

　種火をおがくずに移すまで何分かかっただろう。ここからが勝負。横から酸素を吹き込む。吹きすぎればおがくずが飛ぶ。逆に供給する酸素が少なければ種火はすぐに消えてしまう。すかさず火の子が手で周囲を覆う。「この方がつきやすい」。これは練習の中で培ったコンビネーションだ。顔を覆うくらいの煙が上がる。実行委員の子どもたちは知っている。ここでひるむと火は消える。Rは必死で吹き続ける。ぽっと火が上がった。慌てた校長がトーチを差し出した瞬間、火が消えた。Rが再び吹き始める。同じ動作を繰り返し、何十秒かたち、また火が上がる。今度はしっかりした火だ。校長のトーチにしっかりと移された。トーチを掲げた校長の目から涙がこぼれ落ちる。

　校長から始まった火が次々と地域の人たちにつながれていく。その時、予期せぬ出来事が。ランナーがトーチの受け渡しと同時に握手を交わしていったのだ。私は涙が溢れてきてどうしようもなかった。他の先生方も泣いていた。

　そして、聖火がSさんに渡り、走り始めた瞬間、私は思わず叫んだ。「Sさん、かっこいい！」。命からがら逃げてきた日から169日目。命をつないできた仲間！いつも被災者の傍らにいたSさん。どんな苦情や不満にもめげず、避難所を取り仕切ってきた。硬い床に毛布一枚で本部に詰める姿を私は今でも忘れられない。生き残った娘さんと2人で生きていく先には必ず希望が見える。

最後のランナーはA。観客も子どももみんな知っている。彼が背負っているものを。いろんな思いを背負ってAは聖火台の前に立った。「これより点火します」のアナウンスの後、火は高々と燃え上がった。同時に花火が打ち上がる。人間の可能性、人間の命の尊さ、人間の生きる力を象徴するように火は赤々と燃え上がった。私たちは負けないと誓い合う瞬間だった。

「鳴二の復興ののろし」
　聖火リレーは何か僕に期待を持たせてくれました。火の神が火をおこした瞬間、会場から拍手がおこりました。とりはだが立ちました。中学校の運動会の開会式とはこんなに緊張するものなんだと思いました。…聖火リレーがはじまってから静かだったお客さんからも拍手や笑顔がありました。開会式なのにまるでクライマックスのような盛り上がりでした。僕は端で見ていましたが、みんなに囲まれているような、誰かがすぐ後ろにいるような、そんな感覚になりました。
（D）

　今回の震災で最愛の祖母を亡くしたDは足のけがのため運動会を本部テントの中から眺めていた。入場時のアナウンスを務めながら、外から運動会を眺めていた。そのDが「みんなに囲まれているような」感覚、「誰かがすぐ後ろにいるような」錯覚を覚えた。自分もみんなの輪に加わっているのだろうか。とりはだが立つ経験の中で、運動会の感動をみんなと共有したのだろう。

「聖火がついた瞬間」
　火の神登場。…練習のときは火がなかなかつかなくて、冬ならすぐつくだろうなと思って見ていました。運動会当日、火の神登場。…そして、火の神が座り、火おこしを始めました。すぐにけむりがあがって火がつきそうというところで火おこし器のスピードが少しずつ落ちてきた。練習のときとは違いみんな真剣な顔で見ていた。火がついたときなぜか自然に拍手していました。そのときのことを話していると、お母さんが、「宮戸の子にやらせればすぐつくのに」と言ってました。私は（そんなこと言うなよ）と思いました。（O）

　宮戸の子どもは小さい頃から火おこしを体験している。だから宮戸の子どもにつけさせればいいという母親に対して、Oは「ちょっと違うんじゃないか」と感じている。Oは知っている。不慣れな火の神役のRは特訓をして何とか当日採火できたことを。物理的に火をおこすなら何もマッチやライターでつければいい。しかし、今回はそうではなく人間の手によって火をおこし、人間の文化の原点を披露したかった。だから火は簡単につかない方がいいのだ。あの緊張感の中でこそ人間の営みの尊さがわかるのだ。何回もチャレンジする姿こそ今後の復興に希望と勇気を与える。Oはそのことを直感して母親に小さな抗議をしたのだ。
　「火」は人間の生きる証でもあり、あらゆる文化の源だ。火は人間の営みの象徴なのだ。人知を超えた災害ではあったが、これからも人々はこの厳しい自然と共に生きていかなければならない。今回の「火」はその人間的営みの再開を象徴するものだった。この意味ある「火」をおこし、つないだ経験はきっと子どもたちの中に何かを残すはずである。

「火おこし」

　「これから皆さんを代表して希望の火をおこします」のアナウンスと共に火の神であるＲが真剣に火おこしをしていました。その時、私は「火がつきますように」と願いました。きっと皆も私と同じように願ったと思います。その時、皆が一つになったような気がしました。私は真剣に火おこしをしている姿を見て「復興ってすごい事だな」と思いました。私も復興に向けて勉強をがんばり、地域の手伝いをしたりして、将来人の役に立ちたいなと思いました。（Ｅ）

　「復興ってすごい事だな」というのはみんなの実感だ。被災地を見て感じることは「総力戦になる」ということだ。あらゆる人があらゆる知恵と努力を惜しみなく発揮しないかぎり、復興は成し得ないということだ。それと今の中学生や小学生が成人してもその道のりは確実に続くということである。その時、今の中学生たちはどんな力を発揮するだろうか。そして、この運動会がどんな意味を持ち得るのか見守り続ける義務が私たちにはあると思う。

「希望の乗った紙ひこうき」

　紙ひこうきを飛ばすシーンが心に残りました。一人一人の希望の乗った紙ひこうき。一人一人どんな想いで紙ひこうきを飛ばしたのか。飛ばした時は、みんな明るい顔をして飛ばしていました。そんなシーンを見て私は（これで復興に近づけた）と確信しました。私が紙ひこうきを飛ばす際に考えていたことは、「今できる事を少しずつやっていこう」ということです。…来年は運動会に参加している地域の方、先生や来賓、子ども全員が紙ひこうきを飛ばしたいです。そして、「復興に近づいた」という気持ちを運動会に参加した人、全員で体感したいです。（Ｇ）

「紙飛行機」

　私は閉会式で紙飛行機が飛んで行くシーンが印象に残りました。全員が一斉に飛ばした紙飛行機は地面に落ちてしまったけどそれぞれの想いは上へ上へ遠くまで飛んで行ったと思います。あの紙飛行機は復興の第一歩を示してくれたように思います。みんな同じ紙で作った飛行機ですが、人それぞれ違う想いを込め違う折り方の人もいました。飛んでいるのは白い紙だけど、今思えばあの飛行機はきれいに自分色になっていたと思います。（Ｍ）

　幼い弟を亡くしたＧ。その後、長引く避難所生活の中で一家は苦労を重ねてきた。だからみんなで飛ばした紙飛行機に特別の思いを抱いたのだろう。中学生がやれることは微力かもしれない。しかし、普通に登校し普通に学び普通に家庭に帰っていくことがいかに幸せか－日常に潜む何気ない「奇跡」を彼女は知った。復興に時間がかかることも知っている。だからこそ復興への思いを全員で共有したいのだ。これはＧのみならず、地域みんなの共通の思いでもあるのだ。

　最愛の母親を失ったＭ。「上へ上へ」という想いは人一倍強かったことだろう。真っ白い飛行機を自分色に染め上げて飛ばしたという想いは痛いほど伝わってくる。おおらかで包み込むような母親の面影を残すＭは本当に母親似だ。常に気遣いのできるＭの優しさは母親の生き形見だ。天まで届くほどの思い出を抱いて飛行機を飛ばしたのだろう。

「聖火リレー」

　私が印象に残っているシーンは開会式での聖火リレーです。特に、7人の方で繋いでいくシーンでは、震災でつらかったことや避難所での生活などを思い出し、感極まってしまいました。そして、火が次の人へ次の人へと灯っていくにつれて復興への希望の光が増えていってるように見えました。それから、火が聖火台についたときの地域の人たちの歓声を聞いたときには、地域の人たち、先生方、そして鳴二中生の気持ちが共有できた気がしました。ただ一つ残念だったのは、今回の震災で亡くなってしまった3人と一緒に聖火リレーで灯された火を見れなかったことです。（K）

　この震災で母親を失ったK。避難所生活でどんどんやつれていき、巡回の度に心配な子どもの一人にあげられていた。そんなKが「つなぐ」をテーマに作文を書いてきた。実はこれは私の隠れたテーマだった。バトンをつなぐ、思いをつなぐ、そして命をつなぐ－地域復興もいろいろなものをつないで行われる。私も聖火がつながる度に胸に去来するものがあった。震災で亡くなった教え子たち、無力感の中で呆然と立ち尽くす人々、それを励まし復興にいち早く立ち上がった人々の強さ、それを側面から支える全国からの支援…すべての人々の中にあの震災のシーンが浮かび上がったに違いない。つながれた「火」はそれを少しずつ克服し、立ち直っていく人々の暮らしを象徴していた。物質的な豊かさだけではない、すべての人々が心の安穏を求めて一歩一歩前進する姿を暗示していたように私には感じられた。

「希望の炎」

　火の神が入場するとき、炎がつくのか不安な点もありましたが、火がつくとともに、頑張れと心の中で何回も思いました。そして炎が灯ったとき、これは津波の犠牲者と私たちの希望の炎、希望の光なんだと思いました。聖火に炎が灯り、聖火リレーをするとき私はいろんな人に支えられ、たくさんの人に笑顔をもらってここに自分がいるんだな、だから笑っていられたんだなと震災当時のことを思い出しながらとても感動しました。この運動会にはちゃんと意味があるのだと思いました。運動会の最後の紙飛行機を飛ばしたとき、生き残った自分達は亡くなられた方々の分まで精一杯生きようと思いました。（Z）

「運動会で印象に残ったこと」

　私が印象に残ったのは聖火リレーを終え、聖火が聖火台に灯される場面でした。火の神が必死になってつけた聖火を校長先生から地域の方々へ順々につないでいく所に、運動会の成功と東北、地域の復興への祈りが込められているんだなと思いました。そして、その聖火が聖火台へと移されるとき、その聖火が燃え上がったときに、これからがんばっていかないと、と思いました。そしてこの聖火がどれほどの人々の思いや復興への祈りがこめられてるのかなあと思いました。聖火から黒い煙が立ち登っていくのを見たとき、死んでしまった人々、鳴瀬二中の子どもだった人達の供養に少しでもなっているのかなあと思いました。私にとってあの聖火はこの運動会、この地域、そして私たちにとっては大切な意味があるものだと思いました。（T）

「この運動会にはちゃんと意味があるのだ」—「意味」の見つけにくい授業や出来事がいかに多いことか。子どもたちが求めているのはこの「意味」なのだ。矢部氏は「意味の貧困」が学習の成立を妨げ、生活の改善・向上を阻止していると言う。「意味の貧困」— 何の意味があるのかということを教師が手際よく説明したところで、子どもが本当の意味でそれを理解することはできない。何のために、誰のために、なぜそれを行うのか — この「意味」を子ども自身が体験を通して見い出さない限り、主体性は育たない。「意味を問う」ことこそ中学生の生活課題を自覚する第一歩なのだ。

子ども達の作文には「地域」という言葉が再三登場する。空気のような存在だった「地域」、水のように自然にあるモノだった「地域」を実像をもって感じ取っている。

そしてそれは私たち教職員集団にも言えることである。私たちは「学校があるから赴任した」のではなく、「地域があるから赴任した」のだ。だから「地域」が疲弊したり、消滅していくことには最も敏感でなければならない。教職員が自分の仕事場を学校に限定している限り、小さな学校や狭い「地域」の学校は統廃合の危機、合理化の波と対峙することはできない。今回の震災を通して、私たちは学校が「地域」の結節点なのだということを胸に刻んだ。

6　再会

もう一つ私が忘れられない光景がある。それは来賓種目が終わった後の出来事だった。出場者たちが賞品を受け取るために本部テントに向かっていた時だった。

目の前を歩く70歳前後のおばあさん二人が抱き合っている。お互いに肩を抱き合って泣いている。「よぐ生ぎでだね」「んだがらね」。遠耳に聞こえてきた会話は明らかに再会を喜び合うものだった。小さな地域にもかかわらず亡くなられた方は500人に及ぶ。その多くは高齢者の方々なのだ。自宅に残ったままの人、孫が心配で家に戻った人、逃げる途中で津波にのまれた人…中には孫の目の前で流されていったおじいさんやおばあさんは多い。同じ部屋にいて孫たちは天井まであと5cmというところで必死に呼吸を確保したが、おばあさんは溺れてしまったという子どももいる。渦巻く波の中で孫の手を握っていたおばあさんが「若い人は生きろ」と言って自ら手を離していった人もいる。みんなそれぞれに某かの理由があって命を落としたのだ。

そんな方々の中にはこの運動会でやっと安否確認できたという人たちもいた。まさしく「再会の場」としての運動会なのだ。人知を超えた波の中を逃げ切り、感動の再会を果たした。戦後の日本の発展を底辺から支えた普通の人々の、とてつもなく大きな感動を運動会は演出した。

やはり運動会（学校）は「集いの場」なのだ。あのおばあさんたちはそれを証明した。地域に学校があるということはそういうコミュニティを底から支える役割を演じている。このおばあさんたちにとって水や空気のようだった地域がなくなり、そして終の住処まで奪われた。そんな逆境の中でその地域の役割の一端を果たしたのが学校であり、運動会だったのだ。学校は決してモノを教えるだけの冷たい箱ではない。地域の思いの詰まった温かい箱なのだ。学校はそういう役割も果たしているのだ。

7　最後に—子ども＋教師＋地域＝学校

学校が成立するためには何が必要か—震災を通して私が得た答えは「子ども＋教師＋ 地域＝学校」だった。教科書も教材も筆記用具もない。机も椅子もない。制服も上靴もジャージもない。何も

ないところから学校を始めた経験から導き出されたのは上の当たり前とも言える定式である。教科書がなくても学校はでき、教材がなくても学習は成立するのだ。共に学びたいという教師がいて、学びたいという子どもがいて、その子どもの生活台を支える地域があれば学校は成立するのだ。

「地域」とは「衣食住」と言い換えてもいい。子どもの存在（＝生きる）を保障するすべての条件と言ってもいい。命を守り育てる母なる存在が「地域」であり、「地域」を失うということは子どもの存在そのものを危うくし、学校を失いかねないということである。生活台がずたずたにされ、生きる土台を失った人間は地域を捨てるか、命を捨てるかの選択をせざるを得ない。まずは子どもたちの「衣食住」を安定させ、生活の安心と安全を確保できない限り「地域」の存続は期待できない。

この自明のことをないがしろにして、別のところに力点を置いて学校を創ってきたのではないか。津波警報が出された時に先生方が真っ先に抱えて逃げたのは食料・ストーブ・灯油・布団なのだ。誰も「指導要録を持ち出そう」とか「まずは成績表・通信票を」などとは考えなかった。まずは子どもたちの安心・安全を確保し、そして「命」をつなぎ輝かせること—この自明のことを、学校を創る際の出発点にしなければならない。

学校再生の鍵はここにある。「再生」とは以前の学校をそのまま「再現」することではない。これまで身に付けてきたあらゆる贅肉を削ぎ落とし、骨組みから創り直すのだ。私の学校では毎日通学バスで帰る子どもたちを先生方が手を振って見送るようになった。以前は子どもたち一人一人を見送ることなどなかった。「下校指導」という名の管理や指導はあっても心から見送ることは少なかった。しかし、今は遠方から通って来る子ども（片道1時間半ほどかけてやってくる子も！）を含めた多くの子どもたちに先生たちは「今日も1日よく頑張ったな」という思いを込めて手を振るのである。子どもたちもそれに応えて手を振り返す。

そしてバス停からの帰り道、必ず誰かがこうつぶやくのである。「今日も1日終わったなあ」と。職員室に籠もってむつむつと残務にいそしむ教師の姿は少なくなった。あらゆる贅肉を削ぎ落とした時、見えてくるのは学びたい子どもたちとそれを支える地域、そして共に学びたい教師だった—学校再生はこの原点にいかに忠実になるかという点にかかっている。

2　被災地の３校合同の学校づくり
－「安心と安全・笑顔あふれる学校」をめざして

〔岩手県大船渡市 小学校〕

西條　剛志

　東日本大震災は、子どもたちの学びの場所も時間も思い出もすべて奪ってしまった。残された大切な命を守るため、学校は何をすべきか。笑顔を取り戻すため、教師には何ができるのか。とにかく、前に進もう。そんな思いの毎日だった。

1　3月11日

　5時間目が終わる直前だった。ゴォーという地鳴りとともに揺れだした。甫嶺小のコンピュータ室で授業をしていた私は、すぐに子どもたちに机の下にもぐるように言った。揺れは、ますます大きくなり、なかなかおさまらない。教師用のＰＣ机からモニターが落ちてきた。テレビも落ちてきた。教室全体が揺れる音とたくさんのものが落ちて壊れる音。天井からは石膏ボードの屑がふってくる。天井のエアコンを止めてあるボルトがゆるんできたのが見えた。このままでは、校舎がもたないのではという恐怖感に襲われた。1階から声が聞こえてきた。副校長が叫んでいる。校庭へ避難という指示だ。急いで子どもたちを連れて校庭へ避難した。全員無事か。3年生がいない。副校長と2人で揺れの続いている校舎へ走った。「3年生～」と大声で叫びながら、特別教室の方へと向かった。天井の石膏ボードが落ち、壁かけてあった賞状類も落ち、ガラスが散乱している。図書室、家庭科室と見てまわる。図工室にいた。古い大きな工作用の机の下に固まっていた。3年生と担任を引き連れ、校庭の真ん中に走った。揺れは何度も襲ってきた。校舎の窓ガラスが大きな音をたてながら揺れている。校舎はいつまでもつのか。外はまだ寒い。子どもたちが震えだした。余震の合間に校舎へ戻る。保健室から毛布、布団をもってきた。次は、教室へ。子どもたちの上着をとるのだ。手分けして走る。また、余震。校舎がつぶれないことを祈りながら、真っ白になった廊下を走った。

　余震がおさまってきた。校庭の子どもたちをくっつかせ、少しでも体が冷えないようにしていた。ほどなく、防災無線から聞こえてきたのは「大津波警報」という言葉だった。これまでなんども地震を体験してきたが、「大津波警報」という言葉は記憶がない。どんなことが起こるのだろう。大きな不安が広がってきた。消防団員の保護者がやってきた。念のため、高台にあるお寺に避難することになった。歩き出したその時、バキバキバキという音とともに家が動いているのが見えた。津波がきた。三陸鉄道の線路を乗り越え大波が迫ってきた。走った。「わたしの家がこわれる～」と泣き叫ぶ子の手を引っ張りながら走った。防潮堤はすっかり沈んでいる。第2の防潮堤の役目をしていた線路も見えなくなっていた。

　全員お寺の境内に逃げてきた。けがをした子は一人もいない。全員の無事を確認したが、余震はまだ続いていた。再度大きな揺れがきた場合、お寺の屋根瓦が落ちてくることも考えられる。さらに安

全な場所を探した。お寺の上には、火葬場がある。そこの駐車場が広さもあり、安全だ。坂道をのぼり、広場についた。広場のはずれから海が見渡せる。海の水がだんだん引いていくのが見えた。線路と防潮堤の間は大きなプールになっていた。やがて、海底が見えだした。また大きな波がやってくる前兆だった。

甫嶺小（全校児童25人の完全複式学校）は、やや高台にあったので津波の被害を受けることがなかった。防潮堤を越えた波が迫ってくるのを見ながら、高台にあるお寺へ避難した。三陸鉄道の線路と甫嶺川のおかげで、波は校舎のすぐ下の道路で止まった。

越喜来小（児童数73人）は、３階建の校舎が全部飲み込まれた。校舎は浜辺から数百メートルの平地にあり、以前から津波の被害を心配されていたが、新設された避難通路を通り、高台の避難所へ移動し全員無事であった。校舎に置いてあった学習道具をはじめ、教職員の車も何もかも流された。

崎浜小（児童数30人の完全複式学校）は、３校の中で最も高い場所に立っているが、老朽化のため地震による亀裂損壊が大きく使用できない状態になった。

３校の児童は、ほとんどがそれぞれの地区の避難所（お寺、公民館）で夜を過ごした。家を流された子たちの避難所生活が始まった。

2　被災生活の中で

停電、断水、ガソリンなしとライフラインの停止が続き、命を失くさないための生活が続いた。学校の再開はいつになるのか全く見通しの持てない状態であった。当然、通常の年度末の活動はすべてストップしていた。ガソリン不足は続き、出勤もなかなかできない状態だった。車のやりくりをしながら、避難所の子どもたちや自宅に戻った子どもたちの様子を見に行った。大人たちは、瓦礫の処理や被災した家から使えそうなものを探したりと、子どもたちに手をかけるどころではない状態だった。時間を持て余している子どもたちを集め、ミニ野球教室などを開いたり、体を動かし遊ぶ機会を作るようにした。毎日、友だちの顔を見る時間をつくり、つながりを切らないようにした。徐々にライフライン復活の情報が聞こえてくるようになった。しかし、電気が来ない学校は不便だった。できる仕事は、地震で壊れたものの片づけや掃除など限られていた。そんな中、３月末には全校児童を集め、卒業証書をわたす会を行った。５人の卒業生は、卒業式用に練習してきた個人スピーチをすることで、大きな一区切りをつけることができたと思う。また、唯一、転勤することになった養護教諭とのお別れ会も行った。全校児童25人をわが子のように見てきた先生とのお別れである。花束を渡す役の１年生が、自分の思いをとつとつと話しだした。思いがけぬ行動ではあったが、その子なりの感謝の気持ちを伝えたい思いがその場にいる全員に伝わってきた。何の飾りもない会ではあったが、同じ学校で生活してきた者同士の思いに共感しあえた温かいひと時であった。

3　学校再開に向けて

市教委は、４月初め、津波と地震で校舎が使えなくなった越喜来小と崎浜小を甫嶺小に通わせる方針を出した。昨年度の段階で、３校は２年後（2012年）に合併するという合意をしていた。だから、合併の前倒しのような形ではあるが、４月20日から３校合同学校がスタートすることになった。

甫嶺小は、完全複式の小規模学校である。教室のサイズ自体が少人数仕様になっている。６学年の

学校にするには、教室の数も足りない。そのため、図工室などの特別教室を普通教室として利用することにした。また、職員室をどうするかでも混乱した。結局、2つの学校用の職員室として使う部屋がないため集会ホールを使い、2校分の職員室を設置することになった。4月の最初の2週間は、空き部屋をつくるための物品移動や掃除に追われた。

　校舎内の改造や掃除をしながらも、学校再開に向けて準備を進めていった。それぞれの学校の雑務に追われ、なかなか集まる時間が持てないでいた。当時の様子を振り返ってみると

11日（月）午前－教務主任の打ち合わせ、午後－教室片づけ

12日（火）午前－教室片づけ、午後－崎浜小から物品搬入

13日（水）午前－片づけ、午後－校長・副校長・教務主任の3校合同打ち合わせ会
　　　　　　　やっと電気が復活

14日（木）午前－片づけ、午後－合同職員会議（やっと3校全員がそろった）

15日（金）午前－学年会、午後－職員会議

という状態だった。そんな中、越喜来小職員用の机が届いた。でこぼこになったスチール机、引き出しの無くなっている机。ないよりはましということなのだろう。市教委も必死になって集めてきたのが伝わってきた。子どもたちの机、椅子も届いてきた。全国各地からの支援物資も届いてくる。他県からのボランティアの方々が荷物運びを手伝ってくれた。連日、マスコミも訪れていた。

　めまぐるしい日が続く中、少しでもきれいな状態で子どもたちを受け入れようと校舎内の大掃除も行い、なんとか20日の始業式を迎える準備が整った。

4　方針づくり

　一つの校舎で3つの学校が学ぶスタイルは、いくつか考えられるが、空き教室がない甫嶺小の場合、3校がそれぞれ単独で授業を進めるというのは不可能であった。完全合体というか、すべての教育活動を合同で行う形しか選択できない状況であったのだ。

　受け入れのための準備に追われながらも、3校合同の学校のイメージづくりを始めた。一つの校舎に3つの学校が集まり、子どもたちが学校生活を送るには、授業はどうしたらよいのか。学年にそれぞれの学校の担任がいる複数担任制となるのだが、役割分担はどうするのか。そもそも、学校の教育目標はどうするのか。多くの課題が浮かんできた。また、教職員の中にも自宅に被害を受けたものや家族を亡くしたものもいた。被災状況の差はあれ、全員が被災者である。1年間この状態で過ごすうえで、よりどころとなる柱が必要だと考えた。教務主任会議で1年間の学校づくりの方針と4月の学校づくりプランを出し、最初の職員会議で提案する内容の確認をした。3校合同の学校経営方針は校長につくってもらったが、学校づくりの方針は、トップダウンよりも全職員での合意形成に基づくべきだと考え、教務提案の中に盛り込むことにした。

　14日は3校合同の職員会議であった。体育館に長テーブルとパイプ椅子をならべ、臨時の会議室を作った。校長から3校の合同学校経営方針などの説明があった。担任や分掌の発表の後、教務部からの提案をする番になった。教育課程編成の具体的な提案の前に、この場の全員でやりたいことがあると、前置きした。そして、今、お互いの思いを出し合い、少しでもお互いのことを知り合ってからこの1年間をスタートさせたいという旨の話をした。今、どんなことを大事にして仕事にあたりたいと

考えているのか、また、今の時点で不安なことや疑問など、考えていることがあれば出し合い、お互いの思いを共有しあってスタートしたいと伝えた。一人ひとりが、自分の思いを語ってくれた。31人の思いを移動黒板に貼った模造紙に書き込んだ。全員が話し終えた後、模造紙に書き込んだ内容を振り返りながら共通点をまとめていった。全員の思いがつながるのが「安全・安心」という言葉であった。さらに、そこから見える子どもの姿として「笑顔」という言葉で全員の思いをまとめた。「安全・安心な学校」「笑顔あふれる学校」を教職員みんなの力でつくっていこうという方針ができあがった。

5 「スマイルタイム」

　活動するうえでの最初の方針は、3校の子どもたちに楽しさを実感させることだった。3校集まったことのよさを味わえること、学校の楽しさをたっぷりと味わえるようにしたいと考えた。同時に、被災によるストレス反応に対しては、細心の注意を払って子どもたちを見ていくことにした。

　入学式翌日、3校の交流会（出会いのワーク）を行った。学校ごとにステージ前のひな壇に整列し、自己紹介から始まり、仲間集めゲーム、じゃんけん列車など手をつないだり触れあえたりするゲームで楽しんだ。最後は、感想のインタビュータイム。学級の目標にも触れながら、1年間の楽しいイメージと希望を膨らませようと思いながらインタビューを進めていった。すると、3年生の女の子が手を挙げた。

　「先生、みんなで手をつないで大きな輪になりたいです。そして、オ～って声を出したいんですけど」

　「なるほど！ねえ、みんな、今、Aから、みんなで手をつないで大きな輪をつくりたいって言われたんだけど、どう？やってみよっか！」

　「やりた～い」

　「よ～し、じゃ、立って。手をつないで大きく広がるんだよ。そうそう。じゃ、先生が、『みんな仲良くなるぞ～』っていったら、みんなで『オ～』って言おうね」

　この日の交流会は、思いがけないリクエストからとても温かい締めくくりとなった。

　この交流会は、5月からは「スマイルタイム」という名前に変わり、毎月の行事となった。「スマイルタイム」は、①全校朝会タイム　②音楽タイム　③レクタイムの3つの内容で構成される。スクールバスが8時半到着予定なので、朝の活動をとる時間がない。月1回のこの時間は、教師にとっても貴重な時間になっている。1学期の「スマイルタイム」では、歌やリズム遊びをふんだんに取り入れた音楽タイムや体を動かして楽しむレクタイムを行ってきた。子どもたちは、3校が一緒になって友だちが増えたことをプラスに受け止めているようだ。2学期後半からは、児童会を中心とした活動も取り入れ、教師中心の楽しい時間から子どもたち中心の楽しい時間へと移行していく予定である。

6 「こころのサポート」

　1学期前半は、遊び時間をたっぷり保障することで、子どもたちの心とからだをひらく時期にしようと考えた。校長からの経営方針にあった業間運動の実施は当分の間見送ることにし、休み時間をたっぷりとれるようにした。越喜来小と崎浜小の子どもたちは、スクールバス通学をしている。登校

するとすぐに朝の会が始まる日も珍しくなかったので、休み時間を確保することは、子どもたちのケアにつながる第一歩と考えたのだ。子どもたちは、毎日外で遊んだ。5月からは、県外から支援活動に来てくれていた警察の方々が、休み時間に合わせて学校に顔を出してくれるようになった。そして、鬼ごっこをしたり、サッカーをしたり、おしゃべりをしたりと、子どもたちの遊び相手をしてくれるようになった。また、ミニ防犯教室も開いてくださった。4月5月は、教師が子どもたちをつなぐ役目をしていたが、あっという間に子どもたち同士の空間ができていた。それでも、一人で遊んでいる子も中にはいた。その子を観察していると、決して外れているのではなく、一人の時間を楽しんでいるのがわかった。急いで業間運動を推し進めようとする一部の意見を抑え、多様な子どもたちの安心できる時間、くつろげる時間を保障することを優先することの必要性を実感した。

　6月になると、県教委からカウンセラーが派遣された。週2回の来校ではあったが、個別面談などを通して、子どもたちだけでなく教職員も支えていただいた。また、ストレスマネジメントについて学ぶにつれ、学校の実態に応じたとりくみをする必要性を感じ始めた。県教委から「いわてこころのサポート」プランが出されていたが、一つひとつの学校の実態に合わせたものではないと感じた。そこで、県教委のプランをベースに、3校合同の「こころのサポート」年間プランを作った。実施していくには、組織的にとりくんだほうが効果的だと考えた。また、3校の教職員の共同の姿を作り出していく必要性も感じていたので、「こころのサポート」推進チームの結成を提案した。構成は、教務主任、生徒指導主事、養護教諭が推進の中心となり、そこに校長、副校長がアドバイザー役として加わるものにした。県教委からの「サポートプラン」と連動させながら、本校としてのとりくみがスタートした。

　主なとりくみは、定期的な個人面談が中心である。同時に、一人ひとりの満足感や自己有用感を味わえるようなとりくみを学校行事や学級の活動で行っていくことも計画に入れた。少しずつではあるが、子どもたちの実像がはっきりしてきた。震災のストレス反応が出始めた子、学級の友だち関係で悩みがある子、発達障害が明らかになった子、家庭の教育方針にストレスを抱えている子など、配慮を要する子どもたちが見えてきた。

7　教職員のケア

　「こころのサポート」は、子どもたちだけが対象ではない。我々、教職員にとっても今の勤務状態はかなりのストレスを感じるものである。"常に複数担任で指導にあたること"という強い指示がA校長から出ていた。また、2校合同の職員室ではくつろげないという声が多く聞こえてくるようになった。

　授業は、教科担任制をとっている。越喜来小学校は、単式なので学年に1名の担任がいる。一方、崎浜小学校と甫嶺小学校は、完全複式なので、2学年に1名の担任がついている。この、変則的な複数担任体制で授業を進めていくために到達した形態が、教科担任制である。なるべく、週の授業時間数に偏りを出さないことや2学年を担任する複式を生かすための教科担任制ではあるが、担任の負担は大きい。なにをやるにも、3校で打ち合わせをしなければならない。しかし、その時間をやり繰りする時間がとれない。担任のこころをサポートする時間も必要であった。

　6月になってから、全教職員にアンケートをとった。2か月経って見えてきたことを出し合い、こ

れからの改善につなげていくことと心のガス抜きをすることがねらいである。1つ目のテーマは、4月の職員会議で確認し合った方針についての中間総括である。自分自身のとりくみを振り返り、2か月間のがんばりを自己評価する内容にした。2つ目のテーマは、指導形態についての中間総括である。複数担任制の長所と短所、改善したいことをだしてもらい、改善していくきっかけにしようと考えた。アンケートのとり方について多少トラブルがあったものの、提出してもらいまとめることができた。予想通り、「打ち合わせの時間がない」という声が多かった。また、複数指導をしなくてもよい時間を効果的に使いたいという声も多かった。今の時点でできることは、複数指導体制の柔軟な扱いである。これまでの強いしばりを緩やかなものにすることを職員会議で提起した。教職員に関わることがストレスの最大の要因となっていた。

8　防災教育とストレスマネジメント

　「こころのサポート」と同様に、力を入れてとりくんでいることがある。それは、「防災教育」である。4月26日、第1回目の避難訓練を行った。3校合同になってから避難路を新しくした。海を見ながら避難することなく、より高い場所へ避難するために学校の裏山を通って、避難場所の高台へ行くルートを新しい避難路とした。甫嶺小の子どもたちでさえ、ほとんど通らない山道である。そこで、訓練の日までに学級ごとに避難路の山道散策を行うことにした。少しでも親しみを感じる場所にしたいと考えたからだ。当日は、足場の悪い山道ではあったが、子どもたちはパニック状態になる子もなく真剣に行動できた。

　「こころのサポート」研修で兵庫教育大学大学院教授の冨永良喜先生から防災教育とストレスマネジメントの必要性を教えていただいた。冨永先生は阪神淡路大震災やスマトラ島沖地震・津波、四川大地震などで現地に赴き、支援活動を行った経験から、いち早く岩手の子どもたちへの支援体制を築いてくださった人だ。防災教育と「こころのサポート」をセットにした計画作りが大切なことや、追悼集会の必要性など見通しをもったアドバイスをいただくことができた。

　防災教育は、3校の子どもたちにとって、いや、沿岸部の子どもたちにとって、切り離せない学習である。子どもたちに、正しい防災行動と防災知識を学ばせ、さらには、被災者としての生き方、他の被災者へのかかわり方などを学ばせ、被災を乗り越えていく力と自分自身のストレス反応をコントロールできる力をつけることが必要である。そのために、総合的な学習の時間の学習単元の一つとして、「防災教育」を位置づけた。単元構成は、①防災行動について　②防災知識について　③人とのかかわり方（自分の生き方）である。

　1学期末、裏山の避難路の改修工事が行われた。山道のため子どもたちには歩きにくく心配な面もあった。改善の要望をだし、早急な改修作業をしてもらったのだ。「防災教育」の学習内容に「新しくなった避難路を調べよう」というテーマも設けた。子どもたちが実際に避難訓練で利用している避難路の検証をする学習内容である。教師から与えられた知識だけでなく、新しくなった避難路の安全性を自分たちで見つけ、安心感につなげていくことも意図している。すでに、学習がスタートした5年生では、自分たちの発見したことをまとめた「避難路マップ」を作成した。また、単元の途中で、「防災教育」についてのアンケートもとっている。授業をしていて、不安になったり思い出して嫌な気持ちになったりすることはないか、チェックも兼ねるためだ。スタートしたばかりの「防災教育」

ではあるが、子どもたちが震災を受け入れ、乗り越え、未来に進んでいくうえで大切な力となることを願っている。

9　これまでとこれから

　自分の中で、少しずつではあるが後ろを振り返るゆとりのようなものが生まれてきた。今、気になっていることをまとめてみたい。

1）支援に対するお礼

　単発ではあるがお礼の手紙を書くなどの活動はしてきた。しかし、子どもたちの学びへと教材化できる視点がたくさんあったにもかかわらず、活かしきれないできた。職員集団としても、どのように対応すべきかしっかりとした対応ができてきていない（1校にだけ届く支援物資もあり、整理しきれない時期もあった）。

2）3・11追悼集会に向けて

　「1年間の自分をほめてあげよう」を基本的な考えとし、子どもたち　人ひとりの思いを解放させたい。メモリアルとしての位置づけと子ども、保護者、職員が互いの思いを共感しながら、前へ進んでいくきっかけにもしたい。

3）来年度の学校づくり

　8時30分登校、16時5分下校という時間枠の中で、何を優先して考えていくべきか。来年度以降の学校づくりのイメージを想像しにくい。通常の活動に戻してもいいこととそうでないものの区別が必要になってくる。県内または全国一律で求められる活動も入ってくるが、果たしてそれでいいのだろうかという疑問もある。

　また、支援活動が数多く入ってくることで、授業時数の確保が難しいことに対する不安の声も多い。どこまで、受け入れるべきなのか。

4）復興とのかかわり

　地域の将来像が、全く見えてこない今、子どもたちとどんなことができるのか。保護者は、とりあえず今を乗り越えようとするのに精一杯だ。さらに、一人ひとりの家庭状況も大きく異なっている。被災による格差もさらに広がってくるだろう。このような状況の中で、子どもたちに描かせる未来図は…。

　予定では来年度、3校が合併し、甫嶺小学校の校舎が「越喜来小学校」と呼ばれることになる。今いる3人の校長が1人になり、他の職員も減り、法令上の適正人数となるだろう。人ではなく、法令に合わせなければならない制度へのやりきれなさを感じる。

おわりに

　被災生活はまだまだ続く。また、3校合同という形態の難しさを感じながらの毎日である。しかし、子どもたちにとっての今、この時間は、一人ひとりが成長している大事な時間である。そのために我々は、何ができるのか…自分なりにできることを続けていきたい。

　最後に、県内外のたくさんの仲間からたくさんの支援をいただきましたことに、この場をお借りし、お礼を申し上げます。

　しかし、まだまだこの状況は続きます。今後とも様々な形の支援をよろしくお願いします。

総合的な学習の時間「防災教育」について　　防災教育プラン〈全体構想〉　　　　　　　　　　資料1

単元 テーマ	Ⅰ　防災行動 命を守ろう	Ⅱ　防災知識 自然の力を知ろう	Ⅲ　人としての在り方・生き方 わたしたちのできること
＜学習の流れ＞ 「防災教育」 ↓ 防災行動 ↓ Ⅰ 命を守ろう ↓ 防災知識 Ⅱ 自然の力を知ろう 人としての在り方 ・生き方 Ⅲわたしたちの できること	【導入：今を見つめて】 　今＝楽しい学校生活 　　変化のもとは？ 　　・支えられたこと 　　・なかま 　　・たくさんの支援 　春休み＝不安・悲しみ 　命を守る・行動の仕方を学ぼう（防災教育Ⅰ） ◇イメージマップで学習計画画作り◇ ＜３つの学習＞ 　Ⅰ 命を守るための行動 　Ⅱ. 命を守るための知識 1 避難路を調べよう ・新しくなった避難路調べ（プラス面とマイナス面） 2 避難の仕方を考えよう ①学校にいるとき ②家にいるとき ③「　」にいるとき ④避難に必要なもの（防災グッズ） ⑤連絡の仕方 ・災害用伝言ダイヤル ・家族での約束 3 自分の避難マップを作ろう ＜授業をふりかえっての「こころのアンケート」＞	1 地震のメカニズムを知ろう ①地球の内部構造 ②地震の種類 ・プレート境界型地震 ・プレート内地震 ・内陸型（直下型）地震 2 津波の仕組みを知ろう ＊以下は、学年に応じて必要な内容だけ指導する 3 その他の自然災害 4 自然の力の利用 ・地熱発電 ・潮力発電 ・温泉 ・海と人間のつながり ＊恐ろしい面だけではなく、人間の生活とはり切り離すことができない恵みがあることにもふれること。 ＜授業をふりかえっての「こころのアンケート」＞	1 三陸の津波の歴史から学ぼう ①過去の津波 ・三陸大津波 ・チリ地震津波 ②昔の人の知恵 ・津波でんでんこ ・吉浜地区 2 これから私たちができることを考えよう ①感謝を伝えること ②ボランティア ・今、大船渡ではどんなボランティアがあるか ・ボランティアはどんな場所で行われているか ・地域に対してできることを考えよう ③情報発信 ④語り継ぎ ・校内での語り継ぎ ・校外での語り継ぎ ⑤共同学習（異学年での教えあい） ・避難の仕方（学校、通学路、スクールバス） ・どんな方法で下学年におしえられるか 3 将来のわたしたちができることを考えよう ・被災者としてできること ・他の被災者へできること 4 まとめと追悼会にむけて ＜授業をふりかえっての「こころのアンケート」＞
時間数	8 時間〜15 時間	2時間〜5 時間	3 時間〜8 時間

＊授業時間数は、学年に応じて幅を持たせる。また、学習内容も、学級の実態に応じて、指導することとする。

3　震災後の社会科の授業を創る

〔宮城県仙台市 高校〕

福島　隆嗣

　私が勤務する仙台市立仙台工業高等学校は、建築科、土木科、機械科、電気科の4科構成のオーソドックスな工業高校である。しかし2009年度から定員が240人から200人に削減され、建築・土木科（定員60名）、機械・電気科（定員140人）の二系列での括り募集が行われるようなった。これは仙台市教委のリーダーシップによるものである。生徒たちは1年次前期で総合的な学習の時間や工業技術基礎の授業を通じて選科を行い、1年次後期からは各科に分かれて専門の学習を開始する。クラス編成は、1年次は5学級でのミックスHR（4科の生徒が混在）で、2年次からは建築（1学級）、土木（1学級）、機械（2学級）、電気（2学級）の6学級の編成になる。よって2年次からは平均30人台のクラスである。土木科3年などは26人である。

　このリポートは今年度3年生に行っている現代社会の授業実践の報告である。一学級あたりの生徒の数が少ないため、授業はアットホームな雰囲気である。

1　震災時のこと

　今年度の現代社会の授業を構成するにあたって、震災をどう扱うかが私自身の課題となった。教材はできるだけ生徒自身の緊急な課題を取り上げるのが重要だと考えている。しかし震災事例を取り上げることに慎重な教職員も多く、6月に行われた宮城県高等学校社会科教育研究会公民部会の教材編集委員会では、震災を教材にした私の授業に対して批判的な意見が少なからず出された。

　教育現場で震災事例を取り上げることは、恐ろしい体験を呼び起こすことになり、今はそっとしておく方がよい、という考え方もあり、学校全体に原発事故を含めて授業で取り扱うことには躊躇する部分がある。そのような立場から教材編集委員会で批判的な意見が多く出されたのである。しかし本校のスクールカウンセラーは、積極的に震災体験を共有していくべき、との考えを職場研修会で示している。生徒に被災時の体験を聞いてみると堰を切ったように話す生徒もいて、むしろ秘密のことにしてしまって恐ろしいことを抑圧してしまうよりも、多数で記憶をシェアしていった方がよいのでは、と私自身思っている。そういった考えから、今年度の現代社会では震災を教材にして授業を行っている。

　授業実践の報告に入る前に、本校の震災時の状況を簡単に説明しておく。本校は仙台市東部の平野部に位置するが、津波の被害はなかった。しかし4キロほど東にいくと状況は一変する。5キロ東に行くと岡田小学校区である。仙台市内で津波被害を受けた最も西の地区で、この地区は交通の利便性からマスコミが真っ先に駆けつけて報道していた。

　3月11日、地震が起こった日は入試事務のため本校は自宅学習日であった。その時生徒たちは部活動を終え帰宅途中であったり、補習を受けていた生徒たちも含めて若干がまだ学校に残っていたり、

自宅にいたり、あるいは外出中であったり、であった。

9月に入り生徒たちの生活が落ち着きを取り戻した頃、3月11日の行動を作文として書いてもらった。そこにはそれぞれの場所と時間で様々な体験が記されていたが、その一部を紹介したい。

沿岸部の自宅にいた生徒は、大きな揺れの後、何か悪い予感がしたそうで、自主的に小学校に避難した。小学校に着くと屋上に行くように指示があり、屋上に行くと、部活で来ていた中学生や学校の近くに住んでいた人たちなど、百人を超えていて、笑っている人もいた。しばらくたつと川が物凄い勢いで逆流し、遠くの方から津波と共に火が見えてそれが迫ってきた。あっという間に校庭は水溜りとなり、外にあった車はすべて水没。彼は携帯の充電が切れていたため、親を含めてどこにも連絡できず、その夜は教室に入り寒さの中でジャンパーを自分の上にかけて寝ようとしたが、当然ほとんど寝ることができなかったようだ。

同じ地区に住む生徒は、激しい揺れが収まってから小学校への避難指示が出たので祖父母と一緒に小学校に行き、校庭で久しぶりに会った中学時代の同級生と話をしていた。しかし突然周りから悲鳴が聞こえてきて、松林の方から黒い水しぶきなのか、砂煙なのか分からないものが、家や木を巻き込んで小学校に向かってくる。水の塊が迫ってくる中、必死で校舎に逃げ込み、彼はもうダメだと思ったそうだが、二階ぎりぎりでなんとか津波は止まる。その後小学校で2日間孤立。その間雪が降ったりしてとても寒い思いをした。毛布は高齢者や水で濡れた人が優先で使っていたので、彼は床にダンボールを敷いて眠り、その日はロウソクの火と閑上（ゆりあげ）の方で火事になっていて明るかったのでそれを眺めながら一夜を過ごした。

どの生徒も夜の寒さには難渋したようだ。その夜の沿岸部は暗黒になることはなく、どこかの火災で空は明るかった。同時にラジオで流れてくる福島第一原発の状況に、生徒たちの多くが不安を感じていたことも分かった。また真偽が分からないチェーンメールが出回り、生徒たちは不安を増大させていた。

当日学校にいた生徒たちの中には、一度解散になったので自宅を目指した者もいた。家屋が半壊していた帰路、川の逆流に遭遇した生徒もいて一時高いビルに友人と避難したそうだ。また高台に住んでいた生徒は、翌日の朝の海岸の景色をみて、地獄と書いている。そして遮るものがなくなったせいで、あんなにきれいな海ははじめて見たとも表現している。震災時の感覚はこのように奇妙でアンビバレンツなものだった。

本校は11日夜から一次避難所となり、近隣のみならず、自衛隊が救助した蒲生地区の被災者を受け入れ、本校教職員と宮城野区役所の職員、そして新潟県から派遣された職員が運営にあたった。それは4月9日の閉所まで続いた。その間一部の生徒たちが自主的に登校し、ボランティアとして手伝ってくれた。4月21日に県立高校と足並みを揃える形で始業式、入学式を行い、2週間遅れの新学期のスタートとなった。3月11日当日、自宅に居た1名の生徒が津波の犠牲となった。校舎は教室棟の四階部分に使用不可能教室が、また実習棟では実習設備に被害が出た。四階体育館も使用不能になった。

2　現代社会の年間計画について

　以下が今年度、生徒に示した授業計画である。全体の構成は基本的に使用教科書（数研出版『改訂版高等学校現代社会』）の内容に準拠しているが、生徒が興味関心を抱くような表題を付け、教科書の他に、新聞や書籍などの資料を随時、場合によっては自主編成した教材も使用している。

1. 原発政策を考える
2. あたらしいエネルギーは可能か？
3. 災害ユートピアって何だ？
4. 芸術と戦争－戦争画について－
5. パレスチナ問題
6. ファシズムはどのように成立するのか？
7. 脳死は人の死だろうか？
8. バリアフリーからノーマライゼーションへ
9. 無意識の発見
10. 近代社会のありかたを哲学はどう考えたか
11. 市場経済の仕組みを知ろう
12. 社会主義の挑戦
13. 非正規雇用はなぜ増えるのか？
14. 水俣病は終わっていない
15. 求人票からみる労働法
16. ワーキングルールを知ろう
17. 労働組合の役割
18. ベーシックインカムは世界を変えるか？
19. 国家は何のためにあるのか－社会契約の思想－

20. 日本国憲法の誕生
21. 差別について考えよう①
22. 差別について考えよう②
23. 表現はどこまで自由か？
24. 多文化共生避難訓練をやってみよう
25. やってもいないのに逮捕されました。あなたはどうしますか？
26. 正義について考えてみよう
27. 模擬投票
28. 日本の青少年犯罪は増加しているか？
29. 領土問題を考える
30. 国を守るという考え方を考えてみる－人間の安全保障について－
31. 平和の文化について
32. 公害を輸出する
33. 核兵器と核軍縮
34. 「円高」「円安」の謎
35. 世界の貧困問題を考える
36. まとめ

　この中で今回は、震災にかかわる形で授業を展開した「1. 原発政策を考える」と「3. 災害ユートピアって何だ？」を紹介したい。

3　高校生たちは原発をどう考えたか？

　以下、授業の展開を簡単に紹介する。

1）政府がなぜ原発を推進してきたかを考えよう

■原子力発電は、供給安定性と経済性に優れた準国産エネルギーである。また、発電過程において二酸化炭素を排出しない低炭素電源の中核として、我が国の基幹電源としてこれまで以上に大きな役割を担わなければならない。原子力発電の活用なくしては、エネルギー安定供給はもちろん、地球温暖化問題への対応はおよそ不可能である。
（「原子力発電推進強化策」経済産業省 2009年6月http://www.aec.go.jp/jicst/NC/senmon/seisaku/siryo/seisaku31/ssiryo2.pdfより抜粋）
■直嶋正行経済産業相は25日、ベトナムのズン首相らとハノイで会談し、同国が計画している原子力発電所の建設について、日本企業に発注するよう働きかけた。電力会社や電機メーカーの社長ら8人が同行。閣僚と企業トップが原発輸出で初めて交渉団を結成する異例の売り込みとなった。
（「原発 ベトナムに売り込め」「朝日新聞」2010年8月26日朝刊13面）

留意点

国産エネルギーに執着している政府の姿勢を知る。プルトニウムによる高速増殖炉、プルサーマル発電の推進はそういった意図が背景にある。しかしウランはすべて外国に依存していること、そして高速増殖炉「もんじゅ」の事故、プルサーマルの危険性などを取り上げる。プルトニウムには軍事的要素（核爆弾の原料）があることも指摘する。

また低炭素は本当か、ウランの採掘から始まり放射性廃棄物の処理に至るまで、実は火力発電所による大量の電力を使わざるを得ないことを説明する。

２）原発のコストについて

原発の発電コストは安いと言われているがこれは本当だろうか。計算の仕方によってコストが様々であること。原発はバックエンド費用や補助金などがコストに含まれていないことを確認。

３）原発の危険性について考えてみよう

以下の小出裕章さんのインタビューを読み原発の立地を考えてもらう。なぜ都市から離れているのか？　なぜ過疎地なのか？　また、かつての女川原発反対運動について、地元の写真家である小岩勉さんの写真集『女川海物語』を紹介しながら説明する。

> 原子力発電をどうしてもやりたいということで東北大学に入って原子力の勉強を始めた。当時、宮城県では女川町という牡鹿半島の付け根にある町に原子力発電所をつくろうとしていた。私は、原子力発電所は素晴らしいものだと思っていたし、宮城県で一番電気を使うのは仙台市なのだから仙台市に原子力発電所を作ればいいと思っていた。なのに女川町とはどうしてかと疑問を持ち、その答えを捜し歩いた。安全であれば仙台につくればいいのに、80キロも離れた女川に作ったのは、今となっては当たり前のことだが、原子力発電所は都会には引き受けられない危険をかかえているから。だから都会には決して原子力発電所は建てないで、いわゆる過疎地というところを選んで建てて、長い送電線を引いて電気を都会に送るものだということに気がついた。
> （岩上安身「2011年4月1日 京大原子炉実験所 小出裕章助教インタビュー」より抜粋
> http://www.midiclub.jp/article/the_risk_of_nuclear_accident.html）

そして次の計算をしてもらう。

> レベル７が発生する確率は？
> 1954年ソビエトで商業原発開始→1986年チェルノブイリ→2011年福島第一
> 57年で２回なので、28〜29年に一回の割合で致命的な事故が起こる。

４）被曝について

内部被曝、外部被曝、放射性物質、放射能、放射線。以上の言葉をきっちり理解してもらう。また、広島・長崎の原爆と今回の福島第一の被曝とはどう違うのか、健康を害すると考えられる被曝量については、様々な説があること、政府はその中の一つを選んで安全性を確保しようとしていること、などを、宮城県も放射性物質で汚染されていることは確実で、生徒たちはそこで生活せざるを得ない状況から、事実をしっかり丁寧に説明する。

5）原発のしくみ・福島の事故はどうして起きたか？

　原発は熱から蒸気を作りタービンを回し電気を作る装置であると同時に、核分裂時の熱を抑えるために常にポンプを電気で回し水をかけるものであること。それができないとメルトダウンが起こり、放射性物質が外部にばら撒かれる。電気事業連合会は、「原発の安全性は放射性物質から住民の安全を確保する」ことであると考え、放射性物質の異常な外部への放出を防ぐため「五重の壁」を備えている。これにより外部に放射性物質を出さない、よって原発は安全である、と主張してきた。この主張は今回の事故で正しくなかったことが証明されてしまった。以上を説明した上で、原子力ムラの実態を以下の資料を読んで考えてもらった。

ある地方テレビ局が数年前、原子力に批判的な研究者をドキュメンタリー番組で取り上げたところ、地元電力会社が「原子力を理解していない」と猛烈に抗議した。番組はこの電力会社を直接批判する内容ではなかったが、テレビ局は広告主の抗議を無視できず、記者による定期的な原発見学を約束した。この件について取材した私に、電力会社の役員は「（原発が）いかに安全か理解していない。『反省しろ』ということだ」と言い放った。その傲慢な態度は、今回の事故を巡る会見で見た東電幹部と重なり合う。（中略）原子力の技術者だった飯田哲也・環境エネルギー政策研究所長は、業界の実態を「原子力村（ムラ）」と名付けた。大学や大学院で原子力を学んだ学生は、電力会社やメーカーに就職したり、国や立地自治体の技官になる。就職先は担当教官の意向で決まることが多い人脈社会で、彼らは官民に分かれても「ムラ」の一員として育っていく。
（日野行介「記者の目・『原子力ムラ』の閉鎖的体質」毎日新聞2011年4月21日朝刊10面）

東芝で放射能を閉じ込める原子炉格納容器の耐性研究グループ長だった後藤政史さんは、フランスで造られた放射能物質が漏れにくい格納容器を「我々も必要、と議論したが、会社は不採用。コストだなと思った」と語る。元東芝社員小倉志郎さんは「高台に建てたり、防水構造にしたりしていれば。想像力が足りなかった」と悔やむ。東京のＮＰＯ環境エネルギー政策研究所顧問竹村英明さんは「日本には許認可権を持つ経産省、学者、電力会社などで作る原発ムラがある」という。ムラは「疑問や批判を口にする技術者を村八分にする」。
（「原発開発者ら自己批判　ネットで」「北海道新聞」2011年3月23日朝刊2面より一部要約）

6）高校生たちは原発をどう考えたか？

　映画『100000年後の安全』の内容を説明して放射性廃棄物の問題に触れた。東北地方には原発だけでなく核燃料施設が青森県六ヶ所村に林立していること、再処理工場は原発と違い構造上どうしても日常的に放射性物質を出してしまうこと、を説明した。そして再生可能エネルギーを学習した後で、次の課題でそれぞれ意見を書いてもらった。

自分の意見をまとめてみましょう。
1954年（昭和29年）原子力予算を国会に提出し成立させ、読売新聞の正力松太郎とともに原発建設に奔走した元総理大臣中曽根康弘さんが信濃毎日新聞のインタビューに答え、4月15日の紙面に掲載された。以下はその要約だが、中曽根元首相の意見に対してあなたはどう考えますか。賛成、反対の立場を明確にして上で、その理由を記述しなさい。
・日本のエネルギー事情から今世紀の間くらいは原子力が必要。
・原発を安全なものとする改良努力を重ねて前進させるべきで、停止や後退すべきではない。

・（自民党の原発推進政策に誤りがあったかについて）誤りがあったとすれば立地の問題。大津波が押し寄せる地域は危ないと考えないといけない。

「東日本大震災　大震災と政治―中曽根康弘元首相に聞く　復興で日本の実力示せ」（「信濃毎日新聞」2011年４月15日朝刊４面より一部要約）

	賛成	反対
建築科	52.9%	47.1%
機械科	29.3%	70.7%
電気科	53.5%	46.5%
土木科	36.0%	64.0%
合計	43.6%	56.4%

　中曽根元首相の意見に賛成する生徒の数が意外にも多かったが、それは次のような理由が考えられる。

　①元首相は原発政策が今のままで良いと言っている訳ではなく、「改良努力を重ねて」と言っている。この部分に生徒たちは引きずられてしまって、賛成の意見が多かったのではないか。「自分は原発に対して反対の意見を持っていましたが、中曽根元総理大臣の言っていることなどを読んで自分は賛成です」との意見があったことからもそのような要因が考えられる。生徒たちの意見を読みながら、人の認識は積み重ねられた知識よりもその時の状況に依存してしまう場合が多いのではないかと、考えさせられた。

　②科によって、賛成、反対の状況が異なる。電気科は実習で女川原発の見学会などもあり、日頃から原発の必要性がよく教育されていること、原発事故後も原発の必要性を説く教職員が多いことなどが影響しているのかも知れない。建築科での賛成が多いのはよくわからないが、建築科は工業高校の中では学力も高く、エリート意識も強いように思われる。そのことから工業技術への信頼度も高いのかも知れない。一方、他に比べて機械科での反対が極端に多くなっているが、これはなぜだろう。この点についてはうまく説明できないが、発言を多くする生徒に原発反対の立場を明確にしている生徒がいて、このような生徒がオピニオンリーダーとしての役割を果たしていったと考えてよいと思う。学習集団の状況が学習者にはより強い影響を与えるようである。

４　災害ユートピアって何だ？

　授業の最初に次のような問いをあげた。

> 問１　それぞれの人はパニックを起こしているでしょうか。それとも冷静でしょうか。
> ①福島原発が水素爆発をした。もしかしたら放射性物質が仙台にも来る可能性がある。西日本に避難しよう。（　　）
> ②放射能が大量に放出された。仙台にも少なからず影響があるかも知れない。しかし住民がパニックを起こし怪我人が出たり、暴動が起こるかも知れない。とりあえず20キロ圏内を避難させ、「ただちに健康には影響がない」ことを強調しよう。（　　）

　それぞれの意見を聞いてみると、①はパニック、②は冷静と答える生徒が多かったが、①については冷静であるとの意見も少数ながらあった。理由を聞いてみると「的確に判断している」「考えて行動している」というものであった。「パニックであればおろおろしてしまうのでその場に留まっている」という意見もあった。また②についても「政府はおろおろしているだけだ」との意見も出た。

問2　正しいと思うことには○を、正しくないと思うことには×を記入しなさい。
①東日本大震災において被災した日本人はよく協力してお互いをいたわりあった。暴動や略奪は皆無で、これは日本人特有の現象である。外国では必ず略奪や暴動が起こる。（　　　）
②三陸の被災地域では治安が悪く、壊れた自動販売機をバールで壊し中から飲料を盗んだり、壊れた自動車からのガソリンの抜き取りも多発した。強盗や殺人も起こり、性犯罪も多数報告された。また外国人窃盗団も暗躍した。（　　　）

　①についてはマスコミの報道もあったが、○と答える生徒は半数を若干超える程度であった。生徒たちは「日本人特有の」とか「外国では必ず」にひっかかったようだ。しかし無条件に「外国は必ず略奪になる」ことを信じている生徒もいた。②については、自販機から飲料が、車からはガソリンの抜き取りが実際行われているので○と答える生徒は多かった。しかし性犯罪や外国人窃盗団などは見たこともないので、にわかに信じられない生徒も多く、「半分○で後半が×」という生徒もいた。また「僕の兄の友人が数人の男たちに取り囲まれた。わけのわからない言葉をしゃべっていたそうだ。絶対外国人だ」という意見も出た。

　次に壊れた自販機から飲料をとったり、流された自動車からガソリンをとったりすることは犯罪かを話し合ってみた。このことはマスコミが治安悪化の事例としてさんざん報道したことから、多数の生徒は「悪いこと」との認識を示した。しかし少数意見として「緊急時で必要に迫られていればもらっていいのではないか」「流された自販機が近くにあれば、飲み水がないので飲む」などの発言があった。「緊急時は犯罪にならないような法律があったよなー」という生徒もいた。それは「緊急避難」という刑法37条に書かれているものだが、この場合とは異なる状況であることを説明した。

　当時はガソリンがなかなか手に入らず、移動手段を失ってしまった人が多くいた。公共交通機関がもともと十分でない地域で、それが寸断されてしまったのだから、ガソリンの確保は最重要課題である。他者の権利を侵害しない形での「緊急的略取」は犯罪になってしまうのだろうか。その点を少し生徒と話し合ってみた。

「実家が南三陸町の歌津で、一週間たってやっと仙台から実家に行くことができた。自分の家の手前まで津波がきたが、実家は無事で家族も元気だった。地区の青年団の集まりが毎晩あり、片付けなどの打ち合わせをした。当然ささやかであるが酒宴となるが、流されてしまっているので酒屋はない。しかし瓦礫をあされば、缶ビールや酎ハイが随分出て来る。自分は先輩にいわれて瓦礫の片付けのついでに酒の探し方をした」

　これは私の友人から聞いた話である。ここまで話すと生徒たちは「この人は犯罪者である」と簡単に決めつけることができないようになった。では震災後の略奪とは何か、次の資料を提示した。

「妻と二人の娘はすぐさまその鍋で調理を始め、お茶をいれ、シチューを作り、自分では食事の手当てができない人たちにふるまった。（中略）街角の食料雑貨店主が、一日目にありったけの商品を寄付してくれた。だから、わたしたちのもとには缶詰だけでなく、紅茶やコーヒー、砂糖やバター、その他の食品がたっぷりあった」（警官のＨ・Ｃ・シュミットの証言＝引用者註、以下同）
（レベッカ・ソルニット著　高月園子訳『災害ユートピア―なぜそのとき特別な共同体が立ち上がるのか』亜紀書房、2010年12月、p.43-p.44）

「その朝、真っ先に頭に浮かんだのは、家を失った人々にはまもなく肉が必要になるという考えだった。それですぐさま、肉を欲しがる人たちには誰にでも必要なだけ与えて、金は取るなという命令を下した。黒人も白人も黄色人種も分け隔てなく扱えと」（大手食肉供給会社経営者のチャールズ・レッディの証言）

(前掲書p.46-p.47)

「興奮した男や、ほんのわずかでもパニックに陥った人間も一人も見かけなかった。人々の間には完璧な礼儀が存在していた」（小説家のジャック・ロンドンの証言）

(前掲書p.51)

「誰一人、すすり泣いたり、泣き言を言ったりしなかった。その代わりに、誰かの役に立ちたいという熱意があらゆるところにあった」（哲学者のウィリアム・ジェイムズの証言）

(前掲書p.89)

「緊急に大規模な常備部隊が到着し、火事場泥棒は射殺していいとの指令のもとに任務を遂行しなかったなら、酒場は押し入られ、群衆は暴徒化し、銀行や宝石店は略奪されていただろう」（いち早く軍隊を被災地に入れた軍司令官のファンストン准将の証言）

(前掲書p.62-p.63)

「連邦部隊、通常の警官隊、特殊警察の全メンバーに、略奪やその他のいかなる犯罪であれ、犯している者は誰であれ全員を殺す許可を与える」（ユージン・シュミッツ市長の証言）

(前掲書p.61)

　上記は1906年4月18日に起こったサンフランシスコ地震での記録である。プラグマティズムの創始者ウィリアム・ジェイムズもこの地震の被災者であったことがわかる。ここで生徒に理解してほしいことは、一般的な被災者の行動と権力を持つ者の反応は全く違っている、ということである。権力者は「必ず暴動や略奪が起こるので強権的な取り締まりを行う必要がある」と考える。一方被災者はお互いに助け合い、一時的であるが「災害ユートピア」を創造していくことがわかる。実は権力者が「緊急的略取」を「略奪」と認識し武力弾圧を行うことから、状況がますます悪くなってしまうのである。実際は災害ユートピアが出現しているにもかかわらず、「民衆は暴動を起こそうしている」と権力者はパニックを起こしているのである。これを「エリートパニック」という。コロラド大学の社会学者キャスリーン・ティアニーは、エリートパニックの具体的な様相の中にマイノリティに対する差別や憎悪、恐怖があることを指摘している。この点と食肉を提供したチャールズ・レッディの行為を比較して生徒たちに考えさせたい。

　そしてこのエリートパニックが一時的に生まれた災害ユートピアを壊してしまうことがあるという。特にマイノリティなどに対する恐怖から生まれたエリートパニックが共同体内の差別意識を助長し、共同体内に恨みをもたらすケースがあるというのである。

　瓦礫の中から食料や飲料の「緊急的略取」を行っていたのは私の友人のような人たちであるが、それが外国人窃盗団となるのはどうしてか？　その外国人は外見からでなく「わけのわからない言葉」によって初めて理解することができる、日本人と似ているアジア系の外国人であるのはなぜか？そこには差別意識があるのではないのだろうか？

「外国人窃盗団は噂で、そこには外国人に対する差別意識がある」という意見が出される中で、「絶対外国人が集団で悪さをしている」という生徒もいた。次に以下の新聞記事を読んでもらう。

被災地では数々のうわさが飛び交っている。「レイプが多発している」「外国人の窃盗団がいる」。仙台市の避難所に支援に来ていた男性（35）は、知人や妻から聞いた。真偽はわからないが、夜の活動はやめ、物資を寝袋に包んで警戒している。「港に来ていた外国人が残っていて悪さをするらしい」。仙台市のタクシー運転手はおびえた表情をみせた。（中略）東京女子大学の広瀬弘忠教授（災害・リスク心理学）は「被災地で厳しい状況に置かれており、普段から抱いている不安や恐怖が流言として表れている。メールやインターネットの普及で流言が広域に拡大するようになった。行政は一つ一つの事実を伝えることが大切で、個人は情報の発信元を確かめ、不確実な情報を他人に流さないことが必要だ」と指摘する。
（「『外国人窃盗団』『雨当たれば被曝』被災地、広がるデマ」朝日新聞デジタル2011.3.26
http://www.asahi.com/special/10005/TKY201103250527.html）

「やっぱり噂だったんだ」という意見が多数出た。生徒にとって日頃は読まない活字メディアは権威があるようで、簡単に「外国人窃盗団はうそ」となってしまった。逆に困った結果になってしまったが、「港に来ていた外国人が残っていて悪さをするらしい」という噂をきちんと読み込み、「港は津波に流されてしまって外国人はどうやって残ることができたのだろう」と、噂自体のでたらめな筋立てから嘘を見抜くことができた生徒もいた。この単元は生徒たちの意見が活発に出て、他の生徒の考え方を全体で共有化することができた授業であった。

最後に差別意識がマイノリティの虐殺へと発展していった関東大震災を教材とした。1923年9月1日に起こった関東大震災時に横浜南部から「『朝鮮人』の暴動」の流言が生まれ、これが急速に広がっていった。2日後、埼玉では「『朝鮮人』の暴徒が南から進軍して来る」との話になっており、流言は南から北に広がっていったことを物語っている。ここで官憲は「朝鮮人」のテロをそのまま信じ情報を流していく。完全なエリートパニックに陥っているといえよう。また被災地の外側にいた地方紙もパニックを起こし、誤報を垂れ流しにしてしまった。そして軍や警察の指導で自警団が結成され、朝鮮人、中国人の虐殺が起こるのである。

■地方紙の誤報
「朝鮮人大暴動　食糧不足を口実に盛に掠奪　神奈川県知事よりは大阪、兵庫に向かひ食料の供給方を懇請せり。東京市内は全部食料不足を口実として全市に亘り朝鮮人は大暴動を起こしつつあり……」（河北新報、九月三日）
「歩兵と不逞鮮人戦斗を交ゆ　京浜間に於て衝突す　火災に乗じ不逞鮮人跋扈　近県より応援巡査派遣……」（福島民友新聞、九月四日）
（山岸秀『関東大震災と朝鮮人虐殺―80年後の徹底検証』早稲田出版、2002年8月、p.66）

■官憲の主な動き（時系列）
九月二日十四時ごろ：内務省警保局長より呉鎮守府、地方長官宛電報。「東京附近ノ震災ヲ利用シ、朝鮮人ハ各地ニ放火シ、不貞ノ目的ヲ遂行セントシ、現ニ東京市内ニ於テ爆弾ヲ所持シ、石油ヲ注ギテ放火スルモノアリ。既ニ東京府下ニハ一部戒厳令ヲ施行シタルガ故ニ、各地ニ於テ充分周密ナル視察ヲ加エ、鮮人ノ行動ニ対シテハ厳密ナル取締ヲ加エラレタシ。」

> 九月二日夕刻：警視庁、戒厳令司令部に、朝鮮人による火薬庫放火計画があると報告。同：警視庁菅下各警察署に通達。「鮮人中不逞ノ挙ニツイテ放火ソノ他凶暴ナル行為ニイズルモノアリテ、現ニ淀橋・大塚等ニ於テ検挙シタル向キアリ。コノ際コレラ鮮人ニ対スル取締リヲ厳ニシテ警戒上違算ナキヲ期セラレタシ。」
> 九月三日十六時三十分：海軍省船橋送信所所長電信発信（独断）。全国で受信。船橋送信所襲撃ノオソレアリ。至急救援頼ム。騎兵一個小隊応援ニ来ルハズナルモ、未ダ来タラズ。
> 九月四日八時十分：船橋送信所電信発信。本所（船橋送信所）襲撃ノ目的ヲ以テ襲来セル不逞団接近、騎兵二十、青年団、消防隊等ニテ警戒中、右ノ兵員ニテハ到底防御不可能ニ付約百五十ノ歩兵急派方取計イ度ク、当方面ノ陸軍ニハ右以上出兵ノ余力ナシ。」
>
> 　　　　　　　　　　　　　　　　　　　　　　　　　　　　　　　　（前掲書p.61）

　この事件の背景にあった当時の日本の植民地政策および日本に対する朝鮮半島での反日闘争について、二年次の世界史で学んだ事項を確認した後で、以下の資料を読んで災害時における軍隊の役割を考えてもらった。

> 当時の戒厳令は、真に火に油を注いだものであった。何時までも、戦々恟々たる民心を不安にし、市民をことごとく敵前勤務の心理状態に置いたのは慥（たし）かに軍隊唯一の功績であった。全く兵隊さんが、巡査、人夫、車掌、配達の役目の十分の一でも勤めてくれていたら、騒ぎも起らず秩序も紊れず、市民はどんなにか幸福であったろう。
> （山崎今朝弥著・森長英三郎編『地震・憲兵・火事・巡査』岩波書店、1982年12月、p.223-224）

　今回の震災での自衛隊の役割は重要であった。水島朝穂氏が2011年7月号の「世界」（岩波書店）に掲載された「史上最大の災害派遣　自衛隊をどう変えるか」で、阪神・淡路大震災後自衛隊は「装備面での変化はドラスティック」（p.116）であり、「治安出動訓練（国民に銃を向ける訓練）はほとんど行なわれなくなり」（p.115）、かわって給水・入浴支援から臓器移植時の臓器の空輸・輸送、痴ほう性老人・自殺願望者保護等のための警察業務支援などのきめ細かい「考慮事項」の徹底が「現場の隊員の『人間力』を高め、大震災の被災者に向き合う姿勢にも影響した」（p.116）と指摘している。自衛隊が軍事という本来的役割をもって、サンフランシスコ地震の時のファンストンの部隊のように被災地に入ったのなら状況は全く違うことになっていただろう。日本は憲法によって軍隊を持つことが禁止されている。今回の大震災で略奪も暴動も起こらなかったのは、日本が「軍隊を持たない国」だからなのかも知れない。日本人の気質や道徳心などと説明してまったら、社会科学としての社会科の授業は成り立たないだろう。

4 津波から村を救った「稲むらの火」の劇化を通して
―ふるさとの復興を考える

〔宮城県山元町 小学校〕

阿部　広力

　東北は1000年に一度と言われる大震災に直面し、学校はどんなことができるのか、突きつけられている。私の勤めていた山下第二小学校は津波の直撃をまともに受けて壊滅した。そして、赴任してきた山下第一小学校も、牛橋地区のほとんどがやられた。私の担任している３年生の児童の約三分の一が被災し、遠隔地から通ってくる。また被災した危険な自宅に自治体から「自己責任で」と言われながら何とか暮らしている子どもたちもいる。

1　あの日何があったか

　山下第二小学校（児童数202人）は海と数百メートルしか離れていない浜辺にあった。３月11日午後２時46分。大きな揺れとともに始まった大地震は長い間続いた。屋根の瓦がずれ、落下しそうになっていたので、外にしばらくは避難することができなかった。その後揺れがやや弱くなってから、やっと校庭に避難させた。恐怖で「僕、ここで死ぬのかな」と泣いている子もいた。そのころは校庭に保護者が次々に駆け付けていたので、名簿と照合して児童を引き渡した。その時、町の職員らしき人の大きな声が響いた。「何やってんだ！早く逃げろ。津波が来るぞ！」（この職員はその後帰ってこなかったと言われている。命がけの呼びかけだったのである）。

　「広力先生を先頭に歩いて役場へ。大きな車を出せる先生は車で、途中で子どもを乗せて役場へ」ということになった。役場は学校から約４キロの小高い場所にある。保護者の迎えがなく残った児童は約70人。役場へ早足で急いだ。途中、ブロックが倒れているところ、屋根が崩れ落ちているところ、石碑が倒れているところなどが目に入り、大変なことになっていることがひしひしと伝わってきた。教員の車６台は、役場と徒歩組の間を往復し、児童をピストン輸送した。全員が歩いていたら、とても間に合わなかったはずだ。

　その後、町の半分を津波の濁流が呑み込み地獄絵図のような惨状になった。山下第二小学校でも、親に引き渡した４年生の女子児童１名が、自宅のおじいさんを迎えに行ったまま帰ってこなかった。

　今度私が赴任してきた山下第一小学校では、体育館が避難所で、校庭が駐車場になっているため校庭が半分になり、休み時間でも子どもたちが一番大好きなボール運動が中止になった。また体育も体育館が使用できないため、床がコンクリートのホールでマット運動等をする危険な状態だった。その後仮設住宅ができ、やっと体育館や校庭が使えることになったのは１学期も終わりかけた７月だった。

　また、２校が一緒になった山下小学校と山下第二小学校は、校庭が自衛隊のお風呂と医療施設になり、体育館も避難所になったため、６月までは体育をすることが自由にできなくなったり、遊んだりすることができなくなっていった。また、間借りしている学校では、今後もお互いに気を使ったり、

遠慮したりはずいぶんあることだろうと思う。間借りは長期間になることから、子どもたちが抑制的になり過ぎないようにとも思う。

　山元町では居住可能地域の65パーセントが被災した。そして家を無くし、思い出を無くし、友だちを亡くし、家族を亡くし、それに加えて親たちは農地や職を失った。山下第二小学校と中浜小学校の校区のほとんどが失われた。今は、すべてを失った持たざる被災者の子とそうでない子の間にある、見えない溝をどう教育という営みで埋めていくかが課題である。

2　1学期に取り組んだこと

「今だから学べることがある。今だから教えることがある」

　あの被災の次の日、早朝の寒風の中、着の身着のままで逃げた薄着のまま炊き出しの長い行列に並んだ6年生。あんなに手こずらせていた荒れた子たちだったが、自分は食べずに何度も列に並んでは、1年生や避難民のために食べ物を手渡していく姿に私は涙した。

　そして、転任してきた山下第一小学校でも、避難場所の配給を手伝う高学年を見た（テレビ番組の『中居正広の金曜日のスマたちへ』で取り上げられ、教育評論家の尾木直樹氏が訪問してインタビューされた）。本当の意味での「生きる力」がここにはあった。今だから子どもたちから学べることとは、このことなんだと思った。そして、今だから教えることがあるとも思った。

　タイムリーに組合主催で学習会が、逢隈小学校を会場に開かれた。学習会では、阪神大震災をくぐり抜けてきた元中学校教師の小川嘉憲さんのお話を聞くことができた。その中で特に印象に残ったのが以下の点だった。

　①教師と子どもたちの大事だと思うことが違っていたと後で気づいた。教師は思いやりなどが大事だと思っていたが、子どもたちはもっと前を向いていた。どうしたら復興していけるのかを考えていた。

　②子どもたちはどうしてこうなったのかを知りたがっている。それがわかると、心にストンと落ちるのだ。

　震災については腫れ物に触るように扱っていたが、これを参考に前向きな実践をスタートさせた。

社会「山元町のビフォーア・アフター」

　3年生の社会科は1学期「わたしたちのまち、みんなのまち」というテーマで、町の様子を『私たちの山元町』という副読本と町バスでの町内巡りで学習していくのがこれまでの定番であった。しかし、震災後、1学期中は町バスが借りられなくなった。避難所や仮設住宅の方々優先となったからである。勿論、たとえ借りられても巡るところが無いのである。これまで見学してきた港は無くなり、役場や歴史民族資料館・少年の森は被災して入れないか、避難所となっている。そこで、仕方なく副読本中心に学習したが、そこに登場する多くの施設や学校が無いのである。まさに、墨塗り教科書のような状態であった。

　そこで、大きな地形やこれまでの施設や産業を学習した後、将来の山元町を描かせることにした。復興後の自分の町に希望や夢を持たせるためにである。そこでいろいろな案が発表された。浜には津波を防止する大きな堤防を描く子ども。その堤防には桜の木をいっぱい植えている子。被災した農地に太陽光発電などのソーラーパネルをいっぱい敷き詰めている子。

山元の未来を作るのは、この子たちである。多くの夢を聞いていると、夢が現実となることが近い将来やってくるのではないかという希望の光を感じた。

テーマ日記

少し落ちついてきた6月ごろ、あの日（3・11）についてテーマ日記を書かせることにした。しかし、「まだ気分的に書けない場合は、書かない」という約束で始めた。直接津波の恐怖にさらされていない子はどんどん書き出した。勿論、津波について書かないで、日常の遊びを日記として書いている子もいた。この子は震災以来、春休みから吐き気があってあまり食べなくなっていた。そんな状態なのに、朝の読書の時間には津波の写真集を持ってきて読んでいる。その後、震災援助で来たスクールカウンセラーに何度か見てもらい、病院にも行って相談した結果、腫れ物に触らないようにするよりは、積極的に話させた方がよいということになった。

このころはホウセンカの水掛けの時に、多くかけすぎて水が漏れると、「津波だ」と叫んでいる子もいたが、それが単なる遊びのようなものになってきていた。

3　明日を切り開く文化活動を

学習発表会のめあて「地域の復興をめざして」

私は10月8日の学習発表会で次のような点を目指そうと考えた。

・学校・地域の復興の機運を高め、地域再生力の根を耕す。
・子どもたちの発想を生かしながら民主的な学級づくりをタイアップしていく。
・避難所におられた方々や、地域の方々の参加を促す。
・文化と土着の文化の香りを混合させる。
・すべての参加者に勇気と感動を与える。そして明日への希望を紡ぐ（心の復興）。
・暗い話題が多い中、親子共通の前進的な話題をつくる。

職員会議の話し合いで、私が担当の学習発表会の目当てに、項を起こして「地域の復興をめざして」を挿入する事を提案した。未曾有の震災を体験した今こそ「学校と地域が絆を結び、復興に向けた文化的行事を位置づけていく」必要性があると思ったからだ。

今回の学習発表会は、いつもの学習発表会とは、目標が同じでも全く意味合いが違ってくる。生きることができた者の再会の場であり、命をつないでいく決意の場でもある。

1学期にできなかったので9月に行った運動会と同じように、山下第一小学校に避難していた方々や仮設住宅の方々にも案内状を出し、招待する。そして全校合唱で震災後の子どもたちに寄り添う意味を込めて、『BELIEVE』と校歌を歌う。また校長の提案で、最後に山下中学校のブラスバンド部の演奏に乗せて参加者全員で『上を向いて歩こう』を合唱することになった。また『負けないで』も演奏されることになった。

3年生の児童の実態

山下第一小学校の3年生は優しい児童が多く、けんかはほとんどない。男女仲良く休み時間にサッカーを一緒にしていることが多い。反面、給食を食べきれる児童が少なく、給食の残量が全校一多い。そのためか体があまり大きくない。声が小さく、16人の少ない人数でも聞こえないことがある。人前で大きな声で話すということは恥ずかしいことであるが、子どもたちの心と体を開いていくこと

で乗り越えさせたい。

　特に今は心に震災という重い経験を抱え込んでいる。「臭いものには蓋」という言葉のように、蓋をしただけでは、臭いは外には出ないがその中で腐敗が進むだけである。大けがをしても、包帯を巻いただけではうみができる。うみを出して初めて治っていくのである。その意味でも、表現する事で心を開かせていきたい。つまり演劇療法的手法で心の復興を目指したい。

　取り組みたいこと

　劇は自分づくり、友達づくり

・教室のトーンをグンと上げる。

・気持ちを合わせて声を出す。

・人間関係を作っていく。

・心と体を解放するものとしての文化。

　音読の力を高める

・詩『夕日が背中をおしてくる』で遠くに声を届ける練習。

・表現読みの楽しさを味わわせる。

・物語の内容を深く読みとらせる。

・練習→発表→話し合い→練習…のサイクルで、自分たちの意見で作っていく劇を目指す。

　大切にしたいこと

1　優れた素材（シナリオ、太鼓、民舞、歌）は、心と体を揺さぶり、変える可能性を持つ。

2　教師があたためている演目と、子どものやる気が一致するような合意づくりが大切である。

3　内容の理解・共感と、子どもが表出するもの（声・動作）は一体である。

　練習の進め方

・絵本を読む（『津波！命を救った稲むらの火』『続稲むらの火』等）。

・映画を見る（アニメ『続稲むらの火』）。

・太鼓の口唱和は朝の会などで少しずつ歌う。太鼓のバチやバック絵は自分たちで作る。

・キャスティング（希望を中心にオーディションをしながら、みんなの総意で決める）。

・場面を分けて、登場人物の気持ちを読みとり、感想を書く（もし、自分が五兵衛だったら等）。

・立ち稽古（練習しながら台詞を言いやすいように改訂していく）。

・通し稽古（プロンプターをつけて、安心して動きに専念させる。また休んだときはプロンプターを代役とする。照明や音響も子どもたちで協力して分担する。全員がスタッフになる）。

　なぜ今『稲むらの火』（津波）の劇なのか？

　『稲むらの火』とは、幕末の頃、紀州藩（現在の和歌山県）のある海辺の村を襲った大津波を庄屋の五兵衛という人物がいち早く察知して、刈り取った大切な稲むら（稲の束）に火を放って村人たちに急を知らせ、大勢の村人を救ったという実話から生まれたお話である。3・11からまだ半年。なにもこの時期にそこまでする事はないのではないかと思われるかもしれない。

　つまり寝た子を起こさない方がいいという意見もあるかもしれない。しかし、「乗り越える」とは「忘れること」ではない。

　確かにこの震災は心にも体にも大きなマイナスである。大人にとっても大きすぎる困難だが、やが

て子どもたちの人生のプラスにすることはできないのだろうか。そのためには言葉にすることである。人は言葉にすることで一歩前にすすむものである。つまり、語ることによって、心の中で完結することができるのである。しかし、心に蓋をしたままでは永遠に完結しない。

　様々に思い出を語ったり書き出したりする事で混乱していた記憶を整理して、欠落した記憶を埋め込んで自分の物語を作っていくのである。つまり、それは治療のための物語となって、心をストンと落ち着かせることに繋がっていく。

　そのために、少しずつ時間をかけて子どもたちに寄り添いながら話し合ってきた。その結果として今回の劇に取り組むことになったのである。子どもたちの感想文からもそのことがわかる。

　被災した太鼓の復活

　私が被災当時勤めていた山下第二小学校の体育館に、地域の太鼓集団・大和撫子会の太鼓が置いてあった。学校が練習場として地域に開放していたからである。それを使って3年生は総合で「山二ぶち合わせ太鼓」を伝承するのが習わしとなっていた。しかし、多くの太鼓はあの津波に流されてしまった。そして震災後、体育館は遺品などの集積所になっており、雨も降りかかる通路に大太鼓が2台、砂だらけでさび付いて放置されていた。

　震災後の復旧作業に何度も出かけて見ていた私は、見かねて大和撫子会の責任者の方に電話した。すると、会員のほとんどが被災し、今後活動はできないことになったという。また、小太鼓は拾い集めて自宅に持ち帰ったが、大太鼓はもう置くところがないという。

　確かに、被災して山下小学校に間借りしている山下第二小学校は、職員室は図書室、校長室は放送室、教室は段差のある音楽室まで使っている状態で、大太鼓など置く場所はなかった。

　そこで、私が転勤した山下第一小学校で一時預かり、保管することにした。

　この太鼓を生かしたいと思った。私とともに山下第二小学校から2人の児童が被災して自宅を失い、第一小学校に転校してきた。5年生になる姉は、私がかつて受け持ち、太鼓を教えたことがある。そして3年生の弟を今年偶然、私が受け持つことになった。その男の子に、そのまま第二小学校で3年生になっていたら習うはずだった太鼓を打たせてあげたいと思った。学校の文化として「3年生になったらあの太鼓が打てる」と、あこがれとして彼の中で芽生えていた。被災した太鼓だが、その子が打つことによって太鼓は復活し、その子の心も復活させていく。案の定、いつもは姿勢も良くないのに、太鼓には真剣な取り組み方だった。そして、ついに彼は太鼓の1番太鼓に選ばれた。劇の復興後の祭りでたたく太鼓の1番で、彼に演奏させることにした。

　ソーラン節、再び！

　震災後「ソーラン節は、海を連想させるから、しばらくできないね」と妻が言った。「そうだなー」と返事はしたが、心の底で何か違うとの思いもあった。この劇の冒頭に浜の祭りの場面がある。村人は祭りを楽しみにして、準備をしていた。そこに津波が押し寄せた。

　私は、この脚本を作るに当たって、『稲むらの火』のその後を描きたかった。この物語のままでは、ラフカディオ・ハーン（小泉八雲）が著したように「ア　リビング　ゴット（生ける神）」のような個人崇拝で終わってしまう。その中から五兵衛の業績だけでなく、村人の協力で村が復興していく姿を表現したかった。幸いに震災後、手にした本の中に戸石四郎著『津波とたたかった人－浜口梧陵伝』（新日本出版社、2005年8月）があった。その本によると、安政津波に際して、的確な避難誘導

と直後の行き届いた救済活動、さらには100年後を見通した防災事業を民衆と共に成し遂げた先見性が記されていた。そこには、自由民権運動や福沢諭吉などとの関わりから積極的な社会活動と済民活動に進んでいく姿が描かれていた。被災後半年、国としても町としてもまだ復興のめどが立っていない今だからこそ、子どもたちと地域に希望ある未来の姿を、歴史の事実の中から示したかった。

そのためには、ナレーターが復興の歴史を語った後に、昨年2年生の時に踊ったというソーラン節を踊ることがもってこいだと直感した。あの祭りの時に踊るはずだったソーラン節を、復興の象徴として踊る。それも一段と成長した姿で踊る。それこそ、単なる元に戻す復旧ではなく、新しい形での復興や「福興」を表現できると考えた。

「死んでも心はつながっている」

劇の練習が佳境に入ってきたころのことである。給食の時間にCさんは、これまで語ってこなかった、震災当時の亡くなったおじいさんの様子を堰を切ったように語り出した。いつになく熱心に語るその様子に、私はずっと聞き役に回っていた。後日、Cさんのランドセルから時間割表が落ちたので拾って渡そうとして、ふと裏側をみてハッとした。そこにはしっかりとした字で「死んでも 心はつながっている」と書かれていたのだった。

総練習の時に、進行のアナウンス担当のCさんの兄の5年生のD君が、アナウンスの席で声を詰まらせて泣いていたそうだ。後でどうしたのか聞いてみると、「稲むらの火の劇が、本当に僕たちのように津波に遭った人たちの気持ちを表しているので・・・」と恥ずかしそうに語っている姿が印象的だった。

手話で歌った『しあわせ運べるように』

劇の最後に歌ったこの歌は、16年前の阪神淡路大震災の時に、被災した小学校の音楽の先生が作って歌い継がれてきた曲である。今回の東日本大震災にあたり「神戸」という歌詞を「ふるさと」に書き換えて、この東北にエールを送ってくれていたものである。

震災後、神戸の本山第一小学校の3年生16名から山下第一小学校に届けられた励ましの手紙が、壁に貼ってあるのを見つけたことで、同じく3年生16名で一人ひとりに感謝のお手紙を書くことになった。同じ震災を経験した地域に生きるものとして共感し、歌への思い入れは深くなっていった。それ故に、手話の表現にも優しさと力強さがこもって、見ている人々を感動させ涙させた。

4 親や子どもの変化

「私は感動しています・・・」7ヶ月の想いが去来し

この劇の後がPTA会長さんの挨拶であった。「1年生〜5年生までの発表が終わりました。私は感動しています。・・・これまでに、こんなに感動をくださる学習発表会を見たことがありません・・・先ほどからずっと目頭が熱くなりながら見ていました・・・」と挨拶の中で何度も声を詰まらせておられた。消防団員として多くの仲間を失い、亡骸を捜索し、瓦礫を片づけてきたこの7ヶ月間のことが走馬燈のように去来したのであろう。校長の話では、会長さんはすでに座っているときから、隣で誰はばかることなく泣いていたということである。また多くの父母は同じ思いでうなずき、涙していた。

「心から誇りに思います」

学習発表会後、Sさんから突然の思わぬ手紙をいただいた。3.11以来の様々なことが去来し涙な

しには読めなかった。今回の震災で自宅が傾き、山元町には親戚もいないので引っ越すか修理かで悩んでいたときに、息子が「ママは正しいよ」とはっきり言ったそうだ。「引っ越しする事もできるんだよ」と母がたずねると「引っ越したら意味がないんだよ。ここに住むから復興って言うんだよ」という息子の言葉に涙が出そうになったという。そして、今まで悩んでいた気持ちが嘘みたいに消えて、自分たちの判断が正しいと自信が持てるようになった事が書かれていた。最後に、「この震災の中で親としてこういう意識を持つ子どもになってくれたことを心から誇りに思います」と結んでいた。父は遠くに単身赴任していて、母一人に重圧がかかる中、息子の成長した姿が心の支えになったのであろう。

学習発表会後、子どもたちの姿が一回り大きく見えるようになった。

おわりに

この間ロールプレイングのように疑似体験として表現することによって、震災というあまりにも重い体験を乗り越え「心の復興」に一歩近づこうと試みてきた。

今後被災地が求める学力とは、雄勝小の徳水博志さんが発信しているように、まさに「地域に根ざして生きる学力」である。つまり地域を愛し、地域を復興する社会参加の学力ではないだろうか。子どもたちが被災した故郷に残り、故郷のまちづくりに参加し、復興する社会参加の学力とも言える。この学力観に立てば、山元町の子どもたちは学ぶ動議づけと学ぶ目的を明確に持つことができる。これは被災地の子どもたちに近い将来懸念される、荒れの解決策の一助になるのではないだろうか。そのためにも、現状では地域素材の多くが劇的に変わってしまっているので、社会や総合的学習の時間の教育課程の見直しを進めていく必要がある。

また来年に向けて「希望を育てる震災復興教育」を中心とした学校運営を考えていく必要があるのではないだろうか。まず支援を一方的に受ける、受け身の姿勢から転換して、能動的に働きかけて、表現して、楽しめる教育活動の構築が求められる。次に地域住民とつながる教育活動の構築、そして、「子どもの権利条約」を生かした社会参加型の学力の育成によって、山元復興の主体者となる教育活動の構築まで進めたいものである。

ふるさと　ふるさと

明日に　生きる

心に　生き続ける

私のまち

あきらめない　絆胸に

海の上にも

陽はまたのぼる

（学級の歌「私のふるさと3月11日をこえて」より）。

5　詩の鑑賞指導

〔岩手県山田町 中学校〕

甘竹　浩枝

　3月11日、私たちの勤務する山田町は大震災に襲われ、甚大な被害を受けた。町は津波と火事で瓦礫の山と化した。学校は高台にあるので学校も生徒たちも無事だったが、家や家族を失った生徒は、全校約500人の約半数いる。新年度が始まったのは、4月の下旬で、それからしばらくは午前3時間授業。避難所にいて弁当を持ってこられない生徒が40％ぐらいいたからである。6月からユニセフによる弁当の支援が始まったことで午後まで授業できるようになった。現在は生徒の約25％が仮設住宅から通学している。そのような状況の中で、生徒に寄り添いながら実践した記録である。

1　対象生徒の状況と今回の実践について

　山田中学校に勤務して3年目となった。3年生を受け持っている。3年生は162人5クラスあり、1クラスを先輩の先生、残り4クラスを私が担当している。大震災に関わる様々なことが通常の仕事にプラスされるので本当に多忙である。しかし、生徒たちの心をすさませたくないと考え、自分たちにできることの最大のことをしようと確認しあっている。そして、それは国語の授業の中で生徒を理解し、明日の希望を持たせるということである。

　よい作品を与えたい。生徒たちが自分もふくむ人間というものを肯定できるような作品を媒体にしながら、「国語」の授業で人生や人間というものは実は美しく価値あるものだということを伝えたいと思った。

　一ヶ月遅れで始まった今年度のはじめには、「わたしを束ねないで」（新川和江作）と「握手」（井上ひさし作）で読み取りの授業をした。また、夏休み前には、作文の授業をし、その中で先輩の感動的な作品を与えて、関心や意欲を喚起させながらも自己や周りの生活を見つめることの大切さを伝えたりもした。

　そして、今回の文学の単元である。光村図書ではこの四単元に二つの教材を用意している。一つが詩教材「挨拶」（石垣りん作）、もう一作が「故郷」（魯迅作）である。詩教材は、一学期に読み取りの授業をしているので、今回は感動的な詩を数編与えての鑑賞指導をすることにした。鑑賞指導については、前単元の俳句で多少はおこなっていたので、その延長としても適切だと考えた。取り上げる詩は「挨拶」（石垣りん）、「虹の足」（吉野弘）、「レモン哀歌」（高村光太郎）、「ヒロシマ神話」（嵯峨信之）、「生ましめんかな」（栗原貞子）である。どの詩も状況の中で人間がどう生きるかということを描いた優れた作品である。また、「故郷」については、今年度最大の読み取りの教材と位置づけている。

2　詩の鑑賞の具体的実践　－3年生

1）教材について

「挨拶」石垣りん作

戦争体験を風化させてはならないということを訴えている。

　ある朝、職場で偶然目にしたヒロシマの原爆被害者の写真。人間とは思えないような写真。しかし、この写真を見ている「友」や「私」の顔はすこやかであり、すがすがしい。1945年8月6日8時15分に死んだひとたちは、今の「私」や「あなた」のように、やすらかに美しく油断していた。午前8時15分は、毎朝やってくるのに…という詩である。

　光村図書の中学校3年生、二学期の教材である。多少、理屈っぽいところや題の意味合い、写真を見ている［友］と［私］の位置づけなど、生徒の心にストレートに響きにくいという難点はあるが、表現の仕方や言葉の反語的な使い方などに詩としての重みが感じられる詩である。そのような点に、おもしろさや読みごたえを感じる生徒もいると思われる。鑑賞すればするほど、読みが深くなる作品でもある。

「虹の足」吉野弘作

　吉野弘らしい詩である。温かさが心にすらりと入り込むという点では、他の詩人に類を見ない部分もある。詩であるので当然のことながらレトリックも多用されていることさえ読者に感じさせない自然さに、多くの生徒が共感するだろう詩である。「他人には見えて自分には見えない幸福」の中で人間はそれが幸せとも感じないで生きていることがよくある。そして、それも幸せなのだということが、虹の中にすっぽりと包まれた家々を描いたことで映像的・絵画的にやさしく伝わってくる優れた詩である。生徒たちに幸せということについて考えてほしいという意図での教材選択である。持ち込みでの教材である。

「レモン哀歌」高村光太郎作

　純粋な美しさがある。男女の愛とか夫婦愛ということを超えた人間愛が切々と美しく描かれる。光太郎と智恵子のことを生徒に注入してやることで生徒たちは、愛し合うことがいかに価値あることであるか素直に感じ取るだろう。多感な中学生であるからこそ、ここまで昇華された愛を伝えたいと考えた。持ち込みの詩である。

「ヒロシマ神話」嵯峨信之作

　韻文の効果が、主題にまで及ぶ詩である。作者の強い思いが読み手を打つ。プロメテウス神話をモチーフとして取り入れながら、神話より信じられない現実であることを強調する。感性の鋭い生徒にとっては刺激的であり、学ぶ意欲をかき立てる詩であろうと思う。

　また、「一瞬に透明な気体になって消えた数百人の人間が空中を歩いている」という部分からは 天災と人災の違いはあっても、今回の大震災で一瞬にして家族や家を失ったことと重ねて考える生徒もいるだろう。そういう意味で持ち込み教材として選んだ。

「生ましめんかな」栗原貞子作

　ぜひ、生徒に教えたい詩である。特にこの大震災のあとであるからこそ、教えたいと思った。原子爆弾の犠牲になりながらも、赤子を生ませたいと強く願った地下室の中の負傷者たち。そして、血まみれになりながら赤子をとりあげ、死んでいった産婆。そこに描かれるのは、人間賛歌である。原子

爆弾の犠牲になったからこそ、赤子に生きてほしかったのかもしれない。いや、どんな状況であっても、人間とは、生まれてくる命に対して畏敬の念を持つものなのだと思わせてくれる詩である。人間の強さやすばらしさを感じてもらいたいと考え、持ち込んだ詩である。

２）指導の流れ

　まず、今回の学習の流れを確認し、「挨拶」「虹の足」「レモン哀歌」「ヒロシマ神話」の４つの詩を紹介する（簡単なテキストとして配る）。作者とその詩の背景を説明しなければならない詩は説明する。テキストにある簡単な問題を解き合う。四つの詩の感想や考えをまとめさせる。音読させる（２時間）。

　次に、それぞれの詩の感想を交流しあいながら、詩の理解を深める。鑑賞カードの見本（「生ましめんかな」の鑑賞カードを見本として私たちが作成）を読み、自分の鑑賞に取り入れたいことをみんなで考える。自分の好きな詩を前出四つの詩の中から選ぶ。鑑賞をまとめる（２時間）。

　最後に、鑑賞カードとしてまとめたものは、文化祭に提示し交流しあう。

3　授業記録

第一時

T　今日から、四単元に入ります。この単元は、文学の単元です。文学というのは、状況の中で、人間がどう生きていくかを言語によって表現したものです。一単元で、詩「わたしを束ねないで」と小説「握手」を勉強しましたが、その二つも文学です。「握手」は、誰がでてきたっけ？

S　ルロイ先生です。

T　ルロイ先生はどんな人間として描かれていたの？

S　親がいない子どもたちの面倒をみた人。

S　人はみんな同じだと思っている人。

S　ガンに冒されていたのに、かつての教え子たちを回って歩いている人。

T　そんな先生の生き方を「私」はしっかりと受け取っているのだったね。つまりね。あの小説は、戦後という時代に戦勝国の人間であるのだけど、親がいなかったり事情があって親と暮らせない日本の子どもたちに限りない愛情を注いだルロイ先生という人の生き方とその生き方に心を動かす「私」が描かれている小説でした。状況の中で人間がどう生きていくかということはこういうことなのです。そういう意味で「握手」もすぐれた文学ということができます。

　今回は、そんな文学をまた学んでいく単元です。最初に詩を勉強します。教科書には「挨拶」という詩が載っていますが、それに加えてあと三つ紹介します（と言って、テキストを配る）。

T　A、何という詩ですか。

S　はい、「虹の足」「レモン哀歌」「ヒロシマ神話」です。

T　そうだね。では、どのように授業を進めていくかを確認します。テキストを見てください。まず、詩を読みます。で、テキストにある問題、とても簡単ですからそれをやります。そして、それぞれの詩の感想や考えをまとめます。その感想や考えを交流しあいます。だいたいの詩の内容がわかったら、自分が好きな詩を一編選んで自分で鑑賞します。鑑賞カードを完成したら、わだつみ祭に展示します。

T　それでは、紹介していきます。ああ、でも一時間で四つ全部終わりそうにないから、今日は、「挨拶」と「ヒロシマ神話」を読んでいこう（と教師範読）。

T　では、はじめに「挨拶」をみんなで読もう。

S　（生徒一斉読み）

T　では、テキストの問題をやりましょう。「挨拶」は意味を調べるだけだよ。

S　（生徒は「すがすがしい」「りつぜん」「きわどい」の意味を辞書で調べている）

T　いいですか。はい、では何人かにどう思ったか発表してもらいましょう。

S　原爆のことが書かれていて、忘れてはいけないというメッセージだと思います。

S　いつ、原爆が落とされるかわからないから油断してはいけないということです。

S　もう少し危機感を持ったほうがいいと言っていると思います。

T　そうだね。1945年8月6日とあるけど、どこに原爆が落とされた日？

S　ヒロシマです。

T　「8時15分は毎朝やってくる」とあるけど、この時間は？

S　ヒロシマに原爆が落とされた時間。

T　その時間は毎朝やってくるのに…だからなんだというのだろうね。「生と死のきわどい淵を歩く」というのは何のことだろうね。そのあたりは自分で考えてみよう。

T　では、次に「ヒロシマ神話」を読んでみます（範読）。

S　（その後、一斉読みをさせる）

T　はい、では同じようにテキストの問題をやってごらん。

T　いいかな。それでは答えを合わせるよ。①番、なんのことを題材にした詩ですか。

S　ヒロシマの原爆です。

T　②です。（　）の中の言葉は誰が言っているの？

S　原爆で一瞬にして死んだ人たちです。

T　「影が石段に焼きつけられ」たとはどういうこと？

S　なんか、体がとけて影だけが残ったということ。

T　この話知ってる？（と言って、爆心地の状況を話す）

T　ところで、何で神話って言っているのかな？わかる？

S　神様がやったようなことだから…。

T　そうだね。それもあるのだけど、実はこの詩はね。ギリシア神話の中のプロメテウスの神話をモチーフにしているんだよ。プロメテウスはとてもやさしい神さまだったの。地上はそのころ何もなくて真っ暗でね。それでプロメテウスは天上のいろいろなものを地上にいる動物たちに与えてやったのです。たとえば毛皮とかね。人間は裸で寒さに震えていたのだけれど、そのときはもうあげるものが何もなくなってしまったのね。で、プロメテウスは天上にだけある火のことを思いついたのです。でも、火はあげてはだめだと大神のゼウスに厳しく禁止されていたのね。人間に火を与えると、悪いことに使うからと。でも、プロメテウスは寒さに震えている人間がかわいそうで、火をあげてしまったのです。もちろん、ゼウスにばれないはずはありません。プロメテウスはゼウスの怒りをかい、岩肌にしばりつけられてしまったのです。昼ははげたかが来てプロメ

テウスの体を食いちぎります。苦しみに耐えてもプロメテウスの体は夜のうちに再生するのです。だから、また次の日、同じ苦しみを味わう…それが何十年も続くのですが、プロメテウスは未来がわかる神でいずれ、自分をこの岩肌から助けてくれる神が来ることを知っていました。…そういう神話がモチーフになっているのです。

T　つまり、原爆で影が石に縛られている人は誰か助けにくるのですか。

S　こない。

T　プロメテウスは掟をやぶったから、岩肌に縛りつけられたのですね。でも、原爆で影を焼き付けられた人は何か悪いことでもしたの？

S　していない。

T　うん。さあ、そういうことも鑑賞のときに考えてください。

T　それでは、最後にノートにこの二つの詩について感想や考えをまとめてください。

第二時

　第一時と同様に、残りの二つの詩について授業する。

第三時

T　今日はみんなが前の時間に書いてくれた詩の感想を紹介します。短い時間で書いてもらったんだけれど、よく書けていました。プリントを配ります。

S　先生、僕のはありますか〜。

T　あります。一番はじめにのっています。読んでもらうからね。

T　それでは、「挨拶」の感想から順番に発表してもらいます。

　〜 それぞれに発表する 〜

T　（発表が終わって）さあ、みんなの発表に拍手!!

T　それでは次。みんなの感想も参考にしながら、今度は自分の鑑賞カードづくりに入っていきますが、まず、鑑賞カードの書き方を考えてみましょう。参考例を配ります。これは、4つの詩以外のものですが、まず読んでみますね（「生ましめんかな」の詩と、鑑賞文・主題を読む。生徒たちは集中して聞いている）。

T　みんなが書いた鑑賞カードは、わだつみ祭で学級に展示します。せっかくだから、よりいいものを書きたいよね。ちょっと難しいかもしれないんだけど、今読んだ「生ましめんかな」の鑑賞文から、自分の鑑賞に生かせそうなもの探してみようか。こんなふうに書けばいいんだっていうこと、見つけてみよう。さっきね、1組で同じことやってきたの。難しいかも……って思ったんだけど、みんなまじめに考えてくれて、たくさん気づいてくれたの。先生うれしかった。5組のみんなも、あんなふうに頑張れるかな。少し時間あげます。もう一度、目で読みながら考えてみて。

T　はい、では見つけた人、手を挙げて。 はいA。

S　体言止めって書いてあるところがあって、……ん〜……、使われている技法みたいなところを詳しく読んでいる感じがします。

T　うん、そうだねえ。大事なところ、見つけたね。いいよ、できる。じゃあ他に、B。

S　詩の中に表現されていない言葉が書いてあります。

T　具体的にはどこ？

S　「誰か？　産婆はいないのか……」そういう声が飛び交ったからこそ…のところです。

T　なるほど。これはどういうことだろう。

S　なんとなく…自分でその地下室の場面をイメージして、深く想像している感じです。

T　うん。詩は、選び抜かれた言葉で表現したものだって、最初の時間にやったね。その選び抜かれた言葉をよく読んでいくということだよね。この言葉はどこに向かっていくのかな。

S　……。

T　「私が産婆です」というところにつながっていくんじゃないのかな。もし、「誰か？…」という言葉がなかったら、「私が」という表現にはならないかもしれないよね。「私は産婆です」という表現になったかもしれないね。

T　他には？　はい、C。

S　意味を詳しく書いています。

T　どこのこと？

S　はじめに、「生ましめんかな」とは「生ませたい」という強い言い方のことである、と書いているところです。意味がわかりにくそうな言葉について、意味をはっきり書いて示してあることで、すごくわかりやすくなっています。

T　そうですね。「生ましめんかな」というのは題名にもなっている大切な言葉だもんね。うん、そんなふうに、意味をはっきり定義するっていうのは大事だね。説明文の学習のときも…「メディア社会を生きる」を読んだときも、初めのほうに、「メディアとは何か」ということが定義されていたよね。いいよいいよ。他には？　まだあるよね。はい、D。

S　「～だろう」っていう言葉を使って、なんか、詩の中の様子を、詳しく想像している感じがします。

T　そうだね。書かれている言葉から、それ以外の世界を想像して読んでるよね。

S　「血まみれ」の血についても、詩の中には書いていないけど…例えば、「負傷による血」と「赤子を生み出すための血」というふうに、具体的に書いてあります。

T　うん。そうだね。すごいねみんな。いろんなことに気づいているね。他に？

S　「人間として死ぬことができた」と産婆は思っているのだろうか。とあって、疑問のかたちにしながら、登場した人の気持ちを考えている。「だろう」とか「だ」が多かったから、最後のほうに疑問の形になっていて、なんかかっこいい感じ。

S　途中までは、詩のこと、地下室でのことを詳しく書いているんだけど、最後は「人間とは何と美しく強いものなのだろう」とあって、最後は「人間」っていうおっきなテーマみたいな、まとめみたいなことが書いてあります。

T　なるほどね。確かにそうだね。今日は、とてもみんな頑張って考えていました。今みんなが出してくれたこと、黒板に書いてみます（板書）。

　　いよいよ自分の作品を書くわけだけれど、今出た意見を参考にして書いたらいいよね。全部とはいかないと思うから、自分にできそうなこと、まねしてみるのもいいです。逆に、なかなか書け

ないなあと言う人は、この中から順番に書いていけばたくさん書けるね。前の時間に確認した「表現技法」から手がかりにして書き始めてもいいよね。なんか書けそうな気がしてきたね。では、まず詩を一つ決めてから始めてみましょう。詩の視写から始めてもよし、鑑賞文の下書きから始めてもよし、残りの時間と自分のやる気に合わせて、はい、スタート。

4　授業を終えて

　未曾有の大震災を経験した子どもたちを前に、教師として何ができるのか、そばにいる大人として何ができるのか、正直言って今も答えはわからない。けれど、学校という場で、学校の機能を充実させ、本来私たちが行ってきた仕事を真剣に行うこと、それしかないような気がしている。多くの教材を通して人間の心を子どもたちと学んでいくことしかないような気がしている。学校が再開されてから、毎朝同じ光景に私は涙があふれた。たくさんのがれきの中で、子どもたちが指定のジャージに身を包み、スクールザックを背負い、スクールバスを待っている光景である。当たり前のことかもしれない。でも、こんな状況の中でも、子どもたちは登校することをやめず、そしてまた家庭でも、一生懸命学校に子どもを送り出してくれている。学校という存在の大きさを改めて実感せざるを得なかった。そこで働く自分自身の責任の重さとともに。

　5月、「握手」の読みとりの授業で、「わたし」と「ルロイ修道士」の最後の握手の意味を考えていた。子どもたちにとって「別れ」というものが切実なものとなってしまった今、親や家族を亡くした子どもを目の前に、そのようなテーマで授業を扱うことがつらくてならなかった。涙があふれそうになるのをこらえ、そんな自分を情けなく思いながら、それでも死を見つめ、人間の生き方を捉えていかねばならないのかと感じた。子どもたちは真っ直ぐに授業に向かっていた。静かすぎるくらい静かに、一生懸命すぎるくらい一生懸命に。そんな子どもたちの姿に、言葉や文学作品の「目にはみえない力」を感じ、自分が逃げるわけにはいかないということを実感した。

　あれから半年、今回取りあげた5つの詩はどれも、私たちの悲しみと重なる部分がある。けれども、やはり子どもたちは意欲的に授業に向き合ってくれた。むしろ、だからこそ、と言うべきなのかもしれない。様々な状況の中で生きる人々の思いを、感じようと必死だった。「感じたい」という気持ちでいっぱいだったように思う。個々それぞれに、感じ取るレベルも、それを表現するレベルも違うけれど、それぞれに「感じたい」という同じ思いの中で、授業が流れていったように思う。今目の前にいる子どもたちと、言葉を介して思いを共有しあい、笑い、泣き、同じ空気を感じながら、自分の仕事を全うしていきたいと思う。それしか自分にはできないと思っている。

　鑑賞文を書くということについても、その参考例を通して、鑑賞として書く内容を考えてみたことによって、書くことに慣れていない生徒も、技法などから書きだしてみたり、語句の意味から書きだしてみたりしていた。それなりに充実感のある時間になっていたのではないかと思う。これからも教材の持つ価値をじっくりと自分自身が味わい、子どもたちに示していきたいと思う。そして、先輩の先生方に導いていただきながら、また明日の授業を子どもとともに頑張りたいと思う。

6 歌を通して震災後の自分を振り返る
－被災から半年 子どもたちの心は

〔宮城県東松島市 中学校〕

石垣 就子 菅野 由紀

1 赴任当時の矢本第二中の様子

東松島市は、3月11日の震災で、市の3分の2が浸水し、14の小中学校のうち、6校が水没した。矢本第二中学校も1階が水没し、学区内の大曲浜地区は、津波の直撃を受けてほぼ壊滅状態となった。

その後1ヶ月間、2階以上が地域の避難所となり、当初は、市職員の派遣もない状態で、菅野由紀先生ら当時の教職員は、自分自身被災しながらも、避難してきた人たちのお世話を献身的に行った。1週間ほどは、水が引かず、孤立状態になったが、カーテンを切り分けて暖をとり、乏しい食べ物を分け合いながら、支援が届くのを待ったという。

4月、私（石垣）が二中に赴任した時は、校庭も校舎1階も厚い泥が堆積し、長靴でなければ歩けない状態であった。2階以上は避難の方々でいっぱいで、学校として使える場所はわずかであった。職員室も机もないなか、仕事道具の詰まったリュックを常に持ち歩いていた菅野先生は、前年度の三年生の主任として、卒業生のケアや新入生を迎える準備に奔走していた。かつて石中で一緒だったこともあり、菅野先生がそこにいたことは、私にとってとても心強いことだった。

震災以降、前年度からの教職員は、指導要録、通信票、会計簿等の重要書類を泥の中から救い出し、並べて乾かしたり、体育館や武道館の泥をかきだしたり、避難所となったことによる教室の荷物の運び出し、支援物資の運び入れや配布などに追われた。パソコンもデータもすべて流されたため、連絡用の文書を作るのもたいへんな様子であった。文房具や事務用品も一切なく、私が前の学校で知らず知らず貯めこんでいた落とし物のボールペンやシャープペン、ケシゴムのはてまで役立つこととなった。教職員全員の車が水没して使えず、通勤も自転車か徒歩というなか、生徒やその家族の安否確認もままならなかった。

このように、前年度からの教職員は、自宅や家族もたいへんななか、それぞれが生徒や地域の人々のために精一杯がんばっていたと思う。（石垣）

2 新学期を迎えて

私は、しいのみ学級という知的障害学級の担任として、3年生3人を受け持つことになった。他に情緒障害学級に3年生1名がおり、2人の担任に加えて支援員の方が学級についてくれることになった。

しいのみ学級では、合計4人のうち、2人の家は1階部分が浸水し、残る2人も家は浸水を免れたものの、保護者が仕事を失ったり、あるいは仕事が少なくなったりしていた。その中でも4月21日の始業式には、全員が元気な表情で登校してきた。

しかし、この生徒たちを迎える環境はひどいものであった。教室は1階の東の端、2教室であっ

た。他の教室は臨時の職員室も含めてすべて２階以上であった。床板は所々、山のように隆起し、後ろ入り口の戸はすっぽりとない。電気もなく、戸棚には教材がヘドロまみれになって詰まっていた。教室前廊下の壁板は、わかめのようにぼろぼろに剥がれている。

　学級唯一の女子で、絵や手芸が得意、ネコ大好きでしっかりもののＡ子、音楽、なかでも『タイタニック』のテーマ曲が大好き、力もちで気のやさしいＢ男、手帳にたくさんの情報を書き込んでいて物知り、時々固まってしまうＣ男、車のことなら何でも知ってる礼儀正しいＤ男と、個性豊かで、時にそれがぶつかりあって火花を散らすこともあるが、それでも最後は仲がいい４人は、そんな悪い環境にも負けず、明るく元気に生活していた。

　校庭は、４月になって、自衛隊やボランティアの方々がヘドロ取りをしてくれたが、ここがきれいになるのに、いったいどれだけかかるのだろうかと思うような気の遠くなるような作業に見えた。しかし、５月頃には、不十分だが何とか使えるくらいまでにはしていただいた。校庭の木々のほとんどは枯れて茶色に変色していた。わずかに１本の桜の木が花を咲かせたのは救いであったが、春といっても緑の少ない灰色の風景の中に校舎は建っていた。

　しいのみの生徒たちに、「たくさんの全国からのボランティアの方々が、学校をここまでにしてくれた。さらに学校を住みやすくするために、私たちにできることはないだろうか？」と問いかけると、「花を植える」という答えがかえってきた。そこで早速行動に移そうということになり、花壇では育つかどうかわからないので、とりあえずプランターと土、花の苗を買ってきて、一緒に植え、東西の昇降口に置いた。ほんの少しの華やぎではあったが、登校する生徒が少しでも心がやわらいだり、ほっとできたりしたらいいねと、学級で話していた。（石垣）

3　「ひまわりに希望たくして」

　花壇や畑の土は、今年は塩分が強くて何も育たない、と聞いており、地植えは無理と思っていたが、同じく津波被害を受けた我が家の庭に、５月半ばになって水仙や菜の花、鈴蘭の花が咲いた。実験的に鈴蘭の一部を掘って学校の花壇に移植してみた。しばらくは咲き続けていたが、塩害か、やがてしおれたようになっていった。このことをきっかけに、花によっては育つものもあるかもしれないと思い、さてそれでは何を、と考えた時、阪神淡路大震災の時の復興のシンボルでもあったひまわりが思い浮かんだ。また、その頃福島の放射能被害に対して、ひまわりが放射能を吸って除染に役立つかもしれないということで、大量に植える試みも行われていた。早速種を求め、教室で発芽させ、双葉が出てきた頃、教室の前の花壇に生徒たちと一緒に植えた。

　うまく育つかどうかわからないし、花も咲くかどうかわからない。でももし、大輪の花を咲かせることができたら、とてもうれしいし、何かとてもいい兆候のようで、希望がわいてくるかもしれない。そして、この不毛と思われた土に他の草花も育つようになるかもしれないと、園芸の知識もなければ、何の科学的根拠もないのに、そんなことを思った。そして、この「種をまく」「花がさく」「土が再生する」ということが、震災後、復興のために、マイナスの状態から仕事や町の再建に立ち上がっている人々の姿と重なり、どうかその営みが実を結び、復興が進んでいきますようにという願いと重なって、この歌が生まれた。

　その後７、８月とほとんど雨が降らず、30度を超える猛暑が続いた。枯れさせてはいけないと、毎

日生徒たちと水やりに励み、1学期の終業式には3つほど花が咲いた。夏休みに入ると、部活動で来た生徒や何人かの先生方も水やりを手伝ってくれて、次々と花を咲かせていった。

　1学期から夏休みにかけて、あちらこちらから、花の苗が支援として贈られた。今は、サルビアやマリーゴールド、百日草、日々草が、花壇を彩っている。（石垣）

4　うたごえ運動のなかで

　私は、日本のうたごえ協議会、宮城のうたごえ協議会に加盟しているみやぎ紫金草合唱団とコンブリオという合唱団に入って活動している。その中で、歌う楽しさとともに、多くの方々の創作曲に触れた。その中で私も、身近な生活の中から生まれた思いや願いを音楽として表現したい、人々の心をとらえ、共感してもらえる詩と曲をいつか作ってみたいと考えていた。そして被災後、たくさんの心揺さぶられる出来事にであい、被災した一人としての思いを音楽として記録したいと強く思った。毎日の通勤の車から見える、川に浮かんだ車や家の残がい、田んぼや畑の様子、瓦礫の山、それらを目にして、言葉ではなく、まずメロディが心の中に渦巻いた。このメロディは、自分のどんな感情の表出なのだろうと考えることがしばしばあった。

　こうして、震災後3曲ほど作ったが、2曲目として作ったのが、「ひまわりに希望たくして」である。「こんな曲を作ってみました」と紫金草合唱団に渡したところ、団の指導者であり、作曲家である小林康浩氏が、混声四部の合唱曲に編曲してくださり、様々な場で歌っていただくことになった。そのような中、8月に朝日新聞で記事にしていただき、矢本二中で一年生の主任をしている菅野由紀先生の目にとまることとなった。（石垣）

5　一年生での取り組み

　「夏休みは不便な生活の中の猛暑で、大変な毎日だったと思いますが、部活動や宿題の勉強会、学級の長縄練習と生徒たちの一生懸命な姿が見られました。震災で1週間浸水したままの本校の校庭の常緑樹は茶色いままで、雑草も生えていませんでした。しかし、石垣就子先生としいのみ学級の生徒たちが種をまいた復興の花、ひまわりは、夏の暑さの中、どんどん茎が太くなり、大輪の花を咲かせました。部活動で学校に来た生徒たちが水やりを手伝ってくれ、元気に育ち、今、たくさんの種をつけようとしています。そのたくましさを本校の生徒に重ね、いとおしく思っています。

　まだまだ不便な生活は続きますが、2学期さらに、生徒たちの力が発揮できるよう私たちも頑張りたいと思っています。どうぞ、宜しくお願いします」。

　これは、2学期始業式の学年便りに載せた一節です。頼りなげな双葉だったのが、みるみるうちに太くなるひまわりの茎を生徒たちの姿と重ね合わせ、本当にいとおしく思っていました。そして、あの混乱のさなか、ご自分も被災され、体調も崩していた石垣就子先生のひまわりを植えるという行動を起こすエネルギーはどこから絞り出したのかと、私にとっては驚きであり、こうして時を経て私を励ましてくれることが本当にありがたかったです。

　そんな折、偶然、石垣先生がひまわりをモチーフにした合唱曲を作詞・作曲したということを耳にしました。早速お願いし、楽譜とCDを手に入れました。なんとか、学年の生徒たちと一緒に歌いたいという希望を持ちました。それは、もうすぐ、震災からちょうど6ヶ月という節目の日が近くなっ

ていたときでした。

　一学年の生徒は震災当時小学生でした。3名の同級生を亡くし、何人かは転校していきました。学校の校舎の窓から渦を巻く水の中に車や人が飲み込まれていく様を見たという生徒も多くいます。親や祖父母を亡くした生徒もいます。多くの生徒が家を失いました。生徒はみな、元気に入学してきましたし、部活動に喜々として取り組んでいましたが、お風呂や洗濯もままならない生活をしている生徒がたくさんいるのだということを忘れないようにしなければならないと肝に銘じていました。ともすると、無理な注文を保護者に対してもしているのではないかと心配しましたが、学校でお願いしたことはなんとかそろえるようしてくれ、本当に親はありがたいものなのだと感じました。

　あれから何ヶ月もたち、仮設住宅に入ることができるなど、だいぶ、生活は安定してきました。それでも、やはり、何かと不便なのだろうと思いますし、自分の暮らしていた自宅のことを思うと喪失感にさいなまれるのではないかと心配していました。しかし、生徒は至って元気です。しかし、その、元気さの陰に何があるのかと思うと、本当に心配に思います。

　そのような生徒たちが、この「ひまわりに希望たくして」をどう思うだろうかと考えました。私自身、被災したとはいえ、家族や家を失った人とは比べものにならないと思うので、どうアプローチしていったらよいのかと考えました。そして、強く頑張れとはいえないけれど、そのつらさをちょっとずつ分け合い、安心することで、前に一歩踏み出す力になれたらと思い、道徳の授業で紹介し、そこをゴールにすることにしました。

　簡単な指導案を作ったところ、学年の担任の先生方に賛同してもらい、9月12日月曜日の道徳の時間に1学年5クラスでそれぞれ行いました。クラスでは、担任の先生と生徒たちがワイワイと意見を出し合いながら授業を進めていました。生徒たちは自分も体験したことなので意見は出しやすかったようです。しかし、授業の後担任の先生たちから授業での生徒の様子を聞き、私はぐっと胸に迫るものがありました。生徒たちは最後にCDで実際に「ひまわりに希望たくして」を聞かせてもらいました。「もう一回聞きたい」と、2回かけてもらったクラス、給食を食べながら何回も聞いたクラス。「これ、昨日（9月11日日曜日、ちょうど6ヶ月という節目の日で、合同慰霊祭などが開かれた）聞きたかったなあ」とつぶやく生徒、曲を口ずさむ生徒。やはり、生徒は多くのことを抱えたままで、頑張って生活をしているのだと分かりました。「ひまわりに希望たくして」はその思いをみんなで共有し、安心できる曲だったのだと確信しました。

　そして、学年の先生方や音楽科の先生に賛同していただき、学年合唱をすることができました。私は音楽のセンスがまるでなく、どんな音楽もなかなか曲想が頭に入ってこないのですが、今回は生徒の活動を通して、この曲の良さを私が教えてもらったような気がします。

　こうして、約1ヶ月前のことを思い出しながら書いていると、道徳の指導案を見て、自分がこんなことを書いたのかと驚くこともあります。人間は本当によく、ものを忘れるのだと思いました。あんなつらい体験だったのに、なんだかおぼろげにしか覚えていないこともあります。でも、つらかった、ということだけは忘れられないのです。だから、よく言われることですが、津波の絵を描いたり、話をしたり、津波ごっこをしたりしながら少しずつ心の整理をしていく必要があるのだろうと思います。そして、私も生徒と共に歌ったこの曲を一人口ずさみながら、自分が周りの人たちと共に頑張ってきたことを思い出し、自分を励ましています。（菅野）

おわりに

　今回、私の拙い曲を矢本二中１年生の生徒をはじめ、たくさんの方々に歌っていただいて、とてもうれしく思っています。これは、素敵に編曲していただいた小林康浩氏、歌う場を作っていただいた紫金草合唱団や宮城のうたごえ協議会の皆様、そして１年生を指導してくださった菅野先生はじめ１年生の先生方、音楽科の先生のおかげです。音楽科の先生は、合唱コンクールをひかえて忙しいなか、授業でこの歌を指導してくださいました。

　さらに、１年生の先生方のご指導により生徒たちが道徳の授業で出してくれた様々な意見は、震災でのつらい思いをかかえながらも必死で頑張ろうとする生徒たちの姿を伝えてくれます。震災後、様々なストレスを抱えて生活している生徒たちが、一緒に歌うことで「自分だけじゃない、みんな同じ思いをしながらがんばっているんだ」と思えたら、きっと震災を自分なりに受け止めて、そこから歩みだす勇気も生まれてくるのではないでしょうか。この曲が、生徒たちの気持ちに少しでも寄り添い、前向きに一歩を踏み出す上でほんの少しでも力になることができればいいなと思います。

　今回の菅野先生の取り組みを通して、音楽、広くは文化の力、役割といったものについて考えさせられました。教科の成績やスポーツの勝ち負けのように、結果としてはっきり見えるものではありませんし、経済価値を伴うものでもありませんが、文化は、心に働きかけて、癒しや励ましとなったりして、心にエネルギーを注いでくれるものだと思います。

　歌うことを通して自分を見つめる機会を得た子どもたち…。身近に豊かな文化がたくさんあれば、子どもたちだけでなく大人たちも少し元気になれると思います。学校の中で、また地域の中で、豊かな文化がたくさん生み出されることを願っています。（石垣）

資料①　道徳の授業の提案

提案者　菅野由紀

１　授業日　　平成23年９月12日

２　テーマ　　「ひまわりに希望たくして」

　　　　　　　※石垣就子先生作詞・作曲の合唱曲のタイトル

　　　　　　　　石垣先生は、学校の花壇にもすずらんやひまわりを植えてくれた。

３　ゴール

　震災で被災し、厳しい現実と向かい合いながらも、前向きに一歩踏み出そうとしてきた自分たちの半年を振り返る。その陰には、その一歩を後押ししてくれる多くの方の支援や、変わらぬ自然の営みがあったことに感謝し、また、一歩ずつ進んでいこうとする意欲を持たせる。

　ひまわりは神戸の大震災の復興のシンボルでもある。

　塩の被害で松もかれてしまうような本校の校庭でも茎を太く太くし、立派に花を咲かせ、次の植物が芽を出せるように土に命を吹き込んでいる。そのたくましさと自分たちの姿を重ね、いとおしく思うことで、自然や自分たちを取り巻く環境への感謝の念や愛情を育てる。

4　授業の流れ

　今日は、みなさんと同じ、東松島に住んでいる人が、今年の春に書いた詩を紹介します。テーマは「ひまわりに希望たくして」です。

板書　「澄みわたった空　川は水をたたえ　春の訪れ　告げている　だけど　目を落とせば」

　さて、目を落として、作者がみたのは、東松島市の田んぼでした。　空や川はいつもの春と同じなのに、田んぼはどうだったのでしょう。皆さんなら、この、「だけど」のあと、どんな詩を書きますか。書いてみましょう。

　（書けない生徒には無理をして思いださせず、何人かに発表させる。肌で感じる春の訪れと、目から見える春の風景とはほど遠い田んぼの姿に、多くのストレスを感じてきたことを思い、お互い、いたわりの気持ちを持つようにする）。

　作者の詩の続きを紹介します。
　「かぶった泥が乾いて　ひび割れた田んぼ　涙涸れたように」
　暖かい春の訪れを肌で感じるのに、目から見えるのは真冬のような風景でした。何となくつらい思いがこみ上げてきたこともあったでしょうね。

板書　「木々は芽吹き　葉を付け　山は緑に染まり　桜の花もさいている　だけど　裏の畑は」

　山や、桜は同じように春の訪れを告げています。しかし、作者はまた、「だけど」といっていますね。裏の畑は、どうだったのでしょう。これも、皆さんなら、どんな続きを書きますか。書いてみましょう。

　作者の詩の続きを紹介します。
　「泥をすくった今も　灰色のままで　草も生えない」
　普段はじゃまだと思っていた雑草ですが、その雑草さえないということはとても寂しいことだと感じましたね。

板書　「暖かな陽ざし　さわやかな風そよぎ　夏がもうすぐやってくる　そして　庭の土には」

　季節は春の訪れを感じさせた春の初めから、春の真っ盛りに移ってきました。ここで、作者は「だけど」ではなく、初めて「そして」といっています。さて、どんな光景が作者の目に入ったのでしょうか。

　（思いついた情景を発表させる）。

　作者の詩を紹介します。

　「水仙　菜の花　すずらん　潮水に耐えて　花を咲かせたよ」

　雑草も生えなかった土に、命が戻ってきたのですね。少しずつ、大地も命を取り戻してきたのですね。すずらんは、松の木を枯らすような塩の被害を受けた大地で芽を出し、次にほかの植物が芽を出せるように土を変えていく力があるのです。

　さて、命の戻ってきた大地。そこで作者はどうしたと思いますか。

　では、詩の続きを読みます。

　「外は雨が降ってる　悲しみの涙　洗い流してくれるように　そして庭の花壇に　ひまわりの種を蒔いた　放射能吸い込む　救いの花を　そして　庭の花壇に　ひまわりの種を蒔いた　復興を願う希望の花を」

　作者は皆さんと同じ、不便な生活の中におり、仕事や家事、避難してきた親戚の世話などとても忙しい毎日を過ごしていました。そのような中でも「ひまわりの種を蒔く」という、行動を起こしたのはどうしてでしょうか。

　（何人かに発表させる。共感的に聞く。無理に頑張るのでもなく、人任せで何もしないのでもなく周りとの関わりの中で、できることを一歩一歩やっていこうという確認ができたらいいのではないかと思います）。

　実は、この歌は、東松島市に住んでいて、矢本二中の社会科の先生で、しいのみ学級の担任の先生である石垣就子先生が書いた詩です。石垣先生はこの詩に曲もつけました。それを聴いたプロの作曲家の小林康浩先生がとても気に入り、合唱曲に編曲をしました。ではその曲を聴いてみましょう。

　東日本大震災から半年が過ぎました。今日は石垣先生の詩と共に皆さんの半年を振り返ってきました。そのなかでどのようなことを考えましたか。

資料②　『ひまわりに希望たくして』　道徳の授業より

1．一番「だけど目を落とせば」の後、あなたならどんなことばをつなげるか？
　・ヘドロがあり、人をなくして泣き崩れる者もあり
　・田は、そこだけ違う世界のようにまっ黒に染まっている
　・田んぼには木やがれき、壊れた車
　・田は荒れていて何もない
　・春なんてずっとこない田のよう
　・田は枯れて泣いている
　・辺り一面草が枯れはてて、がれきがある
　・田が割れている

・ヘドロの海　がれきの山　昔の景色はどこへいった

・いつもと違う風景　変わり果てた風景

・カエルがいない

・ひどいなぁー　いつもと違うなぁー　大変だなぁー

・田んぼには稲はなく、とても田植えをする状態ではなかった

2．二番　「だけど裏の畑は」の後に続くことばは？

・ドロがしめっていた　人が泥やがれきをかきわけている

・時の流れが止まったようになっている

・さびしく、何もなかった

・農家の人々の悲しみ

・植物の息の音がない

・怒り狂った大地のよう

・放置され、ヘドロが水を含んで泥の沼地になり、植物は何一つ生えてこなかった

・やせ細って悲しんでいる

・さみしいし、涙が出そう　悲しい

・疲れ果てたようにぐしゃぐしゃになっていた

・雑草が伸びていた

・さみしいくらい何もない　あるのは悲しいつめあとだけ

・塩水をかぶってしまい、野菜などつくれない

・春なのに、芽もでていない

・育てていたものが流され、畑がぐちゃぐちゃ

・畑に芽はなく、死んだようだった。

3．三番　春の真っ盛り　「そして」に続く光景は？

・植物の新しい命が芽生えていた

・いろいろな花が咲いていた

・草花の芽吹きが始まって、いつもみたいに戻りつつあって、未来への希望と思える

・新しい命が生まれている

・新しい植物が元気に花を咲かせる

・ふかふかでないかたい土に必死に生きようとする草花たち

・花が咲き、草が生え、未来に向かって一歩を踏み出す

4．四番　作者が「ひまわりの種をまく」という行動にでたのは、どうしてだと思うか？

・復興などの手助けになれば良いなと思った。

・ひまわりがみんなの希望となれるように。少しでも明るくするために、新しい命を育てようとした。

・開花した時が笑顔のようだから。

・復興するには、放射能が邪魔だから、ひまわりもきれいだし、放射能も除去できるので植えた。

・被災した人々に向けてのメッセージ。

・震災でなくなった人への思いや、復興がまだできていないところにはやく復興してほしいため、新たな未来のため。

・震災の被害を受けた人に、ひまわりの元気さを見せるため。

・明るい花の種をまいて、気持ちを明るくしていこうと思う気持ち。

・また新しい命を育てて、次の一歩を踏み出したい。

・このひまわりを見て、いろいろな人に勇気を与えられるように。

・少しでも風景が変わるように。　　　　・花が好きだから。

・復興へ、ひまわりのような元気な花が希望になると思ったから。

・ひまわりは、太陽みたいで、元気にしてくれる花だから。はやくみんな元気になってほしいから！放射能のためでもある。

・育ったひまわりを見た人が明るい気持ちになればと思い、ひまわりを植えたのだと思う。

5．震災から半年を過ごして、また、歌を通して考えたこと

・震災でたいへんだったことがよくわかって、本当にひしひしとそういう思いがしました。ぼくも祖父と猫二匹と犬一匹を亡くしてしまいました。僕は泣き崩れました。食べ物はあったけど、一週間も食べずに、かなりやつれました。それぐらい悲しくて悔しくてたまりませんでした。本当に泣きたかったです。

・この歌は、私たちが身近で体験したことが歌になっています。今から半年前までは何もなくて復興の希望ももてなかった時、花や木は津波をかぶっても生きようとしていました。ひまわりは放射能にも負けないで、みんなの希望の花だということを、この歌は伝えたいと思います。

・とても感動した。震災当時の様子そのもので、復興を願っているということが、歌詞からわかった。

・震災から半年が過ぎ、まだ復興してないところもあるけれど、この詩を聞いて、必ず未来にはきれいな風景があるのを信じていきたいと思いました。

・震災のことは、とてもつらかったけど、歌詞の最後の方には「希望」という感じがでて、とてもいい歌だと思いました。

・この詩は、震災を経験した人たちが、共感できて、そして復興を目指すという思いが伝わってきた。

・震災から半年たって、復興も進んできて、未来への一歩を歩み出したから良かった。そしてこの歌も、震災で感じたことがとてもよく出ていて感動した。

・自分で思ったことを、うまくたとえていたので、本当にそうだなと自分でも思いました。

・半年たった今、被災地が徐々に戻りつつある中でも、まだ家族が見つからない人もいて、この震災はいろいろな人を傷つけてきました。そしてこの詩や歌は、少しでも人の心を癒し、復興のためにもなり、いいと思いました。

- この半年の間に思っていたことが、この詩に入っていて、その時のことを一つ一つ思い出せるような詩になっていたと思います。作詞がすごいと思いました。この詩に思いみたいなのがあって、それが作曲されていていいと思った。
- この歌を聴いて、3月11日の震災を思い出し、改めて大変さがわかりました。そして復興の花ひまわりを、もっと大切にしたいと思いました。
- この半年間で学んだことを忘れずに、これからも前向きにいきていきたいと思いました。
- 震災でのことや、復興のためにがんばろう！って感じで、元気が出る歌でした。震災から半年、たくさんのことがありました。今では仮設住宅がたくさんつくられてきて、いろんなお店も開店しました。いつまでも、この震災を忘れずに生きていきたいと思いました。
- 震災から半年がたち、私たちの生活が戻りつつあります。今、こうして振り返ってみると、悲しい事、つらい事の他に新しく得たものもあると思います。先生が作った歌は、辛さや悲しみを上手に表せていて、がんばっていくことを上手に伝えていると思います。
- 半年がたちここまで前のような状況になりました。今までお世話になったボランティアなどの人たちに感謝をし、この震災で亡くなられた方々のためにもがんばっていきたいです。
- 大震災から6ヶ月がたち、普段の生活が徐々に戻ってきました。自分はこれから少しでも復興のために自分なりにゴミ拾いなどして、そしてスポーツなどで、少しでも元気を与えられるようにがんばります。
- 今、少しずつ元の生活に戻りつつありますが、あの日亡くなった人がたくさんいます。それに、本当に全てが元に戻るわけではありません。変わってしまったこと、元に戻さなければいけないことも多いです。そんな中、前向きに少しでも力になれるように自分のできることをしたいです。
- 津波や地震で亡くなった人の分も頑張って生きたい。
- 復興してきた中で、自然をもっと大切にしていこうと思いました！
- 大きな復興活動はできないけど、小さなことをコツコツとやっていきたいと思いました。
- これからは、前向きに一生懸命に復興できるように、がんばっていきたいと思います。
- 私はこれから人々の役に立てるようにがんばっていきたいです。

7　震災と社会の学習

〔岩手県岩泉町 中学校〕

熊谷　貴典

1　作文から

　3月11日、卒業式の前日で生徒は下校しており、職員だけで近所の生徒宅を確認しながらの避難だった。生徒の安否確認が済んだのは2日後だった。生徒も保護者も幸い無事であった。1階が浸水した小本中学校は1学期中に床の張り替えをして、2学期から使用することになった。それまではスクールバスで20km離れた岩泉中学校に通い、3階を間借りして授業を行うことが決まった。新年度は5日遅れで始まった。5月に開催予定の体育祭は岩泉中開催案や岩泉球場案もあったが、9月に小本に戻ってから開催し、小本の方々に子ども達が戻ってきたことを見てもらおうという願いから2学期開催と決まった。修学旅行も新幹線の復旧の見通しがつかないことから8月末に延期した。新年度の学級開きは、クラスで作文をした。

「これからの自分」アヤ

　この震災から1ヶ月がたって、余震などの不安もありますが、これからは、中学校3年なので、後輩を引っ張っていけるようにしたいし、協力し合って、頑張っていきたいです。また、この1学期間、岩泉中学校の方で過ごすので、迷惑などかけないように、ルールなどを守って過ごしていきたいです。

「東日本大震災を経験して」ミスズ

　3月11日に地震がきたとき、大きいし長く揺れていて驚きました。その後、すぐ停電してしまってどうなるのか不安になりました。電気もきて、落ち着いてから小本の様子を見に行ったら、家が流されていて学校も浸水してしまって津波はやはり怖いなと改めて思いました。また、他の地域でも大きな被害を受け、原発でも被害があったので、これからどうなるのか、また、復興のために何をしていけばいいのかと思いました。今、私たちは岩泉中学校の一部を借りて生活しています。体育祭などいろいろと予定が変わっていくところもあるけれど、小本の復興のためにも小本中生の誇りを持って、最高学年として行動していきたいと思います。また、被災した人々を元気づけられるように、これからがんばっていきたいと思います。

「これから」リク

　これから小本中生は、新しい小本を作るために今まで以上に地域のために何ができるかを考えてそれを実行しないといけないと思います。そのためにまず、3年生がその姿勢を見せなければいけないと思います。小本を作るために、自分はがんばっていきたいと思います。学校生活で

は、3年生なので、全部の行事でくいが残らないようにがんばりたいです。部活は「野球部が県大へ行った」とか、「県一になった」とかいい知らせが入れば地域の方々も元気になってくれると思うので、中総体では、今までとは違う気持ちで臨みたいです。

他に、津波の被害により転校したナツキさんの分までがんばらないといけない、自分を見つめ直し最初からやり直す気持ちで7人から6人になった分を埋めないといけないという内容のものもあった。

2 震災と地方自治の学習「町議会見学」

6月に岩泉町の定例議会が開催された。岩泉中で学習していることもあり、歩いて15分くらいで議会に行けるので、公民の時間を連続で3コマとり、議会見学をした。カリキュラムを組み替えて、地方自治の単元を事前に学習して臨んだ。議会では当然震災後の小本の町づくりや小本中学校についても話し合われるであろうから、自分たちの未来について、誰がどのように決めているのかを自分の目で見ることができる。自分の将来や町づくりを他人事にしないチャンスであった。見学後に町長に声をかけられ、町長室で懇談する機会を得た。小本中学校を今の土地に建てるためにはかさ上げが必要なこと、津波浸水区域に建てるためには、用地買収に10億円はかかることを聞いた。

3 震災と政治参加の学習「国会議員への請願」

8月に参政権の単元を学習した。政治参加の仕方として、選挙、請願や陳情、インターネットでの意見交流、政党への加入、圧力団体への参加等を学習した際に、岩泉町や小本中学校の現状を政治の力で解決するために、今、中学生ができる政治参加は何かを生徒に質問した。選挙権は20歳以上、政党は身近ではない、請願はよくわからない。なかなか意見が出なかったものの、インターネットと請願はできそうだという答えが出た。2週間後に修学旅行で行く国会見学で請願をするかどうかを聞いてみた。生徒はかたまり答えが返ってこなかった。数日後、総合の時間に修学旅行のしおり読み合わせをしたとき、もう一度、小本中学校の現状と6月に町長と話をしたときに、国の予算をあてにしないと新しい校舎が造れないことを国会議員に請願するかどうか尋ねた。7人全員が請願をするということに手を挙げた。早速、請願文作りのために小本中学校の被災と岩泉中学校での生活を踏まえた現状、そして、何をお願いしたいのかを翌日までに書いてくるように課題を出した。数人の生徒が書いてきたものを私がまとめて、生徒に回覧し内容がいいかどうかを確認した。

4 震災と国会見学

8月30日に修学旅行に出発し、国会見学を行った。その日は首班指名選挙の日となり、国会見学は中止となった。しかし、見学の窓口としてお願いしていた石川知裕議員事務所の計らいで衆議院の傍聴券を取っていただいた。幸運にも野田総理が誕生する瞬間を傍聴することができた。首班指名選挙では野田佳彦の他にも小沢一郎や鳩山邦夫や横粂勝仁も呼ばれたことから野次や笑いが出ていた。その後、記念写真や議員宿舎で買い物をした後、石川議員と懇談をした。当初、石川議員に請願の窓口となってもらい、文科省の担当者に説明してもらう予定であったが、町教委からストップがかかったため3日前に菊池長右エ門事務所にお願いをした。15時に菊池長右エ門議員事務所を訪問し、菊池代

議士と岩手２区の畑浩治代議士の前でＡが震災復興への請願書を読んだ。

　その後、菊池代議士事務所から、文科省の担当者から聞き取りをした内容、３次補正予算に「原形に復旧することが著しく困難又は不適当な場合は用件にあえば移転できることを国の責任で行うこと」を要求中であることについてファックスで回答された。

震災復興に関わる皆様へのお願い

　私達は３月11日の東日本大震災で津波の被害を受けました。私達が生活していた小本中学校は、１階部分が浸水してしまいました。それから４月からは岩泉中学校で生活しています。小学生も同じ理由から岩泉小学校で生活しています。岩泉の先生方や生徒のみなさんはとてもよくしてくださっているのですが、通学にはスクールバスだけで20分以上かかります。中には登下校を含めて12時間も学校生活を送っている人もいます。また、特別教室が少なく、理科の実験などができずにいます。そして、小本地区と岩泉地区とでは、気温差が10度近くあり、体調を崩す人もいました。

　２学期には小本へと帰る予定でしたが、もとの小学校、中学校はまた津波が来るかも知れないという保護者の意見や住民の意見があり、新校舎を建てなければいけません。しかし、豊かな町ではないので財政は厳しく、土地を確保するためのお金などが不足し、このままではいつ新校舎が建てられるかもわかりません。

　私達の中でも、早く元から建ってある学校に戻りたいという意見の人や津波浸水区域外の新校舎で安心して学習したいという意見の人と様々ではありますが、早く小本に帰りたいという点では同じです。

　私達３年生は今から建て始めたとして、新校舎には入ることはできませんが、後輩たちには小本中での生活を少しでも早くさせてほしいのです。

　安心して登校し生活するためにもお願いします。

2011年８月30日
岩泉町立小本中学校
３学年一同

5　震災と中学生議会

　毎年、夏休み中に行われている町の中学生議会では生徒会執行部が、震災の復興について中学生の意見を聞いて欲しいという要望を出した。それを受けて伊達町長がすぐに意見を聞きに行くということで、９月の町議会が始まる前に来校した。放課後の約１時間、新校舎や仮設校舎のことについて意見交換がなされた。

【生徒の要望】

・仮設校舎について、グラウンドをもう少し広くして、野球ができるようにしてほしい。本棚をつくってほしい。スクールバスをつくってほしい。大牛内は寒いので暖かい環境へ。

・新校舎は災害が起きない場所に建ててほしい。冷暖房を完備してほしい。特別教室がほしい。通気性が良く２階建て。安全に通学できるように、道路や歩道の整備を進めてほしい。

・全部の部活ができる場所と部活の備品、通学路に街灯をつくってほしい。

・現在の校舎は取り壊されるのですか？

・今の校舎の体育館を使用可能にしたほうが、仮設住宅の人が運動不足にならなくていいと思います。

・新校舎の近くに売店をつくってほしい。

・ナイターをつくってほしい。

・仮設校舎では大牛内分校と共用だと思うが、岩泉中でも不自由した。

・岩泉中から仮設校舎に行く時期は決まっているのですか。

・仮設も新校舎も水はけをよくしてほしい。

・新校舎は中が木でできていて香りがよかったので、そのようにしてほしい。

【町長の回答】

・仮設校舎について。特別教室と多目的室と図書室をつくってほしいという質問については満額回答で実現させる。卒業式までに間に合うようにしたい、体育館はどうか分からない。9月の16日に予算が議決されれば、着工を急いでも10月から、急いでも、2カ月半かかる。

・新校舎について。特別教室、空き教室、室内プール等、みなさんの要望に沿うようにやっていきたい。学校を中心とした復興計画案を考えている。中里の和山跡地や三鉄の駅の周辺、豊岡が候補に上がっている。概算で総面積15ヘクタール。和山跡地くらい。イベントができる場所、七頭舞ができる場所。合宿場。小中を一緒の場所に、自然エネルギーを使う。グラウンド、体育館、部室はもちろん。通学路はどこにつくるにせよ、安全に確保する。スクールバスは課題だが、保護者に負担がかからないように。プールは今までの様に、屋根付きのもの。暖房はつくるが、冷房はどうなるかわからない。ナイターは小本中から持ってくる。

・現況について。住宅の取得については、99パーセント国が出すと補正予算に盛られたが、学校は入らなかった。昔は、学校用地は、寄付だった。現在の校舎は壊さないで何かに使いたい。グラウンドをプールの屋根くらいまで埋めたてて、企業誘致を考えている。小本を囲むように堤防をさらに作り、水はけが悪い小本なので排水ポンプを作る。国道を高く造り直す。ただし1年や2年ではできない。9月の議会に復興計画をかける。

6　震災と異文化理解の学習「台湾旅行」

　5月の末、教育委員会から突然、台湾旅行の話が持ちかけられた。台湾の嘉義県議会が被災したこどもたちを夏休みに招待したいということである。6月10日には議長団が来校して、10日間全校生徒を招待することを決めていった。諸事情から2人は参加できなかったが、全員がパスポートを取って7月27日から8月5日まで10日間、台湾でホームステイをした。ほとんどの生徒が行ってよかった、また行きたいという感想で帰ってきた。事前学習として社会科の授業で1学年は台湾の地理と言語（ペキン語）の学習、2・3学年は日本の植民地としての歴史や中国国民党と共産党の内戦の末の現状について学習した。また、全員に持たせたスケジュール等をまとめたファイルには基本情報や大総統選挙についても資料を付け加えた。

おわりに

　震災を通して大きく社会が動いている。その動きの中には国民的な議論が必要なものが多々ある。原発の是非、増税について、地域づくり等、子どもたちの将来に直接関わるものである。それを誰かから与えられるのではなく、自分が見聞きして、自分の意見も表明して、自分たちでも議論をして選択に関わるきっかけをつくりたい。それが社会科や教育の仕事であると考える。

8 東日本大震災と社会科教育
ー地域に根ざし、科学的な社会認識を目指して

〔宮城県気仙沼市 小学校〕

佐藤　昭彦

1 私の東日本大震災体験　ー2011年3月11日

あの日14:46

「来週『わたしたちの国土と環境』についてまとめのテストをするので、今日の授業の前半はこの単元のプレテストをします。10分間でやりましょう」。

松岩小学校は、2007年度から高学年が教科担任制を行っている。昨年度5年2組担任の私が5年生2クラスの社会科を担当、1組の先生が5年生2クラスの理科を担当していた。金曜日の5時間目は、隣のクラス1組の社会科の時間だった。

今にも雪が降りそうなどんよりした薄暗い日だった。6時間目が終わり、子どもたちを下校させると（一週間無事に終わったなあ、今週もがんばったなあ）と、いつものように自分自身にご苦労さんと言うはずだった。

しかし、授業が始まって11分後、ものすごい揺れが襲った。1組の子どもたちは、すぐに自分の机の下に潜り込んだ。ゆっさゆっさと横揺れが続く。私も教卓の中に潜りながら，とっさに時計を見ていた。

宮城県仙台市出身の私は、1978年の宮城県沖地震以降、2008年岩手・宮城内陸地震まで震度5以上の地震を6回経験している。この経験があったので、揺れがすぐおさまるだろうと思って時計を見ていたが、なんと3分間も揺れていた。揺れが小さくなったと思って顔を出すとまた揺れ始めるということがずっと続いたのだ。これまで経験したことのない信じられない地震だった。長い果てしない揺れに感じた。

すぐおさまるだろうと思っていた子どもたちも、「恐い！」と叫びながら床に這いつくばっていた。

「長い揺れなので、頭を出すなよ！大丈夫だから！」。

普段から声が大きな私だが、子どもたちをしかりつけるように5回叫んだ。とにかく、子どもたちが地震でけがをしないようにと本能的に思ったのだ。

長い地震が終わって、教卓の下から顔を出すと、2つの本棚は大きく移動していた。ロッカーの中の子どもたちの持ち物はすべて落ちて、散乱していた。

電灯は地震のために消えていたが、不思議なことに校内の緊急放送は入った。

「今、大きな地震がありました。児童の安全確保のため校庭に避難して下さい」。

恐怖のために青ざめていた子どもたちは、私語もなく廊下に整列すると校庭に素早く避難した。5年生の教室は3階にあった。私の担任していた2組の子どもたちは、1階の理科室で実験中だった。この理科室の前で5年生は合流する形となり、校庭の南側鉄棒前に整列した。子どもたちの安全確認

を行って校舎の大時計を見ると15:00だった。

　「ただいま三陸地域に大きな地震がありました。この地震のために大津波警報が発令されました。津波の第一波の到達予想時刻は15:00です。海や川のそばにいる皆さんはすぐに高台へ避難してください！」。

　気仙沼市の防災無線が鳴り響いた。

　「15:00に大津波っていま15:00でしょ！こんなのないよ、逃げられないよ！」

　「津波が来るの早すぎない！異常だよ！信じられない！」

　小声の会話だが、同僚の気仙沼出身の先生たちが驚きを隠さなかった。

　校長（当時。2011年3月31日退職）は、冷静だった。地震の被害を心配したのか子どもたちを迎えるために保護者が校庭にどんどん集まってきたが、

　「保護者の皆さん、大津波警報が発令されましたので、まだ子どもたちを帰せません。また、保護者の皆さんも学校は高台にあるので、ここが一番安全です。校庭でお待ち下さい！」。

　K校長は、メガホンでこう宣言した。

　この時、校庭に、私が担任していたAの父親が来ていた。私は、挨拶をした。

　まさか私は、この時がこの父親に会う最期だとは思っていなかった。この父親は、この後、妻の実家の様子を見に海沿いの片浜地区に向かい、津波で倒壊した建物の下敷きになり、帰らぬ人となったのである。

津波の襲来15:20

　これは、震災当日の夜のNHK第1ラジオの報道で知ったのだが、この地震は、マグニチュード9の巨大地震であることと、その後の大津波によって東日本の広範な地域が被災したというのだ。また、この地震と津波のために東京電力福島原子力発電所で深刻な事故が発生し、放射能汚染と電力不足という「人災」が生じた。原子力発電の「安全神話」のまやかしは白日の下にさらされたのだ（このことについては、ラジオ報道と『河北新報』の記事で分かった）。

　これも後からの様々な情報で分かったのだが、私の勤務地である宮城県気仙沼市は、大津波とその後に発生した火災で壊滅的な打撃を受けた。居住地の岩手県陸前高田市は、大津波で市の中心地が消滅した。

　私の勤務する気仙沼市立松岩小学校は、偶然だが、この震災の前日3月10日（木）に校舎の耐震化工事が完了していた。そのため、校舎に多少の亀裂が入ったが、巨大地震に耐え、子どもたちにも教職員にもけが人が出なかった。また、巨大地震が発生した時刻が6時間目開始の11分後で、1年生、2年生とも帰りの会をしていた時間帯だった。このことが幸いし、この日登校していた子どもたちは全員無事だった（欠席や早退した子どもたちもこの日のうちに全員の無事が確認できた）。

　松岩小学校の学区の一部は、海に面している。「前浜地区」「片浜地区」「母体田（もたいだ）地区」の三地区である。海沿いにある学校ということで、津波災害を想定した避難訓練を保護者や地域を巻き込んで実施してきた。

　前述のように15時頃、気仙沼市の防災無線が大津波警報を発令したことを知らせたので、子どもたちも教職員も校庭を動かなかった。

　授業中に津波の警報や注意報が出た場合、子どもたちを下校させないというのは、津波災害を想定した避難訓練で松岩小学校の教職員全員が確認してきたことである。

　これは後日談だが、3月14日（月）に松岩小学校にやって来たある母親は、私に泣きながら抱きついて「先生方の判断が正しかったから、こんな海沿いの地域なのに子どもたちが全員無事だった！津波の時に子どもたちを校庭から動かさないでくれてありがとうございました。安易に親に渡して帰していたら、絶対犠牲者が出ました。先生たちが体を張って子どもたちを守ってくれたんです。私の子どもが松岩小学校でよかった！奇跡が起きたんです。松岩の奇跡です！」と、話をしてくれた（この母親は、この日の午前中津波で孤立していた建物から自衛隊のヘリコプターで救助され、我が子の安否を知りたくてすぐに学校にやってきたということであった）。

　大津波の第一波は、15時20分頃到達した。前述の三地区の他に、片浜地区に隣接する古谷舘（こやだて）地区も津波に飲み込まれ、ほぼ壊滅状態となった。また、津波は大川や神山川を遡り、老松（おいのまつ）地区の一部を破壊し、大型スーパーの1階を水没させた。

　この津波を偶然にも私は目撃してしまった。重油のような色をした波が家を古谷舘（こやだて）地区にある八幡神社の下まで運んでいる光景を見てしまった。普段買い物をしていた学校から700m下ったコンビニエンスストアまで津波が押し寄せてきた。人間って驚くと声が出なくなるというのは本当である。まるでハリウッドのパニック映画を観ている感覚になった。ぼんやりと家が流されていくのを眺めていた。

　なぜ私が津波を目撃したかというと、15時15分頃、学校の周りが突然静かになったため、いったい何が起きているのか周りの状況を把握するために男性教職員で学校の周辺を調べに歩いたためである。あんなに頻繁に学校前の道路を走っていた車の交通が突然少なくなったので、みんなで「おかしいね」と話をしていた。そこで校長の指示で、学校の周辺を調べることになったのだ。松岩小学校の周辺は住宅地なので、校庭からは民家しか見えない。校舎の3階だと視界がきくのだが、みんなで校庭にいたので、急遽このような指示で動くことになったのである。これも翌日12日に分かったことなのだが、私が目撃したのは津波の第一波であった。第二波は、さらに学校のそばまで押し寄せ、学校下400mにある松岩寺までせまっていた。地元の人たちにうかがっても「こんなに津波が上ってくるなんて、信じられない。明治三陸大津波でもここまでは上ってこなかった」ということである。今回の津波が前代未聞、想定外（福島第1原発の事故で頻繁に東京電力の無責任な態度をごまかすために使われてしまうので、あまり好きな言葉ではなくなったのだが）ということになるのであろうか。

　これは、大震災から2週間後の3月下旬に3日間の児童登校日を設け、そこで個別に児童から聞き取りをしたことと、教職員で手分けをして松岩小学校の学区を調査したので分かったことだが、松岩小学校の学区の1/4が大津波の被害に遭遇、家屋が全壊・流失したということである。また、在籍児童の1/4、約100名が被災していた。このため、今年度になってから就学援助申請を行い、承認された児童数が在籍児童の1/2、200名以上に及んでいる。これは、今年度9月の職員会議で現在の校長に話したことだが、気仙沼市の就業者の5/6が失業・離職・休職状態であり、今後も危機的な状況が続くということである。

　自分自身のことについて述べると、自宅のある岩手県陸前高田市の中心市街地が壊滅し、これまでの生活圏が破壊されたということがあげられる。幸い自宅は高台にあったので、津波の被害からは逃

れることができた。私の家族について言えば、私を入れて４名とも無事であった。しかし、妻の親族が多数被災している。津波によって死亡したのは３名になる。家屋の全壊や流失は７家族である。また、同僚、知人、友人、保護者、ご近所も多数被災している。死亡が確認されたので、火葬に立ち会ったり、葬式に出たりと喪服を着ることが多くなった。さらにつらいことは、行方不明のまま半年が経過したので、葬式を行うというところへ参列したことである。私は、こんなにも一度に大量の人の死に直面してしまい、泣くことができなくなってしまった。

松岩小学校が避難所になる18:00

大震災当日18時に校長は、松岩小学校の教職員を全員集めて、

「今から松岩小学校をこの大地震と大津波のための避難所として地域住民の皆さんに開放します。教職員の皆さんは、避難所のスタッフとして働いてもらいます」

と、宣言した。

さて、この分だとたぶん松岩小学校が避難所になるのではないかと覚悟はしていたのだが、避難所で何をどうしていいのかさっぱり見当が付かなかった。

「避難所になるのは分かったのですが、このようなときのために気仙沼市で発行している災害対応マニュアルはあるのですか？」

同僚のＣさんが質問した。私もそんなマニュアルがあったらいいなあ、とぼんやり考えていた。

「そんなものはないですよ。みんなで考えて、みんなでやっていきましょう。こういう時は知恵を出すしかないのです。大丈夫ですよ」

Ｋ校長にこのように励まされて、まず避難所づくりに取り組んだ。体育館は耐震化工事をしておらず被災していたので、理科室と１年生教室など校舎１階の教室８部屋を避難所として開放することにした。

この時から避難所スタッフとなった私たちは大忙しだった。なにしろ電気、水道、電話が通じず、ガソリンもなかなか手に入らない状況の下、避難者名簿の作成（最高時で350人余）、安否確認に訪れた人たちへの対応、新しい避難者の受け入れとお世話、他の避難所との連絡、炊き出し、支援物資の分類整理と配布、学区内の被災状況の確認と学校が臨時休業することの連絡、気になる子どもへの家庭訪問、地震によって散乱した荷物の片付け、校舎内外の清掃、水くみ等々、私も含めて都合が付いた多くの教職員が校舎に泊まり込んだり、または自宅から徒歩や自転車で通ったりと、不眠不休で奔走した。

苦しい先の見えない不安の中、同僚の皆さんの教職員としてのスキルの高さを痛感する場面にたくさん遭遇することができた。みんなでいろいろと避難所のやり方について知恵を出し合うこともできた。学校の多忙化の中で忘れられていた「学校は教職員の創意工夫を出し合う場」という当たり前のことをこの震災の中、教職員全員で再確認することができたのである。

2　東日本大震災で顕在化した現代日本社会の矛盾・課題

東日本大震災で現代日本社会の矛盾や課題が顕在化した。思いつくままに列挙すると次のようになる。

食糧農業問題

この大震災で津波被害にあった水田、畑、果樹園が多数ある。水田について言えば、３年間塩害のため、作付け不能となった。真水を入れて排水を繰り返し、塩分を除去するのが一番の近道なのであるが、肝心の真水を入れるポンプや用水が津波のために破壊されているという実態がある。私の居住する陸前高田市の今年度の水田の作付面積は例年の4/10程度である。

水産業に目を転じてみると、船や漁具の流出、陸地への乗り上げ、破壊とものすごい損害である。特に、養殖業について言えば、2010年２月のチリ地震津波で養殖いかだがかなり破壊され、修繕してやり直しをしたところにまた今回の大震災ということで、ダブルパンチとなっている。ご存じのようにワカメと海苔以外の養殖では、出荷できるまでに２年から３年の時間がかかる。また、地盤沈下による影響が出ており、これまで作業場として使用していた岸壁や船着き場が水没してしまった。

農業や水産業での後継者不足に拍車がかかるのは必至である。しかし、宮城県から岩手県の三陸沿岸の中心産業は農業や水産業であり、これらの産業がもう一度軌道に乗らなければ、本当の意味の「復興」にはならない。

ところが、日本政府のやっていることはTPP参加問題に見られるように農業や水産業をつぶし、食糧自給率をさらに下げる政策である。

地球人口70億人となった今、こんなに食糧自給率を下げていいのだろうか。

エネルギー問題

福島第１原発事故の深刻な影響はすでに皆さんご存じのことである。問題は、事故の被害がこれからも時間的にも場所的にも拡大していくということである。日本政府と電力会社がでたらめな根拠を示して、原子力発電の「安全神話」を振りまいてきたのか検証が必要である。これと共に、このまま原発に頼るのか、それとも自然エネルギーへ転換するのか、未来社会への展望を持つためにも、もう一度国民的な議論が必要であろう。

そして、もう一つ。東日本大震災の時の原油不足の大騒ぎに見られるように「ガソリンがないと自動車は走れない」のである。モータリゼーションにいつまで頼るのか。もう一度公共の移動手段のあり方に目を向けていくことが大事である。

災害対策問題

防波堤、防潮堤などハード面だけ重視されてきた災害対策からの転換が必要である。どう避難するのか、避難所をどこに設けるのか、避難所でお世話するのは誰か、食糧や、毛布などの備蓄はどうするのか等々ソフト面の改善をどう進めていくのか、大きな課題がある。日本は、地震や津波などの災害が必ず起きる国なので、どのような対策を講じれば被害を最小限度に抑えることができるか、これまでの歴史にも学びながら地域に根ざした形で考えていかなければならない。

医療問題

そもそも三陸沿岸は特にひどい医療過疎状態にある。特に深刻なのが、医師不足、病院不足である。今回の大震災で、私を含めた家族のかかりつけの医者は亡くなったり、病院が全壊したりという

状態である。まず、入院施設が減ってしまったということが深刻である。

　自分たちの「命と健康」をどう守るのか。特に医師不足については、国家政策として仕組まれたものであるという事実を知って、憤りを覚えた。世界から手本にされている国民健康医療保険制度もTPPに合意すると吹っ飛びかねない。

住民自治問題

　震災によって地域社会のコミュニティが破壊されてしまった。これをどのように再構築していけばいいのか。また、仮設住宅での住民自治をどうしていくのか。同じ地区出身で組織された仮設住宅であれば、またコミュニティの再生が可能であろうが、仮設住宅を振り分けるときにそこまで配慮されていることは少ない。横たわる高齢化社会の問題。すでに岩手県では仮設住宅での孤独死が起きている。

　最近感じるのは被災者とそうでない人との温度差である。この広がる溝をどのように埋めていけばよいのか。難しい問題である。

経済・労働問題

　今回の大震災は第一次産業が経済の核となる地域で大きな被害をもたらしている。駅前のシャッター通りに見られるように、深刻な産業空洞化が見られた地域での震災である。もともとパート、派遣労働者が増大してきていた。水産業では外国人労働者（インドネシア人、中国人）が増大している。

　高校は出たけれど、大学は出たけれど地元に働く当てはなし、ということで仙台市など都市部へのストロー現象が見られるようになっていた。これは、これまでの経済政策がもたらした結果である。地域間の経済格差は拡大している。

情報伝達手段問題

　現代の情報伝達手段をIT機器に頼りすぎてはいないだろうか。今回の大震災で長期にわたって電気が止まったときに有効だったのは、ペンと紙、そして声であった。これからは、災害が起きたときに様々な手段で情報が得られるように、複合化されたシステムの構築が必要であると思う。

教育問題

　無理矢理4月1日に教職員の人事異動を強行した宮城県教育委員会。被災地の石巻市から被災地の気仙沼市へという異動もあった。岩手県では大震災の被害が大きい沿岸部は1年間人事の凍結がなされた。福島県は8月1日付けの異動となった。マスコミがあまりの異常さにこのことをニュースやテレビ番組で取り上げると、全国から宮城県教育委員会に非難の声が届けられた。しかし、これに対しても開き直るという傲慢さ。被災地の現場をろくに調べもしないでこのような人事異動を強行する教育行政に、県民からも疑問の声があがっている。

　また、指導主事訪問で見えたことは、始めに「学習指導要領」ありき、なのである。挙げ句の果てに「震災を引きずらない教育をしましょう」ってどういうことなのだろうか？（ある指導主事の発言である）。緊急時・災害時の対応と平時の対応の違いを行政は理解していないのではないかという、

素朴な疑問がある。緊急時・災害時の対応を行わなければならないはずなのに、平時のみの対応を現場に求めているように思えて仕方がない。

　教育現場としては、この大震災を受けて災害に対する教育（安全教育の徹底と危機管理能力を育てる）をしっかり推進していく必要があると思う。

　また、子どもたちの心のケアについては、阪神・淡路大震災の教訓を生かして定期的に進める必要があろう。

　仙台市などでは、被災地を子どもたちに見せないでおきながら、「被災地のために何ができるか」等々の心の教育が進められている。徳育主義的・態度主義的な教育は何をもたらすのか検証と批判をしなければならない。

地域文化・文化財資料の保護問題

　流失した文化財資料、有形無形文化の保護をどうしていくのか。特に地域に伝わる伝統芸能の保存、発展は必至である。

政治の質の問題

　そして、一番深刻なことは政治の質の問題である。史上まれに見る大震災時に国会・政府では何が起きていたのか。被災地から見ていると、政治家は口ではうまいことを言うが、頭の中では被災地のことを投げ捨てているように思えてならない。上に行けば行くほど政治家のレベルがお粗末すぎて、怒りよりも笑ってしまうことが多い。逆に市町村レベルの方が地域住民にまだ顔が見えるということで、よりましである。

　宮城県は仮設住宅を建てるにしても、大企業丸投げで、地元経済が潤わない政策をしているがこれでいいのか。なぜ、いま大震災で苦しんでいるときに「水産特区」なのだろうか。

　まとめて言えば、国民を向いて（被災地を見て）政治をするのか、財界と米国を向いて政治をするのか、このスタンスの違いなのだろう。

　怖いと思うのは「がんばれ日本」のスローガンのように、大震災を利用して国民を統合していこうという右傾化の流れである。大震災が、これまでの政治は誰のためのものだったのかをあぶり出し、民主主義の真の確立を目指していくにはどうすればよいのか、これを考える一つのきっかけになるのではないだろうか。

3　子どもたちが知りたいこと、望んでいること

　東日本大震災について子どもたちがどのようなことを知りたいと考えているのかアンケートをとった。それぞれの意見を整理してみると、次のようにまとめることができた。

　（ア）地震や津波がなぜ起きるのか…そのメカニズム

　（イ）原発のメカニズム

　（ウ）地震や津波・原発へのこれまでの対策の様子

　（エ）地震や津波・原発の被害状況

　（オ）復興への見通し…いつ、何を、どのようにしていくのか

　（ア）（イ）については、理科で取り上げていくことができるであろう。（ウ）（エ）（オ）については、社会科教育で対応できる課題である。

　アンケートに子どもたちが自由に記述できる欄を設けて意見を書かせてみた。多くの子が「これからの気仙沼市はどうなっていくのだろうか」「復興はしていくと思うが、気仙沼市はどのように良くなっていくのか」「気仙沼が好きなので、ずっとこの町で暮らしていきたい。そのためには、もっと水産業が盛んにならないと」等々の意見を寄せていた。

　いま現在を見つめ、どう未来を展望していくのか、子どもたちにとってこのことが一番の課題なのであろう。

　アンケートを読んでいて感じたことは、下手な大人よりも子どもたちの方が未来に対して大きな課題意識（不安や憂慮も含む）と展望を持っている、ということである。このことを端的に示した出来事があった。

　それは、今年度の松岩小学校の児童会「わかば会」のスローガンを決めるときのことで起きた。「わかば会」のスローガンは、ここ8年ほど「元気、協力、笑顔 3つの花を咲かせて楽しいわかば会」である。このスローガンは、松岩小学校の子どもたちに大事にされていて、今年度もこのスローガンは採択された。しかし、採択後、4年生から、「大震災があってみんなががっかりしているから、今までのスローガンに付け足しをしたい」という意見が提案された。付け足しのスローガン（後でサブスローガンになったが）は、「夢と希望を持ってがんばろう」である。これは、代表委員会の席上であるが、この場に居合わせた教職員たちも他の学年の子どもたちもすぐ納得し、満場一致で採択された。現在これらのスローガンは、体育館のギャラリーに掲示してある。

　10月に開催された運動会の時にこれらを校庭から見えるように掲示したところ、ある保護者から「子どもたちの方がよく分かっているねえ。大人の方がいつまでも肩を落として、いじいじしている。運動会に参観して、子どもたちから元気をもらいました。スローガンのように夢と希望を持たないとだめだよね」と声をかけられた。

　小さなことかもしれないが、子どもたちの取り組みが大人にも影響を与えるのだなあと驚くと共に、うれしく感じた。

おわりにー社会科教育でできることとしなければならないこと

　結論として、社会科教育では東日本大震災を受けて何をしなければならないのだろうか。このことについて述べてみたい。

　まず、震災による地域の被害や状況の把握である。いま現在の状況を写真や動画におさめる、災害の様子について証言を集める、文献（自治体の広報や統計資料、写真集、新聞など）をアンテナを高くして収集する。教材化をする際にこれが資料になる。

　次に、東日本大震災の教材化と指導計画づくりである。地域に根ざした、科学的な社会認識を育てる教育を目指す。これは、前述した仙台市などで推進されている心の教育に対する批判となる。

　まだ私自身が東日本大震災に対して心の整理がついていない状態であるが、被災地を見せないでおきながら「被災地の皆さんに何ができるか、みんなで話し合いましょう」というような心の教育が蔓延するのは危険だと思うので、あえてたたき台としての素案を提示することとする。私自身もこれを

たたき台としながら、指導計画としてどんどん内容を豊かなものに作り替えていきたいと考えている。

　また、私は小学校の教員なので小学校の素案を提示するが、中学校や高校でもこれを発展させて指導してほしいという願いを持っている。これと共に、一人で作成していくよりも「三人寄れば文殊の知恵」のことわざにもあるように、複数人で協議して練っていくのが望ましい。皆様からも率直な意見がいただければ幸いである。

小学校バージョン

学年	単元名	取り上げる内容
3・4年	地域の移り変わり	・東日本大震災前後の地域写真や人口の比較を行い地域がどのように変化したのか調べる。 ・地域に残る伝統文化が震災でどうなったのか、特に後継者に注目して調べる。 ・地域産業が震災でどのように変化したのか。
	農家の仕事	・農業に対する震災の影響はどうであったのか（塩水をかぶった水田、生産高の減少など）。 ・震災の影響があった場合、前の状態に戻るのはいつ頃か。また、戻るためにはどんなことが必要か。
	スーパーの仕事	・震災によって物の流通には変化があったのか（特に宮城、岩手、福島からの食料品）。 ・震災でスーパーが休業して家庭にどのような影響があったか、家庭で聞き取りをする。
5年	私たちの生活と食料生産	・農業に対する震災の影響はどうだったのか（塩水をかぶった水田、生産高の減少など）。 ・水産業に対する震災の影響はどうだったのか（流失した船・漁具）。 ・震災によってさらに後継者不足が加速したのではないか。 ・水産特区問題は水産業者にどのような影響を与えたのか。
	私たちの生活と工業生産	・震災によって部品の流通はどうだったか。 ・震災の影響で地域にあった工場の閉鎖などの状況はどうか。 ・原発事故による電力不足，計画停電は工業にどのような影響を与えたか。
	私たちの生活と情報	・大震災の時に情報機器は何が使えたか。 ・災害時にどのような情報手段を用いればいいのか（IT機器頼みでいいのか）。
	私たちの国土と自然	・地震が多く、海岸線の長い我が国で防災対策がどのようにとられているのか。 ・震災による地盤沈下で日本の国土にどのような変化があったのか。 ・大震災のため日本の位置がずれたという報道があるが、どの位ずれたのか。

		・　リアス式海岸の光（天然の良い港）と影（津波の被害が大きい）について話し合う。
6年	日本の歴史	・　東日本大震災の発生を現代史に位置付ける。 ・　関東大震災、明治三陸大津波、昭和三陸大津波、チリ地震など震災を史実に位置づける。 ・　震災からの災害復興が戦争とつながっていったことを話し合う。
	私たちの生活と政治	・　震災時に行政が何をしたのか。 ・　仮設住宅と地域コミュニティとの関連について、自治の問題として取り上げる。 ・　自衛隊って何をするのか話し合う（本来の任務は災害救助ではない）。 ・　トモダチ作戦の米軍って何なのか、なぜ日本に基地があるのか。 ・　これからの日本のエネルギーをどうしていけばよいのか、福島原発事故と関連して話し合いを行う。

9　防災マップ作りと「命の呼びかけ」の実践を通して
―ふるさとと心の復興を考える

〔宮城県山元町 小学校〕

阿部　広力

　東北は1000年に一度と言われる大震災に直面し、学校はどんなことができるのか、突きつけられている。私の勤めていた山下第二小学校は学校も地域も津波の直撃をまともに受けて壊滅した。そして、非情な兼務発令で赴任してきた山下第一小学校も、牛橋地区のほとんどがやられた。私の学級の児童の約三分の一が被災し、遠隔地から通ってくるか、被災した危険な自宅に「自己責任で」と自治体に言われながら何とか暮らしている子どもたちもいる。

1　1年目に学んだこと

　あの被災の次の日、早朝の寒風の中、着の身着のままで逃げて薄着のまま炊き出しの長い行列に並んだ6年生。自分は食べずに1年生や避難民のために何度も並んでは食べ物を手渡していく姿に私は涙した。

　そして、転任してきた山下第一小学校でも、避難所の配給を手伝う高学年を見た（ＴＶ『中居正広の金曜日のスマたちへ』で取り上げられ、尾木直樹が訪問してインタビューされた）。本当の意味での「生きる力」がここにはあった。今だから子どもたちから学べることとは、このことなんだと思った。そして、今だから教えることがあるとも思った。

　タイムリーに組合主催で学習会が開かれた。阪神大震災をくぐり抜けてきた元中学校教師の方のお話を聞くことができた。その中で特に印象に残ったのが以下の点だった。

①教師と子どもたちの大事だと思うことが違っていたと後で気づいた。教師は思いやりなどが大事だと思っていたが、子どもたちはもっと前を向いていた。どうしたら復興していけるのかを考えていた。

②子どもたちはどうしてこうなったのかを知りたがっている。それがわかると、心にストンと落ちるのだ。

　腫れ物に触るように迷っていたが、これを参考に実践を前向きにスタートさせた。

2　2年目に取り組んだこと防災・復興教育に向けて

過酷な状況は続いている（家庭訪問で感じたこと）

　家庭訪問で、被災した後の仮設のくらしの大変さについて実感した。Aが悲しい気持ちになるのは、狭い仮設住宅ということもあり、子どもたちが寝ている所にお父さんが帰宅するために目が覚めてしまう。その上、朝早く出て行くので、そこでまた目が覚めて二度寝になってしまい、起きられな

くなるのだという。他の部屋は服や洗濯物を干すところとなっているので使えない。家族が5人で住むには、あまりにも過酷な状態が続いている。

また、仮設に住んでいるBは、避難所で寝ている頃、すぐに起き上がってうつろな状態になったそうだ。その後も、夜に急に飛び起きて、泣きじゃくるということが何日か続く。しかし、本人はそのことを全く覚えていなかったという。

避難訓練の作文に表れたあの日のこと

避難訓練を実施して、子どもたちに作文を書いてもらった。すると、避難訓練の様子から始まって、3・11の大震災以降の出来事が浮かんできた子がたくさん出てきた。いつもならめんどうくさがり屋のCは、「先生もっと書いていい。どんどん書きたいことが出てくるんだ。10ページ超えそう」と言っては最後まで残って書いていた。Dはお母さんが車ごと流されてやっと助かったこと。Eは、おばあちゃんが迎えに来るまで、すごく泣いていたことなどを、恥ずかしさを乗り越えて発表していた。どの子も、ピーンと張り詰めた空気の中、真剣に受け止めうなずきながら聞いている。重すぎる体験を共に乗り越えていく子どもたちのけなげな姿に、目頭が熱くなった。

3年生15人中、仮設住宅に暮らしているのは4人。また他町村から通ってきているのは1人。1階が流されたが、改修して戻っているのは2人。約半数がまだまだ不自由なくらしを余儀なくされている。被災すぐの2年生の頃、このクラスでは夜中に飛び起きて泣き出す子、仮設では一人でトイレにも行けず、着替えもできない子もいた。こんな時期だからこそ、心の重荷を時間をかけてゆっくり共有し、理解し合うことによって、前を向いた実践が求められると思っている。そのことも含めて、社会科の地域探検と国語・総合の防災マップ作りの初回は、仮設住宅から始めようと考えた。クラスで痛みを共有し、寄り添うためにも。

「防災マップづくり」（地域をめぐり、親にインタビュー）

まず、学校の屋上に行き、津波が来た場所と自分の家の高さを考えながら町の全体像をつかんだ。その後、子どもたちが実際に足を使って地域を2時間ずつ、4回にわたって4方を巡って調べてきた。また、ご家庭にもアンケートをとって、あの震災の当時の事を掘り起こした。

アンケートには、「あの当時この3年生はまだ1年生で、分からないことが多い中、あの大震災を経験した。言葉で表すことができない状態で、心に様々な思いを内包していると思われます。3年生になり社会を学んでいる今だからこそ、社会認識を広げながら、身の回りを防災という視点で見回してほしいと思っています」と訴えた。そしてそこに答えてもらえるように、親からアンケートを集め、授業参観でインタビューをした。

また、学校自体が危なくなった時の第3次避難所として、山沿いの東街道の明光院まで、実際に早足で歩いてみると10分かかることが分かった。避難の時間が無いときは屋上しかないが、10分以上あるときは明光院が望ましい。また、横山地区に津波が押し寄せた時は、日吉神社とも考えたが、地震により灯籠や石段の崩落の危険性があることを考えると、やはり2～3分で着く学校の方が安全だろうということになった。

次に津波対策として、土地の高さによって色分けすることによって、一見して逃げる方向を見定め

ることができるように工夫した。次に地震対策としては、ブロック・屋根・がけなどの崩れやすい所や地割れしやすい道路などの写真を貼った。また、避難用に、地図上に地域の避難所をマークした。

　また、自分の家の位置も地図上に貼り付けた。しかし、残念ながら流されて今は無い家も「元○○の家」として貼ることにした。

　最後にこれを元に多様な表現方法（説明・クイズ・スライド等）で、学習発表会などの場を最大限使ってプレゼンテーションさせる。そのことによって全校の防災意識を楽しみながら高めていきたい。また、「子どもの権利条約」の中にある「意見表明権を行使する貴重な場」として積極的に地域や行政に伝えることによって、「ふるさとを守り育てる10年後の主権者」になって欲しいとも思っている。

地震だ！どこに身を寄せる？

　３年生では、防災マップ作りと平行して、授業中以外で地震が発生した場合の避難の仕方を自ら考え学び、共に防災への関心を高める総合の授業（年間20時間）に取り組んだ（以下は2学期の指導案）。

第3学年総合的な学習の時間学習指導案

指導者　阿部　広力

題材名　安全な避難を考えてみよう

題材設定の理由

1）題材について

　日本は世界有数の地震国である。1995年に起こった阪神・淡路大震災や2004年の新潟中越地震も記憶に新しいところである。そして、ついに2011年東日本大震災が現実となった。さらにアウターライズ津波や直下型地震の発生も懸念されており、国民が地震防災についての知識をつけ、その対策を講じていかなければ地震による甚大な被害を避けることはできない。そこで本校では３年生で総合的な学習の時間の一部を防災・復興教育に充てることにした。

　本単元は、本校の総合的な学習における防災・復興教育のねらい「身近な所での防災を学習することで避難の仕方を自ら考え学び、共に防災への関心を高めること」を受けて設定した。

　今回はこれらを十分に踏まえ、「避難行動」の単元を扱う。この中では、避難の仕方を知ることを通して、子どもたちに興味を持って「自分の命は自分で守る」活動に取り組ませたいと考える。

2）学級・児童の実態について

　　＊本文中にあるので省略

3）指導について

　今年度の本校の研究テーマは、『震災と向き合い、たくましく生きていく児童の育成〜児童の防災対応能力を高めるための題材開発を中心として〜』である。このテーマとの関連に留意しながら、総合的な学習の時間の授業を進めたい。本題材のポイントは、『（物が）落ちてこない、倒れてこない、移動してこない』場所に身を寄せることである。それを、自身で瞬時に判断できる力を身につけるこ

とが必要である。地震が起きたとき、普通教室にいるとは限らない。理科・家庭科室、音楽室などの特別教室では、机がない場合や危険物を扱っている可能性も十分に考えられる。そのため、訓練はあらゆる場所、そして休み時間や掃除の時間など、あらゆる時間帯を想定して行われる必要がある。また、あらかじめ避難訓練の実施を告知した場合、「落ちてこない、倒れてこない、移動してこない」場所を子どもたちに考えさせ、議論させる。教師が1から10まで教えてしまうのではなく、子どもたちが自ら判断できる力を身につけることに重きを置いている。他にも、一つの場所に子どもたちが集中してしまった場合、どんなことが起きるかを議論させる。机が一つしかない場所で、皆がその机のところに行ったらどうなるか。皆が一気に非常階段に押し寄せて外に出ようとしたらどうなるか…ということなどを子どもたちに考えさせ、「隠れられない」「危険である」という結論に達したところで、「落ちてこない、倒れてこない、移動してこない」場所を複数予測しておくことも大切であることや、皆が集中しても冷静に他の場所を探す心のゆとりが大切なことを指導する。こうして、一つひとつの場面を想像させたり、実際に体験したりしながら、子どもたちの「自分の命は自分で守る」ための思考力・判断力を鍛えていきたい。

視点1 「課題解決への見通しをもたせる工夫」

　①これまで調べてきたことは、教室内に掲示し、容易に振り返ることができるようにする。

　②視覚に訴える提示を工夫することによって、考えを引き出す手助けとする。

視点2 「児童が表現し、思いを伝えることができる場の設定」

　①授業の流れの中に児童が思いを伝えられる場面を工夫し、設定する。

　②児童の考えは、教師からの賞賛や助言を与えたりすることによって、より自信をもって発表できるようにする。

題材の指導目標

○学校内において、授業中以外で地震が発生した場合の避難の仕方を自ら考えることができる。

○避難の仕方をグループで考えさせる活動を通して、進んで友達と関わろうとする。

○地震や防災に関心が持てるようにする。

題材の評価規準

評価の観点	課題を見つめ課題を見つける力	課題を追究し、人と関わり実践する力	よりよくまとめ表現する力
評価規準	学校内において、授業中以外で地震が発生した場合の避難の仕方を自ら考えようとしている。	避難の仕方をグループで考えたりする活動を通して、進んで友達と関わろうとしている。	追究してきたことを基に地域の地震や防災についてまとめ、発表している。

題材の指導計画　（5時間扱い）

次	時	学 習 活 動
1	2	学校外での地震が発生した場合の危険を考えて、防災マップを作る。
2	1（本時）	学校内において、授業中以外で地震が発生した場合の避難の仕方を自ら考え学び、共に防災への関心を高める 。

| 3 | 2 | 地震時に自宅の室内で危険になるものを考えながら、避難の仕方を自ら考え学ぶ。
地震発生後から外に出るまでにどのような順序で行動すればいいか、地震時の動きをイメージしながら学ぶ。 |

本時の学習指導（3／5時間）

1）題材名

地震だ！どこに身を寄せる？

2）本時のねらい

学校内において、授業中以外で地震が発生した場合の避難の仕方を自ら考え学び、共に防災への関心を高める。

3）準備物

・学校の数カ所の写真

4）本時の学習過程

過程	主な学習活動	教師の支援＊評価 【研究の視点との関わり】
導入 5分	1　これまで学習してきた地域の危険箇所について発表を聞き、振り返る。 2　本時の学習について知る。 学校にいるときに地震が発生したことを想定し、学校内の危険だと思う場所、安全だと思う場所を話し合う。	・1学期に調べてきた地域の危険箇所を数カ所発表させる。【視点1－①】 【視点1－②】 ・地震はいつ起こるかわからないので、もし教室以外でおきたらどうすればいいかを、自分で考え学ぶという目的を伝える。
展開 35分	3　掃除の時の避難行動を例に考える。 （1）机を後ろに移動し、 ①ほうきで床をはいている人 ②雑巾で床を拭いている人 ③雑巾をしぼっている人に分かれる。 （2）チームごとにどのように身を守ればいいかを考える。 （3）ホール掃除についても考える。 4　グループごとにそれぞれの場所について考え、危険だと思う場所・安全だと思う場所を理由とともにまとめていく。 ・一階ホールと下駄箱 ・音楽室 ・体育館 ・家庭科室・理科室 ・保健室他	・学校生活の中で避難行動を様々な状況に分類して児童自ら考える。避難の仕方の考え方を学ぶことで、その他の状況にも児童自ら考え、対応できるようにさせる。「落ちない、倒れない、移動してこない」を視点にして調べることを知らせる。 ・危険なものは何かをまず見つけてから、それから身を守るやり方を考えると良いことをアドバイスする。 ・どんなときに地震が起きるかわからないので、例えば体育館や下駄箱などで地震が発生したらどうする？などの問いかけをしながら、様々な状況での避難を考えさせる。 ・早くできた児童には他の場所についても理由が発表できるよう声かけをする。【視点2－②】 ・発表した場所のどんな所が危険なのか、安全なのか、そのように思った理由についても発表させたり質問させる。【視点2－①】 ＊①学校内において、授業中以外で被災した場合の避難の仕方を自ら考え発表しているか。

展開 35分	5　各グループで考えた場所を発表し、学校全体の危険な場所や安全な場所に気付いたり、知ったりする。	・授業時間、休み時間などさまざまなパターンを想定しながら考えていく。どんな状況でも自分で考え避難しなくてはならないことを学ばせる。 ＊②友達の発表をよく聞き、自分なりの考えを文章に表しているか。
まとめ 5分	6　本時の学習を振り返り、学校の中の危険な場所、安全な場所を再確認し、地震が起きた際の行動を確認する。	・本時の学習について振り返り、次時の学習についての見通しを持たせる。

5）評価と方法

　①学校内において、授業中以外で地震が発生した場合の避難の仕方を自ら考え発表しているか。

　　（行動観察）

　②友達の発表をよく聞き、自分なりの考えを文章に表しているか。

3　「われら！ふるさと防災探検隊」と「命の呼びかけ」台本

一場・「われら！ふるさと防災探検隊」7分

「幸せ運べるように」の曲流れる

私たち3年生は「自分の命は自分で守る」「かけ上がれ山一」を合い言葉に地域を歩いて、危険なところやひなんをする場所をさがし

防災マップを作ってきました。

どうぞ、お聞き下さい（発見したところの発表）。

「防災クイズタイム」

地震の時、あぶない所はどこでしょうか？

合い言葉は「おおいたい」です。

「お」は、おちてくる。

「た」は、たおれる。

「い」は、いどうする。

まとめて「おちる。たおれる。いどうする」ものに注意する。

二場・呼びかけ2分＋歌3分

「命の呼びかけ」

（「幸せ運べるように」のBGM）

あの日、広報車で避難を呼びかけに行って帰らぬ人となった役場職員のご家族のお話を聞きました。

あの命の呼びかけによって多くの人々が逃げられたそうです。

しかし帰らぬ人となった、息子さんの着ていた服も見せていただきました。

また、多くの消防団員さん・地区の役員さん・民生委員さんなども

地域の人々のために見回りや声がけに行って亡くなられました。

私たちも、避難の伝え方はこれからも考えていかなければいけません。

しかし、ふるさとや人々を守ろうとした方々の

「命の呼びかけ」のことを

私たちは、決して忘れません。

数え切れない思い出と人生があり、

かかえきれないほどの未来があったはずです。

でも、あの日から時計はとまったままの家族もいます。

家族のみなさんの思いは、二度と犠牲者を出さないことです。

あの苦しみを二度とくり返してはいけません。

流されていった方々の声なき声を残さなければいけません。

かなえられなかった思いを、

私たちは伝えよう。

私たちはかなえよう。

「幸せ運べるように」の歌流れる

手話と歌三分

三場・呼びかけ2分＋太鼓7分　（ピアノソロ）

「松の種植え」のスライド

私たちは社会見学で、流された防潮林を復興させようとしている

プロジェクトを見学し、

松の種やドングリを植えてきました。

いつか大きな木になってふるさとを守ってくれることを願っています。

そんな防潮林としてふるさとを守ろうとした松の木。

折れてがれきとなった松から作ったバチと

流されても残ったこの太鼓で

私たちの思いを打ちならそう。

深い絶望の中から、一つだけ残った

希望という火をかかえて

たちあがろう。山一の空に

山元の空に

ひびけ　とどろけ

山一復興太鼓

おわりに

　この総合の活動の中で、津波と向き合って受け入れて、物語にしてつむぎ出すことが大切だと考えた。抜け落ちた記憶を取りもどし、「物語」として語れると、PTSDを予防できるといわれている。もし心に傷を負っても、途切れていた記憶が全部つながれば心の傷にさいなまれることがなくなり、後遺症に苦しまなくて済む。そこで目指すのは「語り」を自然な状態で引き出し、クラスで共有することである。この防災マップ作りや「命の呼びかけ」の取り組みで「皆で語り、一緒に進めば、心が軽くなる」実践を進めることが、少しはできたと思っている。

10　「つなぐ」「つなげる」「つながる」
－復興教育の一端に

〔岩手県山田町 小学校〕

浅倉　修

　本年（2012）４月、山田町立山田北小学校（下閉伊支部）に赴任。前任校は軽米町立軽米小学校（二戸支部）。昨年度県人事異動要綱の「被災地勤務を希望するものは、優先人事とする」を希望し、いわゆる内陸部から沿岸部被災地に異動した。

　昨年度まで所属の二戸支部から、「支部の学校づくり学習会で、復興教育のことを話題にしたいので、山田の様子を話してほしい」と要請があり、了承した。そのことがきっかけで、４月から今までの山田町及び山田北小のことを整理するとともに、復興教育について思ったことをまとめたものである。

1　学校の概要

　山田町は、陸中海岸国立公園のほぼ中央にあり、北に宮古市、南に大槌町・釜石市に隣接している。本校の学区は町の北側にあり、山田湾に注ぐ関口川沿いに集落が点在し、海岸沿いの国道45号線付近に戸数が多い。ただし、現在は、震災の影響により仮設住宅に住んでいる家庭が多い（全校児童74名のうち震災で家屋の被害を受けた児童31名）。2012 年度の山田北小学校は、全校児童数74名８学級（普通学級６、特別支援２）、教職員15名（うち被災地加配２名）であり、このほか町派遣支援員１名だった。

2　「つなぐ」－地域と学校をつなぐ
1）教務として

　2012年４月、山田北小に赴任し、教務を受け持つことになった。本来は児童数が90名未満なので専任教務ではないのだが、被災地加配（＋２）があり、専任で教務をしている。

　本年度（2012年度）の教育課程は、前年度の職員会議及び年度末反省会をもとに、前任教務さんが作成してくれていたので大変助かった。震災でできなかった行事や諸活動を、取捨選択・改善しながら「もとにもどす」（できなかった行事をやりたい）という方針であった。

　年間計画の設定には苦労しなかったが、実際の企画・運営では頭を悩ませた。初めての学校・地域で状況がよく分からないし、なおかつ、被災のため前年度（2011年度）の実施例がない、活動によっては、地域環境が変わり震災前と同様の活動ができない行事もあったからだ。

　それ以上に、自分の中には、「震災前の、多忙で子どもと向き合う時間のない学校にもどすのではなく、これを機に、『ふつうの学校』にしたい」という思いがあった。しかし、学校の状況がよく分からない段階での学校改革は難しい。見通しがもてないでいるうちに、次から次と諸活動や行事、支

援が押し寄せ、波にもまれながら、なんとか半年過ぎた状況である。

しかし、教務としては、以下の3点に以前から心がけて仕事をしている。

①担任が子どもと向き合う時間を確保する。

　雑多な仕事は教務（例）賞状や記録証の作成、アンケート集計、校庭ライン引き。

②見通しをもって取り組めるようにする。

　週予定表に諸行事・活動（各分掌）を入れ、金曜日に発行。

③教育課程改善の意見に妥当性・職員合意があれば、早急に直す。

　職員朝会をやらない日、児童朝会・委員会の回数削減、校外活動の内容変更。

2）「鼓笛パレード」「兄弟学級リレー」

　2年ぶりに復活し、実施した行事に、「鼓笛パレード」「兄弟学級リレー」がある。

　「鼓笛パレード」…5月運動会での発表4〜6年全員（練習は音楽扱い8時間）。

　運動会2週間後、地域をパレード（教育関係行事1時間）。

　「兄弟学級リレー」…児童会行事2時間（練習は、業間時間や昼休み）。

　1と6年、2と5年、3と4年でチームを結成してリレーをする。

　4月当初、実施前には、正直言って、「こういうことを、まだ、やっているの」「もう、今の時代必要ないんじゃないか」という思いがあった。「多忙な学校」で学力向上重視の教育課程を編成すると、こういった行事は真っ先に削除対象になるかもしれない。また、「民主的な学校づくりには教員のゆとりが不可欠。多忙解消に行事・諸活動の見直しを」をテーマに過去数年教育課程改善に取り組んできたこともあり、このような思いをもった。とりくみや練習が放課後に行われたりすると、毎日の多忙感・疲労感は甚大である（前任校はその傾向にあった）。

　しかし、行事が終わって、認識は真逆のものとなった。その良さを整理すると、以下の点になる。

・練習の段階から、子ども自らが活動に価値意識・誇りをもちながら行っている。

・楽器演奏やバトンパス等の技能的な力がつく。

・協力して活動することで、人とかかわる力がつく（高学年児童と下学年児童）。

・地域の方々や保護者が、見ることを楽しみにしている。

・とりくみや練習が、授業時間や休み時間に行われ、放課後に行われることはない

　（スクールバス出発の関係で、児童完全下校は16:00）。

　振り返ってみると、この活動・行事が「子どもどうし」を「つなぐ」ことになっている。年度はじめの学級や高学団の集団意識や自覚を培うことにつながったり、入学当初、先生の言うことをきかない1年生が、活動を通して6年生の言うことはきくようになったりと。

　震災後、避難所で物も場所もない状況で異年齢集団で工夫して遊ぶ子どもたち、生活地区がなくなり仮設住宅という新しい環境で過ごす子どもたち。震災により、従来の地域とは違った地域になった今、学校で培った力が、地域でのこれからの子どもたちの生活に活きるとしたら、子ども一人ひとりが思いを出し合い、問題を解決しながら生活していく力を、学校教育で育てる必要がある。

　鼓笛パレードは、震災前、山田の町の中心街を山田南小と一緒に行っていたのだが、中心街は無くなり、山田北小単独で行うことになった。中心街とは反対方向の田畑の広がる農村部に行進していっ

たのだが、道から離れた家から、仮設住宅から、道路わきに出てくれて、笑顔で拍手している地域の方々を見たとき、この活動は、学校と地域を「つなぐ」ものとして、今の山田北小学区に必要なものだと感じた。

3）「地域奉仕活動…まごころ銀行スペシャル」

　今年度から、新たに取り組みをしている行事に「地域奉仕活動：まごころ銀行スペシャル」がある。本校が県の復興教育モデル校（予算が20万円）に指定されたこともあり、その目玉としてこの行事が設定された。設定の趣旨を校長から聞くと、「2011年の８月までは体育館が避難所となり教育活動に支障があった。しかし、地域の方々や避難所の方々から、学校・子どもは大変お世話をいただいた。2012年度は、お世話になった方々・地域に感謝を返す年にしたい」ということであった。年３回（６月、10月、２月）、学校行事（勤労奉仕的行事）計２時間を設定している。

　第１回目は６月、仮設住宅（本校児童入居６仮設のうち、４仮設）を縦割り班で分担して訪問し、花植え活動とゴミ拾いを行った。訪問した人数以上の大人の方々が出迎えてくれ、一緒に活動した。仮設の方々は、子どもたちが来ることを大変楽しみにしていたという。

　第２回目は10月、仮設の皆さんへのプレゼントとして、学校園で収穫したかぼちゃを使ってクッキーを５・６年生が作り、１〜４年生はラッピング用のラベルを作成した。今回は、本校児童が入居している６仮設すべてに縦割り班で訪れ、ゲーム交流会を行った。

　第３回目は２月、仮設住宅の一人暮らしのお年寄りのところの雪かき隊を予定している。

　１回目と２回目の子どもたちの感想を比較すると、１回目は、活動の内容や自分のことについての振り返りがほとんであったが、２回目は、参加者の様子や活動内容の課題などへの気づきが読み取れた。

　１回目の実施にあたっては、初年度ということもあり教務提案が不十分で、５・６年の担任に大変苦労をかけた。クッキー作りではお菓子作りが得意な教師が、試作品の作成、900個分の材料計画などの事前準備を進んでしてくれた。縦割り班リーダーの指導にも学級担任が、急きょ総合学習（総合的な学習の時間）として、リハーサルを行うなど取り組んでくれた。職員の振り返りでは、「子どもにとって貴重な体験」「今の地域にとってよい活動だった」という感想が寄せられた。次年度も継続するならば、総合学習としての位置づけを明確にし、とりくみ時間の確保をするようにしたい。

　仮設住宅に入居している方々は、本校学区の方だけでなく、山田町内さまざまな地域の方々である。区長さんが中心となった組織がしっかりしていて、結びつきが強い仮設もあれば、そうでないところもある。ある仮設では、交流会のお知らせに伺ったときに、「私たちは、この地区の人間でないから、よそ者だから」と参加を渋った方もあった。子どもたちの訪問が、仮設住宅の方々のコミュニティづくりのきっかけになっているならば嬉しい。

3　「つなげる」－沿岸被災地と内陸部をつなげる

1）学校に押し寄せる『支援』

　このような内陸部の学校の話を聞いた。「復興教育のために何かしなくてはいけない。各校から、数名子どもを集めて、被災地を見学させよう」というイベントがある。

被災地の現状を子どもに見せることは一概に悪いことではないと思うし、今、何かをしなければならないと思う気持ちも理解できる。しかし、その見学の後を想像するに、「参加した子どもたちに感想を書かせ、印刷し冊子にまとめて関係諸機関に配布。復興教育の活動を行いました」となるのだろう。見学した子どもは何を思い、何を書くのだろう。「町や家がなくて、かわいそうでした」に尽きるような気がする。

本校には、本年度4月以来、劇団四季公演、クレヨンしんちゃん声優さん、奈良県橿原市昆虫館のモンシロチョウ学習、浦和レッズハートフルサッカー教室、日体大ダブルダッチ同好会等、さまざまな来校支援があった。大人による支援は、その人たちがこれまでに培った技術や表現で、子どもたちに価値の高いものを提供してくれる。子どもはそれにふれることで、感動や笑い、満足感を得ることができるという点でありがたいし、意味のある体験になる。

しかし、同年代の子どもたちではどうだろう。「町や家がなくて、かわいそう」という思いしかない、帰れば安心して過ごせる家がある子どもが、被災地の子どもとどう関われるのだろうか。10月の日曜日にT村福祉協議会主催でT村の子どもたちが本校を訪れ、本校の子どもたちと花植え活動を行った。終了後の子どもたちの感想は、T村の子どもも本校の子どもも一様に「一緒に花植え活動ができて良かったです」。今は、昇降口、校舎前にずらりと並ぶ50個ちかくのプランターの水やりに、校務員さんが苦労している。

11月には、M市の小学校5・6年生との交流が予定されている。また、Y県（関東地方）の小学校とのテレビ電話交流が予定されている。11月の校内行事予定はこれまでになくハードスケジュール。これでも、校長が防波堤になり、この何倍もの支援要請を断っていると聞いた。

「今、何かをしなければならない」呪縛から逃れ、「この先、10年・20年後の岩手を創る世代を育てる」という視点で、目の前の生活や学習に取り組み、自分を見つめたり、相手を思いやったりし、共生・協働できる人を育てることが大切であると思う。8月に来校した浦和レッズハートフルサッカー教室代表の話。「埼玉の子どもにはこう話している。今、自分の目の前のことを一生懸命やれ。それを行った上で行った支援には心がこもる。ただ、お金を出すこと、手紙を書くだけの支援には心がこもらない」。

2）「山田町と山田北小をお知らせします」スライド教材

山田町に赴任した4月から、時折、町の様子を写真に収めてきた。8月に行われた二戸支部での学校づくり学習会において、山田の町・山田北小の様子について、パワーポイントで写真を中心に紹介した。二戸支部から依頼があったとき、「沿岸被災地に来た自分ができること」を見つけた気がした。小学生が見ても分かるように説明も簡易にし、子どもに見せたいという先生にはコピーして持っていけるように二戸支部にお願いした。その後、子ども用のスライド教材を作成し、前任校を含むいくつかの学校で利用していただいている。今回の県教研でも、要望があった参加者には差し上げた。

子どもが被災地について学ぶ形の一つとして、一枚の写真を見て町や学校の様子を想像し、そこで暮らす人たちの思いを考えたり、疑問や気づきを話し合ったりすることから始めるというパターンがあってもいいと思う。

スライドを見た内陸部の子どもたちの感想からは、

・大震災から1年何か月かたっているのにまだ震災直後のままか少ししか変わっていない。

・まだ、仮設住宅で暮らしている人がいると思わなかった。

・船が住宅地の中にあってびっくりした。

・火事で燃えた車のあとをみて、被害の大きさを改めて思った。

・校庭に仮設住宅があってびっくりした。

のように、今被災地の状況を認識、再認識している様子がうかがえた。

　また、

・募金やボランティアも役に立つが、まず被災した人たちの気持ちを大切にするのが先ではないかと思った。今はまだ小さなことしかできないけど、被災地を知り、少しでも安心を思わせるような言葉をかけてあげたい。

・私は、まだ被災地のことを知れていないのでそこから調べること。もう一つは自分が一生懸命勉強することや友達関係で思いやりをもったり、力を合わせたりすることを頑張る。

・大工になって、被災した人の家を建ててあげたい。

のように、自分を見つめる感想もあった。

　山田の現状のほんの一部の光景であるが、まぎれもない事実であることを励みに、これからも町の変化と子どもの様子の記録を続け、被災地にふれることのできる教材を作成していきたい。内陸部の子どもと被災地の子どもを「つなげる」ために。

4　「つながる」－同僚とつながる

1）震災体験の「大変さ」－グランドキャニオンの対岸

　3.11の津波（山田は火事も）を、実際に体験した先生の「大変さ」は、転勤する前に思っている以上に莫大なものだった。人は、「大変さ」を考えるとき、過去に自分の身に起こったことを基準に考えるのだと思う。「好きだった海がおそいかかってくる」「避難訓練ではなく、子どもたちを守るための本当の避難をする」「地域の人が命からがら逃げてくる」「自分の家族と連絡が取れない」「帰る場所がない」「飲むもの食べるものがない」といった経験について、映画のシーンでの想像しかできない、苦痛や苦悩をともなった共感ができない。内陸部で停電、断水、ガソリン不足程度の被災体験の自分とは、とても大きな壁と隔たりがあると感じた。それが、グランドキャニオンの対岸。4月当初は対岸の先生の影すら見えなかったような気がする。

・「海釣りが好きだったけど、震災後、一度も海に近づいていない」

・「『支援』とか『復興』という言葉、あまり好きになれない」

・「今度、校外学習で海のそばを通るんだけど、子どもたちが動揺しないか心配」

・「（地元の中学校が）支援に来た学校と海岸のゴミ拾いをするんだって。まだ、海にいけない生徒だっているのにね」

・「町の駅伝大会、北小前の道路でやるって。津波が来た場所で。俺は考えられない」

2）飲み会 etc

　山田で暮らす単身赴任者3名。校長3年目（被災体験）、K先生、私。4月から、3人で、週1

ペースで飲み会をしている。しだいに男の先生（6年目被災体験）や講師の先生が加わり、宮古会場の時は、参加者数が8〜9名の拡大分会交流会になっている。回を重ねるごとに、いろいろな話（震災当時のことも）ができるようになってきた。

・「学校中の飲み物集めて、避難した人（約300人）に配った。ほんの一口の水でもありがたそうに飲んでいた」

・「あんな大変な中、先生たちはみんな笑いながら、食器洗いしてた」

・「ご飯を炊く水は、いこいの池の水（山の沢水）を沸騰させて使ったんだよ」

ほかにもたくさん、ここに書けないことも。

まだまだ、細いつながりかもしれないし、震災当事者の「大変さ」には決して到達することはないが、グランドキャニオンの対岸の先生の顔が見えてきたような感じがする。飲み会の度に、「次はこんな活動をしてみようか」と発想が膨らみ、元気が出る。9月からは、中国文化交流（麻雀）も始めている。10月は、町民駅伝大会に職員チームを結成して参加し、地域の方々からたくさん声援をいただいた。また、放課後に会議などが何もない日は、希望者でスポーツレクをしている。体を動かして心地よい汗を流すと、単純に楽しい。

3）K先生の実践

4月、私と一緒に同じような気持ちで本校に赴任したK先生は、5年生の担任。彼は、当初、子どもたちとの信頼関係づくりに苦労していた。「子どもの声なき声を聞く」というスタンスで、根気強く「子どもとのつながり」づくりに奮闘している。総合学習では「地域に笑顔・元気を届けよう！プロジェクト」というテーマで、S仮設住宅との5年生独自の交流学習をしている。

担任から出した津波や地震に関する学習には、関心を示さなかった子どもたちが、自治会長さんの「今回は6つの津波が来た」という言葉に関心を示し、もっと知りたいという思いをもったことから、「地域から学ぶ」ということの有意性を感じたという。総合学習の原点を見たような気がする。

学習発表会では、それをもとに創作劇「ミライカナイ新聞」を発表した。子どもどうしのつながり、先生とのつながり、地域の方とのつながりが濃くなっていくにつれて、子どもたちの目は光り、笑顔が見られ、外で遊ぶようになった。

5　県教委「いわての復興教育プログラム」に

県教委が2011年度末の3月に示した「いわての復興教育プログラム」。震災後1年という短期間で、よくこれだけ綿密なものを作り上げたということには敬意を表する。今年度の教務主任研修会、教育課程説明会でも時間を割いて説明を受けた。が、よく分からない部分も多々ある。熟読する余裕もない。正直に言って「また現場に○○教育の推進が下りてきた」という、うんざり感もある。これに関連して気になったこと。

①「沿岸部では、共通のつらい体験をした。このことを悲惨なことに終わらせないで、明日に向かう貴重な体験にするための教材化をすすめてほしい」。

＊「共通」と言えるのか。人の数だけ、つらい、悲惨な事がある。一般化はできないことが多すぎる。

＊「あれから海に近づけないでいる先生」は、明日に向かうエネルギーを、まだ持てないでいるよ

うに感じる。

② 「取り立てて新しいことをしなきゃいけないということではない。今行っている教育課程を復興教育の視点で見直して、計画を立ててほしい」。

＊○○教育が下りてくるたびに耳にするフレーズ。

＊とりあえず、学校経営概要に、先進校の作った全体計画構想図を載せて完了。

③ 「各学校が、自校の実情に合わせて進めてほしい。協力は惜しまない」。

＊復興モデル校でいただいた予算は町費支払いでないとダメなので、大変使いづらい。

＊震災前の何でも求められる多忙な学校にもどりつつあり。さらに、心のケア対応や支援対応、新たな環境での教育活動の模索と震災後増えた多忙の中（こちらの方が優先）、新たなことをする余力はない。

　復興教育に関する講演（行政主催）を二度聞いた。講演者は、県の「いわての復興教育プログラム」を、「各校の実情と教育課程に応じつつ、子どもの経験を踏まえた体験活動を充実させながら、思考力等を育むことで、復興と発展を支える人材に育てる」と解釈した上で、「『思考力・判断力・表現力』の育成からつながる熟達化」という表現で、将来、新たな価値や知識を想像する大人としての熟達者を育むことが大切であると述べた。さらに、それを学ぶ過程として、問題解決場面（解決の仕方がすぐには分からないような場面）において創造的思考（考え方を広げたり増やしたりする思考）と批判的思考（考え方を一つに絞り込んでいく思考）をしなやかに使って問題解決をする学びを多く体験させる必要があるとのことであった。話を聞くにつれ、目新しいことじゃない、「総合学習」（総合的な学習の時間でなく）がめざしてきたことに似ていると思えてきた。「ゆとり教育は悪」のレッテルと多忙な現場のエネルギー不足により衰退化が進んでいる総合学習。実在は薄くなっても、その根幹になる学び方は、学校行事や児童会活動の取組の中で反映できる部分がたくさんあると思う。時間効率、出来栄えだけを追うのでなく、既成の活動内容にこだわらずに、子どもとともに創る取組・活動を、教育課程の中に可能な限り取り入れていきたいと考えている。

　「岩手は、全国学テ・県学調などの（点数）学力調査はやらないから、総合学習（総合的な学習の時間でもいいけど）を頑張ろう！」という復興教育なら、少し気合が入るのだが。

おわりに

　山田北小の校舎２階からは、山田湾が見える。朝の陽ざしに輝く海はとてもきれいだと４月赴任当初思った。しかし、「3・11 前は、家が建っていて海は見えなかった」という話を聞き、津波の凄さを改めて思い知らされた。

　今、50年余の人生で初めて沿岸部で暮らしている。車を運転するときはＣＤ音楽でなくて、ラジオをかけるようになった。岩手はラジオ電波が入りにくい場所が多いので、受信環境を整備してほしいと常々思う。

　また、こわいと思ったのは、地震の時、まずドーンとかゴーッという「音」から来ることだった。そのあとに揺れがくる。その怖さを何度か経験した今、海を見ると「きれい」だけではない思いがある。

11　5347人の軌跡
－生徒は地域のために、地域は未来のために

〔宮城県東松島市 中学校〕

制野　俊弘

はじめに－再び鎮魂の夏

　夏草が繁茂した大津波の跡地に残るわずかな家々の跡－２年目の夏もまた猛暑だった。わずかに見えるコンクリートの基礎跡からはかすかに生活の臭いが漂ってくるが、それも以前の風景を知る人のみの感覚になってしまった。今はわずかな記録と人々の記憶にのみ残る遠い風景となってしまった。

　幼い頃、よく父親に連れてこられた野蒜海岸はこの町から少し離れたところにある。海水浴と言ってもカラフルな浮き輪は我が家にはなく、父親がどこからかもらってきたトラックのタイヤのゴムチューブに乗せられて遊んだ。

　その帰り道、私はよくこの町の小さな店に立ち寄った。海水が肌にこびりついたままの私は父親にせがんでアイスクリームを買ってもらった。海水でひりひりした喉に染み渡るアイスクリームは際だって甘かった。店先にぶらさがった色とりどりの浮き輪がとても眩しかった。そんな夏の日差しの中に浮き立つ白い「野蒜石」の塀に囲まれた静かな浜辺の町はもうない。二度目の鎮魂の夏もまた悲しく静かに過ぎゆくのだった。

1　十字架

　人口800人だったこの町で亡くなった人は150人余り。チリ地震津波が教訓とはならずに単なる経験として語り継がれてしまった。研究者の作成した「津波浸水マップ」がその本意とは裏腹に、人々の意識を硬直化させた。あの猛威を目の当たりにした時、そのすごさよりも「本当に来た」という驚きの方が強かった。不安や焦燥、そして後悔はその後、猛烈な勢いでやってきた。

　この町から200mあまり離れた高台にいたＡは膝下まで来た津波にのみ込まれた。遠くに津波を発見した時、第一波はすでに足元に迫っていた。ゴロゴロと草むらを転がされた後、いつの間にか東名運河に流された。水面に這い出ようとするＡを幾多の瓦礫が阻む。Ａは決死の覚悟で水中に潜り、呼吸が確保できる水面を目指した。たまたま瓦礫の隙間に顔を出したＡの前をこれまたたまたまタイヤが流れていく。何とかそれに掴まったＡは運河から鳴瀬川の河口方向に流される。岸からおばあさんたちが必死で「そっちに行ってはダメだ」と呼びかけたが、Ａにその声は届かなかった。そこを老夫婦が乗った車が流されていった。何とか岸辺にたどり着いたＡはとある家に身を寄せた。

　Ａと一緒にいたＢは近くの小屋に逃げ込むが足元に迫った波にのまれる。一度は「死んだ」と思ったＢも必死で樋につかまり難を逃れる。しかし、Ｂを探しに家に戻った父親は帰らぬ人となった。Ｂは「自分のせいで父親が亡くなった」という思いに苛まれる。辛く重い十字架をたった15の子どもが背負うことになる。

これは何もＢに限ったことではなかった。逃げ延びた子どもたちもそれぞれに十字架を背負っている。「ああすればよかった」「こうすればよかった」という思いは一生心から離れないだろう。私たち教員は何をすればよかったのだろう。心に刺さった棘のその刺さり口から膿が出続けている。

2 「最後」の運動会

本校の廃校が決まったのは今年に入ってからだった。矢継ぎ早に出される統合案に子どもたち、教職員、保護者たちは戸惑いを隠せなかった。教育委員会に統合の延期を要望したが、それも実らなかった。

廃校と統合を一気に進めなければならない状況下で運動会を企画するのは気が重かった。地域に根ざしたこの学校の良さを、全面に押し出せば押し出すほど悲しく、悔しく、憤りを禁じ得なくなるのはわかっていた。運動会の成功は逆に統合への後悔を増幅させる。計画を立てる段階から気が進まず、いい案もなかなか浮かばなかった。

しかし、そうは言っても何らかの知恵を絞り出さなければならない。動かない体と頭を引きずって私は今年の運動会の目的を以下のように絞り込んだ。

　　○学校と地域の方々の共同・協同の場とし、地域復興への決意と団結を示す祭典とする。
　　○全生徒の無限の可能性を追求する場とし、地域再生のための自治能力を育成する場とする。
　　○新しい校風づくりと伝統を守り育てる場とし、新たな挑戦に取り組む行事とする。

悔しさと怒りを直接的に運動会に持ち込むわけにはいかないが、多くの人がこの地域から学校がなくなることの悔しさを感じていた。それを暗に表現するための仕掛けをどのように組み入れるか。これが今年の運動会の最大のテーマだった。

民衆の技と知恵の歴史－それが凝縮されているのは「祭り」ではないか。洋の東西を問わず「祭り」には長年の民衆の技と知恵が息づいている。「祭り」という非日常空間の中で日常空間では表現できない本当の自分を表出する－このどうしようもない悔しさを運動会という文化的行事を「祭り」に昇華する中で表現できないか。単なる演技の披露でも、お祭り騒ぎでもない本物の「祭り」を創れないか。自然との抜き差しならない関係の中で、自然とともに歩んできた先人たちと子どもたちが交信できないか。そこに集った人々が確かに「地域」を実感し、それを引き継ぐ跡目を感じ取れる運動会にできないか。亡き人を思い、失った故郷を脳裏に刻印し、この日本からまた一つ学校がなくなることの理不尽さをみんなが噛みしめ、悔しさと悲しさを確かめ合える運動会ができないか。この硬直化した学校という空間でこそ「祭り」を再現できないか。そこで生まれるものは何か。そんな思いが蠢き始めた。

7月。明るい未来を描くにはあまりにも多くの難問が待ち構えていたが、鳴瀬二中最後の運動会に向けていよいよ学校が動き始めた。

3 「生徒は地域のために、地域は未来のために」

7月6日。各学級から選ばれた実行委員と生徒会の総勢18名で実行委員会がスタートした。3年生

は使えなくなった校舎で過ごした最後の世代である。それぞれに高い士気を持って臨んできた。昨年の運動会を経験した生徒会のメンバーも頼もしかった。母親を亡くしたCや弟を失ったDは本当に大変な1年を送ってきた。突然襲った不幸を乗り切るために言葉では言えないほどのエネルギーを費やしてきた。それでも運動会に対するモチベーションは高かった。

　しかし、運動会のテーマを決める話し合いはなかなか進まなかった。「再会」をテーマとした昨年よりも状況が複雑化していたからだ。地域とともにあった学校の廃校と他校との統合は子どもたちの思考を混乱させていた。想いの焦点をどこに合わせるのか－その焦点が定まらないまま議論は停滞し、状況を打開できないままテーマは2回の話し合いを通して「鳴瀬～Forever memories～」に決まってしまった。

　私はこの抽象的なテーマ設定に違和感を覚えた。焦点の不鮮明なテーマは運動会の開催意義を危うくしかねないと思った。私は3回目の実行委員会で子どもたちに次のようなメッセージを出して再考を促した。

《運動会のテーマに関する担当からの提案》
①テーマが抽象的すぎないか。地域の方が見てイメージしやすい運動会か。
　テーマが生徒・教員・保護者はもちろん地域の方々や老人が見てもすぐにわかるもの、理解しやすいテーマになっているかが大事。震災後の「復興」と学校の「統廃合」という厳しい現実の中で鳴瀬二中がしなければならないことは何か。（中略）55年の歴史に幕を下ろすという悲しい現実を直視し、それでも地域のつながりを決して失わないための努力を中学生なりに追求してほしい。
②何よりも自分たちの思いが詰まったテーマになっているか。運動会のねらいが伝わるテーマになっているか。
　前回決めたテーマは自分たちの思いや運動会のねらいが伝わるものになっているだろうか。もう一度吟味してほしい。「たかがテーマ、されどテーマ」である。全校・全地域（地区）が一丸となって運動会を成功させようという思いに駆られるだろうか。鳴瀬二中生の魂の叫び、心の奥にある願いが伝わるものでなければただの「スローガン」で終わってしまう。運動会の開始時点でテーマのもとに全校が結集し、終了時にはテーマのもとに新たな決意を抱けるものにならなければならない。

　津波による地域離散や学校を閉じなければならない状況の中で、私たちが「遺産」として残さなければならないのは「ここに確かに鳴瀬二中あり」という存在意義そのものなのだ。最後にして最大の抵抗を、私たちは運動会という「祭り」を通して表現すべきなのだ。

　私は呼びかける。「君たちの本当の魂の叫びや心の奥にあるものを伝えよう」と。それに呼応して子どもたちはさらに頭をひねる。これまでこの学校を巣立ってきた卒業生の想いを、それを支えてきた地域の方々の想いを、そしてそのバトンを最後に引き継ぐ私たちの想いを代弁するテーマとは？

　そして、紡ぎ出したテーマが「5347人の軌跡～生徒は地域のために、地域は未来のために～」だった。これまでの卒業生の総数は5347人。その軌跡を追う子どもたちは地域のために存在する。そして、その地域は未来のために存在する。

　このテーマに辿り着くまで3日を費やした。他の議題や課題を抱えながらも多くの時間をこのテー

マ設定に費やした。このテーマを聞いた校長は涙を流した。私たちの心に再び火を点したテーマはその後、全校生徒のみならず保護者や参加者のテーマともなって浸透していった。5347人がつないできたバトンを引き継いだ子どもたちの最後の運動会が始まろうとしていた。

4　御神輿

　子どもたちは様々な企画を提案してきた。開会式では昨年に続いて火おこしから始まる採火式と聖火リレーを行うこととし、ランナーは歴代のOBにお願いすることにした。閉会式ではみんなの願いを書いた手紙を結んだ風船を飛ばしたいという案が出てきた。さらに昨年取り組んだ馬による入場は、生徒会長が女子ということもあり早々と却下され、その代わりにEが「地域の御神輿を担いではどうか」と提案してきた。（これはいい案だ）と思ったが、よくよく考えてみると肝心の御神輿が津波で壊滅したのではないかと思った。子どもたちもどこの地区の御神輿が流されずに残っているのか全くわからなかった。

　校長にその話をすると早速調べてくれた。そして、大塚地区（松島湾側の地域で今回津波の被害がほとんどなかった）に残っているのと、被害の大きかった東名地区（死者・行方不明者約190名）の御神輿が津波に流されながらも何とか残っていることがわかった。

　8月上旬。私は現地で御神輿の状態を確認した。どちらの区長も運動会への借用を快く引き受けてくれた。大塚の御神輿は全く被害がなかったが、東名の御神輿は塩水をかぶり、飾りに青い錆が浮いていた。しかし、東名の区長は、「御神輿を修理して運動会に出してやるから」と言ってくれた。錆の浮いた御神輿を前に、私は胸が熱くなった。

　聖火ランナーの候補も校長を中心に人選してもらった。その結果、第1回生から24回生まで計6名の方に協力をいただくことになった。第1回生は旧野蒜中学校と旧宮戸中学校の統合で地域が大議論をした世代である。昭和33年当時の宮戸中の保護者は統合を拒否し、宮戸島内に自治中学校を作って抵抗を続けた。さらにこの問題を契機に住民たちは旧鳴瀬町からの独立運動を起こすという壮絶な運動を展開した。宮戸中自体は100人ほど生徒がいたため、統合の必要性を感じずにいたところへ行政側から合理化の圧力がかかった。県教委・県議会を巻き込んでの話し合いは結局、翌年の7月までもつれ込み、宮戸島の保護者たちは「バス通学の保障」や「野蒜地域の思想の善導」などを条件に、7月27日に登校式を迎えることとなった。自治中学校の運営にかかった費用は当時の町長が私費を投じて弁済した。勉学の遅れを取り戻すために、その年は夏休みをすべて授業日に振り替えるという現在では考えられない措置が取られた。だから、第1回生にとっての中学校の思い出は苦々しいものなのだ。それでも快く聖火リレーを引き受けてくださった。

5　綱を編む

　御神輿を確認した際に気になることがあった。それは御神輿が子ども用であり、１０人もいれば十分に担げるということだった。つまり、それ以外の子どもは御神輿を担げないのだ。私はもっとたくさんの子どもたちに御神輿を担がせたかった。

　そこで思いついたのが綱を結び付けて、それを「引き綱」にして練り歩くというものだ。そこでこの綱を全校生徒と保護者たちで編むことはできないかと考えた。

実はこの発想の背景にはダンプ園長こと高田敏幸氏（石巻・わらしこ保育園）の運動会の実践がある。わらしこ保育園では運動会で使う綱引き用の綱を、親たちが夜な夜な集まって編むという「習慣」があった。三本のわら縄を三つ編みに、さらにそれらを三本合わせて一本の綱にしていくのだが、この作業が非常に困難だった。誰か一人でも動作が合わなければ作業は一旦中断となる。酔いも手伝って（と言っても酔っているのはいつも園長だったが）作業は深夜に及んだ。運動会の当日はそれを子どもと親たちが肩に担いで掛け声をかけながら、会場周辺の住宅街を練り歩いた。

この実践を元に、私は運動会の当日、子どもや保護者、地域住民が一体となって綱を編むことはできないかと考えた。ただし、今回は担ぎ手の人数が違うために綱の長さが変わってくる。わらしこでの経験から相当時間がかかることが予想された。そこで実行委員を集めてリハーサルを行った。長さ10mの3本の綱を編んだら仕上がりの長さはどれくらいになるか、その綱を担ぐのは何人くらいが適当かを調べた。

その結果、10mの綱は仕上がりで約9mになること、この長さでの担ぎ手は20人くらいが適当であることがわかった。ここから当日の仕上がりの長さを32～33mとし、逆算して最初の綱の長さを35m程度とした。これは想像以上に長かったし、案の定当日はすごい作業量となってしまった。

さらに私はこの作業の手順を先生方にも理解してもうために、運動会の前日、最後の打合せの後、全職員に呼びかけて同じ作業を職員室で行った。綱のもち方、声のかけ方、綱の動かし方などを全員で確認した。いよいよ準備は整った。

6　成功のない運動会

迎えた当日。ここまでの厳しい残暑に比べ、比較的涼しい朝だった。朝6時すぎからテントが立ち始める。体育館工事のため狭かった校庭はますます不自由さを増していたが、それでも保護者たちは意気軒昂だった。昨年と同様、地区ごとのテントは失った「地域」そのものであり、ここが唯一の地区民たちの集う場なのだ。

8時近くになると保護者や家族たちがぞくぞくと集まってきた。早い人はシートの前方を陣取り、子どもたちの出番を待つ。その間にも地区民たちは日頃交わせない四方山話に花を咲かせる。学校は今年も「再会の場」を提供した。

8時15分。子どもたちは椅子を持って応援席へ。私は実行委員を本部席のわきに集めて円陣を組ませた。そして、檄をとばす。「今日は君たちの晴れの舞台だ。多少の失敗は気にするな。とにかく自分たちが主人公だと思ってはりきってやりなさい」。私は彼らに全員手をつながせ、「チクサクコール」をかけた。

しかし、閉会式で復興への決意表明をするFの表情が硬かった。朝になって「先生、昨日とちょっと変えたんですがいいですか？」と聞いてきた。

Fは連日悩み続けた。本来は楽しく愉快なはずなのに今年はそれがない。プログラムが終了することは鳴二の運動会の最後を意味している。おまけにFたち2年生は津波で流された校舎に一度も足を踏み入れたことがない。間借りの校舎で中学生活をスタートし、そのまま最後の一年を統合中学校で過ごすことになる。お互いに名前も顔も知らない他中との統合は前途多難だろう。幼少時からほぼ変わらぬメンバーで過ごしてきたが、義務教育最後の年は人間関係をゼロからつくり変えなければなら

ない。その困難さと閉校の悔しさが入り交じっていた。なし崩しに進められる統廃合計画に子どもたちの意見は反映されていない。その悔しさをどう表現すればいいのだろう。「前向きにならなければならない」という想いとそれでも胸に去来する悔しさが激しい葛藤を引き起こす。Ｆは悩みに悩み、時に涙した。「決意表明なんてそう簡単にできるはずがない」というのが本音だろう。

　私は（ここはＦに任せよう）と思い、「構わないよ」と答えた。子どもが悩んで紡ぎ出す言葉を信じよう。８時45分。「成功のない運動会」の幕は静かに下ろされた。

7　卒業生がつなぐ聖火リレー

　「次のランナーは昭和33年度卒業、第１回生、中下地区出身のＯさんです。現在の鳴瀬二中のある所にあった旧木造校舎で卒業式だけ行いました。55年も前のことなので記憶も乏しくなりましたが、一番記憶に残っているのは二中校舎を建設する時、松の根おこし作業をしたことだそうです。運動会ではエジプトダンスを男子全員で踊りました」。

　今年の採火式も緊張に包まれた。聖火リレーに歴代の卒業生が控えていたからだ。そのうちの一人がＯさんだ。「いい思い出はねえ（ない）」とは言うものの、いざ二中がなくなるとなると話は別だ。火の神がおこした火を大事そうに次のランナーにつないでくれた。新校舎の建設に当時の中学生がかり出されたというのも初めて知った。互いの地域性を乗り越えようと苦渋の選択をした世代である。54年越しの中学校の思い出を刻んでくれただろうか。

　聖火は次々と卒業生によってつながれた。最大500名を誇った生徒数も今や100人あまりになってしまった。地域産業の主体を担っていた漁業も徐々に衰退し、貴重な収入源となっていた観光業もこの震災で壊滅的な被害を受けた。野蒜石の塀が続く民宿街は忽然と消え、ユースホステルを利用していた外国人の姿もなくなった。今残されているのは唯一、かつての地域のつながりと「エジプトダンス」なのである。そのわずかなつながりを確かめるように聖火は次々とつながれ、最後に現役の生徒会長に手渡された。鎮魂と希望の火は今年もこうして灯った。

8　特別企画"絆"

　三本の綱を一本に編み上げる"絆"は特別企画として午前最後のプログラムに配した。この綱は午後一番に行われる応援合戦の御神輿の入場で使われる。

　「"１"で右手、"２"で左手…」

　音楽の先生が音頭をとり、紅白に分かれて編んでいく。子ども、保護者、ＯＢ、地域の方々、みんなで声をかけながら編んでいく。だが、予想通り要領を得ず、作業は混乱した。一人でもリズムが合わないとその度に中断した。（これでいいのだ）と私は思った。やがて、少しずつ声と手の動きが一体になっていく。リズム感が出てくる。一体感が心地よくなっていく。声はしだいに早く大きくなっていく。綱が１ｍ、２ｍと伸びていく。要の位置を握っていた私の手にも一層力が入る。大勢の編み手の思いが伝わってくる。やがて手はしびれ、腰にも大きな負担がかかってくる。それでも編み手の声はやまない。

　時間がかかることは覚悟の上だった。むしろ時間がかかった方がいいのだ。火おこしと同様、時間がかかった方が刻まれるもの、残るものが大きいのではないか。この面倒でやっかいな作業の中にこ

そ、祈りと鎮魂、そしてかすかな希望がある。声高に「縁起物」と言っても心は動かない。実際に綱を手に取り、声を合わせて初めて掴み得るものがある。

　残り５ｍ。「あともう少しだ。がんばれ！」と檄が飛ぶ。ふと見ると傍らにあの「いい思い出がない」と言っていたＯさんがいる。ずっと見守っている。後輩たちがどんな表情で作業を進めるかをじっと見ていた。一瞬、目と目があった。何とも言えない目だった。松の根っこを掘り起こし、新校舎建設の一翼を担った１回生たち。様々な課題を抱える中学生が編む綱をどんな想いで見守ったのだろうか。

　ようやく綱は一本に編み上げられた。子どもたちや親たちから歓声が上がる。夏の日差しはいよいよ強く私たちを照らした。

9　御神輿と応援合戦

　"絆"で編んだ綱は昼休みの間に、二台の御神輿につながれた。特に、津波に飲まれた東名地区の御神輿は地区の方々がお披露目に向けて手入れをしてくれた。

　「先生、誰か塩を撒きながら歩いてくれねえかなあ？御神輿が通る前に塩を撒いて清めたいんだけど。あと御神輿を先導する役として"天狗"も用意したよ。もう着替えて待ってっから」。

　私は驚いた。体育館を覗くとそこには身長２ｍにも及ぶ"天狗"が立っていた。"天狗"は保護者のＳさんだった。元々身長が190㎝近くある。そのＳさんが天狗用の一本下駄を履くのだから、最終的には２ｍを超えるのだ。見上げるような大きさは一見異様に映る。地区の方々が"正式"な形でのお披露目を希望したのだ。

　そこに担ぎ手の男子たちが集まってくる。子どもたちはその御神輿の前に直立し、手を合わせる。震災を乗り越え鎮座する神様に運動会の成功と地域の復興を祈願する。

　午後１時20分。いよいよ午後のプログラムがスタート。道を清める子どもを先頭に、天狗、綱をかつぐ（引く）子どもたち、そして御神輿が続く。「わっしょい、わっしょい」の声は天高くこだまし、観衆から大きな拍手が湧く。一歩一歩を踏みしめながら子どもたちが校庭を一周する。なくなった地域を練り歩くように。地域の方々はそれをどんな思いで見守ったのだろうか。

　　　鳴瀬二中最後の卒業生となる子をもつ親にとって、今年の運動会は特別な思いがありました。夏休み中に運動会の打ち合わせに行く娘を見送りながら「どんな運動会になるのかな」と楽しみでもあり、最後なんだという寂しさも感じました。

　　　昨年同様、聖火をつないでの開会式。放送委員による「震災後、校長先生の涙を何度も私たちは見てきました」の言葉に涙。特別企画「絆」には私も参加させていただきました。一年生から三年生まで一致団結の紅白対抗による応援合戦。新東名に住む私にとっては、天狗・おみこしは懐かしいもので、お祭りを思い出しました。卒業生も参加のエジプトダンス・民謡踊りは見事でした。（中略）地区が消滅しつつある今、地区対抗のむかで競走、綱引きなど父兄がすぐに集まれるところに「絆」を見たような気がします。鳴瀬二中としての運動会は幕を閉じますが、卒業生、在校生、ＰＴＡ、地域の方々にとっては思い出に残る運動会になったことと思います。（保護者Ｇより）

10　Ｆの悩み

　この運動会で最も悩みの深かったのが前述のＦである。実行委員の一人で「復興への決意」を自ら買って出た。

　しかし、いざ原稿を書き始めると深い闇にはまってしまった。「復興への決意」と言っても、その前に愛する母校を失うという「悔しさ」が込み上げてくるのだ。やるせない「悔しさ」をどう表現するか、単純に希望だけを語れない苦しさがＦを苦しめた。「悔しさ」をぶつける相手が見えず、それを表現する言葉が見つからない。廃校に対して「なぜ？」という思いが立ち上がってくる。「出てくるのは涙だけ」という状態が続いた。

　私は「思ったことを書いていいよ」としか言えなかった。思ったこと、感じたことを言える環境を整えてあげることしかできない。中学生が悩んで紡ぎ上げた言葉を非難する者があれば、私は毅然と立ち向かう覚悟でいた。「私たちはまだあの被災した校舎に一度も足を踏み入れてない」と言ったＦの言葉は大人たちに痛烈なカウンターをかますに違いない。すべてを失った子どもたちからさらに学校まで奪うこの日本という国は何なのだろう。悩んだＦが紡ぎ出した言葉は次のようなものだった。

　　復興への決意

　　　鳴瀬二中最後の運動会もいよいよ終わりが近づいてきました。今年の運動会テーマ「5347人の軌跡」の通り、昭和33年の開校以来54年間、鳴瀬二中はこんなにたくさんの生徒の学び舎として、エジプトダンスや民謡踊りなどの伝統を築き上げてきました。

　　　しかし、残り7ヶ月で55年の歴史に幕を閉じなければなりません。私たち1・2年生は鳴瀬二中生として、あの松林に囲まれた校舎に一度も足を踏み入れることなく、閉校してしまうことにショックを受けました。先輩方が慣れ親しんだ校歌や鳴瀬二中の象徴である松葉と波を表した校章が私たちで途切れてしまうことに寂しさと悔しさがこみ上げてきます。

　　　私は生まれ育ったあの野蒜の町や宮戸の風景が大好きです。いつの日かまたあの思い出の風景を取り戻し、さらに美しい町がつくれるよう精一杯がんばろうと思います。私はまずあの松林を元に戻すために松の苗を植える運動を新しい中学校でも呼びかけていきたいです。これが私の復興への決意です。

　Ｆは毅然とした態度でこれを成し遂げた。間借りの校舎に入学し、間借りの校舎で卒業していく。入学時の学校名が卒業時には別の学校名になる。慣れ親しんだ友だちと離れ、新たな友だちを迎えなければならない。5月に予定されていた修学旅行も3月に変更された。新入生は眩しいブレザーの制服で入学してくる。狭い校舎・校地での不便な生活は確実に卒業まで続く。統合を機に、これまで受け継いできた伝統に変化が起こるかもしれない。統合する相手校との折り合いをどこでつけるかは全く不透明だ。

　そんな不安の中で希望を述べるのは本当に辛い作業だったに違いない。「松の苗を植える」と宣言したその言葉が計り知れない「悔しさ」を象徴していた。

11　風船

　運動会もいよいよクライマックスを迎えようとしていた。今年は実行委員の希望で多くの参加者と共に風船を飛ばそうということになっていた。200個ほどの風船が２時間の作業の末にできあがった。それを配り終え、司会役の子どものアナウンスが流れる。

　「これが最後の企画です。鳴瀬二中という名前はなくなってしまいますが、今日ここに結んだ私たちの絆は永遠に切れることはありません。いつかまたあの美しい故郷に帰る日を信じて、共に支え合ってこの困難を乗り切りましょう。それでは私たちの希望を乗せて飛ばします。カウントします。５・４・３・２・１・０！」

　一斉に空に舞い上がる風船。折からの東風に乗って一斉に鳴瀬川の上流に向かって飛んでいく。校庭は静寂に包まれる。各々の手を離れた風船が寄り添い合って同じ方向へ飛んでいく。校長やＰＴＡ会長の目から、地域の方々の目から、そして私の目からとめどなく涙が流れる。号泣する子どももいる。天高く飛んでいく風船が遥か遠くになってもまだ会場は静かにそれを見守っている。何分経ったかわからない。何を思って見つめていたのか。熱く燃えた後のこの静かな余韻をいつまでも感じていた。

　　　おどろきました！　正直、生徒達にとって、鳴二が廃校になろうが統合になろうが、我々大人よりそれ程関心が深くないだろうと思っていました。それが大きな間違いと気づかされた。
　　　風の向きも良く、仮設の校舎の上を鳴瀬川の上流に向かって、しだいに遠ざかるように小さくなってゆく風船の行方を鳴二の廃校に重ね合わせたのか、誰もひと言も話さずじっと見つめたまま、静かに見送る姿に感慨深いものを感じました。学校が、鳴二が、廃校になる事に凄い想いを深く感じていることを思い知らされました。近くにいた大学生（ボランティア）の中にも、そんな想いを感じ取ったのか、涙する学生の姿が多くありました。色んな種目、色んな伝統の種目、その全てが美しく、素晴らしかったのですが、そんな生徒にすごく感動しました。ありがとう。
　　　（保護者のＯより）

　子どもの成長は時に教師の予測を超えるが、今回は親の予測をも遙かに上回っていた。閉校の悔しさは子どもの中に静かに共有されていた。ただそのどうしようもない現実が子どもたちの中に諦めを生み、苛立ちを生んでいたのだ。意見表明の機会を奪われた子どもたちはその思いをぐっと胸にしまい込み、複雑な思いで時を過ごしていた。だからこの風船は子どもの思いを噴出させる導火線となって、一気に火を付けた。ため込んでいた思いが叫びとなって現れる。

　　色んな意味の涙
　　　風船を飛ばした瞬間、我慢していた涙があふれてきました。最後ということをとても実感しました。後輩と離れたくないという気持ちと、閉校してほしくない気持ちが込み上げてきました。風船には一人一人の想いが乗っていて、私は込み上げてきた２つの気持ちを乗せて飛ばしました。乗せた想いは違うけど、閉校したくないという想いはみんな同じだと思います。私と一緒に泣いていた子と「閉校したくない」「なんで閉校しなきゃいけないの」などと二人で号泣しなが

ら言っていました。

　最初に閉校するかもしれないと聞いた時には、あまり深く考えませんでした。でも改めて考えると、本当に、本当に、嫌で、嫌で、悔しくて、悲しくて、苦しくて、辛く、自然に涙が流れてきて止まらなくなりました。（D）

　さらに、人々は亡くなった人の元にこの風船が届けと言わんばかりにあの風船を見守った。一個の風船では感じ得ない感動を得られたのはそんな人々の思いが一気に吹き出したからだと思う。「天に向かう」行為というのはやはり意味が深いのだ。

想いを乗せた風船

　閉会式も終わろうとしている中、風船を空へ飛ばす最後の企画が始まりました。地域の業者さんがすごい量の風船にヘリウムを入れ、空へ飛ばせるようにしてくれました。それを地域の人、生徒、先生、来賓の方々へ渡し、カウントダウンが始まりました。飛ばすまでの間、みんな様々な思いだったと思います。私が想っていたことは、自分が持っている風船を飛ばしたくないということです。この風船を飛ばしたら終わってしまう気がしました。ですので、みんなが飛ばした後に遅れて風船を飛ばしました。大空高くに飛んでいった風船たちは、きれい、美しいというありきたりな言葉じゃ言い表せないものでした。風船を飛ばすだけだときれいなんでしょうけど、そう思えなかったのは風船一つ一つにみんなの様々な想いが込められていたからだと思います。私はその風船に鳴二の統廃合への悔しさや復興への願い、未来中学校になっても鳴二の魂を後輩たちに引き継いでほしいという想いを込めました。とても良い天候だったので、風船も空に映え、自然と涙が溢れてきました。（C）

　Cは今回の震災で母親を亡くした。「もう甘えていられない」と思ったCは、それまで母親のことを「ママ」と呼んでいたが、震災後は「お母さん」と呼ぶようになったという。震災後はもっと伝えたいこと、叫びたいことがあっただろう。それでも周囲に気を遣い、励まされる側から励ます側に回って学校生活を送ってきた。本音を隠しながら希望を見出そうとする姿がむしろ痛々しい。

最後に－壮大な教育的実験

　昨年とは全く違った状況で迎えた運動会だった。萎えた心で取り組み始めた運動会ではあったが、「地域における学校の役割」を考えた時、何か不思議な力が私たちを後押ししていたように思う。無念さを残して亡くなっていった保護者の思いや残された子どもや保護者たちの地域再生にかける思いがそうさせたのだろう。決して自分一人の力では成し遂げられなかったというのは御神輿一つ取ってみてもよくわかる。

　地域再生にかける思いは教員よりもやはり地域の方々の方が圧倒的に強いのだ。その思いに応えるために、学校は常に地域づくりの拠点、地域文化の発信基地、そして心の拠り所にならなければならない。「学校に行けばいろいろな人に会える」「学校に足を運べば元気が出る」「学校があれば地域は再生する」。そんな期待と役割を自覚し、学校を創ること－震災からの復興を喫緊の課題としてい

る。私たちはこのことを胸に刻まなければならない。

　7割近い子どもはまだ自宅外通学を強いられている。新しい学校が建てられるのもまだ5年かかる。自宅再建はその後という家がほとんどだ。立ち直るのはまだまだ先である。今はただ子どもと共に地域文化を守り、育てる役割に徹するしかない。

　私たちは「学校を創ることで地域を創る」という壮大な歴史的実践、教育的実験に取り組んでいる。物理的に地域がなくなった中で、人々の心のつながりを頼りに、学校が地域づくりの中心になれるのかどうか。合理化の波に抗して学校の文化的創造性をいかに発揮するか。過去問のない難題に挑戦中である。

12　被災地における地域学習
－当事者性のある学びを求めて

〔岩手県山田町 小学校〕

菅野　晋

　ここでは、2012年度の5年生における実践と、持ち上がりの6年生での実践の方向性について報告する。まず、昨年の4月に内陸から赴任して、地域と子どもの実態を自分なりにどうとらえ、どのように実践を展開していったか、子どもたちにとってこの実践がどんな意味をもったのかについて述べる。そして、昨年度の実践を踏まえ、今年度の実践をどう構想し、現在まで、どのような経過をたどってきたかについて述べてみたい。

1　昨年度（2012）の実践

地域の実態

　東日本大震災が発災し、校庭には津波が押し寄せ、瓦礫が集積した。地域の被災状況は甚大で、国道45号線沿いに建っていた住宅や商業施設が破壊された。さらに、学校の前を流れる関口川をさかのぼった海水が1km近く内陸に侵入した。家を失った人の多くは、川に沿ってさらに内陸に建設された仮設住宅で暮らす。10か所以上の仮設団地の規模は、20戸ほどから大きい所で120戸ほどである。自力で家を再建できる人はほとんどいない。比較的被害が小さかった住宅を修理して住んでいる人もいるが、それもほんのわずかである。

　地域の人から、次のような話を聞いた。

　「水産加工の仕事を失い、慣れない土木関係の仕事に四苦八苦している」。

　「朝から無料入浴施設に出かけてビールを飲む事だけが楽しみだ」（登校安全指導中に出会った仮設住民）。

　「子どもは地域の宝です」（ある仮設団地の自治会長さん）。

子ども・学校の実態

　避難後、学校裏の児童宅で一晩を過ごした子、保護者と車で帰宅する途中に建物が流される様子を見た子、そして、帰宅後被災して命を落とした子がいた。

　学校は7月末まで避難所となり、一時は体育館に400人を超える人々が身を寄せていた。そういった状況の中で、学校を元通りにし、学校の機能を回復することがめざされた。

　2012年度は、2年ぶりに再開される行事が多く、震災を経験した職員と新たにやってきた職員が意思疎通を図りながらその実現に当たっていった。児童の命を守ることができなかった後悔や、自らも

家族や家を失ったり家族の安否が不明になったりする悲しみ・つらさを抱えていた。

　担任する５年生は、男子７人、女子２人。特別支援学級在籍児童２人（女子）で、教科・領域によって交流がある。母子家庭５人（うち１人は父親死亡、２人は仮設住宅居住）。家が被災５人（うち４人が仮設住宅居住）である。

実践の動機及び構想

　６月頃、私は、「津波という過去を乗りこえ、未来に希望を持てるような学びができないか」と考え始めていた。そのためには、津波のメカニズムや津波から命や財産を守るにはどうすればいいかを調べたり、体験を綴ったりするような学習もある程度必要ではないかと考えていた。

　また、地域の大人から震災時や震災後のことを聞き取り、書きまとめ、討論することを通して、生活の現実に目を向けさせる学習も考えた。しかし、生活指導サークルの仲間からの助言もあって、子どもの心の状況もよく分からず、信頼関係も十分とは言えない中で、そうした学習に子どもを引きずり込んでいくことの危険性を察知し、思いとどまった。では、この子どもたちとどんな学びをつくっていけばいいか？漠然と、地域の住民と子どもをつなぎ、学校がその結節点となるような学びができないものだろうか、という思いが湧いてきていた。そこで、仮設団地に新聞を配って子どもの声を届けることで、交流の輪を広げていくことができると考えた。新聞づくりは、子どもたちの目を地域や学校生活に向けさせ、伝えることで目的意識を持って文章を書く訓練になると思った。新聞は、地域と自分自身の「今」を記録し、子どもの目から見た山田の復興を記録するものになる、と考えた。

実践の様子

　単元名を「地域に笑顔・元気を届けよう！プロジェクト」とし、次のような学習計画を立てた。
○テーマを設定、学習計画
○学習活動
・自治会長さんからお話を聞く・・・・・・・・・ア
・「北っ子新聞」を作って仮設団地に届ける・・・イ
・学習発表会で活動を劇にして発表する・・・・・ウ
・交流会の準備をする（昔の話を聞く・お菓子・雑巾プレゼント、合奏、遊びなど）
・交流会を開く・・・・・・・・・・・・・・・エ
○まとめ、発表会、ふりかえり、活動の拡大

子どもは、学習に向けて次のような思いをもっていた。
・仮設の人に元気を出してほしい。
・これから新聞を作ったり、仮設の人と食べ物を食べたり遊んだりすることで仲良くなれると思うからすごく楽しみです。
・自分たちでできることを仮設の人にしてあげられるのがうれしいです。
・合奏したら、仮設の人たちも元気になると思うし、笑顔になると思います。いっしょに遊んで、少しでも楽しい時間を味わってほしいです。

ア　自治会長さんのお話を聞いて

〈子どもの感想〉

・自治会長さんの話を聞いて、8割が津波と火事で被害を受けたことが分かりました。仮設に住めるだけいいと思いました。

・談話室の屋根、たなは、仮設住宅の人たちがみんなで協力して作ったことが分かりました。津波で流されたリヤカーを直して、ゴミ拾いやひなんするときに歩くのがあまりできない人を乗せたりするために使っていることが分かりました。

・てんでんこ避難とは、個人で逃げることだということが初めて分かりました。6つの津波がきたことが分かりました。がれきで消防車が通れなかったことや水が引っぱれなくて少しの水で火を消そうとしたことが初めて分かりました。

・自治会長さんがいろいろなことをたのみ、ふうじょ室とかをつけてくれたり、ふろのおいたきとかをつけてくれたりしたことがわかり、とてもうれしいです。自治会長さんがいろいろときかくしていることがわかりました。

・津波が来て、山田町は8割以上が津波と火事でひがいを受けたことが分かりました。あと、これからこまらないように生活していくにはどうしたらいいのかなぁと思いました。

〈教員の意識〉

　自治活動と仮設住宅の暮らしとの関わりに目を向けていることがうかがえる。そして、意外なことだったが、津波（被害）の実態に関心を寄せる子どもが多いことを感じる。地域住民の目を通した話を現実と受け止め、自らの体験とすり合わせようという意識の表れであろうか。そうだとすれば、将来的に津波の科学的知識や防災の学習、そして地域を担う人材育成という視点に立った復興教育の可能性も見えてくる。

イ　新聞づくり

　学校行事を中心に、分担して記事を書き、新聞を作った。できあがった新聞は、10月初旬の土曜日に、ある仮設団地の約80戸に届けた。「こんにちはー」「あれ、留守かな？」。はじめは、おずおずと玄関先に立つ子どもたちだったが、何人かの方に温かく受け取ってもらえると、声にも自信が感じられるようになり、家々を回る足取りも元気になっていった。12月の初旬に2号目の新聞を届けた。1回目よりも多くの子どもが参加した。

〈仮設団地の方々からの感想〉

○北っ子新聞よく出来ました。クラブ活動やら色々な事をのせて下さい。頑張って。

○とても頑張っている様子がわかりました。これからも北小の情報を伝えてください。

○字がすごくきれいですね。読みやすいです。第2号を楽しみに待っています。

○5年生の目で見た町の様子がとても楽しかったです。北小の皆さんががんばっているようすがよくわかりました。たいへんでしょうが、また作ってください。

○北っ子新聞ありがとうございました！楽しみながら読みました。絵もとても上手ですね〜！　陸

上記録会の話、お祭りの様子、業間マラソン「つらい5人、楽しい7人」には笑ってしまいました。また学校の様子を教えてくださいネ！

○皆さんの頑張っている様子がよくわかりました。北っ子新聞楽しみにしております。

ウ　学習発表会での劇の発表

これまでの学習の様子を劇にして伝えるとともに、演じる子どもたちも観る人も、ともに未来に対して希望や明るいイメージを持ってほしいと考え、シナリオを書いた。「ある小学校の5年生たちは、新聞を作って仮設団地に配る活動をしている。そこへ、転校生がやってくる。それから、子どもたちの周りに不思議なことが起こる。新聞に書いたことが現実に起こるのだ。地域住民との交流を通して、子どもたちは町の未来を考え、特集を書く。そして、20年後、同級会で会った子どもたちの目に映る町は…」。こんなストーリーである。

エ　交流会（まごころ銀行・まごころフェスティバル）

5年生単独での交流会ではなく、全校奉仕活動（まごころ銀行）として、縦割り班ごとに計画を立てて仮設団地の人と交流活動を行った。初めての試みであり、子どもが主体的に計画するのは、交流会の流れ（ゲーム、役割分担）ぐらいであった。教員提案で、学校農園で収穫したかぼちゃを使ったクッキーをプレゼントした。

また、従来、学年末に行っていた行事を精選・統合し、新たな取り組みとして実施した。児童会担当と教務担当の合同提案による「まごころフェスティバル」である。地域の方への感謝の会・鼓笛隊の伝承・6年生を送る会を行うのである。地域の方へ感謝を表すとともに、将来の山田を担う卒業生を地域全体で中学校に送り出してもらおう、というねらいがあった。この会でも、縦割り班ごとに6年生への出し物を練習して発表し、一年間の縦割り班活動のまとめという位置付けとした。

実践を終えて

前半は、新聞作りをメインにした学習、後半は、学級の枠をこえて地域住民との交流へと、「地域と学級・学校をつなぐ学び」が継続・発展していった。実際に仮設住宅に住む子どもたちにとっては、住民の感謝や労いの言葉が大きな励みになったことと思う。また、被災を逃れた地域・家に暮らす子どもたちにとっては、仮設住宅で暮らす住民や友達への共感・理解を深める機会になった。

しかし一方で、教員の思いが先行し、活動をモザイク的につないでそれなりの形を整えたような実践になった印象は否めない。どれだけ子どもの思いや願いに応えて主体的な学びをつくることができたのだろうか、という反省が残る。被災地における復興教育は、どうあるべきなのか。手探りの実践であったことは確かだが、子ども（次代の地域に生きる存在）とともに、当事者性のある学びをつくっていくことが必要であると感じた。

2　本年度（2013）の実践

実践の構想

実践への思いを一言で表すなら、「地域の復興に向けて主体的に生きる大人との出会いから学びを

つくる」である。

　かつて、仮設団地の自治会長さんが、「子どもは地域の宝です」と語っていた。地域を担う子ども
を地域全体で育てていこう、という思いを感じる。この仮設団地の住民自治会では、自主的に防災組
織をつくり、その一環として、地域パトロールや下校時の子どもの見守りなどに取り組んでくださっ
ている。また、他の団地の自治会長さんは、民間の復興支援団体「山田応援団」の地元の窓口として、
山田の復興の状況を発信したり、団体が山田で活動する際の受け入れに尽力したりしている。2
人と話していると、活動の根幹には、「子どもたちのために、今自分ができることをする」という強
い思いがあると感じる。

　この方たちのように、地域の子どもを強く意識してはいなくても、様々な立場で産業の再建や地域
社会の再生という課題に取り組む人たちがいる。商店街組合を立ち上げて、魅力あるまちづくりをめ
ざす活動や提言を積極的に行う商店主たち。弁当の宅配事業を起し、休日には「軽トラック市」で山
田の味覚を振る舞う水産加工業の元保護者。役場には各地からの応援職員や、震災後地元に戻った若
者もいる。仮設住宅に暮らす人たちの健康を気づかいながら、心の病や孤独死の課題に立ち向かう保
健師。自宅を失い、落ちついて学習する環境にない中学生や高校生に、自習スペースを提供し続ける
支援団体等々。

　これらの人に共通するのは、義務でなく、「今、自分ができることは何か」を考えて実行する主体
的な生き方だと思う。復興への過程を見ながら成長していく子どもたちは、文化を継承しつつ新たな
まちや人のつながりをつくる主体になる時が来る。そんな子どもたちに、こうした大人の生き方や思
いを道しるべに、あるいは心の支えにして地域の現実や未来を見つめ、できるなら何らかの希望を
持ってほしいと思うのである。

実践のスタート

　単元を『山田の今とこれからを見つめて』とし、まず、子どもの思いをさぐるために、山田町の中
心街へ出かけて現在の様子を見せるとともに、卒業アルバムの撮影でお世話になっている写真屋さん
にお話を聞くことにした。

　町内に仮設店舗を構えるＡさんは、津波で以前の店と機材を失ったが、多くの人からの支援と、
「また店をやってほしい」というお客さんの声があり、写真店を再開した。人口の減少により、震災
前の売り上げよりは6〜7割落ち込んだとのことだが、4人の子どもを育てるためにも写真業を続け
ていく意思を固めている。Ａさんは、「新生やまだ商店街協同組合」の理事長も務め、語り部活動・
朝市「いちび」の復活・情報誌発行など精力的に取り組んでいる。それは、これまでの商業の世界の
しがらみや利害をこえて、手をつなぐべきところはつないで集客を図るとともに、子どもたちが山田
町を好きになり、「山田に暮らしたい」と思えるまちをつくるという意欲に支えられている（Ａさん
から2度、直接聞いたお話を総合して）。

　〈子どもの感想〉
・いろいろな人に「やめないで」とかいわれたということを聞いて続けているんだなと思い、いろ
　　いろな人の希望でいろいろなことをやっているＡさんはすごいと思いました。将来も山田に来て

ください、と言われ、ぼくは今までも山田にいたいと思っていたけど、もっといたくなりました。

・Ａさんの話を聞いて、ほかの店の人達と手をつないでやるということを聞いて、Ａさんの山田を復興させたいというやる気を感じました。

・山田は、震災前に比べて店とかは少ないけど、Ａさんたちのように山田を復興させようとしている人がいると知りました。こういう人が努力してるから、山田が少しずつ復興しているのだと思います。

・ぼくたちに、どんな町になってほしいか聞いていたので、子どもたちにもいいと思える町を創りたいんだと思いました。

〈話し合ったこと〉

○お客さんも減り、店を再開するにはお金や土地などが必要で迷ったのに、お客さんの声に応えて再開することにしたのは、もうけだけを考えていたらできない。

○商店街組合で様々なことに取り組んでいる。以前は、それぞれの店がバラバラに商売をしていたが、たくさんの人に山田に来てもらうには、みんなで協力して知恵を出し合っていくことが大事だと考えているから。

○元にもどすのは「復旧」だが、前よりも良くすることが「復興」だといえる。

　帰りに、被害が大きい市街地と漁港を見て歩いた。事前に取ったアンケートから、海に行くことにまだ抵抗感を持っている子どももいたが、みんなと行くなら大丈夫ということで、できたばかりの魚市場を目印に、岸壁まで行った。５～６分の間だったが、子どもたちは海をのぞいたり、海のにおいを感じたり、魚が泳いでいるのをながめたりしていた。あれだけ牙をむいた海、家族が危機に見舞われた恐ろしい出来事をもたらした海が、癒しの力を発揮するのはまだ先のことなのかもしれない。

〈子どもの気づき〉

・海はきたなくてくさかったので、まだそんなにきれいになっていないんだなあと思いました。
　そう思う子の理由 色がこく、黒っぽかった。前は青かったし中が透けて見えたが、緑になった。

・魚がたくさんいたので、きれいになったんだと思いました。

・震災前は、どこにいても海のにおいがしたけど、今は近くに行かないとしない（海岸近くに住んでいた子ども。今は、海から離れた仮設住宅に住んでいる）。

・海の近くで働いている人をたくさん見ることができた。理由 船の準備・釣り・仕事をしている人がいた。船が走っていた。わかめやほたてを洗う人がいた。おじいちゃんの仕事について行ったときにそう思った。

・山田湾を見て、けっこう復興してきたと思います。理由は、新しい船とかがいっぱいとまっていたし、魚市場も新しくできていたから。

・漁港は船があまりなかったなあと思いました。理由 （隣の）宮古と比べて。

・学校の近くに橋がかかっていたし、工事している人たちが多かったので、少しずつ復興しているんだなと思いました。

〈話し合ったこと〉

○駅の近くで最近工事が始まった。住宅地を作るためだとしたら、危険が大きい。商店街なら人が
集まるし、交通の便もいい。危険なことは同じだが、住むところと、日中だけ人が集まるところ
を考えると、商店街がまだ安全。

○海はきたなくなったのか。魚は前よりも増えたのか。⇒まちがどうなっていくのかは、役場で作
る「まちづくりの計画」で分かるのではないか。⇒海の変化は、漁業組合など海の関係の仕事を
する人に聞けばいいのではないか。

課題づくりと聞き取り活動

〈聞いてみたいこと・調べたいこと〉

・なんで海の近くに店を建てたのか（ケーキ屋さんに）。

・山田がこれからどういう町になってほしいか（知っている店や働いている人に）。

・商店街には、どんな店ができるのか（商店街協同組合に）。

・どこに、本当のちゃんとした店を開くのか（学区内の知っている店の人たちに）。

・今困っていること。なんで同じ場所に建てたのか（スーパーマーケットに）。

・魚のとれる量とかが減ったか、漁港の復興は進んだか（漁師さんに）。

当面の課題は、大きく分けて次のようになるととらえた。

①山田町の「まちづくりの計画」はどうなっているだろうか。

②町内の人たちは、どういう町になってほしい（したい）と考えているのだろうか。

③海の様子や水産業は、震災前と比べてどのようになっているのだろうか。

　自分の関心の度合いにより、②と③について「海の仕事グループ」「お店・商店街グループ」に分
かれて追究していくことにした。①の「まちづくり」については、復興計画全体に関わることでもあ
るので、地域の声（個別の事業者）を対象に聞き取りをしてから、いずれ学級全体で考えていくこと
にした。

　聞き取りのための質問づくりに先立ち、地元の漁業協同組合に出向いて組合長さんからお話を伺っ
た。組合員数や漁船数、養殖施設、生産高が減少していることは想像通りだったが、主力のかき・ほ
たてが人手不足で取り切れず、逆に殻につく他の貝の生育が良くなってしまうという現象が起きてい
るのは意外だった。それでも、労働形態を見直し、収益性の高い漁業をめざすことや、一粒かきの日
本一復活の夢などを語ってくださった。そして、「海は災厄をもたらすが幸せ（恵み）ももたらす。
自然は美しいけれども、あなどってはいけない」という話が印象的だった。

　「海の仕事グループ」は漁協で聞き取りをすることにし、「お店・商店街グループ」は、新生やま
だ商店街組合の中心的存在で、町内唯一のスーパーマーケットの経営を中心に地域づくりにも積極的
に取り組む会社とした。また、元保護者で水産加工業・弁当宅配業を営む方に、「ぜひ、子どもたち
に語っていただきたい」とお願いすると、「漁やイベント参加の状況によってキャンセルになるかも
しれないが、ぜひ受けたい」と言ってくださった。それぞれの聞き取りを終えてから、全員でその加

工場におじゃましてお話をうかがった。

リアルな問題意識の掘り起こし

　元保護者のFさんへのインタビューを開始した時、子どもたちの最初の質問は、「震災後どうして海の仕事を続けようと思ったのですか」だった。Fさんは涙で声を詰まらせ、「しゃべれねぇ」と、語ることができなくなった。代わりに奥様が、「ずっと海で仕事をしてきたから、とにかく、生きるためにやんねえば、と思った」と語った。Fさんは、奥様から言葉を継いで、雫石で軽トラック市を開いたときに、「お客さんに続けて欲しいと言われて元気が出た」ことを話した。その一言によって、「生きるために」から「待ってくれる人のために」と働く動機が変化し、エネルギーとなっていったことがうかがえる。子どもたちは、この涙について、「つらかったことを思い出したのだろう」「ここまで来るのに大変だったのだろう」と思いを巡らせた。インタビューの最後に、Fさんは、「俺たちはもう花を咲かせることはできない。だから、俺たちにできることは、耕して種をまくことだ」と語り、子どもたち一人ひとりの頭をなでてくれた。

　それは、復興の力になるという決意であり、次代の主役たる子どもたちへのメッセージであるにちがいない。いつの日か子どもたちは、復興を果たした町に、この言葉の真の意味を見出すのだろうか。それが、この町に生きることを選択して次の世代を育てることだとすれば、主体的に生きようとする人々の姿勢を自己に取り込むこと、すなわち、既存の農林水産資源や労働形態にとらわれずに現実を見つめる能動的な認識活動と、それを支えるリアルな問題意識の形成が必要である。

　例えば、「かきやほたてがたくさんとれて、家や商店がいっぱい建ち、震災前よりもにぎやかな町になってほしい」という子どもらしい素朴な思いから学習が出発したとしても、そこに終始し、夢を広げていくだけの学習ではいけない。そのためには、この町の光と影に目を向けさせなくてはならない。つまり、負の部分＝町の課題である。それを「そこを避けて通れば、復興が思うように成し遂げられない問題」ととらえた。

　これまでの聞き取りで得た情報をつき合わせ、内容に共通性が見られるものを確認した上で、子どもたちに、「山田の復興のために、考えていかなくてはならない問題を見つけよう」と投げかけた。しかし、子どもたちは迷ってしまった。「さらに調べてみたいこと」は出てくるものの、なかなか問題点は見出せないようであった。どのような問題＝次の調べ活動の課題を設定するかは、学びが当事者性を帯びるかどうかに関わることなので、まず、ストレートに、「復興に対してプラス及びマイナスに働くと思われること」を考えてみることにした。すると、子どもたちは、グループごとに全ての情報を直感的にプラスかマイナスに分け、活発に理由を話し合い始めた。

　「プラスになりそうなこと」は、それを実現するために、または生かすためにどんな取り組みが必要かという視点で見れば、課題につながる。「マイナスになりそうな問題や課題」は、それらをプラスにしていくためにどんな取り組みや工夫が必要かという視点で見れば、考えたいことが見えてくる。子どもたちにとっては、この方がずっと考えやすかったようだ。

今後の実践の構想

　いくつか出てきた課題をさらに具体化したうえで、分類し、調べる方法を決め、課題別に追究して

いくことになる。資料やＨＰなどで調べ、中間のまとめを行ったうえで、さらに地域の人に出会わせたいと考えている。役場職員との懇親会を通じて、本校卒業生の若い職員を招いて話をしてもらいたいと感じた。役場職員として復興や町づくりの視点からだけでなく、地域に生きる先輩として思うところを語ってもらいたい。

　また、学区内のある仮設団地の自治会長さんは、「以前は震災による被害の大きさを発信していたが、今では自然の美しさを多くの人に発信して山田に関心を持ってもらいたいと考えている」と語っていた。こうした人々との出会いを軸に、急がず、しかし、たゆみなく子どもの学びへの欲求を引き出していきたい。

　この学びは、子どもが納得いくところまで追究できれば、まとめや発表をそれほど重視しない。真のゴールは、一人ひとりがふるさとと出会い直し、価値づけ、そして受け入れる時であると考えるからである。

おわりに

　被災地の学校現場では、復興教育（防災教育、心のサポートを含む）が推進されている。学校は「それぞれの地域社会の資源である子どもを育てる」という視点から、独自の教育実践を積み上げていく必要がある。畢竟、独自の復興教育は地域の必然である。

13　いつの日にかや元に戻さん
－被災中学生と「みかぐら」

〔宮城県東松島市 中学校〕

制野　俊弘

　4月、旧鳴瀬一中・二中が統合し鳴瀬未来中が誕生した。私が勤務していた鳴瀬二中は3月にその55年の歴史を終えた。

　思えば震災以来、両校の間にはいろいろな「壁」があった。震災後3日目に私たちが命からがら鳴瀬一中に避難してきた時、一階の職員室前には人が通れないように衝立が立てられ、「通行禁止」の張り紙が出された。被害の全容が不明だったこともあり、突然押し寄せた300人余りの避難者に対し、不安を覚えたのは仕方ないことだった。

　この「壁」は4月に学校が再開した時にも築かれる。使用施設の関係で、校舎の西側半分を一中、東側半分を二中が使うこととなった。問題はその境となる部分だった。校長や生徒指導担当の話し合いの結果、生徒指導上の問題を未然に防ぐ意味から廊下の中央にコンパネの衝立を設置して両校の接触をなるべく避ける措置が取られた。

　それに伴って両校は別階段を使うこととした。行事や部活も別々に行うこととし、特別教室・体育館・武道場・校庭をシェアしながらの困難な学校生活に突入していった。一つの校舎を二つの中学校が使うというのは心理的にも物理的にも目に見えない障害を伴うものだった。時折、衝立の向こうを覗こうとする子どもたち。手が届くところに同じ中学生がいるにもかかわらず、会話も交わすことのない生活。互いのプライドがぶつかり合い、時にはトラブルに発展することもあった。

　今年4月、私たちはこの衝立によってできた様々な「壁」を取り壊すところから学校づくりを始めなければならなかった。

1　統合後の課題

　大きな問題は両校の「文化的風土」の違いだった。隣の中学校ではあってもその目的、中身、形態等、いろいろな違いが顕著だった（資料1）。

　例えば、旧二中の運動会は地域と一体になることを基本としていたのに対し、旧一中は校内での体育祭的な意味合いが強かった。両校の親たちの参加体制にも大きな違いが見られ、種目の構成にも大きな違いが見られた。

　文化祭でもその違いが明確だった。旧二中は「みかぐら」をはじめ、南中ソーラン、演劇等、学級・学年単位で文化的色彩の強い演目を主としていたのに対して、旧一中は学級を基本単位とした出し物を中心に演目が組まれ、学級での劇や歌、お笑い芸などが主なものだった。さらに旧二中はPTAが中心となって食品バザーを展開し、昼食や郷土産品の販売などを行うのに対し、旧一中にはそういうイベントはなかった。

様々な違いの中でも最も大きな問題はやはり「文化の質」にあると思われた。「何のために、何を教えるか」「意味あるものをしっかりと教えきれるか」「親も子どもも価値を見出すことができるか」…この問いは新しい学校で直面する最大の課題だった。

震災による統合はその準備の時間を与えられなかった。何年かかけて統合を成し遂げた学校とは全く違う課題が突きつけられるとともに、かつての経験だけでは太刀打ちできない事態が私たちの前に立ちふさがった。私たちはあらゆるレベルでの話し合いを重ね、何度も議論を重ねながら学校づくりを進めていった。

資料1

行　事		旧鳴瀬一中	旧鳴瀬二中
運動会	競技形態	縦割＋学級対抗	縦割＋学級対抗＋地域対抗
	種目構成	レクリエーション重視	伝統重視
	特色種目	フォークダンス、剣道演武	エジプトダンス、民謡踊り
	特別企画	なし	採火式、聖火リレー、馬での入場
	参加者	生徒	生徒・保護者・来賓・地域住民
文化祭	演目主体	学級単位	学年単位
	演技種別	レクリエーション的演目	文化的演目
	PTA関係	なし	食品バザー
	合唱形式	コンクール形式	発表形式
その他	その他行事	剣道大会、全校奉仕活動、クリーンデイズ、職場体験、修学旅行（東京）	海岸清掃（2011まで）、岩手山合宿、修学旅行（北海道）
	PTA行事	なし	懇親会・研修旅行

2　「みかぐら」を選ぶ

運動会は両校の伝統を引き継ぎ、「つなげ！我ら鳴瀬の架け橋とならん〜俺たちは復興のエンジンだ〜」というテーマのもと何とか無事乗り切ることができた。青森県の五所川原市から運び入れた立ちねぶたも好評で、心配された地域からの参加もあり成功裏に終えることができた。まずは順調なスタートだった。

問題は文化祭だった。どんなコンセプトで行うかは焦眉の課題だった。

私は学年ステージの担当ということもあり、一学期から「みかぐらしかない」という思いを強く持っていた。というのも旧二中生の女子の間では「みかぐらをやりたい」という声が圧倒していたからだ。

昨年来、私は女子の「心の荒れ」を文化の力で乗り越えたいという思いから「みかぐら」の実践に取り組んできた。

「みかぐら」とは岩手県奥州市衣川区（旧衣川村）大森にあった旧衣川小学校大森分校に赴任した三好京三氏（直木賞作家）が「過疎化で減少していく児童達に活気や自信、誇りを取り戻させたい」と思い立ち、当時の教育長で大原神楽の師匠だった小坂盛雄氏に創作を依頼したのがきっかけであ

る。その後、「民俗芸能の教材化」の先駆的実践として全国的に注目されるようになり、多くの教育関係者や民舞教育研究者が現地を訪れるようになった。大森分校が閉校した後は、衣川小学校で引き継がれ、現在でも教育活動の一環として踊り継がれている。

踊りは大きく「鶏舞」（とりまい）と「荒くずし」に分けられる。「鶏舞」は長大な劇神楽（演義神楽）の「幕上げ」に踊られるもので、全部で8種の舞いで構成されている。旋回の多さ、足の「踏み込み」＝身体の「沈み込み」とそれに連動したふわっとした「跳ね」、扇や錫杖（しゃくじょう）をリズムよく流麗に回す点などが大きな特徴となっている。特に、「踏み込み＝沈み込み」と「跳ね」はこの踊りの中核部分であり、腰を中心とした独特の動きや「間」の習得が「みかぐら」の味わいと深く関わっている。

ここでポイントとなるのが上下の動きとなる「縦への意識」と大地との接点となっている「足裏の感覚」だと言われており、後者の習得が単なる運動か舞踊かの分かれ道となると指摘されている。この「足裏の感覚」を起点として「踏み込み＝沈み込み」や「跳ね」の感覚（「縦軸を意識する」感覚）をつかむこととなる。この心地よさを体得するかどうかが実践の大きなポイントとなる。

このように「みかぐら」の核となるテーマは「『地』との対話」とした。踏み込んだ足裏を伝って得られる大地のエネルギーを、舞いのエネルギー、浮き上がるエネルギーに変換していく。舞うための沈み込み、浮き上がるための踏み込み―この動きにこそ「みかぐら」の命がある。しかもそれは一瞬の「ため」を介しての変換である。この「ため」が何とも言えない味になる。単純にリズムを刻むのではなく、一瞬体内に動きを「ため」ることでエネルギーを「ため」る。一瞬出口を失った体内エネルギーは次の瞬間、上方に解放される。解き放たれたエネルギーは扇や錫杖などの「採り物」の動きと相まって、空間表現となって変換されていく。振りと振りの間に生まれるこの一瞬の「間」＝「ため」こそ、「みかぐら」の命なのだ。

この快感をぜひ統合後も子どもたちに伝えたい、この気持ちよさとかっこよさを子どもに感じ取らせたいと考えた。「私もあなたも同じ世界の住人」という感覚を静かに共有し合うことで、踊り自体が「共鳴」し合い、「共振」し始める。常に競争の世界に身を置く子どもたちにとって、隣人を「同じ世界の住人」として認知するのは容易ではない。だからこそ一瞬で消えていく表現の世界で「共振」するにはそれ相応の意味のある内容が必要なのだ。女子たちの心に響く「共振」の世界を創りたい。

「みかぐら」にはこの意味のある内容が豊富に含有されている。自己満足だけでは済まされない、「同じ世界の住人」感覚を共有するための動きが豊かに内包されている。「何となくみんなに合わせて踊れる」「勢いで誤魔化しながら踊れる」。そういう中途半端さを拒絶する厳しさがある。この『「地」との対話』を追究させることで、理屈抜きに「共振」できる世界、心がブルブルと震える世界に飛び込んでもらいたいと思ったのが、「みかぐら」を選んだ最大の理由である。統合校での新たな文化創造は、文化の共有体験から始まると考えた。

3　意識の差

「昨年の子どもたちのようにきっと素晴らしい舞いを披露してくれるだろう」「この踊りで両校の融合が図られるだろう」と期待したが、旧一中の子どもたちの反応ははじめ冷ややかなもので、「なんで踊らなきゃならないの？」「踊りに時間を取ったら合唱練習の時間がなくなる」「なんで体育の時

間にバスケとかバレーをやらずに『みかぐら』やるの？」という思いが先行していた。アンケートの結果からもそれが読み取れる（資料2）。はじめから意義を理解させるのは難しい。為すことで初めて理解することも多く、理屈や言葉では納得させられない。

　しかし、私たちは目の前の子どもから出発しなければならない。以下は3年女子4クラス46人の実践である。授業は1・2組合同、3・4組合同で行われ、それぞれのクラスにいる旧二中生がリーダー役となり、旧一中生が学んでいくというスタイルで進めた。踊りは、旧一中生は「鶏舞」を、旧二中生は旧一中生がある程度踊れるようになった段階から「荒くずし」を練習することとし、太鼓も歌もなるべく子どもたちにやらせることにした。ちなみに旧二中生は昨年の文化祭では「鶏舞」を、修学旅行と閉校式では「荒くずし」に取り組んでいた。

　また、昨年来、この「みかぐら」を共同で実践してきた久保健氏（日本体育大学）と清水頭より子氏（埼玉・元中学校教員）にも引き続き協力をいただいた。

資料2・「表現」に関するアンケートより　10月2日実施 旧一中生25人、旧二中生17人 計42人

質　問　内　容		旧一中生	旧二中生	合計
あなたは体育が好きですか？	はい	13	14	27
	いいえ	12	3	15
あなたは「表現」運動が好きですか？	はい	10	14	24
	いいえ	15	3	18
好きな理由	自分自身を表現できること	0	0	0
	仲間と一緒に表現すること	5	8	13
	踊る技法を身につけること	5	5	10
	観ている人を楽しませること	0	1	1
嫌いな理由	恥ずかしい	2	0	2
	つまらない	1	1	2
	からだが思うように動かない	9	2	11
	「表現」する意味がわからない	3	0	3
「みかぐら」の第一印象は？	かっこよくて早くやってみたい	6	6	12
	難しくて自分にはできそうもない	14	8	22
	全く興味がわかない	3	1	4
	その他	2	2	4
ひと通り踊ってみての感想は？〔複数回答〕	意外と楽しい	11		11
	やっぱり難しい	10		10
	もっともっと深めたい	5		5
	もうやりたくない	0		0
	その他	2		2

4　いよいよ2年目の「みかぐら」へ

　まず、はじめに旧二中生に「鶏舞」を踊ってもらい、その後に「渡り拍子」の練習から入った。「渡り拍子」とは踊りと踊りをつなぐ踊りで、隊形変換で移動する時に踊られるものである。この踊

りには以下のように「みかぐら」の核になる部分が含まれていると考えた。

①基本的な姿勢や動きの習得…姿勢、踏み込み、舞い上がり

②「ため」の習得…舞い上がるための一瞬の「間」

③「なんば動作」の習得…同側運動の体得

④採りものの扱い方や視線の学習…扇と錫杖の使い方の基本

　足の「踏み込み」＝「腰の沈み込み」をしっかり覚えることができ、「ため」感覚や「なんば動作」が覚えやすいというのが大きな利点である。また、扇回しや錫杖の使い方、視線などの基本を学びやすい。同一動作の繰り返しによる習熟の速さもある。授業のウォーミングアップとして毎回取り入れたのがこの踊りである。

　次は、「舞い納め」と言われる「8番」の踊りに入る。ここができれば1番の踊りはすぐに身につけられる。

　ここで問題になるのは通称「しまめぐり」と言われる部分であり、子どもたちは「一回転に半回転」と呟きながら踊る。バランス感覚と方向感覚が求められるところであり、「みかぐら」の中でも難関に位置づけられる。扇や錫杖とともに舞い上がりながらからだを右足で一回転させ、すぐさま左足に重心を乗せて半回転するもので、ほとんどの子どもはまずここでつまずく。たとえ動き方がわかってもバランスが崩れやすく、はじめはフラフラしてしまう。まずここが一つの「関所」なのだ。

　次はやはり切り返しの部分、「踏み込み」からフワッと舞い上がる部分の姿勢である。どうしても膝が割れなかったり、膝が曲げられない子どもが多く、最後まで目が離せない部分である。ここの気持ちよさがないと「みかぐらを習得した」とは言えない部分に相当する。女子はどうしても膝が割れにくい。既に生活から「絶滅」した動作と言ってもいい。ぬかるんだ泥田を歩くことも、重いものを持ち上げることも日常生活では皆無と言っていい。そういう意味では子どもたちは生活と労働が最も遠い距離に置かれた存在である。この動きの習得は最後まで何人かの課題として残る。

　次は、昨年あまり気づかなかった旋回中の舞いの「縦の動きへの意識」である。久保氏はこれを「水を入れた容器を縦に振りながらちゃぷちゃぷと音をさせるように」と説明していた。脊椎に含まれる脊髄液を縦に揺さぶり、それが「ちゃぷちゃぷ」と音を立てるように振るのだという。それまでおとなしく旋回していた子どもたちも少しずつ上下への振りの意識、縦への意識を身につけていく。どうしても横に振り回されがちな旋回が少しずつ縦運動に変化していく。さて、ひと通り「8番」が終わったところで「1番」へ進む。「1番」は「8番」と兄弟関係のような踊りなので習得は比較的速い。しかし、ここでも扇や錫杖の振りとともに、からだの縦への動きが要求される。

```
【練習の順序】
渡り拍子【基本の習得】

舞い納め【8番】
⇩
1番【8番と似た踊り】
⇩
2番【静かな踊り】
⇩
3番【四隅取り】
⇩
4番【大きく舞う踊り】
⇩
まとめ
```

　また、ここで初めて相手と対面して踊るために、相手の動きが視野に入ってくることになる。最初はどうしても相手の動きが自分の中に入ってくるため、それが心地よくなるまでには少し時間が必要

だ。「荒くずし」もそうだが、相手が視野に入ってくると微妙に「共振」が始まる。最初は恐る恐るだが、目と目が合うこともあるし、相手の動きに合わせようという心理も働いて徐々に心を通い合わせていく。

その次は「2番」の学習に入る。ここからは今まで学習したこととは別の動きに入るため、それぞれ特徴的な踊りになっていく。「2番」はリズムが小刻みに刻まれる「静」の踊りと言える。リズムが変化していくのだが、「2番」の終わり（しゃがんだ状態）から立ち上がって一気に「渡り拍子」に移行するところを子どもたちは気に入っている。その姿はいかにも鶏が地面から舞い立つ姿を表現している。

この「四隅取り」を気に入っている子どもたちはふわっと沈み、ふわっと舞い上がるところが好きなのだ。リズムが取りづらく、ふわり感を出すのはかなり難しいが、この「四隅取り」の好きな子どもは意外と多い。

続く「4番」も人気が高い。「3番」までは抑え気味に踊ることが多く、自重しながら踊っていたのに対し、「4番」は一気に大空に舞い上がるような振りになっている。舞いながら前後に移動し、扇と錫杖を大きく振り上げる。この解放感・開放感に魅了される子どもたちも多い。

このように「みかぐら」の基本となる「踏み込み＝沈み込み」とそこからの「跳ね＝舞い上がり」の学習を基本としながら、「間」をとらせたり、それぞれの特徴をつかみながら学習を進めていった。「思ったよりも難しい」「思うようにからだが動かない」と嘆きつつも、「意外と楽しい」という子どもが少しずつ増えてくる。

資料3　体育における指導計画（15時間扱い）※他に「総合的な学習の時間」を利用（10時間）

時	学習テーマ	学習内容
1	オリエンテーション	「みかぐら」の歴史とビデオ鑑賞。
2	基本の動き①	「渡り拍子」を中心に基本的な姿勢や重心の移動、ナンバと足裏の感覚をつかむ。
3	基本の動き②	
4	8番・舞い納めの学習①	最後の演目の8番・舞い納めを通して、旋回や沈み込み、跳ねを学ぶ。
5	8番・舞い納めの学習②	
6	1番の1の学習①	8番と類似した動きから、1番の独自の動きの部分を中心に学習する。
7	1番の2の学習②	
8	2番の学習①	「入り」の学習から「渡り拍子」「2番」へ。隊形変換の仕方を学ぶ。
9	2番の学習②	
10	3番の学習①	通称「四隅取り」と呼ばれる独特の動きを学ぶ。深い沈み込みと足さばきを学ぶ。
11	3番の学習②	
12	4番の学習①	鶏が羽ばたくような大きな振り、ナンバの動き、足の運び方などを学ぶ。
13	4番の学習②	
14	通しの学習・発表会①	全体の通し練習とまとめの発表会。互いの演技を見合い、評価し合う。
15	通しの学習・発表会②	
16	まとめ	発表会のビデオ鑑賞。レポートを作成。

5　「早池峰の賦」を観る

しかし、そうは言っても決して全員が「みかぐら」に魅了されていたわけではない。疑心暗鬼と自

信のなさが踊りに現れている子どもも何人かいた。

そんな時、久保氏から一本のＤＶＤをいただいた。題名は「早池峰の賦」。映画監督の羽田澄子氏が昭和54年から撮影した早池峰神楽を追った３時間あまりのドキュメンタリー映画で、岳（たけ）と大償（おおつぐない）という二つの集落に伝わる山伏神楽を追いかけたものである。雪の中、権現様を荷い門打ちに出かける姿、薄暗い土間で披露される権現舞に手を合わせる人々、厳しい自然の中でタバコ栽培を生業とする人々の生活が丹念に描かれている。岳と大償の人々は神楽を踊ることで、生活の糧の一部を得ていたのだ。この山伏神楽が里を巡る「回り神楽」が農民の間に伝わり、踊り継がれてきたのが「みかぐら」である。

私はこれを見た時、強い衝撃を受けた。私が最も印象的だったのはタバコの葉の等級付けのシーンである。カメラはその年に取れたタバコの葉が収穫される場面から乾燥、伸しへと続き、最後は各家のタバコがどんな等級になるかを、固唾を飲んで見守るシーンへと映し出す。ある一家のタバコが「優等」に選ばれると、それを見守る人々の間に歓声が上がる。

しかし、等級付けが終わって農民たちがバスで帰るシーンで次のようなナレーションが入る。「今年の最高は65万円、最低が11万円」。思わず「えっ？」となってしまった。「あれだけ苦労して育てたタバコがたったの11万円？」。まさかと思った。監督の羽田澄子が書いた文章の中に「タバコが終われば収入はない」というのがあった。つまり、耕地の狭い山奥で現金収入になるものはそれ以外にないのだ。今から35年前の映像とは言え、これで生活できたのだろうか。子どもの手も借り、ほぼ10ヶ月を費やして一家総出で得た収入が11万円、１ヶ月あたり9,000円の収入とはどういうことか。

私はこの映画を子どもたちに見せたいと思った。ひと口に「厳しい生活」と言ってもなかなか実感が湧かない。踊りの時間を削ってでもぜひ見せる価値はあると思い、放課後の時間を使って見せることにした。

　　…ただ楽しんで踊っていたときにあの映画を見せられ、何とも言いようのない気持ちになりました。この舞で生活の一部を養っていたなんて、想像したこともありませんでした。踊る人に向かって拝む人の映像を観たときは、私が今まで考えていたのとまた違うみかぐらに出会えた気がしました。私は文化祭が終わっても、中学校を卒業しても、みかぐらと付き合っていたいと今、本当に思っています。（Ａ）

案の定、子どもたちの表情は変わった。中には「このままだと受け継いできた人達に失礼だと思うし、これから踊る人が『変な踊り』と思ったら終わりだと思うのでしっかり踊りたい」というのもあり、かなり心に響いていた様子がうかがえる。

6　文化祭を終えて－生活課題の自覚化

文化祭当日は、これまでにない素晴らしい踊りを披露してくれた。以下、子どもの作文を通して、文化と生活の接点で起きた子どもの変化を追ってみたい。

1）「いい子」の生きづらさ－Ｂの悩み

　私はみかぐらの「自分自身をありのままに表現できる」というところが好きです。中学校生活を始めたばかりのころは環境になじめず、本当の自分を出せていなかったと思います。しかし、みかぐらを踊りこんでいくうちに、自分を表現することが楽しくなり、私生活でも素の自分を出すことへの抵抗がなくなっていきました。おかげで少しずつでしたが友人にありのまま接することができるようになりました。自分を隠していたときの息苦しさもなくなり、「そんなキャラだったっけ」と言われることも多くなりました…今がとても楽しいです。…私は鶏舞よりも荒くずしの方が好きです。…一つの円になってみんなで踊るのは心がつながっているように感じました。…私は円の一つ一つが社会を表しているように思えました。個性はいろいろあるけど、いつも誰かとつながっている感じでした。今回踊ってみてすごく楽しかったです。夢中で踊りました。…みかぐらをやっていなかったら知ることのなかった感情、自分を表現する楽しさ、何かに熱中できるすばらしさに気がつかなかったかもしれません。…みかぐらは私を変えるチャンスをくれました。みかぐらに出会えて本当によかったです。

　周囲から「おとなしい優等生」と思われていたB。彼女の悩みは一旦できあがってしまった自分の「いい子」キャラを覆せないでいることだった。1年の頃から一段高いところから学級を俯瞰する力があった。女子がグループを形成する中で一人孤高を保ち、どのグループの言い分も聞く度量の広さ、信頼の厚さがあった。

　しかし、それが彼女には息苦しかった。本当の自分を隠したまま中学卒業を迎えることに嫌悪感を覚え、「高校でリスタートかなあ。高校でリベンジしよう」と思っていたという。本当に言いたいことは抑えてきたが、「みかぐらに出会って自己主張できるようになり、自分を出せるようになった」という。あまり目立つ方ではないが、しっかりとした足取りに私は早くから注目していた。それも「相手の表情が見やすい」という理由から、「鶏舞」よりも「荒くずし」の方がつながりを感じるという。

　また、踊っている時の心境を冷静に分析して「踊りの序盤はいろいろと考えてしまうけど、中盤から無心になって、最後の舞い納めでは『楽しい』って感じになる」という。そして、「自分にはみかぐらが合っている」と静かに語ってくれた。

　個性が混じり合いながらもどこかでつながる世界−「鶏舞」よりも「荒くずし」の方がそれを感じるというのは鋭い指摘だ。スポーツの苦手なBのような子どもにとってはそれが敏感に感じられるのかもしれない。

２）みかぐらは私たちと似てる−解放されたCとD

　私がみかぐらを踊ってみて思った事は、皆が言っているとおり自分らしく踊ることができるという事です。私は普通の皆と合わせて踊るダンスとかではなくてよかったと心から思います。やっぱりみかぐらは皆が皆同じくらいそろっているより自分らしく踊るのがかっこいいと思いました。私にとって自分らしく踊るという事は、思いをそのままみかぐらにぶつけて踊ることができるし、自分らしく個性を出して踊ることができるのでストレス発散？とは言わないけど、踊っていてすごく気持ちよかったです。私の周りでは結構ダンスとかでも動きが小さかったりして、逆に大げさに踊るとかっこわるいというイメージを持っていて動きが小さい人が結構います。自分がもっと踊りたくても、逆に浮きそうで周りに合わせている自分がいました。でもみかぐらと出会ってそんなふうに思う気持ちがなくなりました。みかぐらを踊っている時は、そんな気持ちは全然気にすることがないのですごく楽しく踊ることができました。

普段は明るいＣが周囲に気遣っている様子がわかる。「みかぐらに出会う前は自分を出せなかった。周りに遠慮していた」というのはＢと全く同じだ。「みかぐらを踊っているときは『揃えよう』とか『揃ってる』とは思わない。それよりも自分の踊りをきれいに踊りたい」という。「基本は一緒だし、型は気にするけど、あとは自分らしく踊ろうと思ってます。例えば『荒くずし』の扇を前に出す所とか…」と言って身振り手振りで教えてくれた。「みかぐららしいところってどこ？」との問いに「足出しから沈んで浮き上がるところ」としっかりと面白い部分をつかんでいる。

同じようなことはＤも綴っている。

> 先生たちが１対１でていねいに教えてくれたり、困っている私を見かけた友だちがアドバイスをくれたりして、徐々に徐々に踊れるようになってきました。しかし、この踊りは本当の踊りではありません。これはただ踊っているだけ。本当はからだが地をしっかり踏み込んで、その踏み込んだ力で回ったり、ふわっと跳んだりして、からだと地が一緒になること、一つ一つの踊りにちゃんと意味が込められていることを考えて、その気持ちになって踊ることが本当の踊りなのです。この踊りを身につけるのが最も難しかったです。…今まで話せなかった人ともみかぐらを通じて話すようになり、自分の姿をさらけ出すこともできました。…久保先生が言ったみかぐらの意味を思い出して、みかぐらは私たちと似てるなと思いました。

中学生の女子の問題は端的に言えば、「素の自分を出すことに異常に気を遣う」ということ、もっと言えば異質なものに異常に神経を尖らせているということである。暗黙のうちに限りなく同質な世界の共有を求められている。「自己中じゃない？」「ウザくない？」「目立ち過ぎじゃない？」と言われないように神経を使う。ありのままの自分を出すことは様々な危険を伴うのだ。周囲から浮き立つことを極度に恐れ、そういう状況をつくらないように生活しているのだ。自分の言動が仲間内に波紋を広げないように、自己規制と萎縮の世界に身を置かざるを得ないのだ。

だから「みかぐら」のように「素の自分を出す」世界の体験は彼女たちを一気に変える。被災して「生きづらさ」を抱えている子どもたちが堂々と自分を表現し、ありのままの自分を認められる世界を体験することは、そのまま他者や集団への理解に転移していく。「みかぐらは私たちと似てるな」という感想は、まさしくこのことを表している。

３）全てみかぐらにつながる－Ｅの告白

子どもたちに「みかぐら」を語らせるとなぜか自分の生活を綴り始める。自分を見つめ、生活を見つめるのだ。次の作文は「みかぐら」で生活が一変したＥのものである。

> 私は二中で初めてみかぐらをやった時、今ほどの実力はありませんでした。…しかし、今では清水頭先生やその他の先生、友達にほめられるまで成長できました。私がこのように成長できたのには訳があったと思います。私はどちらかというと二中の皆とはあまり親しくなく、小学と中学の２年間、友達とわいわい騒いだりした経験が少なかったと思います。しかし、一中と二中の統合で"真の仲間""友達"と呼べる人達ができました。こんなに楽しい学校生活は初めてでした。学校生活が楽しくなるにつれて、私のおどりは良い方向に成長していったと思います。無意識の内に、楽しいと思い始めた時とみかぐらの上達した時が重なったのです。前までは「何で皆とおどらなければいけないの？」「グループからはずれている自分を見られたくない」など不安やうまく話せる同級生も少ない中、どんどんみかぐらへのやる気はなくなっていきました。また、女子のグループ化により、学年の女子全体がバラバラの状態でした。しかし、統合のおかげで楽しさ、

> 感動を心から味わうことができ、それがみかぐらにつながり、今の私のみかぐらがあるのだと思いました。この間、清水頭先生に「前は顔が白くて静かな感じだったけど、今はいきいきしているね」と言われました。私は思いきって返事をしました。…私にとっては学校生活の楽しさとみかぐらをイコール（＝）で結べるような大事な関係だと思います。…色々なことがあったけどそれは全てみかぐらにつながり、私にとってのみかぐらは奥が深いんだと何故か誇りに思うのです。…何か落ち込んでいても、「明日みかぐらがあるからいっか」とみかぐらがあるだけで、このひと言で何もかも片付けてしまいます。

　統合を機に友だち関係が広がったことがＥに幸いした。その際、新しい仲間と結びつく契機は明らかに「みかぐら」だった。「学校生活の楽しさ＝みかぐら」と言えるというのは、明らかに文化を仲立ちに結びついた関係、文化の奥深さに触れながら結びついた関係に他ならない。

　同時に、Ｅは以前の自分を真正面から振り返っている。「友達とわいわい騒いだりした経験が少なかった」「グループからはずれている自分を見られたくない」という告白は、Ｅの生活と性格に暗い影を落としてきたことを物語る。「みかぐら」という文化を「誇りに思う」文化まで高めることで、自分が抱えてきた生活課題を明確に自覚するようになった。生活が「全てみかぐらにつながり」ながら回り出し、その先に今の自分、生活課題を克服しつつある自分を見出している。

４）生活課題が教材を求め、教材が生活課題をあぶり出す

　私は子どもの生活の必要から「みかぐら」を教材に選んだ。Ｅが述べているように女子がバラバラになりかけている生活を目の当たりにし、私はバスケットやバレーボールではなく、「みかぐら」という教材を選択した。スポーツのもつ「競争性」よりも、「表現」の世界がもつ「共（協）同性」を学び取る方が、彼女たちの生活に切り込めるのではないかと考えた。生活課題が教材を求め、導いた。

　しかし、結果的には「みかぐら」を学ぶことによって、これまでの子どもの生活課題がより顕在化したと言える。教材が生活をあぶり出したのだ。自分を出せなかったＢやＡたち、人間関係の固定が生活に暗い影を落としていたＥ。彼女たちは皆、自覚するとしないとに関わらず、心に小さな闇を抱えながら心身共に不自由な生活を送ってきた。そんな彼女たちが「みかぐら」の楽しさに触れながら、自己解放を果たした。

　本実践は「みかぐら」を鏡としながら彼女らの生活そのものを映し出したのではないか。言いたくても言えなかったこと、見えていて見えていないように振る舞ってきたこと、そして生活の激変の中でひた隠しに隠してきたもの…。子どもたちの作文にはそれらが「みかぐら」を鏡としてしっかりと映し出された。教材が生活をあぶり出したのだ。

　無自覚の自覚化、無意識の顕在化、本音の吐露、建前の払拭…問題の自覚は新しい生活の出発点である。不自由さの自覚は自由への憧れ（志向）の自覚でもある。

　このように子どもたちは一方では「みかぐら」という文化のもつ奥深さを見出しながら、もう一方では生活上の悩みの根源を浮き彫りにしたと言える。

７　被災地で果たす体育の役割

　被災地での教育は子どもの「生きづらさ」と真正面から向き合わなければならない。だから子ども

の中に希望を見出させることが一つの大事な役割となる。

　しかし、「楽しい」「面白い」体育だけでは問題は解決せず、また、「うまくなる」「できるようになる」だけでも「生きづらさ」を克服することはできない。体育の「楽しい」世界は現実世界の前に容易に屈するからである。

　問題は「楽しさ」の質であり、生活上の問題の自覚化である。新しい生活への意欲は文化的な「楽しさ」のあくなき追究過程で醸成されるものであり、生活課題の自覚化は問題解決の第一歩である。被災地の子どもたちの力が発揮されるかどうか、今後も見守っていきたい。

（1）これらの一連の実践の詳細については、「体育科教育」2013 年 6 月号から 9 月号までの「特別連載 − 被災地の子どもに向き合う体育実践 − 」を参照。

（2）進藤貴美子「日本の子どもに日本の踊りを！− 『民俗舞踊』先人の知恵と技の世界」「体育科教育」2012 年 2 月号。

14 「つなぐ」「つなげる」「つながる」－2013

〔岩手県山田町 小学校〕

浅倉　修

　山田町は、陸中海岸国立公園のほぼ中央にあり、北に宮古市、南に大槌町・釜石市に隣接している。本校の学区は町の北側にあり、山田湾に注ぐ関口川沿いに集落が点在し、海岸沿いの国道45号線付近に戸数が多い。しかし、2011.3.11の震災・津波により、海側の学区はほぼ壊滅状態となった。

　学校には、校庭と校舎の境となる土手まで津波が押し寄せ、校庭はがれきに覆われることになったが、校舎は被災をまぬがれ避難所となった。4月後半2012年度の学校再開。1学期間、体育館が避難所となった。校庭は秋に整備が完了し、2学期以降不自由なく使用できた。

　学区周辺には約10か所の仮設住宅が建ち、震災前には閑散としていた狭い道路の交通量が増し、子どもの登下校に不安を感じている。家族、家屋に直接被害を受けた児童も少なくない。現在は全校の約3分の1の児童が仮設住宅に入居している。

2013年度の山田北小学校

全校児童数　66人　8学級（普通学級6、特別支援2）

教職員17人　校長1、副校長1、教諭7、事務職員1、養護教諭1、校務員1、
　　　　　　常勤講師3、非常勤講師1（初任研補充）、町採用支援員1

1　2012年度実践

1）「つなぐ」－地域と学校をつなぐ

①復活行事…「鼓笛パレード」

　鼓笛パレードは、震災前、山田の町の中心街を山田南小と一緒に行っていたのだが、中心街は無くなり、山田北小単独で行うことになった。中心街とは反対方向の田畑の広がる農村部に行進していったのだが、道から離れた家から、仮設住宅から、道路わきに出てくれて、笑顔で拍手している地域の方々を見たとき、この活動は、学校と地域を『つなぐ』ものとして、今の山田北小学区に必要なものだと感じた。

②新規行事…まごころ銀行スペシャル

　本校学区の仮設住宅は、開設される度、町民が抽選で入居してきたらしい。したがって入居者は本校学区の方々だけではない。交流会開催の案内に行ったとき、「家はここの学区の人じゃないから」と遠慮されたこともあった。

　第1回目2012年6月は、花植え活動とゴミ拾いを行った。第2回目は10月、学校農園のかぼちゃを使ってクッキーを作りプレゼントし、ゲーム交流会を行った。第3回目は2月、「まごころフェスティバル」という名称で仮設住宅の方々、保護者・地域の方々、お世話になった関係機関の方々を学

校に招待した。内容は、「感謝」をキーワードに、従来の「6年生を送る会」「鼓笛移杖式」「感謝の会」を統合したもの。従来は、2月にこれらの行事が毎週設定され、超多忙であった。多忙の解消に前からいた先生方も賛同。

2）「つなげる」－沿岸被災地と内陸部をつなげる

『山田町と山田北小をお知らせします』スライド教材

山田町に赴任した4月から、時折、町の様子を写真に収めてきた。それを素材に、山田の町の様子をスライド教材として作成した。県内外いくつかの学校で利用していただいている。

子どもが被災地について学ぶ形の一つとして、一枚の写真を見て町や学校の様子を想像し、そこで暮らす人たちの思いを考えたり、疑問や気づきを話し合ったりすることから始めるというパターンがあってもいいと思う。

3）「つながる」－同僚とつながる「一緒に時を過ごして」

山田で暮らす単身赴任者3人。校長3年目（被災体験）、Aさん、私。4月から、3人で、週1ペースで飲み会をしている。しだいに男の先生（6年目被災体験）や講師の先生が加わり、宮古会場の時は、参加者数が8〜9人の拡大分会交流会になっている。回を重ねるごとに、「あの時」の話を自然に語ってくれるようになった。まだまだ、細いつながりかもしれないし、震災当事者の「大変さ」には決して到達することはないが、グランドキャニオン対岸の先生の顔が見えてきたような感じがする。

飲み会のほかに、「スポーツを楽しむ会」「麻雀の会」「カラオケP」「ゲリラライブ」「私をスキーに連れて行って」等も。

6年在籍し、辛い震災体験をした先生。「とても元気が出た、楽しい一年だった」と話し県南部へ転勤（2013の夏は、転勤した仲間と温泉につかり夜長ゆっくりと語り合う会を開いた）。

2　2013年度実践（10月まで）

1）「つなぐ」－学校経営重点と復興教育をつなぐ

2012年度末、2013年度は復興教育を前面に出す学校教育の展開を図ろうとする校長方針が出され、学校経営重点を「復興重点」と「学校課題」として計6項目が掲げられた。その具現化をねらって各領域や年間の諸活動での位置づけを「学校経営重点マトリックス」として示した。

本校の復興教育の基軸は、次の3点。

○子どもどうし、子どもと教職員がしっかりつながり、安心してくらせる「学級づくり」。

○地域で子どもがつながる力を高めるために、異年齢集団（縦割り班）での活動重視。

○復興さなか、今の地域を知り、地域の方の生きる有様から学ぶ地域学習。

しかし、震災前の「多忙が普通の学校」に戻そうとする波（「○○教育」何でも重要、調査に名を借りたテスト、□□研修会一律参加）、それを防波できない学校体制もあり、疲弊した1学期であった。重点目標の項目が多すぎて、何でも頑張らないといけない状況が首を絞める。普通の学校が掲げる「学力向上」「健康教育」等の上に、さらに復興関連の目標があり、いざ始まると軽重が付けられ

ずにどれもこれもエネルギーを費やす。もっと思い切った取捨選択が必要であった。

2）「つなげる」

①地域をつなげる

　2012年度は仮設住宅との交流を通し、仮設住宅に入居している本来は本校学区では無い方々と学校をつなげ、仮設の方々の笑顔を見ることができた。また、仮設住宅の懇親会に教職員が招かれ、つながりを持つことができた。「子どもは地域の宝」と考えて、学校とともに子どもの育ちを支援してくれる方々がいる。

　2013年度は、従来の地区（津波被災を受けなかった学校より山側の地区は従来の地区組織が存在する）の方々と仮設住宅の方々をつなげる活動を企画したいと考えている。また、仮設住宅は常に変動を伴う。「家を新築し退去」「仕事を始めた」等、前年とは異なる状況は当たり前。仮設住宅どうしがつながるきっかけを学校が担い、元気と希望を持って過ごしてほしい。

②内陸部と被災地をつなげる

　今年度版スライド教材「山田をお知らせします－2013」を作成した。8月末、二戸支部の学習会で発表し、沿岸被災地の状況を少しばかり伝えることができた。内陸部学校の被災地校への支援・交流的活動がイベント的であるほど、被災地校では「迷惑感」が募る。被災地について学ぶ機会は交流活動以外にもたくさんある。「予算があるから」「復興教育モデル校だから」にしばられた活動実績を残すための活動は、どちらにとっても不幸だと思う。

3）「つながる」－人とつながり→3・11をつなげる

　2013年度人事異動により、3・11を学校で体験した教員4人が転勤。新任の校長は隣の市の小学校で3・11体験をしたが、他の4人は未体験である（今年度職員で3・11津波体験をした職員は4人）。次年度人事異動で、3・11津波体験をした教員が学校からいなくなる可能性がある。

　あの時どんなことが起こり、その後どんな思いをして学校を開き、どんなふうに子どもとつながり、教職員集団のつながり、地域とのつながりがあって今に至っているかを残すことが必要である。今後、「被災地の学校」としての学校づくりをするためにも、2012年度着任組はそのつなぎ役を果たしていきたい。

①新任者と

　本年度これまでに、分会主催で行ったイベント（職場全員に声かけ）。

　4月…分会昼食会

　5月…運動会練習ガンバロウ会　運動会打ち上げ会

　8月…温泉でリフレッシュする会　講師Bさん送別会

　9月…教育実習生・採用試験・センター初任研おつかれ会

　10月…採用試験2次発表の会

　上記以外にも、個人宅で度々夕食会を開催。集まるたびに、子どもや学校の現状、震災当時の子どもや学校のこと、今後の学校の方向性・大事にしたいことについて語り合っている。

②地域の方と

　地域の方と語ることで、3・11当時の体験、思い、これからの町のこと、子どもたちへの希望などを知ることができる。地域での学びをつくる上で、地域の声を聴くことは不可欠な実践であると考える。

　　6月…「おやじの会」の皆さんと飲み会

　　8月…「おやじの会・ＰＴＡ」盆踊り会・打ち上げ

　　　　　校内研修会…新生やまだ商工会代表：Ｋ氏。夜飲み会

　　10月…役場の方（復興支援職員や青年職員）と飲み会

　　12月…仮設住宅忘年会に招待

③日教組ボランティアで来校した先生方と

　　8月…佐賀県からボランティアできた3人の先生方、山田の被災状況を案内

　　9月…佐賀県の中学校の3学年集会に電話で「山田のりと思うこと」を生で提供

3　これから－2014年に向けて

　先日、地域の方が「早く、子どもたちを山田の海で遊ばせないと、将来、山田にもどって来なくなる」と言ったことが心に残っている。今年も山田では海開きがなかった（海開きをできるようにすることは、更衣室やトイレ、監視体制など行政としての条件整備が必要だとのこと）。今の子どもたちは、震災後の少年時代を「がれきにおおわれた」「復興のための工事中」の山田で過ごすことになるのだろう。この地域の方の言葉をきっかけに、「将来、山田でくらす人」、諸事情で戻って来られなくても「山田とつながりを持とうとする人」のために、今、学校ができることは何かを考えるようになった。

1）「海に関するアンケート」の実施　9月

　今、子どもたちは「海」についてどんな思いを抱いているのかを調べた（資料）。

　今年、海に行った子どもは約30％。しかし、海に行きたいと思っている子は約50％いる。行きたくないと思っている子どもの理由には、「津波が来た海」「がれきや人の死体があるかも」といった震災の影響によるマイナスイメージが多い。

　しかし、海についての学習は90％の子がやりたいと回答した。中でも「海の生き物について学習する」や「海の絵をかく」ことについての要望が多い。

　「将来どこでくらしたいか」という問いで、「山田の町」と答えた子は38％程度。津波を意識して海から離れた所と答えている子もいる。

2）「海」と「子ども」をつなげる

　このアンケート結果をもとに、今考えていることがある。それは、次年度の教育課程に「全校で、海が見える高台に行き、海の絵をかく」活動を取り入れるということ。山田湾のきれいな風景を子どもたちの目に残し、津波災害をもたらした海ではあるが、産物と美を与えてくれるふるさとの自然に

ふれさせたい。海に関する学習への子どもたちの意識は高い。仲間とともに行う学習は、個の海への恐怖を軽減し、海に近づく勇気をあたえてくれるのだと思う。「海」に対して抱えている子どもの不安に配慮しながら、総合学習や生活科で海に向かう学習活動の展開を今以上に進めていきたい。そして、町の復興に尽力している大人の姿や思いにふれさせていきたい。

おわりにー「サケの稚魚が、故郷の川にもどる」

「学力向上」「キャリア教育」「体力の向上」「言語活動の充実」、行政から降りてくるたくさんの教育施策は、子どもの成長のためには必要なことだろう。しかし、そればかりでは、山田の子どもたちが「山田に戻ってくる思い」にはつながりにくい気がする。特に点数学力に追い立てられ競争社会に勝ち残る生き方は、「山田に戻る」という気持ちとは乖離している。今ある山田の「文化」「自然」「人」に関わりながら、「景色」「空気やにおい」「音」「味」「気持ち」「ぬくもり」等を感じさせることが、故郷にもどる要素になるのだと思う。

「山田北小は、かつてはスポーツ行事で町一番だった。今は、学力も運動もパッとしない。何か町一番になることはないのか」という地域の方の声が耳に入った。わたしは、10年後20年後の将来、「山田で頑張っている人は、山田北小出身が多いな」という地域の声を聞きたいと思う。

山田北小　学校づくりエリア　年度推移構想

2011 年度
学校機能の回復

2012 年度
地域（内陸）とのつながり

2013 年度
地域（内陸）とのつながり
＋海への模索

2014 年度
海へ

地理院地図（電子国土 web）を加工して作成

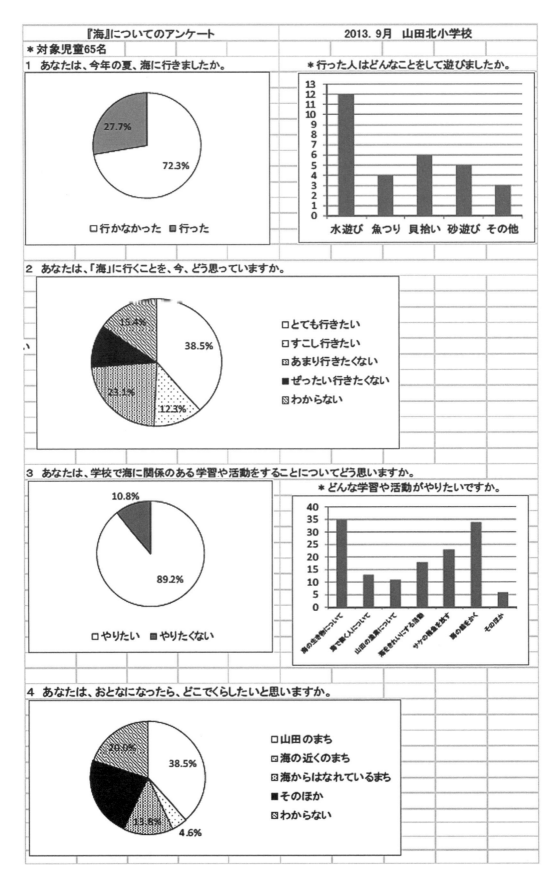

『海』についてのアンケート　　　　　2013. 9月　山田北小学校

＊対象児童65名

1　あなたは、今年の夏、海に行きましたか。

27.7%　72.3%

□行かなかった　■行った

＊行った人はどんなことをして遊びましたか。

水遊び　魚つり　貝拾い　砂遊び　その他

2　あなたは、「海」に行くことを、今、どう思っていますか。

15.4%　38.5%　23.1%　12.3%

□とても行きたい
□すこし行きたい
⊠あまり行きたくない
■ぜったい行きたくない
⊠わからない

3　あなたは、学校で海に関係のある学習や活動をすることについてどう思いますか。

10.8%　89.2%

□やりたい　■やりたくない

＊どんな学習や活動がやりたいですか。

海の生き物について　夏で楽しい人について　山田の漁具について　海をきれいにする活動　サケの観食をおす　夏の観をかく　そのほか

4　あなたは、おとなになったら、どこでくらしたいと思いますか。

20.0%　38.5%　4.6%

□山田のまち
⊡海の近くのまち
⊠海からはなれているまち
■そのほか
⊠わからない

★「海」にいくことをどう思っているかの理由

○行きたい					●行きたくない				
生き物をつかまえたい					3月11日に震災がきたし危ないから				
一回しかいったことがないから					遊びたいけどこわい				
行ったことがないから					危ないものがあったらいやだ				
いろいろな魚や貝を見るのが楽しい					洗わなきゃいけないから				
海がきれいだし生き物がかわいいから					行きたいけど海にがれきがあるし大震災で亡くなった人も				
海で思いっきり遊びたい					行きたい時もあればいきたくないこともある				
海でビーチバレーや宝探しをしたい					海が汚れているから				
海は広いから気持ちがいい					海の中が不安				
大物をつりたい					おぼれたり魚に刺されたりかまれたりするのがいや				
泳ぎたいから					泳ぎたいけど津波がいや				
貝拾いをしたい					カニがいていやだ。海はきれい				
プールみたいに気持ちいいしあまり行ってないから					カニとかこわい				
がれきがありそうだけど久しぶりに海の近くで遊びたい					かべがないからあまり行きたくない				
今年泳いで楽しかった。友だちができた					ガラクタがまだあるかもしれない				
魚釣りがしたい					ガラスとかいろいろなものがある汚い海に入りたくない				
魚釣りしたいから					ガラスなどがあって危ない				
震災の後一度も行ってないから					クラゲがいっぱいいるから				
すずしい					震災が来たから行きたくない気持ちもある				
楽しい					震災のことをあまり思い出したくない				
楽しかったから					心配だから				
津波が来てから1回も行ってないから					津波があったから				
津波が来る前みたいに泳いだりしたい					津波が来た海だし人が埋まっていたりしたから				
冷たいし気持ちがいいから					津波が来たら逃げるのに時間がかかる				
つりがしたい					津波が来るかもしれない。それ以外はOK				
つりや泳ぎができる					津波が怖い				
バーベキューをしたいから行きたい気持ちもある					津波で流された人が海にいるから				
水遊びや貝拾いが楽しい					つりをしたいけど津波が来た海だから				
宮古の海は白旗になっていた					流される				
もぐりたい					波を見ているだけでぞっとする				
					人の死体とかがれきがあるから				
					1人はあまり楽しくない				
					深い所だとおぼれる				
					船酔いする				
					また津波が来るかもしれない				
					水がしょっぱいし匂いが強い				
★「海」に関する学習の「そのほか」					★「海」に関する学習をやりたくない理由				
貝を集めて協力して何か作る					海がよごれたりしている				
魚釣りの学習					海に飲み込まれて命を失いたくない				
魚を飼う					海はもとからきらい				
魚をさわる					津波があったから海の勉強をしたくない				
世界の海の学習					津波が怖い				

★おとなになったらくらしたいところ「そのほか」							
海がきれいな町			仙台など				
海から少し離れた町			東京				
大阪			東京				
沖縄			東京				
キャットの近く			栃木県				
九州			友だちがいるところ				
自然がいっぱいあるところ			友だちの近く				
関口			山田でも山に近い所				

15　震災後の体育祭
ーオープニングダンスに取り組んだ3年間の想い

〔岩手県野田村 中学校〕

外島　明子

　岩手県九戸郡野田村は岩手県の北部沿岸に位置する。2011年3月11日の東日本大震災では、津波の被害を受け、200世帯以上の家屋が被災し、野田中学校の生徒147人のうち46人が家屋全壊、半壊、浸水などの被害を受けた。幸い野田中学校の生徒と生徒の保護者は全員無事であったが、祖父母、親戚を亡くした生徒がいた。卒業式は遅れながらも3月中に行われ、4月から例年通りの日程で入学式も行われた（資料 震災時の様子）。

　武道場は避難所になり、校庭は仮設住宅の工事が入り使用できず、5月に行われる体育祭をどうするかが課題であった。避難所から通う生徒、野田村以外から通う生徒もいるため、体育祭を縮小しての半日開催を決定した。

　3年生にとって、「最後の体育祭を思い出に残るものにしたい」、「体育祭を通して、野田村に元気を与えたい」という想いで、体育祭で3年生のダンスを発表したいと職員会議に提案し、体育祭の開会式前のセレモニーとしてダンスをすることを決定した。

　2011年5月、3年生女子で始めた仮設校庭での体育祭のオープニングダンス、そして、2012年、2013年と続けたオープニングダンスの3年間の取り組みを紹介する。

1　震災後の体育祭でダンスに取り組んだ3年間の実践
1）1年目「We Wish For NODA」～野田村の未来は私たちが築きます～

　仮設校庭での半日開催の体育祭となったが、「3年生にとって楽しい体育祭にしたい」、そして、「野田村のみなさんに元気を与えたい」という想いで始めた体育祭のオープニングダンスだった。

ダンスを完成させるまでの指導と生徒の様子（女子　A組7人　B組7人　計14人）
・3月に何人かの生徒にダンスをしてみないかと相談し、4月に体育祭でダンスを発表することを生徒に発表した。しかし、今まで体育祭でやっていなかったことから、生徒は乗り気ではなく反発もあった。
・なんとか生徒を説得し取り組むことになったが、初めての取り組みでうまく進まなかった。しかし、私自身「やるしかない！」という想いで苦しみながらも頑張らせた。
・ダンスの曲は、3学期にダンスで取り組んだEXILEの「I Wish For You」を選んだ。「A組が曲の1番 B組が曲の2番を考える」ということで取り組ませた。組ごとのちょっとした溝があったり、アイディアがでず、暗い雰囲気になったりし「取り組まないほうが良かったか」と思ったが、「やるしかない！」と頑張った。そして、当日までになんとか完成させることができた。

161

野田村の皆さんへのメッセージをつたえるための垂れ幕

・ダンスの最後に、野田村の皆さんにメッセージを送りたいと思いメッセージの垂れ幕を作成した。垂れ幕には、曲のタイトルを野田バージョンにし、「We Wish For NODA〜 野田村の未来は私たちが築きます〜」とメッセージを書いた。忙しい生徒に、思いつきの垂れ幕の作成は頼めないので、私が下書きをして、時間を見つけて生徒に色塗りをしてもらった。

・「We Wish For NODA」のメッセージの周りには、生徒一人ひとりのメッセージを書いてもらった。想いを書くことで、自分の心に刻んでほしいと思った。ダンスに参加していない男子にも書いてもらい３年生47人全員の取り組みとした。

・個人のメッセージには、「被災する前の野田村よりも、もっとステキな村にできるように頑張りましょう」「たくさんの笑顔があふれる野田村にしましょう」「野田村は必ず復興できる」などが書かれ、みんなの心を一つにする垂れ幕にもなった。

男子も踊りだし、盛り上がった体育祭当日

・校庭が使えず、テニスコート４面ほど（40×70M）の仮設の校庭での体育祭のオープニングダンス。女子は14人という少ない人数であったが、ダンスの前に円陣を組み、気合い入れするなどのパフォーマンスをし始めると、陣地にいた３年生男子も円陣を組み、曲が流れだすと一緒に踊りだし、声をかけたりして盛り上げてくれた。最後は、女子14人で、前に集まり、垂れ幕を広げ、「We Wish For NODA〜野田村の未来は私たちが築きます〜」と発表した。男子の協力もあり予想以上に盛り上がり大成功だと思った。

・生徒の踊る姿をビデオに撮りながら涙がでた。他の先生方からも「良かった」「涙が出た」と言われ、苦しかったけれど、取り組んで良かったと思った。

ダンスの取り組みで生徒の気持ちが変わった（生徒の感想）

・体育祭が終わってから、感想を書いてもらった。家屋が流失し、祖父を亡くした生徒は「こんな時に体育祭!?しかも、ダンス!?」と思ってやる気がなかったようである。しかし、取り組みの中で、「楽しくなった」「体育祭がんばろう」という気持ちになり「私たちのダンスで村の皆さんを笑顔にすることができて良かった」と書いていた。

・生徒たちは、「ダンスを楽しむ」とともに、「野田村の皆さんを元気にできた」という気持ちも生まれ、生徒も私も気持ちが前に進んだ気がした。そして、良い思い出づくりができてうれしかった。

２）２年目　The Rising Sun in NODA〜私たちが野田村の太陽になろう〜

　震災後２年目の体育祭も半日開催となった。狭い仮設の校庭では、トラックをつくることができず種目も限られ、一日開催は無理だという判断であった。体育科の私としては、一日開催を希望したが見送ることになった。まず、私にできることをと、今年もオープニングダンスに取り組むことにした。

２年目のダンスの指導と生徒の様子（女子21人）

・３月最後の体育で、３年生女子に今年も体育祭でオープニングダンスをしたい思いを伝えて賛成

を得た。1年目にオープニングダンスを見ているので、生徒は体育祭でダンスをすることに抵抗はなかった。曲は、EXILEが復興支援ソングとしてつくった「Rising Sun」を、私の方から提案しお願いした。この曲の歌詞に込められたメッセージをうけとめ、私たちも頑張っていこうという気持にさせたかった。春休みに曲の歌詞と、構成をプリントして配布して、振付をそれぞれ考えてくることを課題とした。

・4月、A組B組で分担して振付を考える構成であったが、振付を考えるのに、行き詰まり、残念だが、EXILEの振り付けのコピーをすることになった。しかし、コピーをするにも、難しく何時間もかかり、「ダンスをやめたほうがいいのでは…」という雰囲気が広がり、私自身も暗くなったが、今年も「やるしかない」と、雰囲気を盛り上げ、難しいところは、簡単になおし完成に近づいた。早めに取り組んだつもりだったが、最後が完成したのは前日で、本当に大変だった。

・昨年、「体育祭のダンスを、EXILEに見てもらい、EXILEに来てもらいたい」と、DVDを送った。しかし、残念ながら、夢はかなわなかった。今年の3年生も、「今年もDVDを送りたい！」と言って、昨年と違う楽しみも持って取り組んでいた。

今年の垂れ幕は、The Rising Sun in NODA〜私たちが野田村の太陽になろう〜

・昨年よりもインパクトのある垂れ幕をと悩む日々が続いた。生徒は忙しいので、今年も、私が下書きを考えた、村へのメッセージは、教科リーダーに相談し、最後はみんなで決定したが、私の想いを生徒が受け止めた形であった。絵のうまい生徒に、野田村のキャラクター「のんちゃん」を書いてもらい、色塗りは女子全員でおこなった。前年と同じように一人ひとりのメッセージを男子も含め全員で書いて完成させた。

・2年目の垂れ幕のメッセージは、「絆を深めよう」「共に笑顔で頑張ろう」「今年もお祭りやってください楽しみにしています」など、昨年に比べ、村への強いアピールの言葉はあまりなかったが、気持ちをひとつにすることはできたと思う。

体育祭当日

・体育祭前日に完成し、「ポンポンも持って踊ろう」という意見があり、体育祭の応援で使う赤と緑のポンポンを持って踊ることになった。

・2年目も、3年生女子21人が円陣を組み、気合いを入れダンスがスタートした。人気のある、EXILEの曲とあって、観客の皆さんも、生徒も、楽しんでくれた気がする。最初は乗り気がなかった男子だったが、後ろで盛り上げて踊ってくれる生徒もいた。最後は、みんなでつくった垂れ幕を広げ「私たちが、野田村の太陽になろう」とメッセージを伝えた。

・オープニングダンスは、開会式前の発表だったために、1年目は観客が少なかったが、2年目はダンスを見るために、観客の方も早めに集まってくれ、たくさんの拍手をもらうことができた。

・半日開催の体育祭だったが、ダンスで今年も盛り上げることができ、3年生との思い出ができてうれしかった。

次年度の体育祭は・・・。

・2年生から「来年は、なんの曲にする」という声が聞かれ、ダンスへのあこがれも生まれ、オープニングダンスが定着してきたと思った。3年目は、男子も一緒にできたら全校で踊りたいという想いがあった。実現するためには、早めに計画的に取り組むことができるかがカギになると思った。

野田村を元気にするための競技（地域交流競技）の紹介

・地域の方にも参加してもらいたいということで、生徒会が考えて「ジャンケンして勝ったらティッシュを配る」という競技をおこなった。幼児から高齢者の方まで参加することができて良い競技だった。

仮設校庭での体育、陸上練習の状況、支援に感謝の報告

・40M×70Mくらいの校庭で、体育祭や体育、地区陸上の練習を行っている。

・フェンスや倉庫の壁をゴールにサッカーをしていたが、支援によるフットサルのゴールを夏に設置でき、サッカーを楽しむ生徒も増えてきた。サッカーがしたいと言って卒業していった生徒もいたので、校庭は狭いながらもサッカーが出来ることをうれしく思う。感謝。

・バレーボール、バスケットボールの支援もあり、以前より充実した体育ができ、感謝。

3）3年目　男女一緒のオープニングダンスに挑戦〜The Rising Sunを全校で踊るために

震災から3回目の体育祭、ついに、今年は一日開催を決定！
オープニングダンス3年目は、2年生男女47人での「Rising Sun」に取り組んだ。

男女一緒のオープニングダンスを目指して

・4月、今まで3年生女子で行っていたオープニングダンスだったが、3年生が創作太鼓に取り組むことになり、創作ダンスに取り組む余裕がないことから、3年生によるダンスを見送り2年生男女47人で取り組むことにした、

・野田村にある野球場の名前が「ライジング サン スタジアム」ということから、昨年踊った「The Rising Sun」を全校で踊りたいという気持ちがあり、2年生の男女での「The Rising Sun」に取り組んだ。「また Rising Sun？」という声もあったが、「EXILEが来てくれるまで、毎年踊ってDVDを送ろう！」と誘導しながら取り組んだ。

・5月、今年の2年生はドリームチームとしてダンスチームを結成しており、ダンスの振り付け、隊形の工夫などを考えさせた。

・昨年のビデオを参考にして、ダンスチームが昼休みや朝を使って練習してマスターし、授業でも、リーダーがグループごとに教えたり、隊形を指示したり、生徒同士で教え合う体制ができ、昨年からまたひとつ発展できた。

新たなパフォーマンスに挑戦

・2年間、メッセージを書く垂れ幕をつくってきたが、ダンスを踊るのが2年生ということもあって、新たなパフォーマンスに挑戦した。書道ガールズのイメージで、踊っている間に、大きな布に生徒会スローガンである「輝」の字を書くことを考えた。

・当日は、「輝」全部を書くのは大変なことから、最後の縦線一本を書かせた。

体育祭当日「輝け 野田村」

・3年目は、男子も一緒ということで、一人ひとりの踊りの完成度はちょっと下がった気がしたが、47人という人数で昨年とは違ったダイナミックさがあった。

・オープニングダンスが定着し、曲が流れると、周りから盛り上げる手拍子が起こった。

・2年生のダンスと新たなパフォーマンスに観客からも大きな声援がおくられた。

3年生が創作太鼓を披露

ダンスに取り組むことができなかった3年生だったが、創作太鼓を野田村のみなさんに初披露し、3年生にとっても思い出に残る体育祭になって良かった。

2 広がりはじめた「The Rising Sun」 文化祭でも1年生25人が踊りました

・夢の課外授業として、7月27日、EXIIEのNAOTOさん、NAOKIさん、三代目J Soul Brothersのみなさんが、サプライズで野田中に来て「Rising Sun」のダンスを教えてくれることになった。シークレットだったが、「Rising Sun」の事前指導をすることになり、「全校でThe Rising Sunを踊りたいという私の夢をかなえてください」と想いをぶつけ、だましながら取り組んだ。3年男子生徒の乗りが悪く心配したが、当日は、大盛り上がりだった。

・文化祭でもダンスをしたいと昨年から提案していたことから、文化祭でも時間をとってもらうことになり1年生が「The Rising Sun」を踊った。

・この勢いで、来年の体育祭には、全校生徒で「The Rising Sun」を踊る夢が実現しそうになった。

3 全校で「The Rising Sun」を踊りたい想い

オープニングダンス「The Rising Sun」への私の想い、生徒の想いの変化

・3年前からのオープニングダンスへの想いが、年度が替わり、生徒が代わることで、変わってきた。1年目は、「自分達が元気に踊り、野田村を元気にしよう」という想いでスタートしたオープニングダンスだったが、2年目には、「自分達もダンスを楽しみ、野田村のみなさんにもダンスを楽しんで、元気になってもらおう！」という気持ちになった。そして、3年目には、男女一緒に取り組むことで、「全校でThe Rising Sunを踊りたい」夢に近づく一歩としてのダンスになった。

震災の時の頑張りを忘れないための「The Rising Sun」にしたい

「The Rising Sun」のダンスは、歌の詞をみんなで受け止め、「希望を持って頑張っていこう」と

いう気持ちを持ってほしくて取り組んできたが、生徒が代わることで、「震災の時を忘れないためのThe Rising Sunにしたい」と思ってきた。「Rising Sun」の曲を聞く時、震災を共に体験し、ダンスに取り組んだ卒業生の顔が浮かんでくる。しかし、現在の野田中生は全員、小学校で震災を体験し、私との想いにずれが生じてきている。そのことはしかたないことであるが、これまでの「The Rising Sun」への想いを生徒にぶつけ、震災の時、苦しい中でも頑張ったことを忘れないダンス「The Rising Sun」にしたいと思うようになった。

また、夢の課外授業に来てくれたEXILEのNAOTOさん、NAOKIさん、三代目J Soul Brothers のみなさんに「Rising Sun」を教えていただいたことで、今の生徒にとって、楽しかった思い出のダンス「Rising Sun」になり、はじめは抵抗感があった「The Rising Sun」を踊ることに楽しみを感じるようになったと思う。そのことは、私にとっても、無理かなと悩んでいた「全校でThe Rising Sunを踊りたい」という夢の実現を後押ししてくれた気がする。

ダンスの教材として

体育祭でのイベントとしてのオープニングダンスの取り組みの報告だったが、野田中に勤務して３学期に行っているダンスの授業が、震災後の体育祭のオープニングダンス、三送会のダンス、文化祭のダンスにつながってきた。

男女共修ということもあって、男子にもダンスの授業の強制力が働き、男子にもダンスの楽しさを体験させることができた。

おわりに

震災後に「何かをしなければ。何ができるのか」を悩み続け、始めた体育祭でのオープニングダンスが、生徒にとって少しでも楽しい思い出として残ってくれたことを嬉しく思う。震災から３年が経ち、当時の生徒は全員卒業し、職員も20人中４人となった。今後、小学校での震災を経験した生徒とどのように関わるかが課題である。

仮設住宅がたつ校庭の復旧にはあと５年はかかると言われている。狭い校庭ではあるが、体育祭を工夫することで、思い出に残る体育祭にしていきたい。

「The Rising Sun」のダンスを毎年行うことで、卒業生が集まった時にもみんなで踊ることができたら楽しいと思っている。そして、「ライジング サン スタジアム」で、あこがれのEXILE と卒業生を含めてみんなで踊ることができたらうれしいなと夢を抱いている。

もちろん、私も踊ります。

資料　震災時の様子（2011年５月８日に知人に宛てた手紙）

前略

ご無事でなによりです。昨年度から、野田村立野田中学校に勤務しており、今回の震災に遭いました。野田中学校の様子を少しお知らせします（生徒数147名　職員20名　３月11日現在）。

　3月11日は、卒業式前日で、3年生は下校し、1、2年生は体育館で卒業式の準備中でした。けっこう強く長い揺れでしたが、揺れがおさまったあと、1、2年生は、体育館に集合、点呼をとり、出席している生徒の無事を確認。余震が続くことから体育館の天井のライトの落下が心配され、安全な多目的ホールに移動。なおも、余震が続くことから、昨年夏に完成した耐震が完備された武道場に生徒は移動。

　いったん下校した3年生も下校途中から学校に引き返してきたり何人か無事を確認できましたが、全員の安否が分からず心配でした。

　武道場に移動した頃から、避難所になっている野田中学校に野田村民が避難し始めてきました。小さい子ども連れ、お年寄り、保育園の園児らが、次々と武道場に入ってきました。生徒を武道場の半分に移動させ、村民の場所を確保したり、寒がっている園児や子どものために、生徒と保健室から、ベッドのマットレスから、毛布、タオルケット、音楽室から楽器を移動する時に使う毛布、武道場にある柔道着と寒さを防ぐためのものを全部、武道場に避難している方に配りました。雪も降ってきました。

　大人の方がたは、高台にある中学校から海の方を見つめていました。中学校からは、海岸線がすっかり見えて、職員の中には、津波の瞬間を目撃した人もいました。私は、防風林の内側が泥色になった区域が広がっているのを目にし町がのみこまれたことを知りました。用務員さんは、自分の家が流される所を見てしまったようでした。しかし、町中はどうなっているか分かりませんでしたが、町中から迎えにきた生徒の親さんから、「家が流された」とか「○○地区はだめだ」とか、「久慈からは、野田に入れない」とかの情報が得られました。停電になり、携帯も通じなくなり、後は、ラジオの情報を聞くだけとなりました。

　避難所が満杯になることを予想し、生徒は体育館に移動しました。寒い体育館、ストーブはあるものの、電気を必要とするストーブは使えませんでした。一晩泊まることも予想され、とりあえず、生徒が休めるように、体育で使うマットや柔道の畳を敷き、文化祭でつかう暗幕を毛布がわりにしました。

　体育館でも、余震の度に、天井のライトの落下が心配されましたが、だんだん、なれてきてしまいました。生徒の安否を確認するために、トイレに行くたびに名簿で確認をとったりしました。

　親が迎えにきた生徒は、帰宅場所を確認しながら帰しました。家を流された事を聞いた生徒で泣き出す生徒もいました。

　3年生も安否は、時々つうじる携帯や、迎えにきた親さんの情報で、全員無事の確認ができました。

　役場の方が、発電機を用意してくれ、ジェットヒーター2台、ブルーヒーター2台を作動できるようになりました。反射式ストーブも2台用意され、いくらか寒さをしのげるようになりました。役場も1階は津波がきて、2階に避難した職員は無事だったようですが、機能はすっかり失われたようでした。

　暗くなり、懐中電灯や蝋燭が用意され、役場から、乾パン、飲み物、給食センターから、冷凍保存していたパン、缶詰、ゼリーなどが届き、なんとか、夕食をとることができました。生徒は、友達同士で寝る場所を確保したり、おしゃべりしたり、トランプで遊んだりリラックスしていました。10時ごろには、「起きていると、おなかがすくから寝ましょう」と、生徒を就寝させました。先生方も、

全員帰れる状況でもなく、それぞれ家族の安否を心配しながら、生徒とともに、眠れない夜を過ごしました。

「星がきれいだ」という声を聞き、寒い中、外に出ました。雪はやみ、星が本当にきれいでした。あれは、何だったんでしょう。皮肉でした。

翌日（3月12日）、差し入れのパンやパインの缶詰、飲み物をわけて、朝食にしました。明るくなって、迎えにくる親も増え、残る生徒も少なくなったことから、すこしでも暖かい教室に移動し、親の迎えを待ちました。親さんも無事だけれども、久慈から野田にはいれないので迎えに来れないという人もいました。

夕方、久慈までの道が通れそうだということで、野田在住の先生に残ってもらって、久慈に帰る先生は、集団で帰りました。野田役場前のメイン道路も、車があちこちに散乱し、やっと、道路を確保している状態でした。

このときには、見ることができませんでしたが、海岸線を通る国道45号線、三陸鉄道、津波が押し寄せた地域が壊滅的な被害だということを数日後、目にしました。

家に帰り、家族の無事を確認し、ほっとしました。久慈でも津波で、海岸沿いの家がなくなったり、国家石油備蓄基地、造船所も破壊されたようでした。久慈川、長内川の逆流もすごかったようです。陸前高田のような津波がきていたら、久慈も川の堤防が決壊していたのではといっています。

野田村の被害
死者37名（行方不明0）　被害　約200世帯
※野田中学校、野田小学校の生徒は全員無事でした。
※野田中学校の生徒の親は全員無事でしたが、祖父母、親戚でなくなった方はいます。

現在の状況
・避難所から登校する生徒や親戚のところから登校する生徒、久慈から登校する生徒もいます。
・校庭に仮設住宅が126戸建設（5月14日入居できる）。
・校庭が使えなくなり、4面のテニスコートを校庭代わりにし、5月14日体育祭を行う予定で、練習中です。
・津波基金の申請を行い、147名中46名の生徒の親さんに見舞金をわたすことができました。

悩んでいること
総合のテーマが「ふるさとに生きる」で、職場体験などをしていたのですが、何か野田村の復興のためにできることをしたいと考えていますが、家を流された生徒や身内をうしなった生徒の事を考えると、どこまでできるか、何ができるか、悩んでいます。

気持ち的には、ボランティアの形ですぐ実行したいこともあるのですが、あせらない方がいいのかなとおさえています。それが、なにもできなかったことにつながることが怖いのです…。個人的には、仮設住宅の方々に、木製の表札とか、鍵かけとかを、メッセージを添えてあげたいなと思っているのですが、学校として動くとなると、いろいろありますし…。まずは、仲間に相談しながらすすめ

てみます。

　A先生の宮古の様子を知り、野田村の様子をと思い、3月11日のことをつづりました。自分でも、何時ごろ、という記憶がないので、読んでいても時間の経過が分からないかもしれませんが、雰囲気で読みとってください。記憶にある分を曖昧な分も確認もせずに書きました。

　A先生も書いている通り、岩手の各学校の被害状況、安否状況がわかればいいと思います。

　他の地域と同じように、野田村の津波浸水区域は、建物もなにもありません。がれきだけです。家を流された方々は、いったいどこに家をたてたらいいのか苦悩していると思います。

　長くなりましたが、とりあえず、野田村の様子です。これからも、よろしくお願いいたします。

2011. 5. 8

野田村立野田中学校

外島明子

16 「震災体験の対象化」による被災児への「心のケア」の試み

〔宮城県石巻市　小学校〕

徳水　博志　佐藤　孝幸

はじめに

　2011年3月11日の東日本大震災の巨大津波によって、南三陸海岸に位置する石巻市雄勝町は中心部の90％が壊滅した。宮城県一の生産量を誇ったホタテの養殖筏は壊滅し、加工場や商店街も消滅した。そのために震災前4,300人の町は人口流出によって、1,000人までに減少してしまった。勤務校の雄勝小学校も20mの津波によって全壊となったために、15km離れた隣町のK中学校に間借りして学校再開となった。しかし、子ども全員が自宅を流失したために転校が相次ぎ、震災前108人の在籍子ども数は震災1年目にして41人までに減少してしまった。このまま人口流出が続けば雄勝町の存亡にかかわると危機感をもち、2011年9月から学校全体で取り組んだ教育が、《復興教育》である。その《復興教育》の柱は、《地域復興を学ぶ総合学習》である。

　震災1年目の6年生は、地域の復興活動に学びながら住民にアンケートを実施して、独自の復興プランを立案した。そして、2012年3月、住民組織「雄勝地区震災復興まちづくり協議会」で意見表明して、おとな達を大いに感動させた。その結果、子どもたちの復興プランは、その一部が石巻市役所雄勝総合支所の復興計画案『マスタープラン』（2012年8月）に採用されるという成果を生み出すことができた。こうして、震災1年目は地域復興と学力形成を結び付けたことで、子ども自身の中で学ぶことと生きることが一致して、大いに学習意欲を高めることができた。そして、地域復興に社会参加することで、自尊感情も高めることができた。さて、震災2年目の2012年度の《復興教育》は、被災した子どもの心の復興に本格的に取り組む必要性があった。本稿では、震災2年目の被災した子どもに対する《心のケア》の実践研究を報告する。

1　子どもの実態−震災2年目から起きた「新たな荒れ」

　震災2年目は5年生8人を担任した。震災直後に11人が転校し、残った子ども数8人の学級である。震災2年目の5年生の特徴は学習意欲の異常な低下であった。初めから理解できないと諦めている子が多く、新しい課題に挑戦する気力が乏しいのである。しかし、問題は学習意欲だけではなかった。トラブルや暴力が絶えず、些細な事でイラついて、「消えろ！」「死ね！」「殺すぞ！」と吐き捨てる子が目立っていた。さらに教職員へのタメ口も時々見られた。さすがに担任の私には口をつぐんだが、彼らの乱暴な言動を注意する若い教職員や支援員を平気で呼び捨てにした。4月に新しく転入した教員は本校の高学年の態度にショックを受けたようで、「この子らと一日過ごすと人間的な感覚

がマヒするようで、ひどく傷つく」という声を発した。教職員としてのプライドをひどく傷つけられたようだった。そういう震災がらみの〝新たな荒れ〟が５年生でも始まっていた。

　荒れを生み出す要因は大きく二つが考えられる。一つは震災が与えた直接的な影響である喪失感や心の傷である。二つめは間接的な影響と言えるもので、震災後の急激な生活環境の変化によるストレスである。半年間の避難所暮らし、壁の薄い仮設住宅の住環境、保護者の就労不安、間借り教室という学校の教育環境、子ども主体の教育活動の削減、学校側が与える学力向上策と子どもの学びの要求とのズレなどが挙げられる。特に５年生の喪失感やストレスは深刻であった。とりわけ一人保護者の家庭の子は一層深刻だった。経済的な困難さに加えて、仮設住宅に同居する保護者が入退院を繰り返していたのである。この状況下では学習意欲や前を向く気力が失せていくのは当然である。おとなでさえも生きる気力が奪われるような、困難な状況が被災地では続いている。

　しかし、子どもたちをこのまま放置するわけにはいかない。教育行政からは「時間が経てば子どもの心は回復する」という話を聞いたが、目の前の子どもたちはすでに自然治癒の限界値を超えているように見えた。今のままだと震災体験はただのマイナス体験である。千年に一度の体験から何かを学び、プラスに転じることが必要だと考えるようになった。そして、心のケアをめざす新たな教育実践の必要性を痛感するようになった。

2　「震災体験の対象化」による《心のケア》の試み－自己の被災体験から学ぶ

　２学期初めに転校先からＡが戻ってきた。転校先で不登校に陥り、再び雄勝小学校へ戻ってきた子である。震災前は私の自宅の近所に住み、幼い頃からよく知っている子だ。登校時に祖母の車から泣きながら下りてくる姿は痛ましい限りである。そう言えば、震災当日から３日間は家族の安否が分からずに、避難所で泣き続けていた子である。よし！この子のためにも新たな教育実践を立ち上げようと覚悟を決めた。その新たな教育実践とは子どもの苦悩そのものを教材化することではないか、子どもに寄り添って心の不安や叫びを聞き取り、受け止め、表現させ、乗り越えさせることではないのかと考えた。しかし、実践の前例はどこにもなかった。阪神淡路大震災の実践記録を探したが、見つからない。手探りで行うしかなかった。

　ところが、意外にもその手がかりは、私自身の被災体験の中にあったのである。自宅を流され、ＰＣデータなど過去の教育実践の一切を奪われた喪失感。瓦礫をかき分けながら妻の母、保護者の遺体を探し回った絶望感。自分の過去と愛する家族を一瞬で奪われてしまった衝撃。悲しみとも怒りともつかない慟哭の正体と向き合い、徹底的に言語化した自己の内面の対象化。この震災体験の対象化の作業を経て、前を向く気力が湧いてきたという自分自身の回復体験の中にこそ、実践の手がかりがあったのである。そこで、この新たな教育実践を《震災体験の対象化》と名付けることにした。

3　総合学習「震災体験を記録しよう」

　２学期の初めに、総合学習の後期テーマ『震災体験を記録しよう』を立ち上げた。そのねらいとは、子どもたち自身が震災体験と向き合い、震災体験を対象化することをとおして、自分の心の中に震災を乗り越えようとする意思を育むことである。実践領域は主に図工科と総合的な学習の時間及び行事。実践方法は《震災体験の対象化》。実践の目的は被災した子どもの心のケアである。実践の構

実践16

想は持っていたが、活動の構成はその都度手探りであった。一つの実践を終えると課題が把握でき、次の活動の構成が見えてくるというような、その繰り返しであった。

①9月：震災体験の俳句と作文（国語科）、②10月：震災体験の朗読劇（行事・学習発表会）、③12月：震災体験の時系列による絵本制作（図工科）、④1月：ジオラマ制作（図工科）、⑤2月：木版画「希望の船」の共同制作（総合・図工科）。結果として以上の構成になった。

震災体験の俳句と作文（9月国語科）

9月の「震災体験の俳句と作文」では、導入部で朝日新聞記者の小野智美氏が編集した『女川一中生の句 あの日から』（羽鳥書店、2012年8月）の中から俳句を紹介した。あの大川小学校で次女を亡くされたS先生が女川第一中学校で行った国語科の授業実践である。その中学生の俳句を慎重に紹介して感想を聞いた結果、子どもたちは震災を語ることに特に抵抗感を見せることはなかった。女川一中生の俳句が家族への愛や故郷への愛に触れたものが多かったからだと思われる。そこで、君たちも震災体験を五七五で表現しようと提案した。子どもたちが作った俳句には、女川一中生に触発されたのか家族がよく出てきた。

・なによりも　家族が一番　大切だ
・生きていて　すごくよかった　本当に
・家族がね　大切にしている人は　家族だね
・ひなんじょで　えがおを見れた　うれしいな
・雄勝小　あの日経験したこと　わすれない

この俳句作りに安堵感と手ごたえを感じて、いよいよ震災体験を作文に書くことを提案した。一年半ぶりに震災の記憶と向き合うことは辛かっただろうが、学級の仲間がお互いに聞き役になってくれた。辛さを分かり合える仲間の支えが震災体験と向き合う辛さを軽くしてくれたようだった。一人では辛いが、みんなと一緒なら書ける。子どもたちは記憶を確かめ合い、語り合いながら震災の記憶を想起して書いた。すると、作文には私たちが知らなかった事実がたくさん書かれていて、私たち教職員集団は強い衝撃を受けることとなった。

自宅に忘れた犬を助けに帰り、津波に追いかけられて九死に一生を得た子、高台から故郷の街並みが流される様子を見て恐怖を感じた子、巨大地震の揺れの後に聞こえてきた大津波警報のサイレンに〝次は死ぬんだ〟と死を恐れた子、保護者と離れ離れになり保護者の死を覚悟した子など、その震災体験は想像以上に過酷で辛い内容であった。一方で家族が一番大切と再認識したこと、避難所でふれた人々の優しさ、みんなのために避難所で働くリーダー役の人への尊敬の念など、人間を信頼して肯定する内容も書かれていた。

その作文は学級で読み合っただけでなく保護者にも読んでもらって、我が子へ手紙を書いてもらった。こうして震災作文を通して保護者、子がつながり直す機会もつくり出すことができた。作文の後に、Bが書いた詩『わたしはわすれない』を紹介したい。自分の震災体験を対象化し、意味付けた詩からは、震災を忘れないという固い決意が伝わってくる。

わたしはわすれない

五年　　B

わたしはわすれない
地鳴りがして
おびえ　からだがふるえて
しゃがみこんだことを

わたしはわすれない
ガソリンスタンドのおじちゃんが
走ってきて
助けてくれたことを

わたしはわすれない
豆腐屋のおじちゃんが
みんなを避難させて
自分だけは津波に流されたことを

わたしはわすれない
豆腐屋のおじちゃんが
ふいてたラッパの音を

わたしはわすれない
誕生日にお母さんにもらった
大切なネックレスを
流されたことを

わたしはわすれない
家族　友達　わたしが
写っていた思い出の写真を
流されたことを

わたしはわすれない
自衛隊の車に乗って
こわれた北上川の横を走り
雄勝から出てきたことを

わたしはわすれない
避難所でいただいた
スープのあったかさと
おにぎりの味を

わたしはわすれない
飯野川中の避難所で遊んでくれた
お姉さんたちの
笑顔とあたたかさを

わたしはわすれない
こわされた家を
流された命を
助けられた恩を
人のあたたかさを

わたしはわすれない
大震災の記憶の
すべてを

震災体験の朗読劇（10月学校行事）

　10月の学習発表会では、故郷の復興を祈る５・６年生合同の『朗読劇・ふるさと復興』を発表した。朗読劇の台本は、子どもの震災体験を語る作文の朗読とＪＲ東京駅舎の復元物語を織りまぜて創作した。台本には、津波で流されずに瓦礫の中から見つかった雄勝石のスレート材が、地元の職人さんの手作業によって復元中のＪＲ東京駅舎の屋根材に使われたこと、丸の内駅舎の地下街には雄勝町の全小中学生が描いた富士山の雄勝石絵が展示され、雄勝復興を全国に発信したことも盛り込んだ。

　この朗読劇で子どもたちが語った作文には、震災から受けた傷をえぐり出すような悲惨な光景も含まれていた。６年生のＣは、「私は亡くなった人の遺体を見てしまいました。目玉が飛び出していて少し怖かったけど、とてもかわいそうだと思いました」と語った。５年生のＤは津波に追いかけられて難を逃れた後に、母親との電話の会話を思い出して次のように語った。「津波の後に一瞬思い出したのが、お母さんの『うん、わかった』という言葉でした。あの『うん、わかった』が最後の言葉となったのかなあと思いました」と、母親の死を覚悟した思いを語ったのである。震災の記憶と向き合うことは、子どもにとっても過酷なことだったと思う。

　私自身の震災の記憶を少し語るとすれば、学校に残っていた子どもたち40人を裏山に避難させて助けることができたのは、ほんの偶然に過ぎないという事実に直面する。子どもの引き渡しがあったために、学校側の判断はまだ裏山への避難を実行していなかった。ところが、我が子を引き取りに来た保護者のＥさんから、「いつまで校庭にいるの！早く裏山に避難させて！」という強い諫言をもらっ

て、ようやく裏山に避難したのである。それからしばらく経つと、海がみるみる膨れ上がり、防潮堤からあふれ出した津波が巨大な壁のように押し寄せ、体育館を押しつぶし、校舎屋上まで丸呑みにした。もしあの時、Ｅさんの強い諫言が無かったなら、全員の命はなかったはずだ。助かったのはほんの偶然に過ぎない。そう考えると、心がざわつき、どうしようもない不安に襲われる。震災の記憶と向かい合うことはこんなにも辛い。まして子どもにとっては過酷なことだったに違いない。

　本実践に対して、保護者からクレームは聞こえてこなかったが、会場からはすすり泣きの声が響いた。朗読劇は観客にかなりの衝撃を与えたようだ。一方、発信者である子どもたちの反応は次のとおりである。朗読劇の終了後、５年生のＦは新聞のインタビューにこう答えている。「震災とか、石絵のこととか、俺たちにも出来ることがあるんだって、全国に伝えたかった」。同じく５年生のＢは、「津波を思い出すのは怖いけど、震災を忘れるのはもっと怖い。当時の大変さや命の大切さを伝えていかなきゃいけないのです」と答えている。子どもたちが震災の記憶と向き合い、震災を乗り越えようとする意思が育ってきていることを確認できて、朗読劇を企画した者として、ほっと胸をなで下ろしたというところである。

　しかし、このような過酷な体験を扱う実践に対しては、子どもの心の傷口を広げるのではないかと危惧する声があるのも確かである。私自身も悩みながらの実践だった。今回の朗読劇が果たして教育実践として妥当だったかどうか、震災体験を対象化する教育実践はどうあればいいのかという問題意識はずっと抱えたままであった。

　そんな時に出会ったのが、2012年10月14日付の朝日新聞の記事「津波の記憶向き合い克服を」で紹介されていた、東北国際クリニック心療内科の桑山紀彦医師である。桑山医師はＮＰＯ法人『地球のステージ』を立ち上げて、名取市閖上地区で被災した閖上小・中学生の心のケアに取り組んでいた。「子どもがつらい経験をもっと話せるようになることが必要です。そのためには学校が語り合える場を作ってほしい」（「津波の記憶向き合い克服を」「朝日新聞」2012年10月14日朝刊）。この記事を読んで、これだ！と思い立ち、さっそく桑山医師に会いに名取市まで行った。そして、被災した子どもの心をケアする方法である「心理社会的ケアワークショップ」について教えていただくこととなった。

「心理社会的ケアワークショップ」とは

　「心理社会的ケアワークショップ」とは、桑山医師がノルウェーのオスロ大学に留学して学んだケアプログラムであり、戦争や災害から心に傷を受けた子どもたちの心のケアを目的とするものである。このケアプログラムのねらいは次の二つである。

　①心的外傷後ストレス障害（ＰＴＳＤ）の予防【マイナスからゼロへ】

　②被害を乗り越え、さらなる自信の構築【ゼロからプラスへ】

　桑山医師によると、震災１年目は心的外傷後ストレス障害（ＰＴＳＤ）の予防的ケアが必要だという。ＰＴＳＤとは「記憶が抜け落ちたことから起きる心の病」だそうだ。抜け落ちた記憶を埋めるためには、心理的内面を表現しやすい平面的表現のワークショップから始め、次に粘土やジオラマなどの立体的表現へ発展させていくのだという。この表現活動をとおして震災の記憶と向き合い、心に抱える感情をはき出し、受容的・共感的な訓練を積んだ支援者に受け止めてもらう。そして、抜け落ちた記憶を時系列で整理することによって、心的外傷後ストレス障害（ＰＴＳＤ）の予防ができるとい

うものである。名取市閖上地区では桑山医師の指導の下で、大学生たちが被災した子どもや住民達に対して、「ジオラマ制作」等による心のケアに取り組んでいた。

　桑山医師は医学的な知見から、心のケアを「症状中等度〜重症→治療」、「症状軽度→カウンセリング」、「病状なし→心理社会的ケアワークショップ」の三段階に分けていた。前者二つは医療行為であり、医師にしかできないケアであるが、「心理社会的ケアワークショップ」は子どもといつも一緒にいる学校の教職員や保育士、看護師などが適任であると教えていただいた。桑山医師の説明をさらに聞いていると、被災児の心のケアプログラムである「心理社会的ケアワークショップ」を教育の側から受け取り直すならば、私が実践していた《震災体験の対象化》とほぼ同義であると理解できた。そこで桑山医師からアドバイスをもらいながら５年生の子どもたちに対して、「心理社会的ケアワークショップ」を行うことにした。

震災体験を時系列で記録する「絵本の制作」（12月図工科）

　「心理社会的ケアワークショップ」で最初に取り組んだ実践は、時系列で記憶を整理することである。具体的には絵本の制作を行った。巨大地震と大津波を体験した様子とその時の感情、避難所から仮設住宅に落ち着くまでの半年間の記録を時系列で書かせて、記憶を整理させていった。抜け落ちている記憶は、避難所で一緒に過ごした友だちに確認して記憶を補いながら記録させていった（紙幅の関係で詳細は省略）。

「ジオラマの制作」（１月図工科）

　2013年１月は「ジオラマの制作」に入った。①「震災前の自宅周辺のジオラマ」、②「雄勝に居た頃の"私の宝物"の版画」、③「住んでみたい新しい街のジオラマ」である。時数は総合的な学習と図工科で確保した。

　この実践によって、心のケアが特に促進できた子はＧである。津波で雄勝の町が破壊される様子を高台から見ていたＧは、津波の恐怖が頭をよぎり、震災後は故郷の雄勝町に行くことを避けていた子である。母親によると、Ｇは震災１年目の４年生時は震災を題材にした作文を嫌がっていたそうである。５年生の９月に書いた震災体験作文からようやく震災と向き合うようになったのである。作文の題名は「一年半がたった今」であったが、津波の恐

作品1

怖や喪失感と向き合い、辛さを抱えながら書いた作文であった。桑山医師のアドバイスに従ってＧを観察すると、明らかに心的外傷後ストレス障害（ＰＴＳＤ）の「回避」に似たような症状が見られた。桑山医師に相談すると、わざわざ５年生教室に足を運んでくれて、Ｇのケアに関する具体的なアドバイスをいただくことができた。

　そのＧが、①「震災前の自宅周辺のジオラマ制作」（作品１）では、実に楽しそうに活動した。友だちと楽しく遊んだこと、家族と一緒の夏祭りの思い出などを級友と語り合っている姿は笑顔にあふれていた。"雄勝と聞けば津波の恐怖"という縛りから解き放たれたように声が弾んでいた。

　このケアをもとにして、次のステップ②「雄勝に居た頃の"私の宝物"」の版画制作に入った。発想

段階では雄勝の思い出を想起させた。他の子に比べてGが想起した思い出は少なかったが、津波の恐怖と向き合いながら、少しずつ過去の記憶を取り戻しているようだった。構想段階の下絵では、初めは雄勝に建っていた自宅を描いていたが、途中で下絵を変更して家族4人を版画（作品2）に表現した。Gの家族は両親と姉と4人家族で、いつも一緒に行動する仲のいい家族である。版画制作のプロセスで、家族が自分にとって最も大切な宝物であると気づき、家族愛が『自分自身の人生の土台』であると再認識できたのである。

作品2

　続いて、③「住んでみたい新しい町のジオラマ制作」を行った。Gは、自分が住みたい新しい家と街（作品3）を作った。自分の家の隣にはプールや温泉の他にゲーム学校と公園もあり、密度の濃い表現活動を実に楽しそうに行った。

作品3

　このジオラマ制作の教育的意味を考えてみよう。桑山医師によると、ジオラマ制作では「自分の街がどうだったか再確認し、そこに確かに自分が生まれてきた証を再確認することで、『自分には土台がある』という気持ちを持ち、生きてきた『時』を取り戻すことができる」のだという。さらに、ジオラマ制作の過程で、「自分が大切にしていたもの、何を希望し、何を願っていたかという『感情』を再確認」し、「情緒的な部分を表現することで、突然失われたものに対する不安感や喪失感をうめていく」ことができるのだという。そして、「あえて街の復元に取り組むことで、自分が生きてきた『時』と『感情』という自分の『土台』を取り戻し、それにより不安や喪失感を払いのけることができる。そして、その先に『自分はどんな街に住みたいのか』という『意思』を持つことができ、たとえ前の街に自分の家が再建できなくても『自分の人生はどこでもいつでも復活できる』という意思を全身で感じて、『つくり出すことへの意欲』を獲得できる」のだという。

　以上が、桑山医師が説明するジオラマ制作の意義であるが、本実践にも十分に当てはまる。活動を終えたGは、「津波で壊れた雄勝のことを思い出すのは嫌だったけど、楽しい思い出や家族とのことを思い出すと、気持ちが楽になる」と感想を述べている。そして、故郷の雄勝町に自由に足を運べるようになったのである。《震災体験を対象化》するジオラマ制作と版画制作が、Gには特に有効に働いたと言える。

共同制作「希望の船」（2月～3月総合・図工科）

　2013年2月、5年生最後の実践を行った。総合学習の後期テーマ「震災体験を記録しよう」のまとめとして、木版画『希望の船』の共同制作を行った。この作品をまず解説したい。

　画面左側は巨大津波で雄勝の街が破壊される場面である。小学校校舎に津波が押し寄せて渦を巻いている。その惨状を手前の山から見ている住民が5人描かれている。住民の中に一人だけ目を背けている子（左端の子）がいる。その子が津波の恐怖で雄勝に行けなくなったGである。

　画面右側は復興した未来の町と笑顔の家族である。背景には希望の象徴としての太陽が明るく輝い

題 名「希望の船」

震災の夜の美しい星空　津波に襲われる雄勝小学校校舎　　未来に向かって船で進む子ども達　　復興した町と笑顔の家族

高台から見ている町の人達　　たき火にあたる被災者　　救援に来た自衛隊　　復活した獅子舞　　復活したホタテ養殖　　復活した雄勝法印神楽
一人後ろを向いている子

2012年度　石巻市立雄勝小学校5年生9名制作　指導　徳水博志

ている。画面の下側は２年間の雄勝町復興の歩みである。避難所での焚き火、救援隊の到着、復活した獅子舞、再開されたホタテ養殖、雄勝法印神楽の順で描いている。そして、画面中央には船に乗って未来に進む自分たちの姿がある。過去・現在・未来を描いた異時同図法だ。ところで、津波の場面を描いた子はＰＴＳＤの「回避」の症状が見られたＧである。震災と向き合い、津波の恐怖体験を対象化したことによって恐怖の支配から解放されたと言えよう。

【感想文１】

　私は、あの三・一一の暗い事と明るい未来の事を、そして船を彫りました。私達が体験した三・一一からにげずに前へ進んで行くという思いで、この共同制作の版画にいどみました。後世に伝えて行かなくてはならないこの事を版画にして、何年後、何十年後と時がたっても、この版画を見て、思い出してもらうことや、後世に伝えていくことができるのではないでしょうか。そして、私達もわすれかけている時に版画を見て、その震災を思い出せると思います。私はこの共同制作『希望の船』を制作してよかったなあと思います。私はもう転校しますが、転校した学校でできた友だちにも、この『希望の船』のことを教えようと思います。私の大切な思い出です。

【感想文２】

　この『希望の船』は、最初はいやだったけど、雄勝のことを思い出してやってみたら、うまくやれました。時にはふざけたりあきたりしたけど、でも三月一九日に彫りができてよかったです。また機会があったら、やりたくないけどやりたいです。これからもこの『希望の船』が太陽に向かって進むように、前へ、前へ、ちょっとずつでもいいから、進んでいけたらいいなあと思

いますﾞ雄勝にいたころの思い出や友だち、雄勝の伝統、ふるさと、津波にのみこまれた人、雄勝小学校、家族、宝物がすべて流されたけど、これからも死んだ人の代わりに、生き続けたいです。

＊下線は筆者

　最後に、この共同版画『希望の船』や作文などの表現活動が子どもにとってどのような意味を持ったのかを述べてみたい。

　版画制作や作文を通して、子どもたちは震災体験と震災後の歩みをふり返り、自分自身を見つめて対象化することになる。表現活動を通して自分が抱えている恐怖体験や苦悩と向き合い、心を整理し、意味付けを始める機会を得ることができる。

　たとえば【感想文1】を書いたBは、2012年9月に「私はわすれない」という詩を書いて、すでに震災体験を対象化し、意味づけた子である。図工が得意なBはこの共同制作でも中心になって活動した。主に未来の町と笑顔の家族を分担した。Bは、「3・11からにげずに前に進んでいくという思いで、この共同制作の版画にいどみました」と感想文に書いている。版画制作によって、震災と向き合い、震災の記憶を白黒の形象にして心に刻み付け、震災を後世に語り継いでいく固い決意と前を向き、力強く歩む決意を再認識したと言える。Bにとっては、表現活動がこのような自己認識の意味を持ったのである。

　【感想文2】からは、Dの苦悩や葛藤がよく伝わってくる。「やりたくないけどやりたいです」と語るDは、版画制作を通して自分を対象化し、自分の立ち位置を確認できたのだろう。前を向きたいけれど、まだそうはさせてくれない辛い現実との狭間で苦悩している内面が見てとれる。まだ前を向く心境ではないが、それでも「前へ、前へ、ちょっとずつでもいいから」歩みたいという健気な思いも伝わってくる。「これからも死んだ人の代わりに、生き続けたいです」と語る言葉には、震災で亡くなった多くの命の無念さを受けとめ、引き取った決意が込められているようだ。Dにとっては、表現活動がこのような自己確認の意味を持ったのである。

　このように子どもたちは、自分の恐怖体験や喪失感を言葉や絵画で表現することを通して、辛い記憶と向き合い、それを受容して心を整理し、意味付けることで前を向くことができるのである。これが《震災体験を対象化》する表現活動の教育的価値ではないだろうか。

実践のまとめ

　俳句と作文、朗読劇、絵本制作、ジオラマ制作、共同版画制作を活用した《震災体験の対象化》という心のケアの方法について実践例を入れて述べてきた。実践の結果、前を向き、力強く歩み始めた子がいる。反面、そうでない子も存在する。

　その背景には家庭の復興格差がある。たとえば【感想文1】のBは、前を向き、目標を持って力強く歩み始めている。その背景には自宅の再建がある。Bの家庭は石巻市街地に自宅を自力再建した。それに伴って6年進級時に転校していった。それに対して、二人目の【感想文2】のDの家庭は、まだ住居の自力再建を果たしていない。このように子どもの意識は家庭の生活再建の程度に大きく影響される。この現実の前に教員は全く無力である。

しかし、子どもが抱く希望が保護者の経済的な条件に一方的に規定されると思いたくはない。教員の意図的な教育実践によって、主体の条件を育てることは可能である。子ども自身が震災で受けた喪失感や苦悩と向き合い、受容することから出発し、心を整理して前を向くことは可能ではないだろうか。この版画制作でも初めの頃は完成などしないと自信を持てなかった子が多かったが、諦めずに取り組んで作品を完成させた結果、思いがけず自信を得た子が多数いるのである。教員にできることは限られる。しかし、子どもたちが希望を抱くまで可能な限り挑戦することが教員の仕事ではないだろうか。

おわりに

被災した子どもの《心のケア》を目的に、《震災体験の対象化》という方法論の有効性を検証してきた。実践の結果、被災した子どもの心のケアに一定の成果が見られたと結論づけた。ただし、《震災体験の対象化》という方法論についての心理学や教育学による科学的な裏付けは乏しく、手探りで行ったケアに過ぎない。また、ＰＴＳＤを予防する「心理社会的ケアワークショップ」の一つである「ジオラマ制作」を授業に導入する場合は、医師の指導の下で計画的に行うとともに、教員側の受容的態度で子どもの語りを聞き取ることも大切である。

最後になったが、今後の学校教育の課題を述べたい。これまで子どもの心のケアは、医師や臨床心理士及びカウンセラー等の専門家の領域だと見られてきた。しかし、子どもに一番長い時間接するのは学校の教員である。専門家と連携しながら教員が授業の中で子どもの心のケアに取り組むことは、今後の学校教育の課題と言える。

付記

- ・本論文の実践は一般財団法人日本児童教育振興財団制作のＤＶＤ『ぼくたちわたしたちが考える復興－夢を乗せて－』（2013年、58分）として１年間の歩みが記録されている。
- ・本実践で制作した共同版画「希望の船」の他にも、総合学習の前期テーマ「雄勝のホタテ養殖と漁業の復興を調べよう」のまとめとして、木版画『雄勝のホタテ養殖』を制作した。
- ・本実践について詳細は、下記の著作をお読みいただきたい。
  徳水博志著『震災と向き合う子どもたち－心のケアと地域づくりの記録』（新日本出版社、2018年２月）。

17　ふるさと釜石を思う

〔岩手県釜石市 小学校〕

片山　直人

はじめに

　震災から間もなく４年。海から約３km内陸寄りに位置する本校は津波の被害はなかったが、校舎の半分は地震の影響で壊れ、使用できなくなった。当時、その使用できない校舎の３階の教室に４年生と私たちはいた。尋常ではない揺れの大きさと落下物、埃などで周りが見えなくなり、防火扉もひん曲がり壊れた。避難のタイミングも計れず、「いずれ校舎は崩れるのだろう」と覚悟すらした。

　本校は４月まで体育館が避難所、隣の旧中学校校舎が遺体安置所であった。桜舞う季節に真新しいランドセルとスーツを身につけ、心をときめかせ入学を迎える雰囲気ではなく、再開した学校での入学式は、地震で天井パネルが崩れ落ち、照明もなかった多目的ホールで行われた。

　あれから４年。東京方面では2020年の「オリンピック」、ここ釜石では2019年の「ラグビーW杯」開催地への立候補と、それぞれに「復興」という言葉も使いながら盛り上がっている。ラグビーのW杯は、岩手県と釜石市の共同での立候補ではあるが、スタジアム建設費と大会運営費の計29億円のうち市の負担は最大10億２千万円と報じられている。

　国政と復興が繋がりきれていない現実、ビッグイベントを行うことによる経済効果も含めた「復興」をめざす情勢に、私たちは喜びや期待ばかりを持っているわけではない。２年の約束であったはずの仮設住宅の入居者、困難な自宅再建、仮設店舗でのお店経営など、ビッグイベントの盛り上がりをよそに、被災地の現実をどうにかしてほしいという思いが存在していることは間違いない。

　そもそも震災は語られているのか。忘れられているのではないか。風化してはいないだろうか。そんなことすらも感じざるを得ない４年目である。

1　釜石市小佐野地区では

　釜石という名は、アイヌ語のクマ、ウシ平岩のあるところというのがその語源であるといわれ、水辺や川の中に平たい岩があり、魚が沢山あつまるところについた地名であると言われている。漁業とわずかな田畑で農耕を営んでいた町で、その後、良質な鉄鉱石があったことから、鉄が作られるようになってからは、鉄と魚の町として栄えてきた。江戸時代、大島高任が大橋という地域に高炉を建設。日本で初めての近代製鉄法、鉱石精錬に成功し、鉄とともに歴史を歩んでいる。1989年（平成元年）に新日鉄釜石製鉄所の高炉が休止されるまで、野球部やラグビー部も全国で活躍し、ラグビー日本選手権大会７連覇は当時の市民の誇りでもあった。最盛期、人口も９万人と盛岡市に次ぐ都市となっていった。本校のある小佐野地区は、その新日鉄の役員や社員の住む地域であり、他県、他地域から多くの人が移り住み、活気のある地域であった。新日鉄の球場があった地域でもある。

　釜石と自然災害の歴史にもふれておく。1896年（明治29年）、明治三陸地震津波により、死者6477

人。1933年（昭和8年）、三陸地震津波により、死者164人、行方不明240人の被害を受ける。そして人口4万人弱の釜石市は、2011年（平成23年）の東日本大震災により、死者989人、行方不明152名、被災家屋は市全体の3割に及ぶ約4700戸、浸水した事業所数は市全体の6割に及ぶ約1400事業所など、壊滅的な被害を受けた。瓦礫は、通常の市の一般ごみの40年分にあたる82万tが生じている。市街地は、瓦礫を撤去した後の更地と再開した店の虫食いとなっており、現在は海沿いに大型ショッピングモールが建ち、海側の通りに人が集まるようになってきた。海沿いの釜石地区や松原地区、鵜住居地区が約1500強の家屋の被害と、200人から600人近い被害が遭ったのに対し、小佐野地区はその10分の1の被害だった。

2　増えるごみ

　昨年、5年生を担任。この学年は震災後の2011年4月から3年生のときにも担任している。

　5年生の総合学習では、「地域を知る」「地域の伝統、文化を知る」「共存を学ぶ」の3つの柱で学習を進めていた。1学期「地域を知る」単元の中で、子どもたちと1つの課題を共有した。それは「ごみ」である。

　実は、震災関係の工事や支援活動の車両、関係者が増えることで、地域に「ごみが増えた」という実感をみんな持っていたのである。

　子どもたちとごみ調査をしに地域を歩いた。震災前から確かに菓子袋やたばこの吸い殻、空き缶はなかったわけではない。それでも、おそらく工事関係者が落としていったであろう工事用具のごみや、明らかに車から捨てられたであろうたばこの吸い殻、コーヒー等の空き缶は予想以上に多く、それらをごみ袋に回収して学校に持って帰ってきた。

　子どもたちと話し合い、出された言葉が「震災でイヤというほど瓦礫が出た町。それでなくとも大変な状況なのに、町をきれいにすることを考えなくなったらダメだ。ごみの多い地域なんてイヤだ」。話し合いから3つの取り組み方針を立てた。1つは「校内で訴えること」、2つめは「保護者に訴えること」、3つめは「地域に訴えること」。

　校内では、新聞をつくり各学級に配布。回収したごみを児童朝会で全校児童に見せ、自分たちもお菓子等の袋を捨てないこと、家族に対しポイ捨てをしないように呼びかけてほしいことを、訴えた。その新聞は保護者にも配布し、直接訴えた。そして、ポスターを作成し、地域の掲示板に貼ってもらい、可能な限り、多くの人に見てもらえるようにお願いした。

　これらは、自分たちの地域に目を向ける活動の1つとなり、何かを変えるには「見て聞いて気づくこと」、そして「動き出す」ことが必要なことを子どもたちは実感していった。

3　地域の伝統芸能を知る

　5年生2学期、2つめの柱である「地域の伝統、文化を知る」単元では、地域の伝統芸能「小川しし踊り」について学んだ。130年前、地区に芸能がなかった学校区内の小川地区では、隣の遠野市上郷地区からしし踊りを伝承した。小川地区で継承されているしし踊りは、旧小川小学校で伝承活動として取り組まれてきており、10年前の学校統合の際、小川地区住民の要望で、小川しし踊りは伝承活動として継承されていくことになった。現在も、児童会委員会活動の1つとして、伝承活動委員会が

あり、地区の保存会のみなさんの指導を受けながら、小川しし踊りが継承され、学習発表会とＰＴＡ行事「小佐野ふれあいデー」で披露されている。

　子どもたちが、「小川しし踊り」を調べていく中で、130年前に遠野に赴き、伝承してきたのは３人の若者であったことを知る。若者たちが上郷地区に１年間住み、農作業を共に行いながら伝承し小川に持ち帰ってきた。これまで漠然と観ていたしし踊りの、その歴史と、あらためて見る、その躍動感に気づいた。

　ちょうど同時期、若い女性に人気の東京のファッションビルと中学校の子どもたちが接点をもち、釜石で臨時ショップの開店とファッションショーを行うイベントを行った。「みんなを笑顔にしたい」という中学生の発想と、共感する都市部の芸能業界、アパレルメーカーにより、多くの若い人たちが笑顔になった。同様に、多くの芸能関係者などテレビや雑誌で見る華やかな世界の人たちが、学校や市を訪れ、そのたびに、俯いていた被災地の人たちはカメラと色紙を手にし、笑顔になっている。そのことは間違いない。

　一方で、そうした「笑顔支援」は、震災後、多くのものを失った地域の子どもたちの視線の先に「都会」を見せ、何もない、なくなった自分たちのふるさとから目を離すようになったのではないかと思わざるを得なかった。都会志向がより強くなれば、若い人たちはふるさとから離れていく。もちろん、学ぶ場もなければ、働く場も少ない。安心して生きられる場か、と問われるとすくんでしまう自分もいる。しかし、そのことと「ふるさとには何もない」「自慢できることはない」「被災して何もない」といった意識を持たせてしまうことは別だ。今こそ、もう一度「ふるさと」に目を向けることを大事にしないといけないと強く感じていた。商業的に何もない、弱い地域に人が残らない傾向、「ここには何もない」という感覚を持たせたくないと思っていた。

　今置かれている自分たちの現実と、地域の伝統を結びつけながら、子どもたちはしし踊りのことを学んだ。踊った。そして作品にした。子どもたちからは「私たちが発信できるのは地元で受け継がれてきた伝統と、釜石・小佐野は輝いているということ」と発言もあった。

4　鉄との関わり

　今年、小佐野小学校は旧・小川小学校と旧・小佐野小学校が統合して10年目を迎えた。当然、「統合10年」「ふるさと」「復興」を学習の中に位置づけようという思いでいた。総合学習のテーマは「ふるさと釜石」。ふるさとを思う、ふるさとを感じる、ふるさとを考える、という学習のねらいから、学習の視点を過去・現在・未来にした。

　まずは「過去」を視点にし、釜石と鉄とのかかわりを学習することにした。なぜ、釜石は「鉄の町」と呼ばれているのか、という疑問から、２つの場所を見学。１つは近代製鉄発祥の地「橋野高炉跡」、もう１つは市の「鉄の歴史館」である。

　橋野高炉跡は釜石市橋野町にある高炉跡で、国の史跡に指定されている。鉄鉱石の採掘場跡、運搬路跡などの関連資産とともに、「九州・山口の近代化産業遺産群」の構成資産として世界遺産登録をめざしているところである。

　この２つの見学で、鉄とともに釜石が栄えてきた歴史を学ぶことができた。その歴史の中で、さらに４つのことに子どもたちは心を揺さぶられる。高炉に必要な条件が山々、水など釜石の自然による

ものであったことを聞き、無意識だった釜石の自然に意識がうつる。確かに、ここでも葉の色が変わり始めた風景を見てきた。震災時の稚魚が地元・甲子川に戻ってきたニュースを聞いた。美しい景色が釜石にあることを意識した。

そして、驚いたことは、小川地区には、かつて鉄道が走っていたということだった。社会の学習で学んだ、新橋〜横浜間の鉄道に次いで、日本で2番目に着工された鉄道であったこと（日本で3番目の鉄道）を知り、驚きを増した。鉱山からの原料輸送のために作られた鉄道であったため、現在は道路となっている場所であるが、近辺に住んでいる子どもたちもおり、一様に「家に帰って聞いてみる！」「煉瓦見てみる！」と興奮していた。

何より、釜石にあった橋野高炉は「日本で初めて作られた洋式高炉」（大島高任は「日本式高炉」と呼んでいた）ということ、その歴史的価値が世界に認められる機会を今得ていることに子どもたちは感動した。

5 釜石にも戦争があった

4つ目に揺さぶられたことは、鉄と釜石の歴史の中で、釜石にも戦争があったことを改めて知ったことである。釜石は東北で唯一の製鉄所をもつ軍需都市であったため、当時の釜石製鉄所が狙われた砲撃だったということを初めて知った。子どもたちは、「艦砲射撃」という言葉は知っていたが、その日付や具体的なことまで分かっていなかった。「艦砲射撃のことを知りたい」と話した。地元にいる釜石で元校長先生をされた方にお願いし、授業参観のタイミングを利用して、子どもたちと保護者を対象にお話をしていただくことにした。以下、艦砲射撃の概要と被害。

1944年（昭和19年）、釜石製鉄所は軍需工場に指定される。同時に、釜石の国民学校高等科生徒の学徒動員が始まり、製鉄所をもつ釜石が空襲の対象になるだろう、という想定から、空襲に備え、建物疎開、退避施設・消防水利の強化が始まっていった。

1945年（昭和20年）7月14日、釜石は本州初の艦砲射撃を受ける。砲撃は12時10分から14時10分まで続き、2560発もの砲弾が撃ち込まれた。1回目の艦砲射撃では製鉄所を中心に砲撃が集中し、近隣地区が大きな被害を受けた。防空壕に避難した市民の中には砲弾の破片や爆風で死傷する者、壕の崩壊で圧死する者が相次ぎ、さらに艦砲射撃による火災が発生し、街は焼け野原となった。同年8月9日、2度目の艦砲射撃。この日の砲撃は12時47分から14時45分まで続き、2781発の砲弾が撃ち込まれた。2回目の艦砲では再び製鉄所が攻撃されたほか、小川・小佐野の社宅街などが被害を受け、多くの住民達が犠牲となっている。釜石は2度の艦砲射撃で焼け野原となった。製鉄所は1回目の被害から辛くも復旧し操業を再開できる状態になっていたが、この攻撃により工場は完全に破壊され、釜石の象徴である釜石製鉄所は操業を停止。しかし、市民の復興への熱意から復旧工事が進められ、3年後、操業が再開されている。

自分の住んでいる市に砲撃があったこと、食べ物や防空壕、自分たちと同世代の人たちの学徒動員などに驚き、講師先生の話す「戦争は二度としてはいけない」という思いと、「震災があって釜石は大変な思いをしたが、この戦争からも釜石は立ち上がってきた。時間はかかるかもしれないが、必ず復興する」という言葉に、子どもたちの心は揺り動かされた。

6 　自分にできることは何か

　橋野高炉跡にバスで移動する際、震災時、釜石で最も被害の大きかった鵜住居地区を通った。そこで子どもたちが見たのは、防災センター跡周辺の工事の様子と、仮設住宅の多さである。本校に入学予定の子で、この場所に居て津波の被害に遭った子がいる。6年生の中にも、この周辺から転校してきた子どもたちがいるし、津波と地震に加え、火災で大きな被害を受けた隣の大槌町から転校してきた子どもたちもいる。それでも、バスの中で子どもたちから「こんな感じだったなんて知らなかった…」という言葉が漏れてきた。

　釜石の今がどういう状況か。実は分かっているようで分かっていなかったこと、同じ釜石でも海に近い方の状態と、自分たちの住んでいる辺りでは違っていることなどを感じ、釜石の「現在」に視点を変えて学習を進めることにした。大きなショッピングモールができて喜んでいたが、本当はまだまだ復興なんかしていないということに気づき、子どもたちの課題は「今を知る」「自分にできることは何かを考える」となっていった。

　学習発表会の発表、取り組みをどうするか、という学年の話し合いも同時に始まった。夏休み中の実行委員会で、子どもたちから出ていた課題と、学習発表会の発表をつなげて考えていくという方向性を確認した。そこで出てきたのが、「被災地に花火を上げる」という取り組みを行っている方々の話である。「自分にできることは何かを考える」という課題と、震災後「自分に何ができるだろうか」という思いから始まった方々との取り組みがつながり、この取り組みを、自分たちと重ねながら脚本化しようということで固まっていった。代表の方に連絡をとり、脚本化すること、発表すること、歌を使用することに快く了承していただき、担任が脚本の原案を作成し、その後、実行委員を中心に修正して作り上げていった。

　発表会の前には、チラシを作成し、隣接する旧・小佐野中学校にある仮設住宅に赴き、一軒一軒回り、近況を聞きながらチラシを渡して歩いた。実は、この4年間、隣にある仮設住宅との接点は部分的にしかなかった。他の地域では、慰問、交流、雪かきなど学校と校区内の仮設住宅との繋がりがあることを聞いていた。が、本校では、学習発表会の案内を4年生が持っていくことしかなかった。釜石の「現実」を知るには、仮設住宅に住む人たちの声を聞かなければと思い、これまでなかった繋がりをつくり、声を聞き、釜石の未来と、自分たちの生き方に出会わせたいと考えた。その1歩目としてチラシ配布を行った。

　結果的には、日中はお仕事に出ている方が多く、少ししかお話しできなかったが、自治会の会長さんとお話ができたことと、何より、「自分にできることは何かを考える」という課題をもっていた子どもたちが、自ら一軒一軒訪問し、自分の言葉で会話をすることができた、ということに意味があった。この訪問を次に繋げよう、ということになっていった。

　学習発表会での劇「花を咲かせた日～今、私たちにできること」は、3・11後の子どもたちの「被災地に笑顔の花を咲かせたい」という前向きに動き出す姿と、自分たち6年生の今の姿やこれからの姿を重ねていった。その成長の過程には、被災の現実や大人たちとぶつかり、挫折しそうな場面に出会う。それでも成し遂げる力を持っているのは、地域と人の力だということをメッセージにしてつくり、演じた。こちらの予想以上に、自分たち自身、保護者や地域の人たちの心を揺さぶったようだ。地域的に大きな被害を受けた場所ではないので、ともすれば、内陸や東北以外の地と同様に、「忘れ

る」「風化」となりそうなところに、あらためて「忘れてはいけない」「繋げなければ」「自分たちに何ができるだろう」という思いを持たせることができたのではないかと思っている。

7 教職員としてできることは何か

　本校の職員で震災時に居たのは29人中3人となった。この3年で内陸部から転勤してきた教職員は14人。3人が転勤し、5・6年生が卒業すれば、震災時の本校のことを知る者はいなくなる。そのことと、津波被害はないとはいえ、子どもたちや保護者が当時から抱えている傷や思いを知ること、共有することは子ども理解の上でも極めて重要なことであるということから、長期休業を利用して、校内の「震災を語る会」を開催した。夏は私が担当し、震災時のこと、その後の学校や地域、子どもたちの様子、壊れた校舎が解体されるまでのこと、自分のことなどを話した。

　あのときも、必死になって、離れ離れになっていた、学校と子どもたち、子どもと子ども、保護者と保護者の繋がりを取り戻すように、貼り絵「桜咲け」をつくった。地震、津波、そしてまだまだ寒い岩手の春。復興のイメージとして描いたのが桜だった。

おわりに

　2学期後半、これから子どもたちは釜石の「現実」を視点に、2つのことに取り組む。1つは新日鐵住金釜石製鉄所の見学から、現在の鉄とのかかわり、釜石の産業について学び、考える。もう1つは、仮設住宅のみなさんとの交流から見える釜石の現実。震災から4年、何が復興し、まだできていないこと、始まってもいないことは何かを考える。そして、見てきたこと、聞いたこと、考えたことから、釜石の未来を子どもたちの視点で学んでいく。

　意識しなければ、自分の住んでいる地域、町について考えることは少ない。ふるさとのよさを感じることもない。震災から4年、あの時のことを忘れそうになることもある。人口減、産業の衰退、震災の傷跡などといった課題をもつ「ふるさと」を思い、「自分たちにできること」を探し、動き出す、そんな子どもたちになってほしいと願いながら、次の学習に向かっていく。

18 ぼくたちの町をつくろう
ー特別支援学級における防災復興教育の取り組みから

〔岩手県大船渡市 小学校〕

千葉　芳江

はじめに

　大船渡市は岩手県南部に位置し、陸中海岸国立公園の代表的な景勝地として知られる碁石海岸など自然豊かで風光明媚な、人口約4万人弱の町である。水産業、水産加工業を中心に、木材加工業、窯業などが発展してきた。

　このような中、2011年3月11日の東日本大震災により、今までに経験したことのない甚大な被害に遭ったが、この類を見ない災害を乗り越え、安心して暮らすことができる新しい町をつくろうと復興に向けて取り組んでいる。様々な支援を受けながら港湾や道路の整備は計画的に進んでいる一方、仮設住宅で暮らす人は、未だ住宅再建のめどがたたないという先の見えない生活に不安を抱えている。

　市内には、小学校が12校、中学校が8校ある。被災した学校の児童生徒は、近隣の小中学校や仮設校舎に通学しているが、校舎が建設されるまでに数年かかる予定である。

　今年度大船渡小学校に転勤した。大船渡湾をのぞむ場所に位置する大船渡町は魚市場や水産加工場、ホテルや銀行、商店街でかつて賑わっていた。しかし、震災で大きな被害に遭い、町の商業地や宅地の一部が失われた。仮設の商店街や工場が営業をしている一方で、その横では嵩上げ工事が行われている。

　町の中心にある大船渡小学校は体育館を含む1階部分が浸水した。児童はその当時、高台にある大船渡中学校に避難した。家屋被災しただけでなく家族を亡くした児童もいる中、学校生活は、少しずつ震災前の落ち着きを取り戻している。しかし、仮設住宅やアパートで暮らす子どもたちが多くいる。震災をきっかけに就学援助費をうけている児童が増え、様々な意味でサポートが必要とされる児童が多い。

　さて、私は4月から特別支援学級を担当している。4年生のAさんは体育、音楽以外は特別支援学級で学習している。Aさんは家屋被災し、一時大船渡中学校の仮設住宅で暮らしていた。今年初め、学校の近くに住む祖母の家の隣に新築した家に引っ越した。

　Aさんが教科書や資料集を使って社会の学習を進めることの難しさを日々感じ、何か興味をもつことができるような学習はないかと模索した。日本全国パズルに挑戦し県名を少しずつ覚えたりするが、同じ内容の授業の繰り返しになりがちであった。

　もっと他の授業内容はないかと、手探りで始めたのが、紙の町作りである。昨年度まで、町探検したことを平面地図に詳しく表してきた。地図作りの良さとして、東西南北の方向感覚や位置関係をつかむことができる。そこで、今年度は立体地図での町づくりにチャレンジする。立体を作ることで、町全体の土地の高低などをより具体的につかみ、町の主な場所の位置関係も詳しく知る手がかりになる。

Aさんと共に町づくりを進めながら、大船渡町の避難経路や危険箇所、及び大船渡町の復興や未来について考えることで、防災復興教育の一助になると考え実践した。

ねらい
　○町にある建物や道路の様子、土地の高低などの特徴を考えながら、大船渡町の町づくりをすることで、大船渡町の土地や産業の様子をつかみ、地域への興味と愛着を高める。
　○町づくりをしながら、防災及び復興への意識を高める。

1　実践の経過

　社会科の他に図工や総合的な学習の時間、特別支援学級における生活単元の時間を有効に使い、町づくりを進めた。見学した場所や今まで訪れた場所、買い物などで知っている場所を立体に表した。
　10月の社会科の時間に、土地の高低をつける作業などを重点的に行った。

実践の経過（23時間）

月	学習内容	教科など	時間
6月	学校を作ろう	生活単元	1時間
	公園を作ろう	社会	1時間
7月	商店街を作ろう	社会と生活単元	2時間
8月	防災マップを作ろう	総合的な学習の時間	2時間
9月	防災マップを作ろう	総合的な学習の時間	4時間
	防災マップを作ろう	図工	1時間
	防災の本から学ぼう	社会	1時間
10月	土地の高低を作ろう	図工と生活単元	3時間
	浄水場の見学をしよう	社会と図工	3時間
	方位と浸水区域を考えよう	社会	1時間
	建物に名前をつけよう	生活単元	1時間
	大船渡でとれる魚を調べよう	社会	1時間
	津波避難経路と今の復興の様子を知ろう	社会	1時間
11月	ぼくの町を紹介しよう	社会	1時間

2　学校を作ろう（6月・1時間）

　まず、紙の小学校作りからスタート。校舎、ブランコ、すべり台…Aさんといっしょに画用紙を切り、簡単に窓を描いて色を塗って校舎の完成。自分の教室に印をつけて、うれしそうなAさん。器用な子だが、細かな作業は指導者が手助けする。

　Aさん「そうだ、テントを作ろう。キャンプや避難に使えたらいいね」。

と、カラフルな窓のテントも作った。

教員「いいね。テントがあれば、安心だね。大船渡小学校は校舎の１階と体育館の床まで津波がきたから、いろいろなものを備えておくと安心だね」。

3　公園を作ろう（6月・1時間）

　次に、学校から見える公園を作った。震災による被害で、今では利用者もほとんどいない。でも、公園の象徴である塔は立派に残っている。それを作った。「津波の避難ビルを作りたいな」とＡさんが言うので、５階建てのビルを２つ作った。家屋被災したＡさんにとって、やはり防災という意識が常に働いていることを痛感する。卒園間際に被災し自宅が流出したため、一時仮設での暮らしをしていた記憶は常にＡさんの心にあることが感じられる。

　Ａさん「津波避難ビルをつくろう」。

　児童と指導者でそれぞれ、高いビルを作った。

　教員「５階だてだね。津波が来たら避難ビルに逃げるといいね。第１、第２避難ビルにしよう」。

4　商店街を作ろう（7月・2時間）

　特別支援学級では、将来の自立に備えて買い物学習を年数回計画し、近くの商店街に買い物に行っている。途中にある店などを思い出し、お店の模型を作った。スーパーマーケット、商店街、他にも新しいショッピングモールを作ってみた。看板など本物に近い色画用紙を選んだ。

　Ａさん「ねえ、先生。お店も２階にするといいね。１階は駐車場にするといいね」。

　２階だてになるように、工夫した。

　教員「なるほど。とてもいいアイディアだね」。

5　防災マップを作ろう（8〜9月・7時間）

　２学期になり、４年生の子どもたちと一緒に社会科で防災について学んだ。最初の時間は、自分の家をさがし地域の航空写真にシールをはり、位置を確認する。次の時間は、津波浸水区域を確かめた。さらに次には、２時間かけて学校周辺の通学路を歩き、危険箇所をそれぞれチェックした。そして、最後の時間には、危険箇所をシールで航空写真に表した。こうして、簡単だが、防災マップを完成させた。

　Ａさんも一緒に危険箇所を調べた。グループの子と話し合いや、地図に危険箇所を示すマップ作りの作業を行った。４年生の子どもたちと共に防災意識を高めることができた。

　全体での活動のあと、通学路で発見した危険箇所の石段、石碑、窓ガラスが危険である建物を紙で作った。紙粘土を使ったので、自由に形を作ることができるようになった。

　教員「危険な場所がありましたか」。

　Ａさん「石段、石碑、建物の窓ガラスを見つけたよ。建物はちょっと古そうだった」。

6　防災の本から学ぼう（9月・1時間）

　図書室の本を借り、防災についていろいろ学んだ。家で災害がおきたら、どのように身を守るか、例えば、タンスなどの家具の下敷きにならないようにと避難の仕方が詳しく書かれていた。

　　教員「家にいるとき、地震や津波がきたら、どうする」。
　　Ａさん「まず、机の下にもぐる。それから、外に出る…」。

7　土地の高低を作ろう（10月・3時間）

　土地の高低をお菓子の空き箱で作成したり、道路を作ったりすることで町の全体像が分かり、興味を示し取り組んでいる。段差をつけるのが難しく、教員の支援が多くなった。土地の高低を考えた色塗りやボンドで空き箱を重ねる作業など、Ａさんはよく考えて作業を進めていた。時には、発見した生き物も紙粘土で作り、楽しみながら進めた。

8　浄水場の見学をしよう（10月・3時間）

　2時間かけて浄水場見学を行い、浄水場の様子を模型で表した。写真や感想をカードに記入し、より体験したことが活きた町づくりになってきた。

　　教員「浄水場を見て、一番すごいと思ったことは？」
　　Ａさん「山から流れてきた水が大船渡市のみんなの家に運ばれるからすごいと思いました」。

9　方位と浸水区域を考えよう（10月・1時間）

　方位磁針で方位を確かめ、表示する。

　　教員「学校から見て、東西南北が分かりますか？」
　　Ａさん「……」。
　　教員「太陽が昇ってから沈む方向は？」
　　Ａさん「こっちの方向から昇って、こっちの方向に沈むよ！」
　　教員「太陽が昇る方向が東。沈む方向が西。さっきの方位で正解！」
　　と、方位磁針で確認。

　土地の高低の色にもう一度着目させる。土地の低い所は黄緑色に、高くなるほど濃い緑色になっていることを確かめる。地図上での等高線の色合いとは異なることを説明する。津波浸水区域も確かめ、表示する。

　　Ａさん「ここまで、津波がきたんだね。ぼくの新しい家はだいじょうぶだね！」
　　教員「もし、津波がぎりぎりまで来そうだったら？」
　　Ａさん「もっと高い所に避難するよ！大船渡中学校に行く！『めざせ高台　めざせ大中』」。

10　建物に名前をつけよう（10月・1時間）

パソコンで建物の名前をひらがな入力する。初めてのひらがな入力だが、少しずつスムーズに入力できるようになり、印刷する。カラフルな文字が印刷され、うれしそうだった。

11　大船渡でとれる魚を調べよう（10月・1時間）

大船渡でとれる魚と漁船を紙粘土で作成する。サンマ、カツオ、マンボウ、サメ、ホタテなどを上手に作る。ウミネコも作った。

12　津波避難経路と今の復興の様子を知ろう（10月・1時間）

町全体が少しずつできあがり、避難場所とその経路を確かめた。津波の被害が大きかった海沿いの地区は嵩上げが進んでいることを話し合った。

　教員「もし、お店で買い物しているとき、津波避難警報が出たらどうする？」
　Ａさん「高台に避難するよ！避難経路がいくつかあるね」。
　教員「津波の被害が大きかった場所が、今どうなっている？」
　Ａさん「ダンプカーでたくさん土を運んで、高くしているよ」。
　教員「嵩上げ工事だね。土地を高くして津波に備えているんだね」。

13　ぼくの町を紹介しよう（11月・1時間）

立体地図を同じ学年の児童に紹介し、防災の視点で自分たちの町の様子をつかんでもらった。さらに、4年生の児童は、自分の家の模型を作り、地図の上に置いた。

　教員「立体の地図を見て気づいたことは？」
　4年生「立体だから、くわしく分かります。ぼくの家の上にも高台があることが分かりました」。
　4年生「高台など、思ったより避難経路がたくさんあることが分かりました」。
　4年生「かさ上げが完成して、たくさんの家や新しい建物がふえてほしいです」。
　4年生「本物そっくりと思うぐらい、似ていてすごいと思いました」。

おわりに

地域を立体地図として教材化した。教材開発をすることで、児童が興味や関心をもち、地域を知ろうとすることにつながった。成果と課題は次の通りである。

1）実践の成果

・道路をたどりながら、地図上に学校や商店街、公園などを並べることで学校を中心とした町の全体の様子が分かり、位置関係を知ることができた。
・土地の高低をつけることで、津波浸水区域をつかむことができた。また、避難経路がいくつかあることにも気づき、自分がいる場所から、一番近い高台に逃げることにも気づくことができた。

・Ａさんが町探検した場所の模型が出来上がり、意欲化につながっている。

・立体を作るとき、児童と教員で建物の作りや役割について話し合うため、より詳しく、対象を知ることができた。

・新しい住宅の建設や嵩上げ工事など、少しずつ復興が進んでいることを知った。

・被災後の新しい町をイメージしながら、未来の建物や公園、店などを豊かな発想で、町の将来を考えることにつながっている。

・立体の町を4年生に紹介した。児童の感想にあるように、高台に通じる避難経路を確かめたり嵩上げの様子を知ったりし、防災と復興について考えを深めることができた。Ａさんと4年生の児童が授業で交流できた喜びも大きかった。

2）実践の課題

・器用な児童であるが、建物の特徴をとらえ、紙で作ることは難しく、教員の支援が多くなりがちである。

・紙で町全体の高低を表す工夫が難しい。支部教研でお菓子の箱や、発砲スチロールを使っての高低の工夫や、地図を折りたたみできる工夫などのアドバイスをたくさんもらった。立体の地図づくりをした教員から具体的なアドバイスを受け、スムーズに町づくりが進んだ。

3）今後について

・建物や公園、公共施設など、まだ十分に作成できていないので、今後の町探検や社会科見学で訪れた場所を作る予定である。

・立体地図を全校児童が目にする場所に展示し、児童が防災の視点で自分たちの町の様子を知る機会としたい。

Ａさんがつくった大船渡町の立体地図

「ぼくの町を紹介しよう」4年生学習シートより

○津波がきた所と避難経路を見て、気づいたこと。

・津波は、線路の所まで来ていた。ひなんけい路は山に向かっていることが分かった。

・ひなんけい路がいくつかあるのを見て、あせらず、でもすぐに逃げることが分かった。

・ひなんけい路がたくさんあって、安心した。

・北小学校や大船渡中学校のような高台にひなんけい路があって、そこに逃げればよいことが分かった。

○大船渡の復興のことや未来のことで気づいたこと。

・ふっこうに向けてかさ上げをしていることが分かった。

・海のそばのひなんビルがすごい。

・どのくらいかさ上げされるのか知りたい。

・未来のことを市の人が考えているからすごいと思った。

・もっとたくさんの店ができるといい。

○立体地図の町の感想。

・かさ上げの所やいろんな建物がくわしくできていてすごいと思った。

・大船渡の町のことがよく分かった。Aさんと先生と二人で作ってすごいと思った。

・くわしくて見やすくてすごいと思った。

19 耕して、種を蒔く
―地域に生きる人との出会いから学びをつくる

〔岩手県山田町 小学校〕

菅野　晋

　本リポートでは、2012年度から2014年度半ばまでに行った総合学習の実践を中心に述べる。「手探り」の実践であったが、津波で変貌し時が止まったような地域で成長する子どもたちのために、何ができるのかを求め続けてきた。自問自答をくりかえしながらも、実践を前進させようともがいた過程の記録である。なお、2012年から2013年の実践及び地域の様子の詳細については、第63次日教組教育研究全国集会（総合学習分科会）で菅野が報告した「被災地における地域学習―当事者性のある学びを求めて」〔実践12〕を参照していただきたい。

1　山田湾に抱かれた地域の学校へ

　陸中海岸―その名を聞いただけで、風光明媚な海岸線の風景と漁師町のにぎわいにあこがれに似た気持ちを抱いたものだった。内陸育ちの私にとって、夏に限って訪れる海の轟、底知れない深さ、そして水面のきらめき、そういったもの全てが心を揺さぶるのであった。

　その三陸沿岸を襲った大津波。その窮状は察しつつも、何をすることもできず、沿岸部の人々に心を寄せながら日常生活を営むことに徹していた。2度ほどボランティアに行き、内陸の学校で、学級の子どもたちと復興学習（まだ、県としての復興教育の動きが出る前）に取り組みながら、「自分にできることは、被災校に行くことだ」という思いを固めていた。

　2012年春、家族の了承を得て単身で赴任したのは、山田町。毎年、家族で海水浴に訪れ、民宿で浜の味に舌鼓を打つのが恒例となっていた。美しい思い出に残る町は津波と火災によって変わり果て、かつての町並を知らない私には、基礎を残すのみのその場所が道路だったのか住居の跡だったのか判別できなかった。

　1年前、校庭には津波が押し寄せ、瓦礫が集積したという。学校裏の友だちの家で一晩を過ごした子、保護者と車で避難する途中に建物や人が流される様子を見た子、そして、帰宅後に被災して命を落とした子がいた。学校は避難所となり、教職員は地域住民と協力して運営にあたった。学区内に建設された仮設住宅は10か所に及ぶ。転出した子どもはほとんどいないが、今なお、自力で家を再建できる人は少なく、全校の約3割の家庭が仮設住宅での生活を続けている。

　赴任当時、被災した保護者たちは生きることで精一杯の様子であり、生活再建の展望が描けない中、子どもの将来について語る声はなかなか聞こえてこなかった。ある保護者は、水産加工の仕事を失い、慣れない土木関係の仕事に四苦八苦していると語った。また、登校安全指導中に出会った仮設住民は、朝から無料入浴施設（町から復興応援事業を請け負ったNPO「大雪りばぁねっと。」が運営。その後、不正な会計処理が発覚し、係争中。この事件は、復興途上の町を揺るがし、暗い影を落

とし続けている）に出かけてビールを飲む事だけが楽しみだと語っていたのを思い出す。一方で、関口剣舞を指導するために学校を訪れる保存会の人たちや夏祭りを企画し子どもたちを楽しませる「おやじの会」の人たちがいた。登下校の見守りを続けてくれている、ある仮設団地の自治会長さんは、「若い人たちには、自治会の活動は俺たちがやるから仕事をしなさい、と言っている。子どもは地域の宝です」と語っていた。

2　手探りで進めた2012実践

　2012年度は、2年ぶりに再開される行事が多く、震災を経験した教職員と新たにやってきた教職員が意思疎通を図りながらその実現にあたっていった。子どもの命を守ることができなかった後悔や、自らも家族や家を失ったり家族の安否が不明になったりした悲しみ・つらさを抱えながら働く仲間がいた。

　担任する5年生は、反応が少なく、何を考えているのか分かりづらい印象だった。子どもどうしのつながりが希薄で、例えば、みんなで声をそろえて出すことを求められる場面では、全体の様子をうかがっているようで、一人ひとりの声が弱々しい。学習中には、「ぜったいムリだ」「えー」といった声が聞かれ、自信のなさが気になった。授業や行事の取り組みを通して、「自己肯定感を味わわせること」と「つながりを作り出すこと」を軸に実践していった。やがて、子どもたちの間に言葉が飛び交うようになり、授業でも、つぶやきや反応が増えてきた。分かっているのか分からないのか、納得しているのか反対しているのか、そういったとらえどころのなさが減少した。

　震災後に海が見えるようになった教室で、心に深い傷を負ったであろう子どもたちと過ごしながら、「津波という過去を乗りこえ、未来に希望を持てるような学びができないか」と考え始めていた。そのためには、津波のメカニズムや、津波から命や財産を守る方法を調べたり、体験を綴ったりするような学習もある程度必要ではないかと考えていた。また、地域の大人から震災時や震災後のことを聞き取り、書きまとめ、討論することを通して、生活の現実に目を向けさせる学習も考えた。しかし、子どもの心の状況もよく分からず、信頼関係も十分とは言えない中で、そうした学習に子どもを引き込んでいくことの危険性を察知し、思いとどまった。では、この子どもたちとどんな学びをつくっていけばいいか？漠然と、「地域の住民と子どもをつなぎ、学校がその結節点となるような学びができないものだろうか」という思いが湧いてきていた。

　2学期、仮設団地に新聞を配って子どもの声を届け、交流の輪を広げていく構想を立て、総合学習『地域に笑顔・元気を届けよう！プロジェクト』をスタートさせた。

　学校行事を中心に、分担して記事を書き、新聞を作った。できあがった新聞は、10月初旬の土曜日に、ある仮設団地の約80戸に届けた。はじめは、おずおずと玄関先に立つ子どもたちだったが、何人かの方に温かく受け取ってもらえると、声にも自信が感じられるようになり、家々を回る足取りも元気になっていった。12月の初旬に2号目の新聞を届けた。

　その後の学習発表会で、これまでの学習の様子を劇にして伝えた。「新聞を作って仮設団地に配る活動をしている架空の小学校の5年生たち。そこへ、転校生がやってくる。それから、子どもたちの周りに不思議なことが起こる。新聞に書いたことが現実に起こるのだ。地域住民との交流を通して、子どもたちは町の未来を考え、特集を書く。そして、20年後、同級会で会った子どもたちの目に映る

　11月に、全校奉仕活動（まごころ銀行）として、縦割り班ごとに計画を立てて仮設団地の人と交流活動を行った。それまで、縦割り班活動は掃除と遊びに限られていた。そこで、全校集団づくりの観点から、班で交流会の計画（ゲーム、役割分担）を話し合い、取り組み、最後に「ふりかえり集会」を行って総括した。また、従来、学年末に行っていた行事を精選・統合し、新たな取り組みとして実施した。児童会担当（私）と、この年、被災校勤務を志願して着任した教務担当Ａさんの合同提案による「まごころフェスティバル」である。提案の根底には、教員の多忙化解消と、地域（仮設団地）と学校とのつながりを一時的なものにしたくないという思いがあった。感謝の会・鼓笛隊の伝承・6年生を送る会を行い、地域の方へ感謝を表すとともに、将来の山田を担う卒業生を地域全体で中学校に送り出してもらおう、というものである。

　行事の構想を話し合ったのは、地元の仮設居酒屋であった。Ａさんと私の思いを校長に話すと、「どんどんやってください」と背中を押してくれた。月に一度、3人で飲みながら、立場を越えた仲間として語り合った。「去年は外に出て飲もうなどと考えられなかった。こうして過ごせるのも2人のおかげだ」。辞表を胸に忍ばせて一年を送っていたというその校長は言った。

　2012年は、新聞作りをメインにした学習と、学級の枠を超えた地域住民との交流へと、「地域と学級・学校をつなぐ学び」が継続・発展していった。一方で、子どもの思いや願いに応え、地域の課題や住民の内実に迫る学びの必要を感じていた。推進校を指定し、わずかな予算を配分して実績を残そうとする県主導の復興教育に対し、被災地における地域学習はどうあるべきなのか。待ったなしの地域に生きる子どもたちにとって、現実を見つめて未来を望む、当事者性のある学びづくりを急がなければならないと思った。

3　忘れ得ぬ出会い

　かつて、仮設団地の自治会長さんが、「子どもは地域の宝です」と語っていた。自主的に防災組織をつくり、その一環として、地域パトロールや下校時の子どもの見守りなどに取り組んでくださっている。地域を担う子どもを地域全体で育てていこう、という思いを感じる。この自治会の皆さんが、「まごころフェスティバル」に来てくださり、さらにその夜、団地の方々と教職員との懇親会を開いてくださった。心づくしの手料理の数々をいただきながら、地域や学校の歴史など、話は尽きなかった。

　また、他の団地の自治会長Ｂさんは、フェイスブックで山田の復興の状況を発信したり、民間の復興支援団体「山田応援団」が山田で活動する際の受け入れに尽力したりしている。あの日、彼自身も船で沖に避難し、変わり果てた町で妻を捜したが行方が知れず、一時はあきらめたという。しかし、彼は、「亡くなった人の分まで…」と言わない。「命あってはじめてできることがある。（命を）大切（にする）とは、こういうこと（意味）がある」。そして、いつ会っても、「将来の子どもたちのために…」という言葉を口にする。今は、山田湾に浮かぶ島（オランダ島）に遊び場としての価値を見出そうとしている。県内外から集まった人たちが、今夏、この島に行って清掃活動をしながら一日ゆっくりと遊んだ。そのために船を出したのがＢさんだ。

　「町には期待できない。都市計画なんていらないよ。でも、旅の人（他所の人）の力を借りて、子

どもたちのために大島を復活させたい。あんな島が湾にある所なんてないよ。旅の人はその良さを分かってるんだよね」。

　時に杯を酌み交わしながら、色々なお話を聞き、実践のヒントを探った。地域の人との出会いやつながりから「子どもに出会わせたい人、もの」を嗅ぎつけるところに、実践が胎動する期待や醍醐味を感じる。

4　当事者性にこだわった2013実践

　これらの人に共通するのは、義務でなく、「今、自分ができることは何か」を考えて実行する主体的な生き方だ。復興への過程を見ながら成長していく子どもたちは、文化を継承しつつ新たなまちや人のつながりをつくる主体になる時が来る。そんな子どもたちに、こうした大人の生き方や思いを道しるべに、あるいは心の支えにして地域の現実や未来を見つめ、できるなら何らかの希望を持ってほしい。

　そんな思いから、持ち上がりの６年生で総合学習『山田の今とこれからを見つめて』をスタートさせた。まず、子どもの思いをさぐるために、山田町の中心街へ出かけて現在の様子を見せるとともに、卒業アルバムの撮影でお世話になっている写真業Ｃさんにお話を聞いた。店と機材を流されたが、お客さんの要望に応えて再開した彼は、「新生やまだ商店街協同組合」の理事長も務め、語り部活動・朝市「いちび」の復活・情報誌発行など精力的に取り組んでいる。Ｃさんは子どもたちに、
「山田を好きになってください」
と語りかけた。子どもたちは、町づくりに意気込むＣさんの熱意に触れ、そのビジョンに子どもへの思いが込められていることをうれしく感じているようだった。

　＜聞き取り後に出された子どもの疑問＞
　・なんで海の近くに店を建てたのか（ケーキ屋さんに）。
　・山田がこれからどういう町になってほしいか（知っている店や働いている人に）。
　・商店街には、どんな店ができるのか（商店街協同組合に）。
　・どこに、本当のちゃんとした店を開くのか（学区内の知っている店の人たちに）。
　・今困っていること。なんで同じ場所に建てたのか（スーパーマーケットに）。
　・魚のとれる量とかが減ったか、漁港の復興は進んだか（漁師さんに）。

　次いで、「海の仕事グループ」「お店・商店街グループ」に分かれ、それぞれ漁協とスーパーマーケットで聞き取り活動を行った。その後、全員で水産加工業・弁当宅配業を営むＤさんＥさん夫妻を訪ね、お話をうかがった。私がどうしても子どもたちに会わせたいと思う方だった。Ｄさんへのインタビューを開始した時、Ｄさんは涙で声を詰まらせ、
「しゃべれねぇ」
と、語ることができなくなった。代わりにＥさんが、
「ずっと海で仕事をしてきたから、とにかく、生きるためにやんねえば、と思った」
と語った。子どもたちは、この涙について、「つらかったことを思い出したのだろう」「ここまで来る

のに大変だったのだろう」と思いを巡らした。

　インタビューの最後に、Dさんは、

「俺たちはもう花を咲かせることはできない。だから、俺たちにできることは、耕して種をまくことだ」

と語り、子どもたち一人ひとりの頭をなでてくれた。

　いつの日か、復興を果たした町に、子どもたちはこの言葉の真の意味を見出すのだろうか。復興には、事業そのものに付随する課題と、震災以前から町が抱える課題が混在している。

　そこで、この町の光と影に目を向けさせた。子どもたちに、「復興に対してプラスになりそうなこととマイナスになりそうなことは何だと思うか」と投げかけた。すると、子どもたちは、これまで聞き取った情報を直感的にプラスかマイナスに分け、活発に理由を話し合い始めた。それを、「これからの山田の問題」としてまとめた。

〈海・自然の問題〉

＋目標を立てて、かきやほたてを生産しようとしている。

＋海がきれいになっているようだ。

＋特ちょうを生かした生産。

－働く人がへっている。

－お年寄りがやめて、若い人が入らない。

－魚や貝のとれる量がへっている。

－他の貝がふえて、かきやほたてが育たない。

〈商店・町の問題〉

＋個人でやっていたことを共同でやろうとしている。

＋本当に必要なもの（これがないと何もできないもの）から元にもどす。

＋朝市など町をにぎやかにする取り組み。

＋店の人をはげます。

＋いい町にしたい、と思っている人が多い。

－町の人口がへっている。

－店に来るお客さんがへっている。

－働く人がへっている。

　「プラスになりそうなこと」は、それを実現するために、または生かすためにどんな取り組みが必要かと考え、「マイナスになりそうな問題や課題」は、それらをプラスにしていくためにどんな取り組みや工夫が必要かと考えて、自分たちなりの意見を出し合った。

　さらに、30年前の町で開発ラッシュが湧き起こり、公共施設や観光施設が次々に建設されていったことを教えた。遊園地（マリンパーク山田）も作られ、1992年の「三陸・海の博覧会」会場にもなったが、その後来場者の減少から経営不振に陥り、営業中止、取り壊しに追い込まれた経緯を説明し、「あれから20年がたって、当時の人たちが思い描くような町になったか」と問いかけた。子どもたち

は、津波襲来以前に地域経済の衰退が始まっていたことを知り、町の未来を考える上で、必要なのは目先の利益や豊かさを求めることではないと気づいていった。

　学習の最後に、夜の懇親会を通じて知り合った、本校卒業生の若手役場職員を招いて話をしてもらうことにした。役場職員として復興や町づくりの視点からだけでなく、地域に生きる先輩として思うところを語ってもらいたいと考えた。さらに、復興整備の中心的部署の職員も招き、自分たちの意見に対する見解を述べてもらう「意見交換会」を開いた。

　　　＜役場職員への意見・質問と回答＞

Q1．震災がなくても、人口は減っていたと思います。その原因の1つは、交通の便の悪さだと考えますが、他にもどんな原因があるか教えてください。 　A　住める場所が少ないこと。町民のニーズ、意見を聞いて話し合いながら安心して暮らすことができるように計画を立てている。
Q2．山田線が復旧するとしたらいつごろで、安全に利用できるようにどんな対策を考えていますか。 　A　はっきりしていないが、通学する高校生が利用しやすいようにしていきたい。
Q3．町の人口が減っているそうですが、町をにぎやかにする取り組みや山田を紹介することで増やすことができると思いますが、いかがですか。 　A　住み続けることが問題だ。山田は、物は少ないが気候もよくて住みやすいので、安心して暮らせる町にしていきたい。
Q4．スーパーマーケットや漁協でのインタビューから、働く人が減っていることを知りました。働ける場所を増やすだけでなく、どんな仕事があるか紹介したり見学できるようにしたりするといいと思いますがどうですか。 　A　働く場所をつくることは難しいが、安定した雇用をめざしたい。
Q5．釜石のように、山田に大型店ができたら、働く場所やお客さんも増えるかもしれません。でも、山田のことは知ってもらえないと思います。山田を紹介する施設を作る予定はありますか。 　A　「とっと」のような観光案内所がある。山田駅を中心に、町の拠点となる商店街を整備する。
Q6．昔のように、遊園地をつくったりすれば観光客が増えるという考えは、新しい町づくりにも取り入れられるのですか。 　A　今のところ、そういう話はない。海を生かし、1回だけでなく何度も来たくなるようなことを考えていければいい。
Q7．商店街や漁協でのインタビューから、個人でやってきたことを共同でやろうとしているとわかりました。助け合うことは、これからの復興にとって大事だと思いますか。 　A　大事だ。しかし、役場だけでやろうとしてもできないこと。
Q8．何よりも、仮設住宅に住んでいる人が自分の家を建てられるようにすることが大事だと思うのですが、なぜ、なかなか建てられないのですか。 　A　建てられる場所には限りがある。造成に時間がかかる。
Q9．これからの町づくりでは、安心して豊かに暮らせる町をめざすことが大切だと思いますが、みなさんのお考えを聞かせてください。 　A　町民一人ひとりの要望をかなえるのはとても難しいが、安心して暮らせるよう努力していく。

5 地域の「オーダーメイド教育」の可能性を探る2014実践

1）子ども、地域文化としての祭り

　6年生担任になり、昨年度の実践を発展させていきたいと考えた。学級の子どもたちは、自己主張が強い子どもを中心に力関係ができており、5年生までは落ち着かない状況が続いた。学力差が大きく、学習で肯定感を持つことができない不満を抱えていた。信頼関係や協同に弱さを抱える一方で、気持ちがまとまると大きな結束力を発揮することがある。かかわる方法を学んでいないだけで、一緒に学びたい、活動したいという思いは強いと感じた。

　学校外でそのことを感じたのは、地域の祭りの時であった。7月初旬の関口神社例大祭では、出演・見物含めて学級15人全員が参加していた。関口剣舞3人、不動尊神楽1人。祭りを楽しみ、守り伝える山田の気風を肯定的にとらえている子どもが多い。

　秋の山田祭りでは、大杉神社からの要請に応じて、さらに7人が神輿を先導する太鼓（どらんでぇこ）の叩き手、神輿の到来を告げる旗持ち（船印）などの役を引き受け、日がな一日町を練り歩いた。

　山田祭りは、八幡宮の例大祭と大杉神社の例大祭によって構成され、3日間にわたって神事や神輿の渡御、郷土芸能が繰り広げられる。お祭り広場では歌謡ショーや各種団体の発表があり、屋台目当ての客も多くにぎわいを見せる。夏休みに、校内研究会で地域学習会を開き、両神社の宮司からお話を聞いた。折しも、津波で大破した大杉神社の神輿の復元が終わって、岐阜県からもどった神輿を地域住民に披露する日が間近に迫っていた。

　学区出身の町議（大杉神社祭典運営組織の責任者）の強い誘いを受け、私も付き添いで子どもたちと歩いた。実際に祭りに参加し、祭りに関わる人たちの思いや、地域における祭りの意義を体感してみたいという期待があった。祭りが始まると、海上渡御の復活により、関係者の並々ならぬ意気込みと地域の期待の大きさを感じた。男たちが海中に担ぎ込んで漁船に乗せた神輿は、湾内を一周し、外洋への出口にある明神様に豊漁と操業の安全を祈願する。大漁旗（福来旗）や竹で飾った漁船群が海上に列をなして航行し、船上から虎舞や剣舞などの郷土芸能が奉納される様子は、まさに海の祭典にふさわしく壮観そのものであった。

2）実践の構想

　子どもたちは、5年時の総合学習で、「山田の醬油」に関する調査に取り組んだ。独特な風味を持ち、町内の家庭や飲食店で広く愛されるこの醬油が、どこで、どのように作られているのか、そしてなぜ多くの人に愛されるのかを追究した。日常生活に溶け込んだ製品の特徴を、他の銘柄との比較から相対的にとらえることにより、再評価し価値を見出す学習となった。

　以上のことをふまえ、総合学習『山田の今とこれからを見つめて』（全30時間）をスタートさせた。まず、子どもたちに昨年度の学習の様子を知らせ、山田の抱える問題（人口減少、雇用環境の低迷、市街地化計画の是非）について簡単にとらえさせた。その上で、「山田にしかないもの、山田に守り受け継がれているもの」を「山田のオンリーワン」として考えさせた。まとめると、次のようになる。

・味：かき小屋、山田のしょうゆ、山田せんべい
・祭り：海上渡御、力を出し切る男たちのかっこよさ

・自然：関口川源流、大島・小島

・人：知らない人でも交流できる、温かさ

伝えるための方法として、祭りやかき小屋に招待、おみやげに特産品、イメージアップ、グッズ

そんな子どもたちに出会わせて、思いから学ばせたい方々を選定した。

○養殖業ＤさんＥさん夫妻

○飲食業・製菓業Ｇさん

○大杉神社の祭典運営に携わる町議会議員

○山田の海や自然を全国に発信するＢさん

特に、Ｇさんは、最近学校のほど近くに本設店舗を開店させ、うどん専門店と山田せんべい工房、洋菓子店をきょうだい・家族で営む。さらに、マリンスポーツ体験と地場産品を生かした料理を提供する観光事業も計画しているとのことである。何より、念願の本設店舗で再起をかけるのみならず、地域の活性化に貢献するという目標が、この学習のねらいに合致した。

3）体験・聞き取り活動

まず、ＤさんＥさん夫妻のご協力で、ホタテの殻の付着物を落とす作業を体験させていただいた。

「なぜ、養殖の仕事を続けようと思ったのですか」

子どもたちの質問に、

「やってほしいというお客さんの声が励みになったんだよ。お客さんの笑顔に元気をもらって、おいしいと言ってくれると疲れも忘れるんだよね」

と答えるＤさん。子どもたちは、軽トラック市をはじめとするイベントも元気をもらう機会であること、

「イベントには、ホタテだと700枚ぐらい用意するかな」

の言葉から、体験を通した分、大変な労力がいることを知った。自分できれいにしたホタテをプレゼントされた子どもたち。「海の仕事に対する魅力や自然の恵みの尊さを感じてほしい。全てを奪った海を憎むだけではなく、少しずつ海に目を向けていってほしい」という思いも受け取ったのではないだろうか。

次いで、Ｇさんを訪ね、山田の伝統食「山田せんべい」の工房を見学させていただいた。両親の営んでいた菓子店を引継ぎ、町内では２軒で今も細々と作っているという。県産食材へのこだわりは、せんべい、うどん、洋菓子に及ぶ。

「なぜ、きょうだいでお店をやろうと思ったのですか」

「仲がいいから。みんなも家族と一緒に楽しいことをしたいでしょう？大事な人と仕事をしたいからです」

「どうして、ここに店を建てたのですか」

「津波をかぶったけれども、逃げればいい。建物が流されても、命があれば何でもできる。それに、かさ上げする新しい場所よりも人の流れがあると考えた」

「復興のために、何をしていこうと思っていますか」

「『人づくり』。山田を離れても、戻って来て一緒に働いてくれる人を育てたい。人と人のつながりを活発にして、交流人口を増やしたい」

ここにも、「今できることを考えて実行する主体的な生き方」＝当事者性をもった人の姿が表れている。

30年前、町は水産業不振の課題を抱えながら、公共事業や、遊園地に代表される通年観光の拠点整備事業が次々に実施されていた。雇用を生み出し、他の観光地に競り勝つという展望は、津波が来る来ないにかかわらず先細っていった。こうした産業の衰退は、行政に頼り、「人づくり」を重視しなかった町民全体の問題でもあることを思えば、出会った方々から、「人の復興が町の復興に結びつく」という思想の実践を学ぶことができる。

なお、これらの学習は、産業について学ぶ5年生と合同で行った。震災時を経験した5年担任は、これまで、なかなか地域学習に踏み切れなかったという。今後も合同での聞き取り活動を取り入れながら、少しでも後押しできたらと思っている。

4）地域文化を発信した学習発表会

学習発表会では、総合学習の一環として地域の価値を発信したいと考えた。学習が半ばだったこともあり、今後聞き取りを行う大杉神社の祭りを題材とすることにした。子どもたちの多くが参加したことで思い入れも強く、剣舞や太鼓といった地域文化を発表する機会になると考えた。学級づくりの観点からも、子どもが得意なことを生かして劇を演じることにより、互いを認め、肯定感を得て集団として高まることを期待した。

山田地方に次のような伝説がある。

「江戸期、　　修験者と漁民との感情の衝突があり、修験者を殺害して湾内のオランダ島に埋めた。不漁が続き、山田の人々が『島の坊』と呼んだこの修験者の祟りであるとして、神社を建てて慰霊した。これが大杉神社の起源である」。

大杉神社は、学区内にあり、「大杉様」または「アンバ様」と呼ばれる海神を祀る。津波で社殿が破壊されたので、震災後、初めに神社が建てられた小高い山の頂上に再建された。この神社と祭りの来歴をテーマに、子どもたちが、祭り行事や郷土芸能に取り組む自分自身と地域の歴史を重ね合わせていけることを念頭に置いて脚本を書いた。ただ、修験者を殺害したという部分に解釈を加え、あくまで山田の風土を愛した存在と設定した。漁民に慕われながらも、財政の再建のために産業を開発し利益を搾取する南部藩と対立する―という筋書きである。

祭りから、半月余り。その興奮を再燃させるかのように、子どもたちは意欲的に活動を始めた。ダンボールで神輿作りに夢中になる子ども。「ワッセ、ワッセ」とかけ声を出しながら神輿を体育館に運び、劇の練習で破損が生じると、「岐阜県で修理すっぺ」と言って図工室に入れる。鳳凰まで作って屋根に乗せ、金紙を張り付けて本物に近づけた。

また、剣舞の練習では、地元関口の子らが熱心に指導した。学校で伝承している剣舞にはない演目にも挑戦し、地域住民や下級生に披露することをめざした。

物語に入り込み、修験者を助けようとする漁民や、利益を搾取しようとする人物に対する不満が次第にセリフに表れるようになっていった。何より、剣舞、太鼓、神輿渡御の場面を生き生きと演技し、最後に郷土の自然や人の心の美しさを愛でる歌を澄み切った歌声で合唱した。家族や地域の人たちから褒められ、子どもたちの満足感はさらに高まったことと思う。今回の劇は、子どもたちが持つ文化と担任の文化が地域文化を介して出会い、作り上げたものである。この取り組みが地域に訴える力（発信力）を持っていたことを確認し、今後の総合学習の道筋を示してくれたように思う。

5）今後の学習の展望

　劇の発表は、地域文化を担う当事者としての自己表現そのものであった。伝説・祭りという文化が、地域においてかけがえのない価値を持つことを体感した子どもたち。しかし、狭い地域や自分たちにとって価値があるというだけでは、この町の未来を拓く視点となり得ない。

　そこで、今後まず、これまでの聞き取り活動から、町の再興に向けた取り組みにつながるキーワードを探す。次いで後半の聞き取り活動では、そのキーワードを拠り所にして地域の人の思いを引き出していきたい。次第に集約されるいくつかの視点で町の諸現象をとらえたとき、子どもたちはより現実的に地域の価値を見定め、さらに新たな価値を見出そうとすると考える。めざすところは、子どもたちなりに「新たな価値を創出する」ことである。

　具体的には、聞き取り活動と並行して「山田のオンリーワンラボ（研究所）」を立ち上げ、個人課題から、「祭り・文化」、「自然・観光」、「人・特産物」のテーマごとにグループを作る。ＰＲの方法まで考えてまとめ、発信へと進めていきたい。

おわりに

　2012年実践で学んだ、「学校は地域と子どもをつなぐ結節点」という視点。そして、2013年は、その視点を具体化させ、地域で主体的に生きる大人に出会い、思いを知ることを通して将来の自分ともつながりを作り出す実践を展開した。今年度は、被災地における地域学習のまとめと位置付け、人や文化とのつながりから新たな価値を生み出す「クロスロード」としての学校を意識して実践を続けている。

　東日本大震災により被災した沿岸部において、地域の再生、産業の復興は、まだ途についたばかりである。これまでの実践により、今まさに地域でこの大きな課題に向き合い、主体的に生きる人々は、「人をつくり（育て）、人をつなげて新たな価値の創出に取り組む」点で共通しているという結論に達した。

　同時に、学校のイメージが、地域の中の点から、地域の人や文化に結ばれた線、さらにはネットワークへと拡大し、地域に根ざした骨太な「オーダーメイド教育」の可能性を探る方向性が見えてきた。

　学校が地域課題から教育課題を立ち上げ、人づくりを進めるならば、地域と学校は、共に地域再興の道を歩むことができるのではないだろうか。

20　美術は 3・11 と どのように向き合っているか

〔岩手県（宮古市）特別支援学校〕

細野　泰久

はじめに

　2011年3月11日の東日本大震災は、現在の日本という国のすべての領域に甚大な影響を与えた。それ以後の日本の社会は、これまで当然と思われて流れてきた日常のあらゆる場面で、根源的なレベルからの問い直しを迫られている状況がある。3・11は、当然のことながら学校現場にもさまざまな影響を与え続けている。震災時に盛岡に勤務していた筆者は、昨年度から沿岸部の宮古市に転勤し、直接被害を受けた地域で生活することになった。美術の教員として、また以前は制作者として、そして現在は美術教育や特別支援教育を心理学的な側面から検討しようとする立場で、美術と関わってきた。また、現代美術の作品制作を休止してからは、心理学や認知科学を学んできた。3・11時は、盛岡市の病弱特別支援学校に勤務していたが、この学校は児童養護施設や情緒障害児短期治療施設と隣接し、医療的なケアが必要な精神疾患児や被虐待児が多く在籍する全国で2校しかない病弱特別支援学校である。隣接する施設には、震災で保護者を亡くしたり、住む家を津波で流されたりした子どもたちがおり、新たな学びの場として病弱特別支援学校に入学したり転校したりしてきている。子どもたちの中には、発達障害が基底にある上に震災によるPTSDが加わった重篤な事例もあり、精神科病院に長期入院している子どものため、付き添う看護師に何重もの錠を開けてもらい、閉鎖病棟に入り授業をするという体験もした。それらの体験をきっかけに、阪神大震災時に初めて日本に導入されたPTSDの心理学的なメカニズムと精神疾患児や被虐待児への支援を実践しながら学ぶ作業を行ってきた。同時に、3・11以降の美術と震災の関わりを、機会を捉えてゆるやかにフォローしてきた。

　そのような状況の中で、首都圏から陸前高田市に移住して震災後の陸前高田の復興を3年半にわたって記録してきた2人組の若いアーティストに出会ったことから、この機会に 3・11と美術、美術教育、学校教育との関わりを考えてみようと思い立った。「現代美術」は、単に時間的に“現代の美術”をさすような4文字の成語ではなく、もともと1945年の第2次世界大戦終戦後に興隆し展開してきた前衛芸術をさす用語である。この言葉が示すのは、絵画・彫刻・デザイン・工芸等と分類される古典的な美術とは全く異なる美術の有り様である。この現代美術のフィールドでのアクティブな試みが3・11とどのように関わってきたかを考えてみたい。

1　3・11と美術の関わり

　筆者は、「美術による学び研究会」という、美術教育関係の教員や大学の研究者、美術館や画廊関係者などが参加するゆるやかな研究会に所属している。その会の主な活動はメーリングリストで、全

国で行われている美術教育に関するさまざまな情報を交換することである。定期的に発行されるメールマガジンがその活動を活性化させている。ニューヨーク近代美術館のエデュケーターだったアメリア・アレナスの実践によりポピュラーになり、日本でもさまざまな試みが行われている対話型鑑賞の実践が、この研究会の重要な核となっている。全国を巡回して参加者が実際に顔を合わせて研究や実践を交流し合うオフ会である研究大会も行っている。このメーリングリストでは、3・11直後からさまざまな情報が飛び交い、美術に関わる者が震災にどう関わるかがさまざまに議論され、試行錯誤されながら実践されてきた。このメーリングリストで紹介されたのはほんのひとにぎりであり、全国的には公立美術館をはじめとしてさまざまな社会教育施設や商業的な画廊、作家個人レベルなど、到底把握しきれないほどの試みがなされてきた。

　2011年度、企画展の予算がまるごと0になった岩手県立美術館は、その後も続く緊縮した予算の中で非常に重要で多様な試みを行ってきている。岩手県内で継続して活動する地元アーティストたちの表現に震災の経験を問う企画や、アーティストに限らず一般の人々が震災に直面して何を見て、絵画としてどんな表現をしたのかを、年齢・性別・専門的な美術教育の経験の有無を問わず収集した、おそらく100年後200年後に貴重な資料となる試みなど、重要な事業が行われた。また、教育普及のスタッフを中心として、多数のボランティアが関わった被災地での造形教室「ユメノマチ」プロジェクトも、特筆すべき重要な試みである。

　2011年8月から11月に行われた「ヨコハマトリエンナーレ2011」では、震災に関連した展示が複数行われた。宮城教育大学美術講座の教員企画による、津波の流出物を並べた展示が特に印象的だった。また会期中には震災をテーマにした重要なシンポジウムが行われ、それに参加することもできた。甚大な被害を受けた宮城県気仙沼市のリアスアーク美術館は、3・11後、震災の記憶や記録を常設展示として残すことが、美術館の活動の中心となった。これらはほんの一例だが、全国の美術館やアート・イベント等で、震災に関わる多様な試みがなされてきている。

2　アート・プロジェクトの実際

　ここでは、震災に関連した3つのアート・プロジェクトを紹介したい。最初に、京都の染色工芸作家が震災後に被災地を回って行っていて、今年も本校で行われた「野染め」。2つめは、東京都の図工美術科の教員の発案から被災地の小中学校や都内の小学校でとりくまれ、海外での巡回展も行われている「きぼうのて」プロジェクト。そして3つめは、東京から陸前高田市に移住して現地で生活しながら記録と表現を継続して行ってきた小森はるかさんと瀬尾夏美さん、2人の作家による巡回展「波のした、土のうえ」である。「野染め」は、被災地の学校を回って行っているが、企画には教員は関わっていない。できあがった野染めの布は、校内で窓を覆うスクリーンなど、さまざまに活用されている。「きぼうのて」は、発案から、各地での実践まで図工美術科の教員が行い、各校の子どもたちが参加した。「波のした、土のうえ」は、学校の教員は一切関わっていないが、美術と震災それぞれについて、そしてその両者の関わりを考える上で非常に重要である。絵画や映像の表現性や記録性、美術という表現そのものの価値や、それが学校教育のカリキュラムに位置づけられていることの意味を再考させるものである。

　筆者の勤務校で行われた「野染め」は、京都に工房を開いている染織工芸作家が行っているプロ

ジェクトである。この方は、エイズ・キルトの活動への参加等、美術表現が具体的に社会とつながりをもつ試みを行ってきたキャリアの長い作家である。エイズ・キルトは、エイズによる犠牲者を単に統計上の数字として捉えるのではなく、一人ひとりを具体的に追悼できるよう、人一人が横たわることのできるサイズの布に、亡くなった人々が着ていた服や愛用していた小物などを縫い付け、集めたメモリアル・キルトである。次に、野染めやキルト等の活動や東北の手わざを紹介する展覧会等の活動を紹介する作家のブログのトップサイトにある文章を引用させていただく。

　3・11巨大複合災害により失われた（失われつつある）人・動植物・風景を、皆で染めること（野染め）、縫うこと（メモリアル・キルト）を通じ記憶し、出会い、話を重ね、泣き、怒り、そして笑い合う、時間と場所を一緒に作っていきたい。
（さいとうひろしブログ「風の布・パピヨン」　http://blog.canpan.info/shamurie/2020年12月29日閲覧）

　本校での今年度の「野染め」は2015年8月24日に行われた。昨年は校庭で行うことができたが、当日はあいにくの雨のため、急遽体育館で行われることになった。学部ごとに時間を分けて2回行われ、小学部20数人及び中学部15人の子どもたちが体験した。子どもたちは、巾120cm・長さ16mほどの大きな白い布に、幅広の刷毛で染料を塗ったりたらしたり、伸び伸びと色を加えた。染料は昨年から、玉ねぎの皮・桜・コチニール・キハダ・セイロンティー・棕櫚等、発色の優しい天然染料になり、香りのよい染料もあって、身体性の伴う染めの作業そのものを楽しむことができた（図1）。完成した野染めの布は、校内展示の際のディスプレイや窓の目隠し等、さまざまに利用されている。折り畳んだ布を広げると、いつまでも天然染料の香りがして、気持ちを落ちつかせる効果がある。

図1　野染め（体育館に吊るし乾燥中の作品）
（2015年8月24日、岩手県立宮古恵風支援学校にて筆者撮影）

3　学校にとってのアート・プロジェクト

　学校現場でアート・プロジェクトを行うためには、さまざまな課題がある。当然だが、プロジェクトを受け入れるためには、時間や場所を確保しなければならない。学校は通常カリキュラムに余裕がなく、新たな行事を行うことが難しい。特に年度途中から年間計画を変更して実施するのは時間的にも困難であり、教員の抵抗も大きい。特別支援学校では行事が過多な傾向があり、精選が望まれている。実施となれば、子どもたちに対してどのような効果があったかの検証も必要となる。このように学校がアート・プロジェクトと関わっていくには、多くの課題がある。

　だが、総合的な学習の時間の外部講師のように、アーティストを活用することには可能性がある。情緒障害や愛着障害のある子どもたちは、学校を訪れた外部の人に、日常の様子から想像できないほど礼儀正しく、親しげに友好的に振る舞う。心理学でいうハネムーン効果である。この効果は数日から一週間程度しか続かないのだが、“外部の人から学ぶ”というのは、一般の子どもたちだけでなく、学ぶこと自体が困難な障害のある子どもたちにもはっきりとみられる事柄である。また、アーティストとは、学校文化とは異質な文化を背景に持つ人間である。芸術作品を制作するためのイメージを展開する能力や創造的な技能を備えていることはもちろん、外界の状況を敏感に捉える感性や、人間に対する豊かな感受性や共感性を備えている場合もある。知人のアーティストの例だが、わずか数時間のゲスト授業とその前後の教員との会話で、学校現場が日常的に抱えているが通常は意識されない隠れた問題を感じとり、筆者に話してくれたことがある。そのような子どもたちにとって未知の存在であるとともに、多くの可能性を含んだ他者であるアーティストを積極的に活用したい。

おわりに

　このリポートは、美術が3・11とどう関わってきたか、今どう関わっているか、そしてこれからどう関わっていくのかを不十分ながらもフォローする試みの端緒であり、その両者の関わりに、学校教育における美術教育の重要な意義の一つが見いだせると考える。さらには、現在の被災地の状況と日本の状況、学校教育の状況や美術教育の状況、さらに現代美術の有り様を併せて現在を共有し問題を検討していくこと、そしてその成果をそれぞれが生活し実践する場で活かすことができればと考える。

　情動を伴う芸術体験をすること、そのことによって人間の意識を変容させていくという、他教科の学習では想像もつかないような芸術教科の学校教育における意義と可能性をあらためて考える機会となれば幸いである。

21　海に学び、地域を育てる総合学習

〔岩手県山田町 小学校〕

菅野　晋

はじめに

　今年度、沿岸部の山田町立山田北小での勤務を終えて内陸部の学校に戻った。ある程度は予想していたが、県が主導する復興教育（「いわての復興教育」プログラムに基づき、各学校では、「いきろ」「かかわる」「そなえろ」の3つの教育的価値を学校経営の重点に位置付けた。モデル校に予算を付け、実践報告集を発刊するなどした）はすでに形骸化し、現任校では、驚いたことに月曜日の朝読書に復興教育副読本（県が作成したものだが、震災が孕む人権等の問題への言及はなく、また、各地の出来事について取り上げる場合も、個々人の内面（判断や葛藤）が語られず、美談化されて特定の価値へ誘導することもあるような記述が多く問題が多い）を読ませることになっていた。震災・復興に関連する授業はないが、「世界遺産授業」や「薬物防止教室」など外部事業の受け入れは多い。このように、内陸部の学校で「復興教育」期はとうに過ぎ去っていたのである。沿岸部での勤務経験や復興状況について尋ねられることもなく、まして実践について語る機会もない。

　そこで、沿岸部における5年間の実践の総括と位置付けて本報告をまとめた。その目的は以下のとおりである。

　　ア）「真の学力」を育て、地域の主体者への成長につながる学びを地域・子どもの実態からどのようにつくるかを探ること。

　　イ）沿岸部、とりわけ被災地域での実践を紹介し、実態の異なる地域における実践構想・具体的活動等の共通性及び特殊性について確認すること。

1　2012年の5年生の学習

　4月当時、被災した保護者たちは生きることで精一杯の様子であり、生活再建の展望が描けない中、子どもの将来について語る声はなかなか聞こえてこなかった。過酷な経験をして心に深い傷を負った子どもたちとともに暮らしながら地域の住民と子どもをつなぎ、学校がその結びめとなるような学びを通して、地域・保護者・子どもに何らかの希望を抱かせる学びを模索し始めた。

　そうして行ったのが総合学習「地域に笑顔・元気を届けよう！プロジェクト」の実践だった。

①学級新聞を作り仮設団地に配布する

　できあがった新聞は、10月初旬の土曜日に、ある仮設団地の約80戸に届けた。

　その団地に暮らす2人の児童と、手伝いに来てくれた4人の児童で配布活動をした。「5年生が見た町の様子がとても楽しかったです。北小の皆さんがんばっているようすがよくわかりまし

た。たいへんでしょうが、また作ってください」といった住民からの感想に励まされ、12月の初旬に２号目の新聞を届けた。子どもたちにも笑顔が見られた。

②学習発表会で劇を演じる

　ストーリーは、「ある小学校の５年生たちは、新聞を作って仮設団地に配る活動をしている。そこへ、転校生がやってくる。それから、子どもたちの周りに不思議なことが起こる。新聞に書いたことが現実に起こるのだ。地域住民との交流を通して、子どもたちは町の未来を考え、特集を書く。そして、20年後、同級会で会った子どもたちが見る町は …」というもの。

③地域とつながる活動の全校への広がり

　当初は交流活動を計画していたが、５年生単独ではなく全校奉仕活動（まごころ銀行）として、縦割り班ごとに計画を立てて仮設団地の人と交流活動を行った。さらに、従来、学年末に行っていた行事を精選・統合して、地域の方へ感謝を表すとともに、将来の山田を担う卒業生を地域全体で中学校に送り出してもらおう、というねらいで「まごころフェスティバル」を実施した。

2　2013年の６年生の学習

　地域には様々な立場で産業の再建や地域社会の再生という課題に取り組む人たちがいる。商店街組合を立ち上げて、魅力あるまちづくりをめざす活動や提言を積極的に行う商店主たち。弁当の宅配事業を起し、休日には「軽トラック市」で山田の味覚を振る舞う水産加工業の元保護者。こうしたおとなの生き方や思いを導きの糸に地域の現実や未来を見つめ、何らかの希望を持ってほしいと考えた。

　そうして行ったのが総合学習「山田の今とこれからを見つめて」の実践だった。

①地域・人との出会い

　卒業アルバムの撮影をしていただいているAにお話を聞いた。仮設のプレハブの店舗で、Aは子どもたちに、「山田を好きになってください」と語りかけ、記念に写真を撮ってくださった。子どもは、「山田は、震災前に比べて店とかは少ないけど、Aさんたちのように山田を復興させようとしている人がいると知りました。こういう人が努力してるから、山田が少しずつ復興しているのだと思います」などの感想を持った。

　「海の仕事グループ」「お店・商店街グループ」に分かれ、それぞれ漁協とスーパーマーケットで聞き取り活動を行った。その後、全員で水産加工業・弁当宅配業を営むBを訪ね、お話をうかがった。インタビューを開始した時、Bは涙で声を詰まらせ、「俺たちはもう花を咲かせることはできない。だから、俺たちにできることは、耕して種をまくことだ」と語り、子どもたち一人ひとりの頭をなでてくれた。

②役場職員との意見交換会

　本校卒業生の若手役場職員から、地域に生きる先輩として思うところを語ってもらった。復興整備の中心的部署の職員にも加わっていただき「意見交換会」を開いた。「昔のように、遊園地をつくったりすれば観光客が増えるという考えは、新しい町づくりにも取り入れられるのですか」「今のところ、そういう話はない。海を生かし、１回だけでなく何度も来たくなるようなことを考えていければいい」など、自分たちの考えに対する町の意見をうかがった。

3　2014年の6年生の学習

　学力差が大きく、学習で肯定感を持つことができないことから不満を抱える子もいて、信頼関係や協同に弱さを抱える一方で、まとまると大きな結束力を発揮することがある学級であった。地域の祭りに、出演・見物含めて学級全員が参加していたのを見て、祭りを楽しみ、守り伝える山田の気風を肯定的にとらえている児童が多いと感じた。なお、この年、津波で大破した大杉神社の神輿の復元が終わり、震災後初めて神輿が海上を渡御した。

　この年の総合学習のテーマも昨年と同様に「山田の今とこれからを見つめて」を行った。

①地域を見つめる視点をもつ

　まず、子どもたちに昨年度の6年生の学習で得た「山田が抱える問題（人口減少、雇用環境の低迷、市街地化計画の是非）」について簡単にとらえさせた。その上で、「山田にしかないもの、山田に守り受け継がれているもの」を「山田のオンリーワン」として考えさせた。一例を挙げると、かき小屋、山田のしょうゆ、山田せんべい、山田祭り、海上渡御、力を出し切る人たちのかっこよさ、関口川源流、大島・小島などの自然。

②体験・聞き取り活動

　まず、Bのご協力で、ホタテの殻の付着物を落とす作業を体験させていただいた。自分できれいにしたホタテをプレゼントされた子どもたちは、「全てを奪った海を憎むだけではなく、海の仕事に対する魅力や自然の恵みの尊さを感じてほしい」という思いを受け取った。

　次いで、この頃、学校近くにうどん専門店と山田せんべい工房、洋菓子店を本設開店させ家族で営むCを訪ねた。

「どうして、ここに店を建てたのですか」

「津波をかぶったけれども、逃げればいい。建物が流されても、命があれば何でもできる。それに、かさ上げする新しい場所よりも人の流れがあると考えた」

「復興のために、何をしていこうと思っていますか」

「『人づくり』。山田を離れても、戻って来て一緒に働いてくれる人を育てたい。人と人のつながりを活発にして、交流人口を増やしたい」

③学習発表会で発信する

　「地域の価値」を発信したいと考え、山田地方に残る伝説を取り上げた。

　"江戸期、一修験者と漁民との感情の衝突があり、修験者を殺害して湾内のオランダ島に埋めた。不漁が続き、山田の人々が「島の坊」と呼んだこの修験者の祟りであるとして、神社を建てて慰霊した。これが大杉神社の起源である。"

　神社の祭りに子どもたちの多くが参加したことで思い入れも強く、剣舞や太鼓といった地域文化を発表する機会になると考えた。祭りの興奮を再燃させるかのように、子どもたちは意欲的に活動を始めた。ダンボールで神輿作りに夢中になる男子。鳳凰まで作って屋根に乗せ、金紙を張り付けて本物に近づけた。また、剣舞の練習では、地元関口の子らが熱心に指導した。学校で伝承している剣舞にはない演目にも挑戦し、地域住民や下級生に披露することをめざした。

④地域の価値の再発見〜オンリーワンブックの作成

　体験、聞き取り、劇の発表で、海の自然や文化が地域でかけがえのない価値を持つことを体感し

た子どもたちに、より現実的に地域の価値を見定め、さらに新たな価値を見出そうとすることを期待して次のような学習を展開した。

　　　ア）これまでの聞き取り活動から、地域の価値につながるキーワードを探す

　　　イ）そのキーワードを拠り所にして、地域の自然を発信する方からお話を聞き、その思いをとらえる

　　　ウ）個人課題から、「祭り・文化」、「自然・観光」、「人・特産物」のテーマごとにグループを作り追究する

　　　エ）紙芝居にまとめて発信する

⑤実践を振り返って

　　子どもたちは、自分たちなりに地域を見直し、独自の価値を見出していった。

　　その多くは目新しい物ではないが、体験・学習・演技の発表などを潜り抜けることで新鮮な発見があり、地域文化と出会い直すという意味もあったのではないかと思われる。地域が変貌しても、地域に誇りを持ち、新たな価値を創り出してほしいと願い実践した。

4　2015年の３年生の学習

　３年生の社会科では、地域において土地がどのように活用されながら町が形成されているのか、物を売る・生産する仕事が自分たちの生活とどのように結びついているのか、さらに、地域に伝わる行事や受け継がれる文化はどのようなものかについて学習する。

　東日本大震災から４年が経過した頃、市街地を中心に大規模な造成工事が続いており、以前の地域の様子を想像するのが難しいほど変貌していった。こうした状況をふまえ、総合学習と関連を図り、地域の今と過去の様子を比較しながら丹念に調査し、地域の人の意見を聞きながら今後の町づくりについて考える学習を構想した。

①町の今の様子を知る（社会科）

　　まず、絵地図を作るために、町の中心部と港の方へ出かけて地域の様子を見た。土地利用や公共施設など視点を決めて見るだけでなく、その途中で出会う人や風景を、子どもたちがどうとらえるのか期待しながら歩いた。

②家族や町の人の思いから探る昔の町、これからの町（総合、社会科）

　　子どもたちは震災当時４〜５歳であり、その後の４年間は、町の様子がめまぐるしく変化する中で過ごしてきた。逆に、震災以前の町や暮らしの記憶が薄れつつあり、いずれ失われてしまうことも考えられる。そこで、家の人にインタビューして、以前の町の様子について知る学習に取り組んだ。さらに９月、社会科でスーパーマーケットを見学するのに合わせて、買い物に来た町の人にインタビューを行い、商店街の今後を考えてみることにした。

③特産品づくりの仕事に学び、「地域の宝」を探す（社会科・総合）

　　社会科で、地域の特徴を生かして生産する仕事として、「いか徳利づくり」を取り上げた。かつて山田町が、「いかの町」と呼ばれるほどイカ漁が盛んだったころから、三陸地方を代表する土産品の１つとして有名である。この地域に根ざした製品について、工場での生産の工夫や原材料・製品の流通経路などを調べ、地域の特産品として定着していった理由を考える学習となった。あわせて、震災によって工場が流出し、苦労しながら再建されてきた社長Dにお話をうかがい、伝統を受

け継ぐ思いをとらえさせ、「山田の人々が大事にし、守り受け継いできたもの」（以下、「宝」と呼称する）を探る学習に発展させていった。

④地域の「宝」を見つけて発表する

ア）いか徳利の「すごさ」から、「宝」の条件を設定する

・創業107年、製造60年の伝統、イカの町⇒「歴史がある」

・山田を代表するおみやげ（特産品）⇒「めずらしさ」

・海でたくさんとれるものを使っている ⇒「自然を生かしている」

・伝統、家庭の味を守っている　⇒「わざ・工夫がある」

・社長Dはじめ、D商店のみなさん、手作り⇒「人の思い」

イ）３年生が考える「山田のお宝」発表会

・ポスター発表　物語性、演劇性を取り入れて、校内にも掲示

・コメンテーター（写真業A）からコメントをいただく

5　2016年の６年生の学習

　震災直後の混乱の中で卒園、入学を経験した子どもたちである。１年生時に、内陸から届けられる弁当給食を食べた思い出を語る子もいる。直接被災した子はいないが、幼稚園からの避難や友との唐突な別れ、浸水・火災の危機に遭い、復興工事に伴ってめまぐるしく変化する地域環境の中で成長してきた。家庭内の不和や親の失職・就労、自宅再建の苦労と格差を見てきた子も少なくない。

　子どもたちは様々な矛盾と困難を抱え込んでいた。女子の間に敵対的関係があり、常に気が立っているようで、なかなか指導が入りにくい状態であった。そうしたことをふまえ、地域学習を中心とした総合学習に取り組み、学習発表会に向けた取組を通して学級集団の課題に挑むこととした。

①山田の今とこれからを見つめて（総合）

　山田の「よさ」を生かした町づくりプランを考えた。

②卒業学習プロジェクトのテーマⅠ「震災を生きぬいて」（総合）

　震災直後の地域・学校生活を最も知り、最も長い期間心のケアを施されてきた学年である。今後、震災体験をリアルに認識できない子どもたちが入学してくるので、この６年生の卒業は、震災後の学校の１つの区切りになる。そこで、自らの体験や学んだことのエッセンスを直接下級生に伝えることにした。学校体制としても初めての試みである。

　「震災から６年がたつ今の思い」を書き綴り、その内容から９つの話題を選定し、３人ずつの３グループで次のような発表内容を検討し作成していった。

グループ	タイトル	取り入れたい内容
震災体験	震災が起きた日のこと	大きなゆれ　避難　町の光景　黒い津波　心細かった夜
	北小で何が起きていたか	避難　迎えが来なかった人も　○○さんの家で一晩　校庭に水
	入学式までのくらし	避難先の様子　少ない食べ物　変わり果てた家　卒園・入学
命を守る	大きな地震が来たら	海から遠くの高い所へ　津波は○分で来る　もどらない
	家族全員が生きのびるために	家族が無事かは、大きな問題　避難をよびかける　約束
	災害にそなえる	命を守る行動　避難訓練　避難場所　食べ物　グッズ
忘れない	たくさんの支え合い	避難所・仮設での支え合い　お弁当　自衛隊　校庭　サッカーなど
	命があってこそ	今、生きているからできること　亡くなった人を忘れない
	ふるさと山田をいつまでも	山田のよさ　６年間の復興　安心して暮らせる町に

③卒業学習プロジェクトのテーマⅡ「復興のその先へ〜未来の主人公として」（総合）

　　この学習は、１：２学期の総合学習（家族への聞き取り、養殖体験、八木節、創作劇）の成果を取り入れて地域の「よさ」を生かしたまちづくりプランを考え、２：地域復興の最前線で活動する方をアドバイザーとして迎え、「私たちが考える山田の未来発表交流会」を開くというものである。

　　語り継ぎ活動同様、グループでまとめたものをつないで１つの研究レポートに統合した。子どもたちにとって、経験や学習を再構成し、全体の体裁や記述を話し合いながら決定することは、難しい課題ではあった。しかし、子どもの決定を尊重しながらも、私の意見も遠慮なくぶつけた。それは、共同の世界をつくり出し、これまでに習得した技能・知識を総動員する創造的活動をくぐらせる必要があったからである。

④「Ｆと卒業したい」

　テーマ１の「震災から６年がたつ今の思い」で、ある子は、あの時の怖さや悲しさを今も忘れることができず、パニックになってしまうこともあるが、最近泣くことが減り、少し安心できるようになったようだと自己分析しつつ、次のように記していた。

　　「これからは、死んでしまった友だちの分もきちんと生きようと思います」。

　この学級には、保育園時代の同級生を失った子が数人いる。とりわけＥは、この子（Ｆと呼ぶ）と仲が良く、毎年３月になると自宅を訪ねてきた。友との唐突な別れは、Ｅの中でまだ過去になりきっていない。Ｅが以前、日記で明かした、「Ｆと卒業したい」という思いを尊重し、12月頃から、入学式で呼名された同級生をどのように考えたらよいか、学級で話し合ってきた。年が明けてからも再度話し合い、「震災を語り継ぐ会」か、卒業式の「門出の言葉」で触れることを確認した。Ｅは、それを自分の役割とでもいうように鋭意活動に取り組み、語り継ぐ会では、「人の命を大切に」と題して、Ｆとの別れ（死）を全校児童に語り、この経験から、震災で亡くなった人たちを忘れず、「自分と他の人の命を大切にすること」の大切さを伝えた。

　なお、Ｆの卒業については、ご両親の意向を確認しながら、卒業式への一部参加（呼びかけ・合唱・校歌）の方向で進められた。当日、呼びかけには、「一緒に過ごすはずだった友だちがいたことを忘れません」という言葉を入れ、Ｅが発表した。式終了後、卒業生・保護者が見守る中、教室でＦの両親に卒業証書が手渡された。Ｆの両親からは、子どもたちに対して、「命を大切にしてほしい」という内容のお話とプレゼントをいただいた。Ｆと卒業生の両親は、子どもたちがＦとともに６年間を過ごしていたことを知り、震災の苦難を経て成長した姿を見ていたのではないだろうか。

6　５年間のまとめ

①震災後の学校の課題は、カリキュラムの作り直しだった

　　震災の被災地にある学校の多くでは、従来の教育活動の停止・変更を余儀なくされた。その中で教員たちは、可能な限り子どもたちに多様な学びや経験をさせたいと願ったのも事実であろう。運動会や修学旅行といった行事、そして教材を読み合ったり、作ることに没頭したり、表現したりする日常の学習。一方で、復旧・安全優先の事情により、遠足や地域学習などそれまでの計画を見直さなければ実施できないものもあった。さらには、「今、そんなことをやっている場合ではない」と思える教育活動も数限りなくあった。つまり、「カリキュラムをどう作り直し、地域の実情を考

慮して学校の教育活動をどのようにデザインするか」という課題があったといえる。しかし、残すものは残し、使えるものは使っていくにしても、思い切ってやめる、なくすことが案外少なかったのではないだろうか。震災後の1年は、異動凍結によりほぼそのまま残った職員たちによって学校が運営されていたことと併せて考えてみる必要がある。

②子どもと地域の現実を見つめることから始まる学習

　私が赴任した2012年度、「総合的な学習の時間」の計画は残っていたものの、内容を見ると、そのまま実施できるものではなかった。海のパトロール（養殖体験と海の環境を守る活動）やサケの稚魚放流活動など。また、福祉をテーマにした計画もあったが、災害ボランティアの受け入れなどで多忙を極める社会福祉協議会に、例えばアイマスク体験や手話の学習を依頼する気にはなれなかった。

　そこで、子どもの一部も生活している仮設住宅団地の自治会長さんを教室に招いて、自治会活動についてお聞きし、団地に住む人たちと何らかの形でつながるような学習を構想した。教室には、仮設住宅に暮らす子もいれば、自宅が被災して修理したり祖父母宅に移ったりして生活する子もいた。自宅は被災していないが、津波を目撃した子、親を亡くした子もいた。互いに痛みを抱えながら、どこかでそこに触れないように気を遣い合っているように感じた。そんな子どもたちどうしの関係をつなぎ、地域の人々とつながることで、子どもたちに生きる意欲を見つけてほしかった。この学習は、学級新聞づくりと仮設団地への配布、学習発表会での劇化と団地住民の招待へと発展していった。

③実践へと駆り立てた思い

　しかし、今思うと、こうした学習に取り組んだ背景に私自身の問題関心があったといえる。沿岸部、とりわけ震災の直接的影響下にある人々の理解と関係づくりが念頭にあった。他所から来た人間だが、「あなたがたに危害を与える人間でないから、安心してほしい」と思ってもらいたかった。さらに、「できるなら、地域の苦境に立ち向かう人たちの力になりたい」とさえ思っていた。

　学校では、震災体験のある職員と震災後に来た新たな職員とが相互理解を深めながら、子どもたちの心のケアを模索し、教育活動の正常化に向けて取り組んでいった。だが、多くの職員は、子どもたちを地域に連れ出したり、地域について学んだりすることはまだできなかった。内陸から来た私たちは、前述のような思いを持っていたし、学校と地域の垣根がなくなり、非常に風通しの良い関係が築かれていることも感じたため、学校だけで教育をするのではなく、むしろ地域の再生と学校教育はひとつながりのものであるべきだと考えた。宮城の徳水博志さん（元石巻市立雄勝小学校教員）が提起した「《地域の復興なくして学校の再生なし》という学校経営観の転換」に通じるものであると自負する（引用は、『「生存」の東北史　歴史から問う3.11』大門正克・岡田知弘他編、大月書店、2013年、263頁より。徳水さんが2011年6月にすでにこうした考えを雄勝小学校全職員に提起していることに驚く）。

④海の自然と暮らしに学ぶ−三陸沿岸地域の歴史的背景と価値へのいざない

　震災・津波は、たんに現在の三陸沿岸部を襲っただけでなく、経済が冷え込み、町から活気が消えつつある地域に追い打ちをかけた。このように、経済や社会の動き、そして自然に翻弄される不安定さを抱えた三陸沿岸部であるが、図らずも震災で垣間見えた。

地域再生の希望を一過性のものとせず、持続可能な地域づくりに参画する人を育てる学びとはどんなものか。こう考えれば、どうしても地域の現状や課題を取り上げないわけにはいかないし、同時に肯定的な素材・条件を再発見して地域の未来を描いていく（デザインする）学習が必要だった。

25年ほど前、通年観光の中心として山田に遊園地が建設された。1992年の「三陸・海の博覧会」の会場にもなり、多くの来場者を得たが、その後10年余りで閉鎖される。この事実を子どもたちに示し、「25年前の町の人たちが望んだ町になっただろうか」と問うたことがある。被災にあえぐ町やおとなの姿を見ている子どもたちの答えはNoで、将来の町に遊園地を望む意見は聞かれなくなった。では何が必要か？どんな町になればいい？そこから学びを始め、自分たちなりに町の将来を考え、役場職員と意見交換をした2013年度。2014年度は、祭りや神社の起源を劇化したり、地域の「オンリーワン」を検討して紙芝居を作成したりした。この学習方法は2015年度に引き継がれ、イカの加工品の価値から５つの条件を設定し、それに照らして地域の宝物を見つけていった。2016年度は、2013年度の意見交換会の方法を取り入れ、自分たちでまとめた「まちづくりプラン」を、アドバイザーとして迎えた地域の方々に発表した。

⑤おとなとの出会いが、学びにリアリティをもたらす

地域復興に携わりたいという私自身の思いが、「子どもたちにすばらしい町をつくりたい」、「子どもたちに山田の海の思い出をつくりたい」と地域で活動している人を見出させた。そして、「愛すべき故郷の復興を担う未来の主権者」（徳水さん）を育てる観点から、そうしたおとなと子どもたちを出会わせる場面を設定した。

現実と理想の間でもがきながらも前に進もうとするおとなとの出会いにより、子どもたちは言葉の背後にある思いを知り、その姿に地域を思う真摯さを感じ取る。地域の人と直接触れ合う学習は、どんな文献や資料よりも子どもたちの意欲を高めるし、事実を現実的なものと受け止め、自らも地域づくりに参加したいという当事者性を喚起させるものだった。また、実践を通して、子どもが学ぶ姿におとなが励まされることもあると実感した。何度かお世話になった養殖業Bが、インタビューに訪れた子どもたちに、「俺たちにできるのは、耕して種を蒔くことだ」と涙ながらに語り、一人ひとりの頭をなでてくれたことが忘れられない。

また、震災前の町の様子をおとなから聞き取ることもあった。例えば、海の遊びについて聞いたところ、子どもの頃にオランダ島（大島）に渡り、じゃがいもをふかして食べた思い出を持つおとながけっこういることが分かった。カキの養殖筏伝いに泳いで島に渡る途中、一休みしながらカキを食べた猛者の話を聞く子どもたちの表情は驚きと笑顔に満ちていた。その他にも、昔の祭りでは、獅子舞が家の中にまで入ってきて子どもを戸外に出るよう催促した話や、映画館の暖房のスチームの音や未舗装の道路を自転車で走った思い出を新鮮に受け止めていた。子どもたちは、失われた町の記憶から生活空間の様子や自分につながる時間の流れを感じ取ることができた。

⑥「人や自然とのつながりの中で生きる自己」を発見する学び

地域の主体者、主権者を育てるうえで、まず大事にしたのは、「他でもないこの町・この地域が、自分を育み、現に暮らしている所であり、そこには様々な取り換えのきかないもの（オンリーワン）があり、それゆえ私は独自な存在だ」という当事者性・独自性の認識形成であった。それは、地域独自の文化・自然のありようや条件に気づかせ、科学的認識にまで高めていくことによ

り、地域に住む人々によって価値づけられている事柄（「知」）を体得することである。

　多くの喪失の中にあえぐ三陸沿岸においてこそ、自然との共存や生活・文化を通じた異質共同の世界を実現させる地域・社会づくりがめざされるべきであると考える。そのために必要な「市民たる学力」とは何かを求め、実践に取り組んできた5年間だった。

おわりに

　冒頭に示した本リポートの目的のうち、1つめについてはほぼ語ることができたと思う。地域学習を通じて、地域づくりに主体的に参画する子どもたちを育て、10年後、20年後の地域づくりに教員自らも参画することができる。「主権者教育」、「市民性教育」にもつながる。東日本大震災の被災地域では、これは切実な問題である。それだけに、公教育が地域とともにできること、すべきことを精査し、地域や子どもたちの希望につながらないことは極力削減していくことが必要だと思う。それは、国家のための人間を育てる学力ではなく、地域を復興させ持続させる人間を育てる学力が何かを見定めることでもある。

　今、県内各地の多くの学校で、「20年後の地域のあり方を見すえた教育をどのように展開し、岩手の子どもたちをどのように育むか」という展望に立った教育活動がどれほど行われているのだろうか（岩手県大槌町では、震災後町内すべての小中学校が、2つの小中一貫校に再編された。そのカリキュラムの中心として、「地域への愛着」「生き方・進路指導」「防災教育」を3つの柱にした「ふるさと科」が教育委員会のトップダウンで導入された。これまでのところ、その実践内容を見る機会はないが、教員一人ひとりの実践の自由や「資質・能力」に特化しない学習が保障されているのか等、注視したい〔参考文献：『教育を紡ぐ　大槌町震災から新たな学校創造への歩み』山下英三郎／大槌町教育委員会編著、明石書店、2014年〕）。

　私自身も例外ではなく、例えば、地域に出て自分の目と心で学習の素材を探す心のゆとりも時間のゆとりもない。5年間の実践を生かせないでいることに忸怩たる思いがある。ただ、今回、沿岸部での実践を振り返ってみて、どの地域であっても、独自の歴史文化的・自然的背景や、暮らし・経済などの地域課題を切り口に、「ここであなたはどう生きていくのか」という問いを可視化し、子どもとともにその答えを探る仕事は、教員としての醍醐味であると思うのである。

22　大槌高校復興研究会

〔岩手県（大槌町）高校〕

松橋　郁子

はじめに

　大槌町は、東日本大震災の津波で甚大な被害を受け、町内の約6割の建物が浸水した。当時の大槌町役場職員も町長をはじめ40人近くの職員が津波で亡くなった。震災時、大槌高校をめざし避難してきた人は約500人。その後、避難者は多い時で1,000人を超えたこともある。そういった状況の中で大槌高校の避難所は、約1か月間を高校教職員と子どもたちが主体となって運営した。

　2017年現在、避難所運営に関わった教職員は2人のみ。転入転出教職員が多く、当時の苦労話を語り継ぐことも難しくなってきたように感じる。

　さて復興状況については、大槌町は今後2年前後で大きな工事は終了するようだ。仮設住宅に住む子どもも、現在本校在籍者の約2割程度まで減ってきた。仮設住宅に住む子どもの中には、「震災で家を失い仮設住宅に住んでいる。親は、ハウスメーカーを利用せず地元の大工さんに建築を依頼する。しかし、大工さんに注文が殺到し忙しいため、自分が高校を卒業してから建築が始まるようだ。結局、俺の学校生活は仮設住宅からの登校だった。春には東京で働く予定なので残念だ」と、住宅再建する土地を得ても何ともならない状況の家庭もあるようだ。

　甚大な被害で平地も少ない沿岸部の復興工事は、震災から6年半の時間が経過してもなかなか思うようには進まないようである。

1　大槌高校復興研究会の活動内容

　震災の翌年頃から交流依頼が外部から入るようになった。交流場所は、校内や遠いところで台湾までの派遣。交流内容は、「震災時のとりくみの発表」「意見交換会」「希望の灯り 作成」「復興まちづくりスゴロク制作」等。参加した子どもたちからは、「とても良かった。また、活動に加わりたい」という感想が多かった。その後、「外部で活動するときに団体名が欲しい」という子どもたちからの意見があり、2013年春に名称を大槌高校復興研究会と子どもたち自身で決定し以下の活動が始まった。

他校交流班

　主に他県の高校から夏休みを中心に交流の要請がある。防災・減災教育の観点から交流している。具体的には、震災伝承の発表やグループワーク。また、町内を共に歩きながら復興等の説明が中心である。秋田県、静岡県、長野県、大阪府、岡山県等からの高校生との交流経験がある。中には、すでに5年以上も交流している学校もある。今年度も夏休みを中心に5回の交流会があった。

　本校の子どもたちは、津波が来たとき自分がどこにいて、どういう行動をとって逃げたか。そして、震災後のライフラインや食生活について話している。震災を経験していない初対面の高校生に伝

えることで、心が整理されているようだ。

町づくり班

　町役場主催の「高校生対象町づくりワークショップ」に参加。ワークショップの内容は、「公園づくりワークショップ」「鎮魂の森 ワークショップ」等。町役揚は、復興計画に住民主体の町づくりを目指しているため、高校生の意見も大切に取り入れているようだ。

　本校の子どもたちは、「町の復興状況を知りたい」、「町の将来を何とかしたい」という気持ちで参加しているようだ。高校生の目線で町役場へ意見を伝え「町づくり」に参加している。

キッズステーション

　夏休みや冬休み等の長期休暇を利用し町内の小学生に勉強や遊びを通して、教えたり一緒に遊んだりする活動である。2013年に町教育委員会から「小学生の身近な存在になってほしい。毎朝小学生は笑顔で登校するが、仮設住宅に向かう下校時は下を向いて帰る子どもが多い。子どもたちの登下校の表情が、全く違う。ぜひ、高校生の力を貸してほしい」と協力依頼があり活動が始まった。今年度も7月下旬の2日間に学童施設に出向き、思いっきり遊んできた。小学生の中には、顔なじみになった子どももいて、進んで高校生に声をかけるようだ。

　本校の子どもたちは、復興工事のために外で遊ぶ場所もない小学生たちに、このような活動で笑顔になってもらえる事を嬉しく感じているようだ。現在は、復興工事も徐々に進み広場も確保されつつあるので、遊び方の工夫を考えているようだ。学童施設の職員にも歓迎され活動を続けている。

定点観測班

　2013 年4月から神戸大学大学院近藤研究室の学生から指導を受け、大槌町内180地点を年3回同じ地点から同じ向きで、写真を撮りつづけている。2017年12月には、15回めの観測になる。撮影地点は、かさ上げ工事のために立ち入り禁止の地点もあるが、復興工事を担う建設会社の協力もあり、安全を確保していただき活動が継続されている。撮り集めた写真は、本校のホームページでも紹介している。 また、「定点観測写真展」として本校の文化祭でも公開し、復興状況の確認と復興過程の伝承を目的としている。

　初めてこの活動に参加する子どもの中には、震災で思い出の場所を失った悲しみと将来の展望を思い、戸惑いを感じながら活動を始める子どももいるようである。なぜなら、撮影を始める最初の作業が、震災前の写真を必ず見て比較するからだ。しかし、活動の中で子どもの中には、震災前の楽しかった思い出や、震災直後に避難所を何度も移動したことを話してくれる時もある。

　6名前後のグループに分かれて活動するので、このような複雑な自分の気持ちを友だちと安心して共有できることもこの活動の魅力になっているように思う。参加後の感想として、「意外に簡単だった」とか「楽しかった」と話す子どもが多い。

　復興の様子を写真に収め、復興状況を将来の子どもたちに継承する目的もあるが、同時に震災後の心の整理のための活動でもあるようだ。

防災班

　昨年発足。地区の防災訓練に参加。町主催の「鎮魂の森ワークショップ」にも参加し、大槌町の防潮堤の高さや慰霊と防災を学んだ。また、町の津波避難地図を歩きながら確認する活動も計画している。

広報班

　各班の活動後に報告書を各自に提出させている。その報告書をもとに広報誌として作成し配布。また、本校のHPにも掲載している。子どもたち自身、広報誌を作成しながら自らの視点だけでなく、色々な気づきを得ているようだ。

　2017年度の会員数は、全校生徒は210人のうち6割以上の141人である。会員は、部活動と復興研究会の二つの活動となるため、それぞれ都合の良い時期に参加する活動となる。子どもたちは、たくさんの事は経験できないが、それでも復興に関わりたいという気持ちを持っているようだ。

2　活動をとおして

　毎年3月11日に全校集会を開いている。東日本大震災では、本校の子どもたち6人が犠牲になった。津波で亡くなった先輩の冥福を祈り、そして子どもたちも1年間の復興研究会活動の成果を共有し、復興に向けてまた1歩前に進む勇気をもって欲しいという願いで開いている。もちろん、この集会では、スクールカウンセラーなどの専門家のメンタルヘルスも取り入れて、落ち着いて集会に参加できるように工夫している。わずか1時間足らずの集会であるが、子どもたちを見守りながら2013年から継続している集会である。

　復興研究会の活動は、総合学習の時間を利用せずに放課後や休日に活動している。そのために継続的にとりくんでいる活動は少ない。活動内容が決まったら募集をアナウンスし、子どもたちが自主的に参加するスタイルをとっている。朝のＳＨＲで担任からアナウンスしても、どうしても紹介方法に温度差が生じてしまう。よって、各班で集会を持ち周知し、活動している。

　今年9月1日にそういった活動を評価していただき、『東北みらい創りサマースクール』から「第6回東北みらい賞」を受賞した。2013年から子どもたち自身が、無理せず、やれることから粛々と活動してきたことを評価していただきありがたく思った。この賞は、今まで活動に参加してきたたくさんの子どもたち、そして支えてくださった教職員、その全ての方々に頂いた賞であると思う。

　震災後の本校の子どもたちの変化をみると、震災前は人前に出て発表することをためらう子どもが多かった。ところが、震災があり子どもたち自身が成長し、「震災に負けずに何とかしたい」という思いでほとんどの子どもが進んで自らの意見を発表するようになった。しかし、震災から6年が経過し、最近の本校の子どもたちは震災前のように前に出ることをためらうようになったと感じる。この活動を継続させるためにも、そういった子どもたちの肩をそっと押してあげることが、大切なように思う。

　復興研究会の活動をとおしてどう感じているか、子どもたちに質問してみた。3年生の男子生徒は「本校に入学し何となく復興研究会に参加し、2年生になり何となく活動が楽しくなり、3年生にな

り活動に参加したことで、やっと自分の立ち位置がわかった」と話してくれた。また、大学に進学した卒業生は、「自分は、復興研究会で積極的に活動したから他の大学生よりハード面の復興工事について詳しい。そして、驚くくらい自分のプレゼン力が高く評価される。さまざまな場所で発表する機会があったからだと思う。感謝します」と話してくれた。復興研究会活動に参加することで、たくさんの復興関連の知識を得て、自分なりに理解し気が付いた子どもたちの感想である。

これからも、生徒の「何とか復興したい」という思いを大切にしていきたい。

おわりに

私は、震災前から勤務している地元の教職員である。大槌高校に赴任し９年めとなった。幼い頃から津波の話を祖父母から聞いていたので、「いつか津波は来る」と思っていた。しかし、これほど大きな津波が来るとは思わなかった。あの大津波の翌日に家族の安否確認のため高台にある学校から坂を下り、変わり果てた町を間近で見たときの衝撃は、言葉では言い表せない。私たちが、何年も何年もかけて大切に作ってきた町が一瞬で無くなり、「どうやって復興していくのだろう。どうやって立ち直っていくのだろう」と、ただただ不安だった。

私は、2013年から復興研究会の活動に関わり感じていることがある。それは、この活動に関わった子どもたちは、比較的落ち着いた学校生活を送り卒業しているということである。震災後に阪神大震災を経験した方から「震災後は、生徒指導が大変になる。生徒をよく観察し、学校が混乱しないように気を付けてください」と伺い、大きな不安を抱いた。しかし、大槌高校はお陰様で落ち着いた学校生活を送ってきたように思う。もしかしたら、この活動で子どもたちもベクトルが見えていて、安心して生活できていたのかもしれない。

三陸海岸で生活することは、津波と関わること。だからこそ、また来るかもしれない次の津波の被害を少なくするためにも、経験した事を継承していってほしい。

被災地のソフト面の復興は、それぞれの家庭でそれぞれのやり方があると思う。子どもたちには、復興という長い道のりを一歩一歩確実に進むために、そして心も体も健康で暮らすために、復興研究会の活動の中から何かを学んでほしいと思う。

23　生徒とともに、復興・防災・減災を考える
－復興研究会の活動を通して

〔岩手県（大槌町）高校〕

鈴木　紗季

1　前任校でのこと

　大槌高校に勤務して5年になる。前任校では3年間、復興・防災の観点から、所属していた学年全体でボランティア活動に取り組んできた。前任校は内陸にあり、被災による転入学等を除くと、教職員も生徒も、いわゆる通常の生活を送ることができ、震災の話をすることは多くはなかった。この点に課題を感じ、高校生でもできることをしようという思いから復興教育・防災教育を行ってきた。修学旅行では、神戸市を日程に入れ、「人と防災未来センター」、「北淡震災記念公園（野島断層）」を訪れ、震災について学んだ。

　ボランティア活動では、釜石市、山田町、陸前高田市、大槌町にお世話になった。当時、ボランティアをさせてもらって、「『大変なことが起こった』という言葉では表しきれない」と痛感した。釜石市ではブドウ畑の雑草取りを手伝わせていただき、「このブドウはラグビーワールドカップの年にワインになる」と聞いていたが、今年、ワールドカップを迎え、月日が経ったことに様々な思いが胸に広がった。

　そのような3年間を過ごし、異動先が大槌高校となった時、大きな不安を覚えたことを今もはっきりと覚えている。被災もしなかった自分が、生徒たちにかけられる言葉があるのだろうか、はたまた、かけられる言葉があるとすれば、どのような言葉なのか…。簡単に「大変だったね」とも言えず、大変だった状況に「わかるよ」とも、「頑張って乗り越えて行こう、前を向こう」とも言えない。勤務日が近づくにつれて、その不安は大きくなった。

2　大槌高校に赴任

　勤務をしてみると、生徒たちは明るく素直で、私の考えは杞憂に終わるかのようだったが、言葉を失う日は突然やってきた。私の住居の話になった時、私のことを思ってある生徒が、「家賃高いから仮設にすめばいいのに」と言ったのだ。当時、クラスの7割近くが仮設で暮らしている中での、被災を免れた生徒の深い意味もない言葉だったが、私は、何と返したらいいのか、とっさに言葉が出なかった。その時に、被災をしていること・していないことに関わらず、向き合っていかなければいけない現実を突きつけられた気がした。

　また、月日が経つにつれ、自宅の再建ができる生徒が出てきた。私は、本心から、「良かったね。環境としては、少し落ち着くね」と声をかけた時に、「良くないですよ。思い出のある家は流され

て、盛土の下ですから」と言われて、このことにもはっとさせられた。まちは少しずつでも確かに復興し、盛土が進み、道路ができる。しかし、子どもたちの通いなれた通学路、友だちと遊んだ場所、家族で過ごした場所は、盛土の下であって、二度と同じ状況には戻ることはない。「何が良いこと」なのかは、生徒それぞれによって違うことも、このとき、痛感した。私自身も被災をしていたら、何と言葉をかけただろうか…。

　気持ちばかりが焦るものの、震災のこととなると上手に生徒と関われない日が続いた。しかし、復興研究会の活動をすることで、自然に震災の話を生徒とできることに気がついた。また、生徒自身も、復興研究会に所属することで、自分のタイミングで震災と向き合い、自分の中で整理が徐々にできるようになっていく様子を感じることができた。さらに、復興研究会の活動の中で、まちの方々と触れ合うことで、当時「わけもわからず、手をひかれるままに逃げた」と話す生徒も、当時のまわりの様子や今までの復興の歩みを知ることにもつながる活動だと実感した。

3　赴任5年目

　月日が経つにつれて、復興も進み、まちの様子もだいぶ変わってきた。赴任して5年。「まちのために、復興のために、自分たちができることをやろう、力になろう」という、生徒の気概は変わらないが、課題意識を大きく持つ生徒が増えてきたように感じる。避難所は町内にいくつか指定の場所があるが、そこに逃げるための時間が確保できるのは町内ではどの区域までなのかということを、実測して課題点を洗い出した生徒もいた。特に今年度は「魅力化」の取り組みでもあるマイプロジェクトに「避難訓練の在り方」や「避難所運営の課題」というテーマを設定したり、風化させないために「防災紙芝居」をゼロから作る生徒も出てきた。さらに、その防災紙芝居を「英語」にして、活動自体を広げたいという思いも持ち、行動に移している。避難訓練に関しては、本校では年に2回、火災発生と地震発生の状況で行っているが、この避難訓練を、「実際に近いもの（通行止めの場所を作る、日時を知らせない等）にしなければ意味がない」という意見を持つ生徒も出てきた。また、防災マップを見て、本校が台風等の場合は土砂崩れ危険区域になっているため、「土砂災害の避難訓練もするべきだ」という考えまで発展的に考えるようになった。隣にある大槌学園（小中義務教育学校）の避難訓練に参加した生徒は、高校でも避難所運営の訓練や、実際に小中と連携した避難訓練にしなければいけないのではないかと疑問を持つ生徒も出てきた。このように、大人が考える以上に、生徒自身が主体的に、復興・防災・減災について考えを深めている。

4　大槌高校の復興研究会の取り組み

　本校は、震災後に発足した「復興研究会」の活動が大きな特徴である。復興研究会は5つの班構成になっており、全校生徒の約8割近くの生徒が所属している。

①定点観測班

　2013年、神戸大学近藤民代研究室の学生と連携をとりながら、町内180箇所の復興過程の写真を同じ角度から年3回撮りつづけている。今年の10月で20回目の定点観測となる。また、年2回ほどその写真展を実施。文化祭では、毎年、多くの町民が訪れるほど、非常に意義のある活動となって

いる。

　活動の目的は、１つめは、津波と復興の過程を継承すること。２つめは、復興後の将来のまちの様子をイメージすること。今までの写真を見て、震災前のことを思い出すと懐かしさと同時に悲しい気持ちにもなるが、子どもたちは、上手に咀嚼し、前に進もうとしている。また、普段は入ることができない工事現場に許可を得て入ることによって、復興状況を自分たちで直に確認できることも大きな経験である。実際に、撮影のために町内を歩くことで、復興の様子を間近に感じたり、変化するまちに様々な思いを寄せたりすることで、震災・復興について考えを深めている。学校のＨＰから写真を見ることができるため、町民の方の励みにもなっている。

②キッズステーション班

　この活動は2013年の夏から始まった活動である。活動内容は、町内の子どもたちと一緒に遊ぶことである。当時、仮設住宅に住む小学生たちが、登校するときは笑顔なのに、下校し仮設住宅に戻るときは下を向いているという現実があった。その小学生たちに明るさを取り戻すために、「ぜひ大槌高校生に身近な善き先輩になってほしい」という要請があり、始まった活動である。

　今年度も、一緒に遊ぶことはもちろん、「学びの場」の時間に、学習のサポートもお手伝いさせてもらっている。知っていることをわかりやすく教えることの難しさを経験し、高校生の方が伝え方の重要性に気づくことが多くあったようだ。また、「体験学習」の時間にもお手伝いとして参加させてもらい、コミュニケーションを取りながら、みんなでいろいろなものを作成した。昨年度は、高校生に各訪問場所で行うゲーム等の企画・準備・運営もしてもらった。子どもたちが楽しめる遊びを一生懸命考え、子どもたちが笑顔を見せてくれた時に、達成感を感じ、高校生も大きく成長している。

　これからの大槌を担う子どもたちとともに、お互いに成長できる活動となっている。

③防災・まちづくり班

　次の災害時にどのように対応すべきかということについて、自分たちで考え行動する活動を行っている。また、まちづくりに関するワークショップや地区の避難訓練へ参加し、防災・減災への意識の高揚の一助となる活動も行っている。高校生が、地域の活動に参加をすることで、住民の方の参加率もあがることもあり、子どもたちが地域に関わることの意義を大きく感じる。

④他校交流班

　他校の高校生との交流を行う。主に生徒会執行部が交流をするが、生徒会執行部以外でも強く参加を希望する生徒が多く、毎回、震災や防災・減災、復興について議論を深め、その視野を広げ、考えを深化させている。

⑤広報活動班

　「復興研究会通信」の発行。主に、ＯＡ部が主体となり活動し、校内外に復興研究会の活動を発信している。この各種報告書もＨＰにアップされているため、様々な方から、声をかけていただく

機会が増えている。

5　活動をとおして

　生徒たちは、この復興研究会に所属し、それぞれが自分のペースで震災と向き合っている。震災当時、自分の想いを話すことが苦しかった生徒も、穏やかに当時を振り返り、これから自分がどのように復興に関わっていけるのか、防災という点で何が必要なのか、コミュニティの形成に必要なものは何かといったことを、当事者意識を持ち、真剣に考えることができるようになっている。

　震災当時、小学2、3年生だった生徒たちは、「当時は、何が何だかわからず、手を引かれ逃げた」と話す。しかし、今、高校生になり、当時の話をまちの方から聞くことで、自分たちの命があるのは、周りの方の多くの助けや励ましがあったからだと身をもって感じている。さらに、その想いを継承すべく、復興研究会でさらなる活動を続けていこうと強く感じている。

おわりに

　この復興研究会の活動を通して、生徒たちは確実に成長していると感じる。生徒たちの活動後の感想は、「震災後、自分もとても辛い中、町民のため、子どもたちのため、次世代のためと、誰かのために何かをしようというのが素晴らしいと思った。このような人たちがいるから、大槌はとてもいい町なんだと思った」、「震災後、大切だと思ったことは情報だと考え、ラジオ放送を始め、いろいろな人を元気づけていたと思うと、意味のあるラジオだと思った。さらに、人の話を聞く番組や、傾聴などといった住民の『心の復興』のために震災後の人々に寄り添っていたと聞き、感激しました」など、自分たちのまわりで起きていたことをゆるやかに知ることで、理解も深まっており、コミュニティの大切さなどに気が付き、まちに対する思いを強めている。このように知ることで、伝えることにつながっていくと感じている。

　台風19号に関しては、私の住居は土砂災害危険区域になっているが、逃げなかった。それは、近隣の電気が灯っていたためだ。危険だとわかっていても避難行動に出ることができなかった。その日、町内はレベル5の警報が夜中じゅう響きわたっていた。アラームもなり、消防車も避難を呼びかけるため、町内を回っていたのにもかかわらずだ。怖くて明け方4時まで眠れなかったが、最後まで避難所には行かなかった。何かあった時には、正直、何も文句は言えないと思った。後日、生徒に様子を聞くと、避難した生徒の中には率先して避難所となった中学校等のトイレ掃除等を自発的に行った生徒もいた。反面、避難しない生徒もいた。理由を聞いてみると「津波が来なかったから大丈夫」、「川から遠いから大丈夫」、「まわりも逃げてないから」などの声が聞かれた。また、避難を促すエリアメールの文面にも疑問を持つ生徒もおり、「逃げるという行動を起こさせることの難しさを感じる」とともに、「逃げる行動を起こす仕組みを考えないと、同じことを繰り返すのではないか」という危機感を持つ生徒もいた。

　様々な要因があるが、警報が出ても逃げないというこのような状況では、やはり今後、災害が起きた時に、また悲しい思いをする人が出てしまうと感じた。だからこそ、ハードの面の復興・防災対策だけではなく、ソフト面の防災教育が何より大事だと感じる。それは大人も子どもも同じで、学校のみならず、まち全体で地域ぐるみで考えていく問題なのだと考える。

風化は防ぎきれないものなのかもしれない。年月が経ち、異動により、当時、本校で避難所運営をされた職員も少なくなり、状況も変わっていく中、震災を知らない世代も多くなっていくのは事実として変えようがない。だからと言って、震災のことを伝える機会を失ってしまうと、震災を経験していても、有事の場合、「逃げない」という選択をしてしまうのかもしれない。自分もまわりも命を落とさないために、いち早く避難行動を起こせるような判断力や行動力が必要であると同時に、この震災のことを伝え続けることが必ず大きな役割を果たすと感じる。

　被災地にいるから、震災の事を語る責任があるとは思わないが、伝えられることがあり、伝えたいと思う時に伝えられる環境が復興研究会の活動なのだと感じている。この復興研究会を軸に、職員・生徒（学校）、まちの方々（地域・家庭）、行政がつながることが、まち全体で、震災・復興、そして防災・減災について考えることができ、まちにとっての未来につながると同時に、今後の大槌町の復興・防災・減災に大きな役割を果たすのではないだろうか。

Ⅱ
3・11受入校で
自然災害と向き合った
教育実践記録

解　説　Ⅱ

教育実践記録 24 〜 26

解説 II

大森直樹

3・11受入校の拡がりと教育実践記録

　本書の「I」に収録した教育実践記録の成果を明日からの教育実践に活かすことは、じつは全国の学校で求められている。なぜなら、地震・津波被災校からは、多くの子どもが全国の学校への転出を重ねているからだ。

　本書では3・11受入校を「震災により、震災前の学校と別の学校において受け入れた子どもが在籍する学校」と定義している。ここで「震災」とは「東北地方太平洋沖地震と東京電力福島第一原子力発電所事故による被災」の意で用いるものである。本来なら、自然災害による転出と原発災害による転出を分けて定義することが望ましいが、事実の整理が進んでいないため本書では両者をあわせている。この定義は、兵庫県教職員組合のシンクタンクである兵庫教育文化研究所の防災教育部会が2014年から「東日本大震災にかかる避難児童生徒に対する支援状況」の兵庫県内調査を行ってきたことをふまえたものである。同調査にもとづく大森直樹・諏訪清二・中森慶による2019年の研究報告[1]では、「原発事故と東北地震により避難した子どもの受け入れ教育」を「受け入れ教育」と略称する提案を行っていた。

　3・11受入校の拡がりは、「どこから（転出元）」→「どこへ（転出先、すなわち3・11受入校）」子どもが転出したのかを押さえることで整理できる（図表6、7）。「どこから」→「どこへ」を知るうえで、文科省が2011年から毎年まとめてきた調査報告が今のところ唯一の手がかりになる[2]。同調査報告は、「震災により、震災前の学校と別の学校において受け入れた幼児児童生徒の数」を明らかにしたものであり、その総数は2011年9月1日時点で2万5,751人、2018年5月1日時点で1万3,065人[3]である。

　文科省の2011年9月時点の調査報告を参照して、2万5,751人が「どこから」避難したのかを整理したのが図表6の上の円グラフである。「福島県から」71パーセント、「宮城県から」18パーセント、「岩手県から」4パーセントとなる。だが、「その他から」6パーセント（1,659人）の都県別内訳は同調査報告からはわからない。1,659人の子どもが「どこから」避難をしたのかを知ることは、教育界にとっ

1　2019年6月15日の公教育計画学会における研究報告「原発事故と東北地方太平洋沖地震により避難した子どもたち－文部科学省と兵庫教育文化研究所の調査をふまえて」。

2　文部科学省「東日本大震災により被災した幼児児童生徒の学校における受入れ状況について（2011年5月1日現在）」（2011年10月13日公表、以下公表日略）、「同（2011年9月1日現在）」、「同（2012年5月1日現在）」、「同（2013年5月1日現在）」、「同（2014年5月1日現在）」、「同（2015年5月1日現在）」、「同（2016年5月1日現在）」、「～被災した児童生徒の～受入れ状況について（2017年5月1日現在）」、「同（2018年5月1日現在）」。なお文科省は、「同（2019年5月1日現在）」と「同（2020年5月1日現在）」では、公表の範囲を「全国（避難元）→全国（避難先）」から「岩手・宮城・福島（避難元）→全国（避難先）」に縮小している。

3　文科省は2019年3月20日に公表したこの数を同年12月24日に14,203に改めている。「平成25年度から平成30年度までの福島県の数値については、県立学校において小中学校時の転入学等が計上されていなかった」からだという。文部科学省「同（2019年5月1日現在）」（2019年12月24日公表）。

て重要な内容であるが、それが今日まで不明にされている。

　次に、「どこへ」について。図表6の下の円グラフを見ていただきたい。上位10都県の割合は、「福島県へ」26パーセント、「宮城県へ」16パーセント、「山形県へ」5パーセント、「東京都へ」5パーセント、「埼玉県へ」5パーセント、「新潟県へ」5パーセント、「岩手県へ」4パーセント、「神奈川県へ」3パーセント、「千葉県へ」3パーセント、「茨城県へ」3パーセントである。「その他へ」25パーセントの道府県別内訳は日本地図のうすいグレーの部分からわかる。「どこへ」は47都道府県にくまなく拡がっている。ここで押さえておくべきなのが、福島・宮城・岩手の東北3県が「どこから」において1〜3位を占めるだけでなく、「どこへ」においても、1〜2位と7位を占めていることだ。このことは、3・11受入校の教育実践の検討に際しても東北3県の教育実践がもつ意味が大きいことを示唆している。

　さて、これらの子どもが在籍している3・11受入校では、どのようなとりくみが重ねられてきたのか。日本教職員組合編『日本の教育』第61〜69集には、2011〜19年度公表の教育実践記録約5,400件のタイトルが収録されている。それらの本文にあたると、「3・11受入校で自然災害と向き合った教育実践記録」が4件あることがわかった（図表9）。その「どこから→どこへ」の内訳は、「岩手→岩手」が3件（**実践24、26**と本書に未収録の1件）、「宮城→埼玉」（**実践25**）が1件である（図表8）。**実践26**には、「福島→岩手」の子どもについても言及がある。

　こうした4件の教育実践記録から3・11受入校における教育実践の成果を整理すると2点にまとめられる。

1　子どもの生活の事実を大切にする

　第1は、転入した子どもの生活の事実を記録してきたことだ。埼玉県立本庄高では、津波で埼玉県熊谷市に避難した生徒を2012年度に受け入れた。その生徒は中学2年のとき宮城県の東松島市立矢本第一中で被災して、津波により友だち2人を亡くしていた。同校の秋山二二夫が生徒の言葉を書きとめている（**実践25**）。「あの日時間が止まった二人。私は生きていて変な感じ」。

　岩手県沿岸部の小学校に勤務していた宮伸幸は、2014年に転入した6年生（震災時7〜8歳）のAが次のような発言をしていたことを知る（図表9の宮実践）。「統合で自分たちはこっちに来たけど、Bのことをあっちに置いてきてしまったような気がする」。Aの語ったBとは、津波に襲われ行方不明になっている同学年の子どものことだった。

　友だちとの唐突な別れをへてきた子どもの事実は、本書の「Ⅰ」に収録した地震・津波被災校にだけ見出されるものではない。

2　新たな教育内容をつくる
安心できる雰囲気

　第2の成果は、子どもの生活の事実をふまえて、新たな教育内容をつくりだしてきたことだ。1つは、避難した子どもが安心して生活できる3・11受入校の雰囲気をつくる教育内容である。岩手県の

図表6　避難した子どもの拡がり（2011年9月1日）

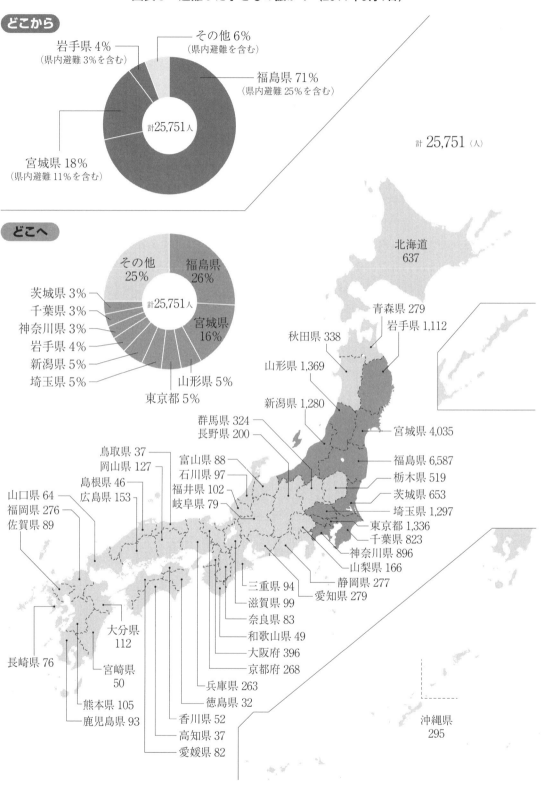

どこから

岩手県 4%
（県内避難 3%を含む）

その他 6%
（県内避難を含む）

福島県 71%
（県内避難 25%を含む）

計25,751人

宮城県 18%
（県内避難 11%を含む）

計 25,751 （人）

どこへ

その他 25%

福島県 26%

計25,751人

茨城県 3%
千葉県 3%
神奈川県 3%
岩手県 4%
新潟県 5%
埼玉県 5%
東京都 5%

宮城県 16%

山形県 5%

北海道 637

青森県 279
岩手県 1,112

秋田県 338

山形県 1,369

新潟県 1,280

宮城県 4,035

福島県 6,587

栃木県 519

茨城県 653

埼玉県 1,297

東京都 1,336

千葉県 823

神奈川県 896

山梨県 166

静岡県 277

愛知県 279

群馬県 324
長野県 200

鳥取県 37
岡山県 127

島根県 46
広島県 153

山口県 64
福岡県 276
佐賀県 89

富山県 88
石川県 97
福井県 102
岐阜県 79

三重県 94
滋賀県 99
奈良県 83
和歌山県 49
大阪府 396
京都府 268

大分県 112

長崎県 76

宮崎県 50

熊本県 105
鹿児島県 93

兵庫県 263
徳島県 32

香川県 52
高知県 37
愛媛県 82

沖縄県 295

文部科学省「東日本大震災により被災した幼児児童生徒の学校における受入れ状況について
（2011 年 9 月 1 日現在）」2011 年 10 月 13 日より作成

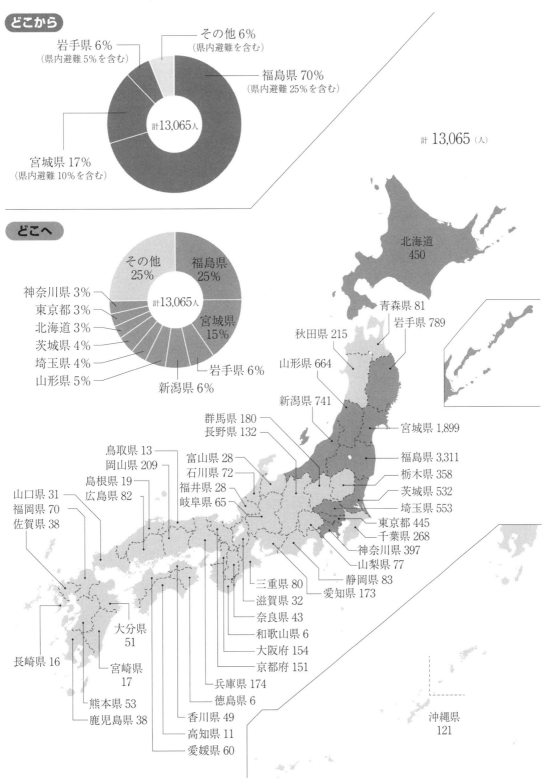

図表7　避難した子どもの拡がり（2018年5月1日）

どこから

岩手県 6%
（県内避難 5%を含む）

その他 6%
（県内避難を含む）

福島県 70%
（県内避難 25%を含む）

計13,065人

宮城県 17%
（県内避難 10%を含む）

計 13,065（人）

どこへ

その他 25%

福島県 25%

神奈川県 3%
東京都 3%
北海道 3%
茨城県 4%
埼玉県 4%
山形県 5%

計13,065人

宮城県 15%

岩手県 6%

新潟県 6%

北海道 450

青森県 81
岩手県 789

秋田県 215

山形県 664

新潟県 741

宮城県 1,899

福島県 3,311

栃木県 358

茨城県 532

埼玉県 553

東京都 445

千葉県 268

神奈川県 397

山梨県 77

静岡県 83

愛知県 173

群馬県 180
長野県 132

鳥取県 13
岡山県 209

富山県 28
石川県 72
福井県 28
岐阜県 65

島根県 19
広島県 82

山口県 31
福岡県 70
佐賀県 38

三重県 80
滋賀県 32
奈良県 43
和歌山県 6
大阪府 154
京都府 151

長崎県 16

大分県 51

宮崎県 17

兵庫県 174
徳島県 6
香川県 49
高知県 11
愛媛県 60

熊本県 53
鹿児島県 38

沖縄県 121

文部科学省「東日本大震災により被災した児童生徒の学校における受入れ状況について
（2018 年 5 月 1 日現在）」2019 年 3 月 20 日より作成

図表8　3・11受入校で自然災害と向き合った教育実践記録数（2011–19年度）

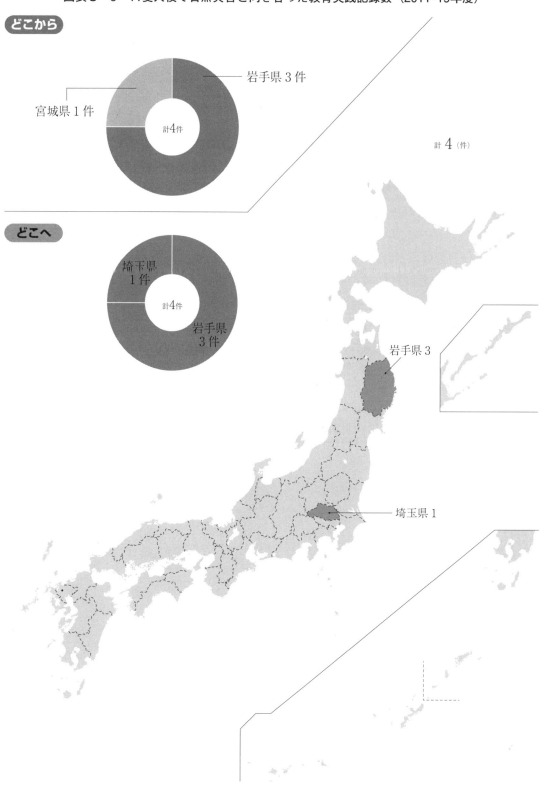

どこから

宮城県1件

岩手県3件

計4件

計 4 (件)

どこへ

埼玉県
1件

計4件

岩手県
3件

岩手県3

埼玉県1

図表9　3・11受入校で自然災害と向き合った教育実践記録4件（2011-19年度）

著者	実践校（県）	タイトル（分科会）実践記録番号
2011年度		
片山直人	釜石市立小佐野小（岩手）	つなぐこと（自治的諸活動と生活指導）24
2013年度		
秋山二三夫	埼玉県立本庄高（埼玉）	震災に向き合った184人の高校生（人権教育）25
2015年度		
宮伸幸	岩手県公立小（岩手）	卒業式を共に（自治的諸活動と生活指導）
2019年度		
渡邊大子	盛岡市立厨川中（岩手）	災害を自分のこととして考えるために（総合学習と防災・減災教育）26

　釜石市立小佐野小では、2011年の新学期から近隣小による間借りが始まった[4]。同校に震災前から勤めていた片山直人は、小佐野小にはこの間借りとは別に、津波で家を流された子どもの転入が30人あったことを記している。2011年度に3年生を担任した片山は、その中の3人の子どもを迎えた（**実践24**）。4月19日の始業式後、学年フロアに戻ると、「3人の自己紹介の後、硬かった子どもたちを解きほぐすように、ペアマッサージや仲間づくりゲーム」を行った。次に、「5人ずつ10人のグループをつくった状態で、みんなで歓迎の群読」を行った。「今日の気持ちを言葉にして子どもたちから集めて、10分でつくり、グループで少し練習して」次のように行った。3人の転入生も少し笑顔になった。

ソロ：Aさん	A：はい、Aです！
ソロ：Bさん	B：はい、Bです！
ソロ：Cさん	C：はい、Cです！〔中略〕
ソロ：今日は私たちも	
ソロ：きんちょう	全員：カッキーン！
ソロ：ふぁーん	全員：ドキドキ！〔後略〕

子どもの喪失感と向き合う

　2つは、避難した子どもが喪失感と向き合うための教育内容である。秋山二三夫の教育実践記録からは次のことがわかる（**実践25**）。本庄高では、生徒による自主活動として東北の被災地ボランティアが重ねられていた。宮城から避難して2012年4月に同校に入学した生徒は、7月、「一緒に行って

4　釜石市立鵜住居小の5・6年生による10ヶ月の間借りが行われた。小佐野小は地震・津波被災学校でもある。

みない?」という学友の誘いに乗って、ボランティアのため宮城に帰った。9月、その生徒は、「わたしは あの日から ずっとひとりだと思っていた」という言葉からはじまる詩を書いた。その詩のタイトルは「もうひとりじゃない」だった。

　宮伸幸は、先に記した子どもの言葉に接したとき、その子どもとは違う学年の担任だったが、「何かをしなくてはという思いに駆られた」。2014年度、宮はスクールカウンセラーとの相談や校内生徒指導事例研の協議をへて、6年担任とも話し合いを重ね、「震災後触れられることのなかったBについて」の授業を計画する。「阪神大震災後に、亡くなったクラスメイトに向けて取り組んだ事例」もふまえて、転入してきたAほか2人の子どもを中心にして、Bについての思い出をクラスで出し合う授業を行った。授業後にAは、「ずっともっていた『心のもやもや』がすっきりした」という。この教育実践の意味を宮は次のようにまとめている。

　　今回は、Bのクラスメイトたち〔転入してきたAほか2人の子どもたち〕が心に抱えたものを少しでも軽くしてあげたいという思いで行った実践であったが、Bのクラスメイトだけじゃなくその他の子どもたちもまた、それぞれの心の内を語ることでさらに深いところでつながり合うことができたのではないかと感じている。それほど単純なことではないと思うが、今回の実践を通じて、子どもたちがもっている心の傷が、また、抱えているものが少しでも軽くなってくれることを期待したい。

改めて沿岸の被災地を訪ねる

　3つは、避難した子どもと受入校の子どもが共に自然災害と向き合うための教育内容である。盛岡市立厨川中では、2019年度の2年生による宿泊研修で岩手県沿岸の宮古・田老地区を訪ねた。この年の2年生は、震災時に4〜5歳の子どもだった。宿泊研修を企画した渡邊大子には、この学年には、福島で震災を経験した生徒がいることや、陸前高田市で被災して転入してきた生徒がいることがわかっていた（**実践26**）。1泊2日の宿泊研修を終えると、転入してきた生徒は次のように述べている。「幼い頃に過ごしていた故郷を離れるつらさはありましたが、今の学校だからこそ出会えたともだちもいます」。

　この渡邊の教育実践には、3・11後に被災県内外で多くの学校が取り組んできた被災地訪問の取り組みに、新たな意味を与えていく可能性がある。1つ、「被災を免れた子ども」が「被災地から学ぶ」というこれまでの枠組みを、「被災をした子どもと被災を免れた子ども」が「共に被災地から学ぶ」という枠組みへと転換すること。2つ、後者の枠組みでは、被災をした子どもと被災を免れた子どもが、経験の違いをふまえつつ、文字通り同じ方向を向いて学習ができること。3つ、被災地の取り組みや言葉を大切にする教育実践は、避難先で、まだ自分の経験を話すことができない子どもが、自分の経験を語りやすくする可能性を秘めていることである。

　付記　本稿の228〜229頁の一部は本書第2巻の解説Ⅲの内容と重複している。

24　つなぐこと

〔岩手県釜石市 小学校〕

片山　直人

はじめに

　3月11日。後にM9とされる震度7の地震が襲った。海から約3Km内陸寄りに位置する本校は津波の被害はなかったが、校舎の半分は現在も使用できない状態にある。当時、その使用できない校舎の3階の教室に4年生と私たちはいた。尋常ではない揺れの大きさと落下物、埃などで周りが見えなくなり、防火扉もひん曲がり壊れた。避難のタイミングも計れず、「いずれ校舎は崩れるのだろう」と覚悟すらした。

　まだまだ寒い3月。保護者などが集まり、引き渡しと、余震で校舎崩落の恐れも感じて混乱する校庭。「津波が襲った」との情報も入り、不安と恐怖で覆われた。電話も使えない。ともに避難した子どもを目の前にして教師という立場と、家族が分散している不安で、落ち着かない。

　学校の体育館は避難所となり、自宅に帰れない私たちも避難所の準備、世話をしながら、体育館での寝泊まりが始まった。信じられないほどの寒い3月。その後、日付も曜日も認識できない日々を過ごしていくことになる。

　釜石市の海沿いの街は津波で破壊され、多くの命を奪っていったことは少しずつわかっていった。

1　桜

　津波被害のなかった本校も、その後、学校は再開できなかったため、子どもたちは自宅待機となっていた。子どもたちは、家から出ることもなく時間を過ごしていた。また、保護者も同様で、「何かしたいが、何をしていいかわからなかった」。

　私は、その時担任していた4年生と保護者のみなさんに、「体育館に避難しているみなさんを励ますとりくみ」を提案した。このことを通じて、離れ離れになっていた学校と子どもたち、子どもと子ども、保護者と保護者のつながりを取り戻す目的もあった。

　携帯メールで"拡散"してもらい、次々と学校に集まる保護者のみなさん。久しぶりに顔を見る子どもたち。学校の中で子どもの声がするという当たり前のことに感激した。「震災後、初めて家から出ました」「初めて家族以外の人と会った」という嬉しそうでもあり恥ずかしそうな表情の子どもたちもいた。また「何かしたい、とお母さんたちで話していたところでした。動くきっかけをありがとうございました」と感謝され、逆に恐縮した。

　画用紙30枚の貼り絵のテーマは「桜」。地震、津波、そしてまだまだ寒い岩手の春。復興のイメージとして描いたのが桜だった。

同じ釜石市でも津波による甚大な被害を受けたわけではない、何か「後ろめたい気持ち」がずっと残っていて、自分には何ができるのか、そればかり考えていた。

結局は何かを「つなぐ」ということが、今できることと思い、そのことを一生懸命やるしかない、と思った。

2　パズル

避難所対応や、いつ学校が再開するのか、教室配置はどうなるのか、先が見えない日々。学級事務に勤しむ職員と被災地支援に走る職員、そして被災した職員の互いに関わりきれない、触れてはいけないような空気。まだ余震もあるし、治安も不安定。イライラする日々。それでも、多目的ホールで私が1人で貼り絵をつなげていると、仲間が1人、また1人と集まり手伝ってくれた。

貼り絵を作った子どもたち数名と、保護者と完成した貼り絵を持って避難所に持っていくと、市職員の方、避難所の方も涙と拍手で喜んでくださった。学校、子どもたち、保護者と避難している方をつなげるきっかけになり、高学年の子どもたちが声を掛け合って避難所にボランティアに来るようになったり、炊き出しの手伝いに夕方来るようになったりもした。

貼り絵を避難所に持っていったときには、ほとんどの職員が一緒に来てくれ、絵もギャラリーに飾ってくれた。そこに一緒に来てくれたことが嬉しかった。貼り絵のようにつながっていったような気分になった。バラバラだったピースがまた1つに集まっていく、そんな感じがした。

3　スタート

防災対策、子どもたちの精神的ケアなど課題は山積しながらも、4月19日に新年度がスタート。津波により、校舎も街も被害を受けた市内の小学校から5・6年生約120人が、本校の校舎で学習することになった。本校も校舎は半分使用できないため、特別教室を学級用の教室とするなどの対応を行っている。また、津波で家を流された子どもたちが現在まで約30人、本校に転入してきた。

今年度、私は2クラスある3年生の担任になった。やんちゃで元気いっぱい。昨年度は、喧嘩や通行人を巻き込んでのトラブル、学童クラブでのトラブルなどいろいろあった55人の子どもたち。その元気さは、小佐野小の元気の素となり、学校全体を活気づけられる、そんな学年だ。

4月19日、1学期始業式。いつもなら、新しい生活に湧き上がる楽し

ソロ：Aさん　　A：はい、Aです！	
ソロ：Bさん　　B：はい、Bです！	
ソロ：Cさん　　C：はい、Cです！	
ソロ：ようこそ	
ソロ：小佐野小学校へ	全員：ようこそ！
ソロ：ぼくたちが	
ソロ：小佐野小学校3年生です	全員：イェイ！
ソロ：今日は私たちも	
ソロ：きんちょう	全員：カッキーン！
ソロ：ふあーん	全員：ドキドキ！
ソロ：担任もわからなーい	全員：（それぞれの反応）
ソロ：でもちょっとだけ楽しみ	全員：ワクワク
ソロ：3人にぼくたちのことを	全員：紹介します！
※10のグループが「3年生は○○です」と紹介する	
ソロ：どうぞ	全員：よろしく！
ソロ：早く	全員：仲良くなろう
ソロ：みんなで楽しい1年にしましょう	
ソロ：今からぼくたちは	
ソロ：小佐野小学校の	全員：3年生だー！！

みも、今年は震災後続く余震と、仕事場を失った家族、さらにはクラス編成など、3年生の子どもたちは、始業式にたくさんの不安要素を抱えてのスタート。体育館で出会い、学年のフロアで出会う3年生の子どもたちの表情は硬かった。

その3年生にも3人の転入生がきた。3年1組28人。3年2組27人。転入生Aは自宅が津波で被災、Bは自宅が津波で被災、Cは自宅が津波で被災。始業式後、学年フロアに戻り、学年集会を開いた。まずは、転入してきた3人を歓迎する"歓迎会"を行った。3人の自己紹介の後、硬かった子どもたちを解きほぐすように、ペアマッサージや仲間づくりゲームなどで解きほぐし、そして、5人ずつ10のグループをつくった状態で、みんなで歓迎の群読。今日の気持ちを言葉にして子どもたちから集めて、10分でつくり、グループで少し練習して、一発本番。

ゲームをして、声を出して、3人の転入生にも少し笑顔が出てきた。

集会の最後に、次のような話をした。

「始業式でビックリしたことが4つ。①動かないで立っていたこと②顔を見て話を聞いていたこと③大きな拍手ができたこと④あいさつの声が大きかったこと、どれも去年の2年生の時にはあまりできていなかったこと。さすが3年生になったね。大きな地震があり、新しい学年、新しい教室、新しい友達、新しい先生、そして久しぶりの学校…きっとドキドキしていたと思います。ちょっとイヤだなあ、怖いなって思っていた人もいると思います。先生たちも同じです。ドキドキをワクワクに変えるには、1つは『毎日元気に学校に通うこと』、もう1つは『たくさん友達と話したり遊んだりすること』です。ドキドキはあると思うけど、元気に学校に通って、友達と話したり遊んだりして、ワクワクな毎日に変えていこう」。

そして、3年生の子どもたちに担任団の願い「小佐野小の太陽になろう～元気な太陽！3年生【かしこさ】【やさしさ】【たくましさ】」を伝え、最初のとりくみを提案。

「3年生のみんなと小佐野小の太陽になるために、いろいろとりくんでたくさん楽しみたいと思っています。まず1つめのとりくみ…。明後日21日に、みんなが学校に来ることです」。

「かんたーん」「風邪ひかないようにしなきゃ」「達成できたら、みんなでパーティーしよう！」「イェーイ！」「何やるの？」「給食もないし、午前授業だから、何か食べようか」「やったぁー」。

硬かった空気は少し和らぎ、震災によって"怖い場所"となり、不安と緊張でいっぱいだった学校を、やっぱり楽しいという思いに向かわせなければと思っていた。

当然被災して転入してきた3人の子どもたちはだれよりも不安と緊張が大きいはず。その日、集団下校だったので、転入生3人と家が近い子らに話をし、自分の家を教えてあげることと、その子たちの家を覚えることをお願いした。そして、可能であれば、午後友達とその子の家を訪れて、一緒に遊んでほしいと伝えた。次の日が入学式で登校しないため、子どもたち同士の距離を近くしておこうと思った。

仮設住宅の建設が進み、公園は使えないところが多いが、自宅前などで転入してきた子を交えて遊んだと、子どもたちに聞いた。

翌々日。子どもたちは全員元気に登校。転入してきた3人も早速家が近い子たちと一緒に登校してきた。朝、すでに校庭で遊んでいた。

全員揃ったポッキーパーティーと写真撮影をして、学年集会で次の提案をした。

（縦書き左側見出し）

II
3・11受入校で自然災害と
向き合った教育実践記録

実践
24

「早速２つめのとりくみをします。２つめは『なかよし大作戦』です。長い期間友達と会ってなかったこと、クラス替えがあったこと、新しい友達が増えたこと、まだまだちょっと学校に来るのが不安な友達もいることから、たくさんの友達と顔を合わせて、話をして、サインを貰う、そして仲良くなる、そんなとりくみをしたいと思います。まだ午前授業ですが、朝の時間や中休みにカードにサインを貰ってください」。

給食なしの午前授業（４月25日からパンと牛乳ありの午前授業）ということもあり、すぐに全員のサインを集めることは困難なことから、少し長めのとりくみとした。

◆目的：学級の友達の顔と名前を覚える。友達との交流の輪を広げる。互いのよさを認め合う。
◆期間
【レベル１】４月21日（木）〜６日（金）
よろしくサインを集める
【レベル２】５月16日（月）〜20日（金）
"太陽ポイント"を探す
【レベル３】５月23日（月）〜27日（金）
"今日の太陽"を紹介しあう
◆方法
【レベル１】カードを使い、自分の学級の友達全員からサインをもらう。
【レベル２】太陽ポイント＝友達のいいところをさがす。
【レベル３】帰りの会「今日の太陽の紹介」で、友達の頑張りやよかったこと、など友達のことをみんなに伝える。
【その他】積極的に"学級遊び"を行い、交流する。

５月２日（月）から午後の授業が再開され、とりくみは主に５月に入ってからが中心となった。もちろん朝などにサインを貰っている子たちもいたが、全員分貰うには時間がかかった。

レベル１の最終日、６日の学年集会では、子どもたちから次のように話された。

「適当にサインを貰って、それでＯＫにしてる人もいました」「男子にサインを貰っても、グチャグチャ書いて終わりでした」「『はやく書いて！』って怒られました」。

見てみるとたしかにグチャグチャだ。男子の言い分はこうだ。

「外で遊びたかった」「はやく終わらせたかった」。

カードにサインを貰い、全部埋めることが目的となり、早く終わらせようとした子たち。昼休みが再開し、だれよりも早く校庭に向かいたい子たち。クラス替えもあり、転入生もいて、サイン交換を通じて仲良くなっていけばとは思ったが、時間と場所があれば子どもたちは、それ以上に仲良くなることができていた。転入してきたＡとＢはすでにその校庭で遊ぶグループにいて、サインどころではなかった。

仲良くなる、というのはこちらが指定した時間で達成されるものではなかったが、まずはレベル１の全員のサインを集めるという点で、"達成した"ということにして、次の週にパーティーをすることにした。

「久しぶりにみんなで校庭や体育館で遊びたいっていう気持ちはよくわかる。サインの交換で仲良くなる方法とは別に、遊びに行くことで仲良くなっているのだから、それは"なかよし大作戦"を別な形で進めた、ということだね。ただ、グチャグチャ書かれちゃった人たちはいい気分ではなかったのもその通りだから、もう一度サインを書いて仲直りして、それでレベル２に進もうか」と話し、全体に了解してもらった。そして、遊ぶことで仲良くなることを男子が教えてくれたので、積極的に声を掛け合って遊ぼう、と"学年遊び""学級遊び"を取り入れていくことをみんなで確認した。

4　未来と

　軽度被災とは言え、小佐野小の子どもたちも、震災時、校舎で恐怖を感じたり、大人の不安な表情やうろたえる姿を見たりした。「また何か起きたら」という思いを持っている。

　家庭訪問で多くの保護者が話したのは、子どもたちの防災意識と分離不安だった。寝る前に枕のそばに、いつ何があっても逃げられる準備をしている子が多かった。また、震災によって、単身赴任を余儀なくされた父親もいて、どこに行くにも親のそばにいるとか、また一緒に寝るようになったという子もいた。6月23日朝の地震、津波注意報の際は遅れてきた子が2人、分離不安で欠席した子が1人いた。

　子どもたちに私たちが準備しなければならないのは「安心」と「未来」だと思っていた。

　そんな中、学校にはたくさんの支援物資が毎日のように届き、それはとてもありがたく、しかしその1つ1つに感謝の手紙など表現することは困難だった。次第に物資も飽和、思いも飽和のような状態になっていた。

　「太陽の学年」と名づけたこの子どもたちと目をつけたのは、たくさんの支援物資が入っていた"箱"だった。作ろう。感謝の手紙を届けることはできないけれど、それで自分たちが元気になるのならば、作って、自分を励まそう。ただただ貰い続けていた支援物資と自分をつなげる作品にしよう。

　色のついた空き箱などをタイル状にカットし、学年の花「太陽＝ひまわり」を作った。ひまわりは太陽に向かい、グングン伸びていく。学年テーマや子どもたちの雰囲気とぴったり合った。物資をいただくということ以上に、「自分たちで何か作り上げる」ことに喜びを感じていた。みんなでこの作品たちを「シエンブッシデアート」と名づけた。

　思いを表現する、絵を描くということにやや抵抗があったが、このまま先も見えないままではつらいと感じていた。子どもたちと未来について語りながら、自分の思い描く未来を「私の未来」というテーマで作品にすることにした。

　津波で自宅を流されたBは、現在の生活の事実をふまえて、家族との「未来」の生活を作品にした。その詳細は本稿では割愛するが、「そうした子どもがいま大変だ」という捉え方をするだけではなくて、私たち教員は、そうした子どもの近くにいて、「そうした子どもが何を願っているのか」、一緒に表現したり、考えたりしながら過ごしてきた。

　「学力を向上させることが子どもたちに未来を与えること」などと学力向上にのみ傾いている校長や、「学力向上」「授業改善」「家庭学習」に重点をという市教育研究所の考え方に対して、私たちが子どもたちにすべきこと、子どもたちとともにすべきことは何だろうと考える。寄り添い、拓く。そして子どもたちと何をどうつなげていくか。せめて未来へ希望をつないでくれたら、と願う。

5　自分を信じて

　運動会終了1ヵ月後。今度は学習発表会。子どもたちのこれまでの学習の成果、子どもたちの姿を発表するにふさわしい発表をと担任団で相談し、提案したのは音楽劇「オズの魔法使い」。この劇を行うことにした決め手は、物語の「なかったと思っていたことが本当は自分の中にある」という内容と、この脚本にあるエンディングの歌の歌詞だった。子どもたちには次のように伝えた。

3年生が「オズの魔法使い」の劇を行う理由

①テーマ

　このお話のテーマは、オズの魔法の力によって勇気や知恵を与えてもらうのではなく、自分には
もともと素晴らしい勇気と知恵があることに気づいていくもの、です。この劇を通じて、3年生一
人ひとりが自分の力を信じてほしい、と願いました。

②一人ひとりの役割

　「オズの魔法使い」には、ドロシーなどの登場人物がいますが、それらの人物は物語の"主役"で
あって、劇の"主役"ではありません。劇は、一人ひとりが自分の役割を演じることから、全員が
"主役"になります。"主役"ではない役の人は、コール隊という劇の中で背景となったり、雰囲気を
つくったり、登場人物の心を表したり、時には声を出したりする大事な役も持ちます。つまり、こ
の劇は「3年生全員が主役」であり、「全員のチームワーク」で成功するもの、と考えています。

③楽しい歌

　この劇の中では、歌も取りいれています。どれも場面を表すにはとても大切な歌です。音読や群
読のように国語の力を高めていくこと、そして、体で表すことで体育の力を高めていくこと、さら
に、みんなで歌を歌うことで音楽の力を高めていこう、と考えて、劇をつくりました。

エンディングの歌は「自信を持って」。

自信を持って　びくびくせずに　心を開けば　きっと　今よりもっと　大きな世界

見えてくるはず　飛びこんでみようよ　雨あがりの　にじのかけ橋に

すてきなあこがれ　散りばめ　おもい続けていれば　ほら

いつか　夢は　かがやくから

自信を持って　びくびくせずに　ほんとの自分を　見つめてみよう

自信を持って　にげたりせずに　ほんとの自分を　だいじにしよう

（作詞　森田等　作曲　金子貢）

東京書籍「音楽劇シリーズ5『オズの魔法使い』」

　歌詞を視写し、「自信を持つ」「ほんとの自分」「だいじにしよう」って、どんなことを言うのだろ
うか、と、みんなで考えてみた。「わたしはみんなの前で話したり考えて発言するのがこわくてにが
手です。友達といるよりも1人で漢字を書いてる方がいい。でも、『オズのまほう使い』で歌う歌を
考えて、びくびくせずに、にげたりせずに、がんばってみようと思った」。「ほんとの自分」は3年生
なのでよく分からない反応の方が多いが、それでも多くの子どもたちは「自信をもってがんばろう」
という前向きなことを考えていた。

　学習発表会の3年生の音楽劇は「仮設住宅で再演」を期待されるほど、招待した隣の仮設住宅の方
が"復興"と重ね合わせてみていたようだった。自分たちの発表がそうして「だれかのために」なった
という、思いもよらない成果に子どもたちも保護者も嬉しく思った。もちろん、その中には、どこか
「後ろめたさ」を持ち続けた自分たちと、"復興の今"をつなげてくれるものでもあった。

結びにかえて

正直、流されていることも多く、その日をこなすことで精一杯な日々。気分的なものか、仕事量的なものか、分からない。ただ「つながる」ことを今こそやらなければ、という思いで、子どもたちの前に立っている。

学習発表会を終え、小佐野小に来て初めて、学年の保護者のみなさんと懇親会が行われた。30人の参加があり、母親たちが話していたのが「距離＝信頼関係。こうしてお互いに話をして、つながりを強くすることで、信頼関係も深まる」。

残り約数ヶ月。3年生の子どもたちをどうつなげていくか。子どもたちとどうつながっていくか。あるいは学校とどうつなげていくか。だれとだれを。だれと何を。何で。どのようにして。どうして。どこに向かって。まだまだ課題にしていきたいと思う。

25 震災に向き合った184人の高校生

〔埼玉県（本庄市）高校〕

秋山　二三夫

　2011年3月11日の後をどんなふうに過ごしたか。生徒が語り出したのはその年の新年度を迎えた5月の頃だった。倫理の『白熱教室』は自分の体験や思いこみを出し合って検証する場だ。メディアは整然とした避難民の行動を讃え、「直ちに健康に被害はない」、「頑張れ日本」などステレオタイプ化した情報を流した。「私も水の買いだめに走った」「親戚のひとが東京に避難しに福島ナンバーを理由に給油を断られた」などメディアでは取り上げない現実を生徒は語った。「メディアの正義とは何か」私は問いかけた。

　2011年8月20日、「自分の目で確かめたい」と考えた19名の生徒が、仙台市へガレキ撤去作業に向かった。そして、このとりくみでのべ184人の高校生が被災地に行った。

1　「先輩から後輩へ」、そして「友からわたしへ」

　被災地の活動について学校内外で報告した。2011年2学期始業式での報告、翌年3月の『JAPAN. THANK YOU』、県のボランティア報告会など。その流れで「先輩から後輩へ」、「友からわたしへ」とバトンがわたった。この2年半、被災地に行った生徒はのべ184人にのぼる。本校の東北ボランティアは、self-government（自己統治）を旨とする。昨年の生徒総会では自主活動とすることを承認、『TEAM柏』を結成した。

2　松岡由華さんのこと

　由華さんは、中学2年生のとき宮城県の東松島市矢本第一中学校で被災した。自宅は行政のハザードマップでは安全とされる地点にあった。由華さんの母は言う。「あと5分遅れていたら生きていなかった」。ツナミは自宅の床上まで押し寄せた。「あの暗く永い夜の体育館で暗い大人の心に火を灯してくれたのは、プールにはった氷を割ってトイレ用の水を運ぶ中学生たちの姿でした」。3月11日、現地の夜は雪が舞っていた。由華さんは何もわからず熊谷市に避難した。2012年4月、たまたま本庄高校に入学し、たまたま入った演劇部で私（報告者）と出会った。

　7月、由華さんは「一緒に行ってみない」という友の誘いに乗った。文化祭で仙台市の農産物を販売するボランティアのため宮城に帰った。その思いは『もう一人じゃない』という詩に綴られる。由華さんはツナミで友だち二人を亡くした。友の問いかけに「あの日時間が止まった二人。私は生きていて変な感じ」と、震災の記憶を紡いで語る由華さんの言葉が重い。

3 Aritomi Arevalo Renzo Hajimeさんのこと

Hajimeさんは日系ペルー人で水泳部と社会科研究部に所属する。３年生になって「今まで部活で東北に行けなかったけど、やっと第５次ボランティアに行ける」と校内新聞に抱負を書いた。そして８月８日、『TEAM柏』の代表として38名の仲間と南三陸町へ出発した。

Hajimeさんは優秀な日本人になりたいと思って頑張ってきた。それを「僕は僕のテンプレートを終了したかったんだ」と表現する。テンプレートとは「設定」の意。ペルー人のHajimeさんには、自分のテンプレートを変える必要がない日本人がうらやましかった。

そんなHajimeさんが本庄高校でややしつこい私と出会った。Hajimeさんは多少の体験を積んで自分が変わってきたと今は実感している。社研に集う南米出身の仲間や在日ペルー人の先輩の話を聞いたりして、ペルー人であることがだんだん大切なことだと思えるようになった。忘れていたスペイン語を取り戻していくHajimeさん。

「先生、僕、カンバスに何か描けと言われたって、一ヶ月経っても何も描くことができないんだ。写し描きならいくらだってできるけど」と言ったとき、彼は涙をこらえていた。先生は「夢を持て」と言う。でも、日本で夢なんて想像できないことだった。日本に来て20年、Hajimeさんの父親には冷たい祖国日本だった。夢を追えなかった父の経験が彼の未来を閉ざす。苦労の末、Hajimeさんの家族は来春ペルーに帰ることを決めた。Hajimeさんにルーツを一度確かめさせるためという父親の考えには賛同する一方、彼らを追いつめた日本人の責任を感じる。つらい経験をひとつひとつ読みかえるHajimeさん。ブータン国王ワンチュクの「龍は経験を食べて成長する」という言葉が好きだ。私はそんなHajimeさんが頼もしくうれしい。

4 志津川高校で

志津川高校の美南さんは、同校ボランティア『まずもってかだっからきいてけさいん』を立ち上げ震災語り部をしている。生徒会の交流に彼女が参加してくれた。

８月８日、本校生は向山地区のがれき撤去作業をした。翌日交流会をもった。Hajimeさんが冒頭挨拶し、生徒の話し合いが始まった。中学で不登校を経験したひとりの生徒が発言した。「被災前の避難訓練はどの程度本気でしたか」、その生徒もこのボランティアに参加して大きく成長した生徒の一人だ。将来は防災観点に立つ環境問題について学びたいと思っている。実際に被災した志津川高生の話はメディアとは異なる視点で語られ、私たちは多くのことを学んだ。

由華さんは美南さんになかなか話しかけられないでいた。「話せば」と言う私に「いいよ」と返す。私に背中を押され、メールアドレスを交換した。あの日被災して県外に出た由華さん、同じく県外に出てまた戻った美南さん。ふたりの故郷の町は少しだけ離れているが宮城県は同じ故郷。同じ海を見て、故郷への思いをどう確かめ合ったのだろう。

この度の現地学習で震災前後の志津川町長の行動を知った。「リーダーの責任」を考えた。志津川高の校長先生が、「知った者には知らせる責任がある」という本校東北ボランティアの目的に触れ歓迎の言葉を述べた。リーダーの無責任さを知った私たちは、その無責任さを知らせる責任がある。それこそ私たちの自己統治なのだ。

Hajimeさんは、両校生徒で記念撮影したとき、校内にあるモアイ像のチリ大統領訪問を記念する

スペイン語の文をすらすらと読んで他の生徒を驚かせていた。その日「スペイン語でボランティア報告をするといいな」という私に「少し考えます」と、Hajimeさんのメールが届いた。

5　それから

　それから1ヶ月後の9月15日。Hajimeさんは「県北部外国籍の生徒の高校進学ガイダンス」で少し照れながらスペイン語で『東北ボランティア』の報告をした。父親の姿が会場にあった。由華さんは自分の被災体験を初めて文章にしてきた。「まだ、本当には書ききれていない」という。数ヶ月前、私のところに来て時々震災を思い出して眠れないと涙した由華さんだった。今は笑顔が多く見られるようになった。東北ボランティアや演劇部の仲間と充実した活動の日々を送っている。『TEAM柏』はいま還流学習と次の派遣に向け準備をしている。

　そして、宮下木花作詞、坂西絢奈作曲の『青い空へ』ができた。

```
一　泣きたいときはいつも　あの空を見上げて笑うんだ
　　僕らは青い空へ　なくした夢さえ信じて
　　歩きだそう　一歩ずつでいいからふりかえらないように


二　未来が見えなくても進むんだ　止まない雨はない
　　ぼくらは青い空へ　まだ見ぬ世界を探そう
　　勇気出して　手をつなぐ僕がいる君はひとりじゃないよ


三　この場所この景色は　永遠に褪せない宝物
　　僕らは青い空へ　おそれず飛ぶんだ
　　大きく羽を広げ　夢を見て羽ばたこう光あふれる明日へ
```

資料1
　　　　白熱教室「東日本大震災・福島第1原発事故から三ヶ月」の授業記録

1　　3・11の震災では何が問題となったか整理した。
　①メディアと情報操作
　②買い占めと買いだめ
　③風評被害
　④原発と再生可能エネルギー
　⑤政治（菅首相おろし）
　以上からメディアのあり方を問うた。

2　　カメラマンの正義とは？
　　　　　　　　 問　被災者の写真（時には遺体も含む）を撮るべきか。

A：例えば、テレビでは人が走って逃げるところを津波が襲う直前で場面転換してスタジオになってしまう。どうして津波に呑まれるところを見せないのか。しっかり見せれば、次の震災に対する心の持ち方が変わる。死亡者数を発表しただけでは伝わらないものがある。「想定外」をなくせる。

B：撮ってもいいが、テレビで流すのは子どもに悪影響をあたえるので反対。雑誌や新聞は選択できるからいいのでは。

C：原発など目を背けたくなる場面が多いが、そういうことで人は事件があったことを理解する。私たちは、報道に頼るしかない。心に傷が生じるかもしれないが、目を背けてはならないことも教えるべきだ。

D：遺体を撮るのは賛成。テレビに流すのは反対。心の準備ができている段階で原爆写真など見せることはいいと思う。訓練した自衛隊員も辛いのだから、子どもには悪影響だ。

E：撮るべきかもしれないが、私はシャッターを押せないと思う。

F：子どもが遺体を見てショックを受けたら、そのあとどう対処していいか分からない。

G：テレビで報道したとして、トラウマになったらどうする。そういう映像を見せても、意識化できないで、恐かったで終わるのではないか。

H：手を挙げなかったが、Gさんと同じ。自分がカメラマンだったらシャッターを押す勇気がない。母の兄弟が宮城県に住んでいて、話を聞いただけでもつらさは十分伝わった。写真も大事だが話で十分だ。

Ｉ：雑誌や新聞では興味のある人しか見ない。実際に見て恐怖心が湧かないと本気になって対処する気にならない。

J：福島へ行ってきた。実際に行かないと分からない。

K：自分の目で見て、体験を聞くことが大事。

L：分かるけど、みんな現地に行けるわけではない。直接的なこと（行動）はできない。

3　参加者（19名）の報告から

A：テレビを見ていて自分は募金もできなかった。ボランティアの話が出たとき、大変だろうけど行きたいと思った。テレビで見たヘドロやがれきの山はなかったが、草が生えていて5ヶ月経ったんだと思った。自転車で見て回ったとき、がれきや車が残っていて復旧はしていたが復興は進んでいないと感じた。骨が出てきて、ここで亡くなった人もいるんだとか茶碗や貝殻が土の中から出てきて、津波の恐ろしさを思った。帰ってきてから前以上に東日本の状況を調べてみてまだ時間がかかると思う。同じところに来年も行って畑がどうなったか見てみたい。

B：自転車を借りてツナミの後を見て回った。タクシーの運転手さんに「ありがとう」と言われ、悲しいことがあったのに凄いと思った。

C：テレビで見た限りがれきが凄いと思っていたが、何もない草地になっていてがれきは所々集められていた。現地の人がやったんだと思った。原発の近くでは、亡くなった人も手がつけられないと聞いていたので、まだまだやることがある。私たちは、畑を整地しただけだった。

D：現地のボランティアセンターの人は長期的視野をもって支援をしていると思った。写真集で若林地区を見て知っていた。5ヶ月で変わるんだと時間の経つのを実感した。今回の震災で亡くなった子

どもは多い。これから生きていく意味を考えた。

E：バスの中から見たときは被災地であることを実感できなかったが、家の形はあっても人は住んでいない。降りたとたんにその空気を感じた。畑を整地しているときに、生活用品が出てきてここに普通の暮らしがあったんだと思うと辛かった。自転車でまわったときに、花が供えてあるぬいぐるみを見て、数字ではわからない死の重みが分かった。震災後の航空写真を見て、人家がなくなっていることが分かり、ここでどんな形で再生ができるのか考えていきたい。

4　報告を聞いた生徒の反応

F：テレビだけでは分からない、実際に行くと伝わってくることがある。テレビを見ていると悲しい気持ちになる。ボランティアに行ってみると、笑っていかないと日本が復興できないことが分かる。凄いと思う。

G：メディアでは感じ取れないことが感じられたと思う。これからも震災はあるだろう。東北の人は笑って生きていかないと復興にはつながらない。辛くても笑って前を向いて生きていこうという心が伝わってきた。

H：行った人で今回の震災を通して自分の未来に何らかの影響があった人はいますか。

Ⅰ：影響があったほうに手をあげなかったが、もともと人を喜ばす仕事に就きたいと思っていたがその思いが強まったということです。被災者の笑顔を見ることがうれしいと思った。

J：福祉の仕事に進みたいと思っていたが、今回の震災では障がいのあるひとは逃げおくれたり犠牲になる人が多かった。だから、単に助けるというのではなく知的障がいの方もふくめ行政のうえで制度を変えていく仕事に興味を持った。

K：保育の仕事に就きたいと思っていた。7月頃白熱教室で「テレビなどで死体を見せるか否か」話し合ったが、被災地の子どもは否応なく見てしまっている。そうした子どもの心のケアが大事だと思う。

L：将来の夢というのはまだない。ただ、人の役に立ってよかった。自分の夢を見つけていく上でものすごく大きな一歩だった。今回の活動が何かしらいい材料になると思う。

H：視野を広げてみれば、ボランティアに行かなかった人もみんな日本の復興に関係することです。

N：みんな自分の夢が具体的にあって凄いなと思う。このボランテアの話を聞いて、自分は行かなかったが、剣道が好きで被災地の子どもたちに教えるような活動をやりたい。

以上

資料2

東北ボランティアの記録

（団体名）	埼玉県立本庄高等学校「東北ボランティア」	
代表生徒氏名		参加生徒数合計126人
企画の名称	東北ボランティア第2次・第3次隊（仙台派遣）・第4次隊（南三陸派遣）	

実施内容

第２次東北ボランティア隊

2012年４月３日、第２次東北ボランティア隊43名の生徒は、仙台市若林区三本塚の農業Ｅさん方に出向きました。Ｅさん方には、昨年８月20日に本校第１次ボランティア隊19名が農地でのガレキ撤去・整地作業を行った経緯があります。

私たちは、はじめにＥさんの被災当時の体験談をお聴きしました。Ｅさんのご近所には、流されていく人を目撃して心に深い傷を負い、この地に戻らないと決めた家族があるとのことでした。そんななかでＥさんのご家族は、農業復興にかけるＥさんの思いに寄り添って若林区に残ることを決めました。

体験談をお聞きしたのちは、午後４時までジャガイモ種の植え付け・ハウス内の細かいガレキの撤去や整地に取り組みました。また、何班かに分かれ海岸沿いの荒浜地区の様子を見学しました。地元の人は、「現地を知ることも知らせることも大切なボランティア」と言います。

海沿いの荒浜地区をまわっているときのことでした。一人の生徒が、「私の祖母は飯舘村に住んでいたんですよ。飯舘村にはもう行けないから、できるだけ近いところに行きたくてボランティアに参加しました」とポツリ、口にしました。

埼玉県には東北地方に縁のある生徒がたくさんいるに違いありません。

私たちは、草丈の延びた住宅跡で復興への思いや各国からの応援メッセージが綴られた黄色いハンカチを数多く目にしました。荒浜小学校の３階に掲げられた「たくさんの力をありがとう」の横断幕が、浜風に揺れていました。その一つひとつの光景が心に焼き付いています。ここでは全児童300余名中、一人の児童が津波の犠牲になりました。

第３次東北ボランティア隊

７月８日、第３次隊42名の生徒が仙台に向かいました。目的は第２次隊が植えたジャガイモの収穫です。午前中は、現地ボランティアが撤収したとのことで、Ｅさんご自身の案内で被災地を見学しました。これまで行かなかった名取市閖上地区の様子も見学しました。瓦礫の処理をめぐって他の自治体が受け入れを拒んでいる中、海辺の仮説処理場ではもくもくと煙が上がっていました。漁港では釣りをしていた人たちから被災時の様子を聞き取りしている生徒もいました。津波で親友夫婦を亡くしたと言うＥさんが、荒浜海岸では海を見ようとしていなかったことに気づいた生徒がいました。Ｅさんのうしろ姿に深い悲しみを感じたと生徒は言います。

このあと１次隊が整地した畑を見せて頂きました。2011年８月とはうって変わって立派な畑に生まれ変わっていました。ただ、地盤沈下して水はけが悪くなったということでした。

3.11から数週間の出来事では、政府のミスリードにより福島以北の被災地の人が放射線にどれだけ曝されたことかと悔しさをにじませるＥさんが印象に残っています。また１年あまり経った現状としては、津波で家を失った人たちの中で、居住禁止区域に指定され、まだ住める家屋を取り壊してしまったところ、後で指定が解除されローンを抱え家も無く新築する資金も無い人がいるという話がありました。被災地では、復興への道筋が見えずに不安を抱えている人がたくさんいます。

第３次隊には、母親の実家が若林区にある生徒もいました。Ｅさんの知り合いであることが分かり、和やかな雰囲気になりました。この回には、４月に続いて２度目の参加という生徒も多くいました。ジャガイモの収穫にはみんなが大喜びで臨みました。ジャガイモは１畝（30坪）ほどを掘ってコンテナ５箱約200キロ程とれました。収穫したジャガイモは、７月15日の文化祭で『農業復興支援』と銘打って販売し、売上金は全額Ｅさんに送りました。このときの様子は、本庄ケーブルテレビの夜のニュースや夕方の「ＮＨＫ首都圏ニュースネットワーク」で報道されました。

このほか、本校の一連の取り組みは仙台の河北新報、埼玉新聞、高校生新聞、県北よみうり、

よみうり進学ニュース、毎日新聞で取り上げられました。

第4次東北ボランティア隊

11月18日午前0時、41名の第4次隊は南三陸町に向け出発しました。早朝7時ごろ現着し、まずはじめに被災者のGさんから体験談をお聴きしました。3.11のその時、Gさんは戸倉中学校で同窓会入会式を終えて玄関を出ようとしていたところだったそうです。津波は全部で9回来たとのことでした。この中学校は海から100mほどの所に位置し、校舎は20mの高台に建っています。1回目の津波は1階の天窓まで来ました。津波が去った後、2階に避難していた約100人の生徒と職員は、生徒のうちの誰かが「山に逃げよう」と叫んだのが切っ掛けで全員山に向かったそうです。もし、そのままでいたら多くの犠牲者が出たに違いありません。この中学では生徒一人が逃げ遅れ、助けに戻った教職員一人とともに津波に流されました。尊い二人の犠牲者が出ています。

午前8時から午後4時までは、ガレキ撤去の作業を行いました。ガレキも色々種類があります。今回は人間の手でしかできない、カワラやコンクリートの塊、鉄筋など大きなものから陶器・ガラス等の破片や、CD、炊飯器まで様々な生活用品を撤去しました。当日は、風が強く雨や雹が降るあいにくの天気でしたが、生徒は知恵を出し合い協力しながら黙々と撤去作業を行いました。

今回のボランティアを通じて、東北の現状とボランティアの大切さや必要性を学んだ生徒が多く、作業終了後のすがすがしい顔が印象的でした。

現地で生徒達が学んだことは、何だったのでしょうか。メディアを通して知ることは限られています。Gさんの話は41名の生徒それぞれの形で記憶されているに違いありません。それを持ち寄って確かめ合い、深めていく作業が待たれています。

まとめとして

国土交通省観光庁主催「JAPAN. THANK YOU プロジェクト」で、2012年3月17日に本校第2グラウンドで写真を撮影しました。これは東日本大震災への海外からの支援に感謝し、同時に震災で激減した海外からの観光客を呼び戻す目的で全国から自作のアピール動画を募集する取り組みとして始まりました。

本庄高校は高校のモデルとして選ばれ、生徒会が中心になって動画撮影のスタートを切りました。

年度が改まった2012年6月には、今後3年間継続して被災地へのボランティアを行うことを生徒総会において賛成多数で決定しました（960名中540名賛成）。

「私は何を為すべきか」

これは、ドイツの哲学者E・カントが『実践理性批判』で「自由」について考察したなかで使った言葉です。本庄高校生は、その趣旨を学び、「東北ボランティアに行くべきか否か」を自身でとことん考えることによって、校歌に歌われている自由・自主・自律の精神を実践しています。

編者雑感・および生徒の感想

『東北ボランティア通信』は、昨年から生徒のレポートを広報する目的で発行しています。第5号は、12月21日に「南三陸町ボランティア」を特集したものです。このほか生徒の学習報告はパワーポイントを使ったプレゼンテーションでも行われました。また、現在15分程度のDVDも制作中です。

参加した生徒からは、「真の知」を追求したレポートが数多く寄せられています。その全てをこの紙面で紹介できないことが残念です。さて、編者は今回の一連の東北ボランティアを通して価値あるひとつの事実に気がつきました。それは、ボランティアに関わることで生徒達の人生の物語がかいま見えてきたことです。その物語一つひとつが創造の源泉であること、そして、このボランティアが学習のインセンティブ＝刺激になって他の生徒にも伝播していることです。来年度、第5次ボランティアを派遣するか否か、それは生徒があらためて考えます。編者は、生徒のいく

つもの物語がより合わさって、大きな自主のうねりになっていくことを期待しています。

　おわりにボランティアがきっかけで二人の生徒がつくった詩と曲を紹介します。ひとつめの作品は、宮城県で被災して埼玉県に避難し、現在は本庄高校に在学している由華さんの詩です。由華さんは、被災から1年半を経た昨年の1学期、本庄高校で出会った友人の誘いを受けて二度東北ボランティアに参加しました。そして今、宮城県を出るときに友からもらった言葉と本校で出会った友の言葉を手がかりに、被災の経験を忘れず、大きく成長していこうとする自分の思いを一編の詩に綴りました。

　もう一つの作品は絢奈さんの創作曲です。絢奈さんは、クラリネット奏者としてJBA主催の管打楽器ソロコンテストで入賞した経歴があります。絢奈さんも二度仙台へのボランティアに参加しました。そして今、被災地で感じたことをピアノ曲『青い空へ』に仕上げました。還流学習会では、絢奈さんと木花さんの曲『青い空へ』をバックにして、由華さんが『もうひとりじゃない』を朗読しました。

もうひとりじゃない

松岡由華

わたしは　あの日から　ずっとひとりだと思っていた
ちがう　それはまわりが見えなかっただけ、
それに気がついた時、友に誘われた
「一緒に行ってみない？」
差しだした手、それは私に変わることを教えてくれた
その一歩　踏み出したけれど、それは苦しさと
涙が流れそうになった時、心の中に響く声
「笑っていて。あなたの笑顔は周りを明るくするから」
それは私が宮城を発つとき、友のくれた言葉
目の前に広がる場所には何もないけれど
確かに進んでいる
だって　何もかも流された場所にも草木は戻ってきている
鉛色によどんだあの空は、青く澄んだ空になっている
そして私には、手を差しのべてくれる人たちがいる
もうひとりじゃない　あの日から見えていなかったのは周りじゃなくて
私自身だったんだ
この先、何が起こるかなんて分からないけれど生きていこう
差しのべられた手とともに

以上

26　災害を自分のこととして考えるために

〔岩手県盛岡市　中学校〕

渡邊　大子

　2019年度、厨川中学校は全校で587人（1年6クラス186人、2年6クラス200人、3年6クラス201人、特別支援学級5クラス、通級指導クラス1クラス）であった。盛岡市の北部に広がる新興住宅地にあり、青山小学校、大新小学校東部、厨川小学校北部、月が丘小学校南部の4小学校区が学区となっている。学区内には西警察署や 西消防署、県営休育館の公共施設が数多くある。ＩＧＲ青山駅周辺には様々な業種の会社や商店が集まっている。歴史的には青山練兵場や施設があった場所で、厨川中学校は学校が始まったときは、軍の宿舎が校舎となっていた。戦後は引き揚げ者が入って町を作った経緯から、今もアパートが多く生徒も他地区からの出入りが多い土地柄である。

1　宮古・田老地区での被災地学習と職場体験の実践

　2学年では「築こう！岩手の今と未来」を全体テーマとして、宮古・田老地区への宿泊研修を行った。震災から8年と7か月がたっているが、今の中学2年生は、小学校に入学する前の年長で震災を体験している。年々震災を体験した年齢が若くなっており、内陸で唯一被災した本校の校舎が、震災後に建て替えられたとわかっていても、実感に乏しくなっていると感じられる。

　そのような中、10月に入ると、29、30日の宿泊研修に向けて、本格的に研修の準備が始まった。10月と言えば、沿岸方面では釜石でW杯の試合が行われる予定で、その盛り上がりも感じられるのではないかと思いをはせていた。

　ところが、10月半ばに入ると毎週のように台風の影響を受けることとなった。内陸の盛岡はさほどその影響を感じなかったが、自分たちが訪れる予定の釜石や宮古市にも影響が出ることになった。特に台風19号の影響が大きく、大雨のため三陸鉄道の土台が流されて運休となり、全線運行のめどが立たない状況になった。また、国道45号線の土砂崩れにより宮古から田老に向かう道路が通行止めになった。いわて盛岡支部が、9月に市内の小中学生と訪れた時点では「サッパ船祭」の準備がされていた田老の野球場周辺も、泥をかぶり道の駅付近の「学ぶ防災」のエリアも浸水したという情報が入ってきた。釜石市ではラグビーW杯のナミビア対カナダの試合も中止となってしまい、クラス選択で訪れて職場見学をする予定であった国土交通省や宮古市役所からは、見学を断る連絡が相次いで入ってきた。この時点で、「復興しつつある被災地で新しい地域・社会が築かれようとしている姿から学ぶ」という前提が崩れ、インタビュー内容にも見直しが必要となった。安全面に考慮するならば研修を行っていいかどうかさえ心配な状況であった。宮古地区を仕事で訪れた保護者の中には「今は、行かない方がいいのではないか」と現状を話す人も出てきた。たとえ、道路が復旧の予定でも、

また翌週には台風が予想される状況であった。今200人規模で伺うことが、復旧に携わる方のご迷惑になるのではないかとも思われた。

　結果としては、台風21号の影響は予想されたほどではなく、国道も21日の朝には開通すると情報が入った。宿泊施設の水道も問題がなくなっていた。問題はクラス毎の研修である。それも、グリーンピア田老宮古の手配で、国土交通省と宮古市役所を見学する予定だった4クラスは、震災で避難生活をした経験のお話を聞く機会をいただけることになった。多くの方々の準備と援助により、今回の研修が成り立っていること、そして震災から復興しつつあるからそれでよしとしないで、これからの震災や災害に備える心がけを学ぶ気持ちを持って研修に臨んで欲しいと考えるようになった。そこで、宿泊研修の準備に加えて、現在の沿岸地区の方たちが、震災の復興や台風の影響からの復興のためにどのように頑張っているかについて事前学習で学んで宿泊研修に向かうようにすることにした。

学習でねらいとするもの

・震災の復興状況を見聞し、体験することから「いきる」「そなえる」「かかわる」という復興学習に取り組む機会とし、復興と向かい合う力を学ぶ。

・宿泊を伴う集団生活での研修を通して、互いに協力することの大切さや、自主自立の態度を身に付け、学年・学級のまとまりを深める機会とする。

・震災の被害から立ち上がり、復興に取り組む活動を取材・体験し新しい地域・社会が築かれている現場を学び、これからの社会のあり方について考える。

学習の流れ

内　　　容	月　　　日	曜日	
Ⅰ　　課題設定	9月25日	水	総合
「田老の生徒が伝えたもの」	9月26日	木	道徳
Ⅱ　　係会議	10月9日	水	総合
10月中旬　台風19号、台風20号の影響について新聞記事による追跡（岩手日報）	10月		国語
Ⅲ　　レポートの書き方の事前学習 Ⅳ　　職場訪問先の確認	10月15日	火	総合
10月16日（月）新聞記事読み合わせ ・「復興途上田老に打撃　宮古・道の駅　野球場被災住民ら再開へ泥撤去」（岩手日報）	10月16日	水	国語
Ⅴ　　安全指導 Ⅵ　　行動訓練	10月16日	水	総合
ＤＶＤ「釜石の"奇跡"〜子どもたちが語る3.11」視聴	10月17日〜21日		国語
Ⅶ　　しおり読み合わせ	10月23日	水	総合（体育館）
Ⅷ　　結団式	10月28日	月	学活（体育館）
宿泊研修	10月29〜30日	火水	
Ⅸ　　研修のまとめ	10月31日	木	総合
「震災の中で」	11月1日	金	道徳

Ⅹ	研修のまとめ	11月5日	火	総合
Ⅺ	お礼状	11月8日	金	学活
Ⅻ	学習発表会	11月15日	金	総合

2 事前学習および現地での学習について

1）ＤＶＤ視聴による学習「釜石の"奇跡"〜子どもたちが語る3.11」（2012年、ＮＨＫエンタープライズ、49分）

　巨大津波から自らの命はもとより家族や友人の命を守るためにどうしたのか、釜石市の「いのちの防災教育」について被災時の出来事を子どもたちの証言をもとにアニメーションで再現したものである。本放送を見て、子どもたちに見せることができる教材と考え、"ボランティア遠足（北陵中）"として沿岸の被災地を訪れた時から、事前学習として必ず見せてきたものである。

　福島で震災を体験したり、沿岸の祖父母が被災したりしている生徒もいるため、あらかじめ津波の映像が少し入っていることを伝えてから視聴を始めている。今までは「つらい人は見なくてもいいよ」と言うことわりで済んでいた。しかし、今回は予想外の反応があった。「津波ってどういうの？」「津波の映像が見たい」という生徒が出てきた。興味本位で言っているのではないと感じた。東日本大震災を体験した年齢が小学校入学前の時ということもあり、いよいよ本当に記憶のない生徒もいる時代になったと感じた。

　本校厨川中学校が、内陸の学校でただ1校被災していたことの記憶も、生徒とともに学ぶ時間がなければ遠い記憶になりそうになっている。震災のために校舎が壊れ、新校舎を建築している最中には近隣の小学校（青山小、大新小）を間借りして学んでいたこと。また、新校舎が建ってからも新しい状態を長く保っていこうと、清掃活動に力を入れてきたこと。それらも新入生が入ってくるたびに伝えられなければ失われるものとなりはしないかと危惧される。

　このＤＶＤでは、自らの命を守ろうと自分で判断して行動した、自分たちと同じ年頃の子どもの様子が描かれており、生徒にとって理解しやすい教材であったと感じている。放送されてから8年半経ち（2019年現在）、改めて見直してみると、今は見ることのできなくなった震災前の町の様子も見ることができる。復興された新しい町を見ても、震災前の人々の姿を想像させることは難しい。美しい海や海からの資源を得るために工夫された港、人々が熱く燃える地域の祭りなど、そこにかつてあったものを見せることも、震災後どのようにして今の町並みになったのか学ぶ過程の一つとして必要と考える。まず被災前の暮らしの様子を知り、その上で地元の方のどのような思いや努力があって今の姿になったのかについて学んだり想像力を働かせたりすることを体験させたい。今の復興した新しい町が、そのような人々の力と時間によって作られたものであることを実感させるために、ＤＶＤによる事前学習は有効であると考える。約50分のＤＶＤであるが、生徒はその間それぞれの思いで集中して視聴していた。

　生徒の感想
・今日の授業でわかったことは、自分の命を守り、周りの人も一緒に逃げること。北上川の氾濫や岩手山の噴火などもあるので、盛岡も安全ではないことです。たとえマニュアル通りでなくて

も、臨機応変にできるようにしたいと思いました。予想以上に津波が速いということもわかりました。宮古に行くときには、このことを念頭に置いて、真剣に学びたいと思います。

・釜石の津波の災害を見て、共感することができました。うのすまい小学校の隣に釜石東中学校がありましたが、うのすまい小学校は母が先生をしていた学校です。記憶が残っていないのですが、宿泊研で宮古と田老を訪れて、もっと災害について知りたいです。現在の釜石は、うのすまい小学校は新しくなっていますが、魅力に触れていきたいです。田老は台風、東日本大震災など大きな被害を受けています。田老は大変だと思います。

・このビデオを見て、釜石の子どもたちは災害時の人のあるべき姿なのだと思った。津波を一回も経験したことのない子どもが、おとなを誘導し避難するのはとても素晴らしいと思った。災害時には、最悪の事態を想定して行動したい。あんなに大きな地震が来て、おとなも子どもも大変なときに、学校でまなんだことを生かして、地域の人や親などの命を守っていたことがすごいと思った。子どもの行動で、想定以上の津波が来ても助かった人が多かったことに驚いた。信頼して、信頼されないと、いのちは助からないことに気がついた。

・高台から撮影された津波の様子は見たことがあったけれど、町の中で撮影された津波は、とても勢いが強いまま住宅などをどんどん流していった。あっという間に町を飲み込んでいった光景がはっきりと見え、改めて3.11はとてつもなく大きな地震だったのだと感じさせられた。避難して助かった人もたくさんいたが、それでも自分の「大丈夫」「ここなら大丈夫」という考えで避難せずに亡くなった人はいると思う。「盛岡は、絶対水・火山の被害は出ない」と家族が言っていた。でも、今日のＤＶＤを見てもう一度家族と話し合って、「2回目の災害（地震→津波、豪雨→川の氾濫）が出そうでなくても避難しよう」ということを確かめたいと思った。

・地震が来たときでも、津波が来ると思って避難することは大切だと思った。家族がばらばらなときでも高台に逃げられたのは、普段の避難訓練や「津波てんでんこ」という教えがあったからだと思った。いつも学校で行っている避難訓練を大切にして、地震が来たときには自分で考えて行動し、自分の命は自分で守るという思いを持って生活していきたい。地震が来たときに、逃げる場所とか、危険な場所を確認しておきたい。

2）新聞記事を読んでの学習

　研修のコースに入っている復興スタジアムで行われる予定であったラグビーW杯ナミビア対カナダ戦が中止になった。しかし、カナダの選手が釜石市でボランティア活動をしていたこと、田老の野球場の清掃を中学生が行ったことなど、被災地をどのような活動で立て直したのかを扱った記事を中心的に読み合った。

　生徒の感想

・ラグビーワールドカップ（ナミビア対カナダ戦）が中止になって、選手も観戦に来た人も落ち込んでいるのに、その中で被害に遭って大変なところのボランティアをするのは、すごく良いことだと思うし、これから自分たちにも、できるように考えの一つとしてとどめておく。

・宮古などでは、中学生もボランティアとして一緒に手伝いをしていると聞いて、自分たちも地域に協力していけるようになりたいと思いました。

・台風の被害は自分が思っていたよりも大きかったです。東日本大震災の復興が進んでいたのに、被災して大変だと思いました。宿泊研修ではその様子も見て自分にできることを考えたいです。

・三陸鉄道も3月23日に全線開通したのに、たった7か月弱でまた被害を受けてしまったのは残念だ。1日も早く全線復旧ができればいい。

3）宿泊研修

①いのちをつなぐ未来館（10月29日午前）

展示を見学する時間は、移動と昼食の都合により15分程度しか取れなくなってしまった。3クラス（約100人）ずつで、交代で未来館と祈りのパークを見学した。

未来館では事前学習で視聴したDVD「釜石の奇跡」を上映しているコーナーもあり、「先生、これ（事前学習で）見たのですね」「ここで見た方がよかったんじゃないですか」と話しかけてくる生徒もいた。

震災後の防災センターの様子も展示されていた。津波の威力で破損した防災センターの名称のプレートや、浸水の跡を残している壁の一部、津波の時間を示して止まっている時計が展示されているのは、感慨深いものであった。解説をしながら、じっくり見させたいものであった。

②祈りのパーク（10月29日午前）

「あそこをはやく、見学したい」。集合・点呼をして次の指示を待ちながら、祈りのパークの静かな雰囲気に引き込まれた生徒は、そう話していた。震災で亡くなった人の名前が書かれたプレートが展示されている。生徒の関心は、防災センターの跡地を示す碑や津波の高さを表すモニュメント、防災市民憲章、慰霊碑・献花台に移っていった。時間のない中、防災市民憲章の「備える、逃げる、戻らない、語り継ぐ」をメモしている様子も見られた。

宿泊研から帰ってきた翌日、2年の男子生徒が話しかけてきた。「先生、僕のお母さんは鵜住居小学校に勤めていました。DVDに映っていた校舎に刺さった車の写真、あの車はお母さんの知り合いの人のだったんです」。震災当時、幼稚園の年長だった今の中学生の中には、震災のことを忘れている生徒も多い。しかし、彼は自分の母親に関係のあること、かつて自分が住んでいた場所で起こったことと思い、改めて中学2年生の目で釜石東中や鵜住居小の子どもたちの避難の様子を見ていたのではないだろうか。

③グリーンピア田老宮古でのAさんの避難体験のお話（10月29日午後）

台風19号の影響で、国土交通省と宮古市役所のプログラムができなくなってしまった。そのかわり、急遽宿泊先の専務さんの計らいで、震災当時の避難所の体験を語ってくださる方のお話を聞くことになった。海上保安庁の体験プログラムに参加するクラス以外の4クラスが宿泊施設とは別棟の室内テニスコートをお借りしてお話を聞いた。

避難所を体験された方は、津波が来ない地域から田老の防潮堤近くの家に嫁いできた。外から来た人は逃げるという発想がない。被災当時は堤防の近くに住んで、堤防とともに生活していた。したがって、津波が来ても流されることは考えていなかった。地震の時も、散らばった熱帯魚を拾っていた。家族が「みんな逃げたよ」とせかして言ったので防災グッズも持たずに逃げた。

震災後、避難場所があちこちに散らばっていると、炊き出しのものを運ぶのにも時間がかかる。炊

き出しの作業をしてくれた自衛隊の方の負担を軽減し、その分救助作業をしてもらいたい、とグリーンピアの避難所にまとまって入ることにした。被災者は800～1000人が入ったため、毛布一枚が自分の領域となった。プライバシーがなく、食事もお椀2つでご飯、味噌汁を毛布のところで食べていた。数日経つうち、300人がホテルに移ることになった。病気の人、子ども、高齢者が優先であった。それ以外の500人はテントを真ん中にして、洗濯場所などを段ボールで区切った。やがて一家族ずつ入れるような仕切りを作った。昼は男性ががれき撤去、行方不明者捜しだったため、中高生が手伝って段ボールの仕切りを作った。仮設のトイレの掃除も中高生で行った。

　やがて470世帯の仮設住宅ができ、住宅に入る順番を決めることになった。そのとき、阪神大震災の際、近隣が知らないどうしで入ったことから孤独死という問題が起きたと聞いたことを思い出した。そこで、知り合いどうし・地域の人がまとまって仮設に入ることになった。3年めの12月、高台の造成地に人が入り始めた。仮設の時は、隣が近いため人が生活する気配があって声をかけるきっかけになった。しかし、高台の造成地では会話がなくなっていった。そのため、つながりの維持のためにも"たろちゃんハウス"（流される前からあった商店が入った）で、仲間との手作りを今も続けている。

　「おらは、これまで生きてきたから逃げない」と言って逃げなかった人がいる。子どもを迎えに行って子どもを乗せた人が、子どもだけ下ろして自分が波にのまれた人がいる。避難時はお寺に泊まったが、そこには270人避難した。一晩食べなくても死なないけれど、下水がだめだったので、トイレが大変であった。これからのためにも、トイレに代わるものを考えておくことは大切である。そのように、被災体験があるからこそ語れる今後につながるお話を具体的にしていただいた。

　④「学ぶ防災」（10月29日午後）
　宮古市内で、海上保安庁の体験プログラムに参加していたため1、2組の到着が遅れた。そのために、時間が短縮されたことが残念であった。田老一中のわきや常運寺の前を通り、生徒や児童が避難した道をたどることができなくなった。津波の記録が記された石碑も見られなかった。しかし、田老観光ホテルから写された津波の写真は、どの生徒もしっかり見ることができた。

　最初に田老観光ホテルの6階へ上り3月11日に撮影されたビデオを見せていただいた。「社長さんがここで、命がけで録ったビデオだよ」と前置きされ、映像が映された。いつもは波の上に見える灯台も、徐々に盛り上がっていく海面に飲まれていく。一度は避難しながらも、防寒着を取りに戻ったために波にのまれたおばあちゃん、家の二階にいたまま身動きできなくなりロープを持った人などに助けられる人、常運寺のカーブを曲がって逃げようとする白い軽自動車を気が動転してうまく運転できなくなった母親と子ども。宮古から2学期に転校してきた生徒も、被災して盛岡に転校してきた生徒も、食い入るように見ていた。

　次には実際に防潮堤に登って、町の立地を見学。町内のどこからも避難することができるように整備されていた避難道。町内のどこに住んでいても逃げる場所を44カ所も作っていた。ガイドさんは①正常化の偏見、②集団同調バイアス、③エキスパートエラーについて述べた。あの日、最初の報道は「3メートルの津波」だった。その後「6メートル」という予報があったが、実際には十数メートルだった。「3メートルなら、逃げなくてもいい」と判断した人がいた。逃げる途中で「ちょっと、お茶飲んで行って」と誘われてそこでとどまって逃げ遅れた人も何人もいる。情報を頼りにしすぎて過

信しないこと、が繰り返し強調された。

⑤田中菓子舗（10月30日午前　フィールドワークの一部）

　社長のＢさんに震災当時のお話や菓子店を続ける苦労などを伺った。３つの班の15名が、最初は田老道の駅近くのお店で、後半は潮風ステーションでお話を聞いた。商売は、Ｂさんの祖父が始めた。昭和８年の津波では父（当時10歳）と祖父しか生き残ることができなかった。父は妹と弟、母また親戚も亡くしてしまった。母が２代目を継いだ。

　Ｂさんは、当時の父と違って50歳で被災したこともあり、蓄えもあって再建は可能と考えた。しかし、被災後３か月が過ぎて、「田老の町が元に戻るのは難しいのではないか」と町自体が元通りになることの難しさを感じた。やがて「お菓子が欲しい」「初盆のお供えにするお菓子が欲しい」と町の人に言われた。工場の道具と、レシピをなくしても、頑張ろうという気持ちになった。

　震災に遭った家は店舗兼工場の総２階建て、部分的に３階建てであった。祖父が再婚し、父の兄弟が増えたため大きく家を建てたものであった。現在は高台に自宅を建て、工場は別のところに建てている。建設地の復旧を待っている間に、町内に住んでいた人はいなくなり、資材も高騰した。その都度規模を縮小した設計に変更せざるを得なかった。

　今は息子さんがハロウィンのお菓子などを工夫して作っている。息子さんは震災時に菓子学校に入っていた。Ｂさんが消防の仕事に力を入れていたため、忙しさが奥さんにかかっていったのでそれを助けるために、春休みに帰ってきた。地元の人から店の再建を訴えられる母と消防の仕事に重点を置く父親を見ていたので、なんとか母親を助けようとした。らくがんの型も流されたが、山側に住む人が型を持っていた。今は職人がいなくて簡単に手に入らないが、残っているものを見本にして作ってもらった。当時流されたもので、偶然残っていたのは「うす」である。自分でもなくしたと思っていなかったが、ある人に「あれは、お宅で持っていたものではないか」と言われて確かめたらそうであった。今は商品の陳列に使っている。昔から大切にしているお菓子としては、かりんとうがある。

⑥宮古市役所～宮古市への募金

　生徒会の委員会活動として10月23日から28日まで朝の登校時間帯を利用して募金活動を行った。その義援金は、宮古市役所を訪問した班が、宮古市副市長へと手渡した。

（厨川中学校ＨＰより）

　～宮古市へ募金を届けます～

　ボランティア委員会が、台風19号で被害にみまわれた宮古市の方々のために募金活動を行ってきました。その募金を本日宮古市役所に届けます。本日から始まる２学年宿泊研修（宮古方面で防災を学ぶ）で、市役所の環境課へいった際に副市長さんに手渡すことになっています。金額は、38,552円です。生徒たちの安全を一番に良き研修となることを祈っています。

3　子どもの変化

　リポート作成および学習発表会等（研修後のまとめ）

　班ごとにフィールドワークで体験した職場について、まとめた内容を発表した。総合的な学習の時間を使い、各班５分程度で行った。進行やはじめの言葉、終わりの言葉、次第の最後の感想発表等は学習広報係のメンバーで分担した。子どもたち自身の運営で行い、最後に振り返りの感想をまとめた。

リポートの中で、子どもたちの変容が見られたのは、次の点である。

一つめは、釜石の命をつなぐ未来館で、防災センターの写真を見て「みんなが逃げたからここで大丈夫」とは言えない場合があることを心にとどめていることである。事前学習で見た「釜石の奇跡」のＤＶＤと関連づけて、自主的に判断することの大切さについてまとめていた。二つめは、「率先避難者になる」ということである。たろう観光ホテルの６階で見た映像から「少しの油断が命を左右する」という災害時の判断の大切さを感じている様子が見られた。三つめは「夢と希望」の大切さである。今までも何度も被害に遭い、またこれからもその環境の中で生きていくとしたならば、人と人との支えを大切にして立ち上がる強さの必要性を感じていた。四つめとして、災害の多い日本で生きていくためには、今まで失われた命を無駄にしないように、災害が起きたときの知識と準備、そして命を守る行動のあり方について一人ひとりが考えるべきだとまとめているリポートがあった。

学習した内容と実際に現地で学んだことを関係づけて、自分なりの考えを作り上げようとする姿が見られるようになった、と感じられた。

以下は発表会の振り返り、生徒の感想等。

・被災した人は、私が思っていた以上に大変な思いをしてきたのだと、みんなの発表を聞いてわかりました。被災して、大事な人や大切なもの、大切な店等大切なものが流されていき、どれだけ悲しい思いをしたのかと思うと悲しい思いになりました。しかし、それでも前向きに生活を立て直そうと強く生きている人の生き方が参考になりました。今日の発表はどの班も大きな声でていねいに話していたので聞きやすかったです。私たちの班は、ゆっくり話すことはできましたが、班の打ち合わせが間に合わず練習不足になりました。それでも最後まで発表できて良かったです。

・３班の発表の「夢や希望をちゃんと持つ」というところが大切なところだと思いました。震災で家や自分のお店がなくなってしまっても、心が折れなければまた立ち直れるということがわかるような気がしました。そのことを自分の将来に生かしていきたいです。

・沿岸には様々な動物がいて、自然災害の怖さだけでなく、良いところがたくさんあると思いました。また、おもてなし隊の方にも、おすすめポイントなどを丁寧に案内していただきました。今回の研修を通して沿岸には良いところがたくさんあり、自然災害への対策や復興のための活動についてなど、学校では学べないことをたくさん学ぶことが出来ました。ありがとうございました。

・私がこの研修で学んだことは、震災にも何かしらいいことがあったということです。私自身、被災したため陸前高田市から盛岡市に転校してきました。幼い頃に過ごしていた故郷を離れるつらさはありましたが、今の学校だからこそ出会えた友達もいます。その経験があるため、「この震災がなければ、あなたたちに出会うことはできなかった」という言葉で、自分の生き方を肯定していただいたような気持ちになることができました。たいへん、嬉しい言葉に感じられました。

おわりに

今回のような宿泊研修をする際、内陸にある盛岡との距離や移動時間の関係で、宮古市をはじめとした沿岸のどこに研修場所を設定するかという問題がある。また、時期を10月末にすることは、再考の必要があると感じている。2018年度は荒天であったことと、2019年度は台風と重なったことで、生徒の安全確保が難しかったからである。また、バス代の高騰など、集金額が上がる傾向がある点で

も、家庭の負担を考えれば内容を精選する必要がある。

　生徒の個々の感想や学習した内容を共有し、学習を深めさせる手立てを適時的に行う手立てを講じる必要がある。今回は、個人リポートと学級内での発表であった。目的意識をはっきりさせ、それについての反省とまとめをできるように、準備段階から見通しを持たせたい。

　東日本大震災だけの問題でなく、台風の影響やW杯についての新聞記事は、学習の内容を深化させるために有効であったと感じている。新聞を読めば何がわかるのか、情報の収集手段として記事の紹介を継続していきたい。学習したことや体験したことが、知識として体系づけられ経験が蓄積されることで、物事を深く考える力も育てられると考える。

　被災したため盛岡に転校してきた生徒がこう話した。「震災は悪いこともあったけれど、震災がなければこの学校に来ることはなかった」。多くの人生を変えた震災だが、そのなかを幼いながら生き抜いてきたのだ。今回学んだ一連の内容が、新しい地域・社会を築き、生き抜く力になるようであって欲しい。

資　料

宿泊研修の振り返りアンケート（30人１クラス抽出）

○あなたは、今回の宿泊研修のプログラムでどれが一番学習になったと考えますか。

1　事前学習

　①　新聞記事による被災地についての学習（5人）

　②　ＤＶＤ「釜石の奇跡」の視聴　　　　（16人）

2　宿泊研修

　①　鵜住居復興スタジアム、命をつなぐ未来館、祈りのパーク（10人）

　　　グリーンピア田老宮古でのＡさんのお話（10人）

　②　学ぶ防災（25人）

　　　たろう観光ホテルでのビデオ視聴、防潮堤に登ってのボランティアガイドさんによる説明、山王岩での説明

　③　フィールドワークでの取材（18人）

3　今後、防災について学ぶときに、どのような方法で学習したいと考えますか。自分にとって一番あっていると思う学習方法について書いてください。

　①　新聞を読む　　　　　（2人）　　　②　ニュースを見る　　　　　（12人）

　③　ＤＶＤなどの映像による学習　（7人）　　④　現地の施設に行って学ぶ　　　（7人）

　⑤　体験者の方のお話を聞く　　（7人）

おわりに

自然災害から教訓をどのように引き出すか

大森直樹　大橋保明

　自衛隊員や臨床心理士は災害から教訓を引き出してきた。教職員は東日本大震災と原発災害からどのように教訓を引き出すべきか。その手がかりを与えてくれるのが教育実践記録である。本書では、739の地震・津波被災校と47都道府県の3・11受入校のことを念頭におきながら、まず26件の教育実践記録を収録した。ここから教訓を引き出すために、いくつかの問題を整理してみたい。

誰が引き出すのか

　ほかでもない教職員であることを再確認したい。教職員は、国や教育委員会から教訓を教えられる客体であってはならない。ただし、ここ数十年の教育界では、その時代の核心的な教育課題に迫った教育実践が重ねられても、そこから教訓を汲むための評論と研究が総じて低調という状況が続いている。教職員は教育実践記録から教訓を汲むときに、孤独なとりくみを強いられてきたともいえる。今回ばかりは、幅広い読者が教育実践記録に接して、共に教訓を汲んでいくべきではないか。

どの局面の教訓をどこに活かすのか

　震災対応では時系列のもつ意味が大きい。震災前の備え、震災時の避難行動、震災後の子どもへの対応という3つの局面がある。それぞれの局面から教訓を汲む必要があるが、この26件の内容からは、とくに震災後の10年に及ぶ子どもへの対応に焦点を当てて、教訓を引き出すことになる。

　教訓はどこに活かすのか。1つは、東日本大震災に遭った子どもの教育に活かすことである。2011年に0歳で被災した子どもが高校を卒業するのが2028〜29年になる。これから8年間は、被災した子どもと直接に向き合うことが小中高で求められる。2つは、その後の災害で被災した子どもと次世代の子どもの教育に活かすことである。

教訓の柱とは何か

　今後の議論のための叩き台として大森と大橋による試論を仮説的に記しておきたい。

1　人と人のつながりを見せる－自然災害と向き合う教育の入口

　校舎と自宅が津波で流され、震災で傷ついた子どもを前にしたとき、教職員は何から手をつければよいのか。まず、子どもの被災の事実を少しずつ理解する。次に、地域の人々による生活再建の動きと子どもをつなぐことだ。壊滅的な被害を受けた地域にあっても、人と人がつながって生きていけることを具体的かつ象徴的に見せることで、教職員は子どもを励ますことができる。

2　教員による授業を通した心のケア – 自然災害と向き合う教育の中心

　震災による子どもの喪失感は大きい。兵庫の教職員は阪神・淡路大震災から「教員による心のケア」という教訓を引き出したが、東北の教育実践から改めて見えてきたのが「教員による授業を通した心のケア」だ。授業を通して、子どもが少しずつ震災による喪失感と向き合い、震災体験の整理を進めて、作品や劇をつくり表現していく。徳水博志や菅野晋による教育実践の成果を共有することが急務である。

3　被災地の新たな地域学習 – 自然災害と向き合う教育の土台

　多くのものを喪った被災地の子どもに「ふるさとには何もない」という意識を持たせるばかりでいいのか。そうした問題意識から、地域の歴史と事実についての総合学習が東日本で始まっている。戦後日本の教育実践は、国が定めてきた教育内容の不合理を「科学と教育の結合」によって改めてきた。だが、震災による人口減と学校統合の加速、住民の願いと復興政策の乖離といった東日本の現実を前にしたとき、既存の学問の成果に頼るだけでは教育内容を改められない。このため、子どもと教職員が直接に地域の歴史と課題をほりおこして新しい教育内容をつくってきた。

4　震災をわすれない全校集会 – 自然災害と向き合う教育を続けるために

　3月11日に震災をわすれないとりくみを学校で行う。岩手県立大槌高では、2013年から行っている。決められた教育内容をこなすだけの学校ではなく、震災で亡くなった人々をわすれない学校と、そのことを通じて今を生きている子どもを大切にしている学校を、子どもは求めている。直接の被災体験をもたない子どもと教職員も、震災をわすれないとりくみを共に準備することを通じて、被災体験をもった人々と対話ができるようになる。

5　地震・津波被災校と3・11受入校の教職員が集まること

　震災があっても上級学校に進むための勉強は無くならない。平時と同じ教育を求める学校内外の圧力の中で、「1」〜「4」を行うのは簡単なことではない。兵庫の教職員は「新たな防災教育」という言葉をつくり、県教育委員会（県教委）とも合意を重ねて、「1」「2」「4」を進めてきたが、東日本の事情はそれより複雑だ。岩手県では、兵庫の経験をふまえた西條剛志の「防災教育」の実践、菅野晋や片山直人による「地域学習」の実践があり、県教委による「いわての復興教育」の方針とも重なっていることが実感されたりされなかったりしてきた。宮城県では、徳水博志による「震災復興教育」の実践と制野俊弘による「『命とは何か』を問う授業」の実践が行われてきた。全国に避難した子どもの教育については光が当てられていない。各地の教育実践を共通の言葉で整理することが、現時点ではまだ出来ていない。兵庫の経験をふまえれば、まず被災校と3・11受入校の教職員が集まり、「山のようにある言いたいこと」を話して、そこから共通の言葉をつくることが大切だ。本書は誌上でそれに着手したものだ。

6　加配は「震災前に見込まれていた教職員数」で進めること

　巨大災害に対応した教職員の加配について、阪神・淡路大震災後の初年度は1県128人、東日本大

震災後の初年度は７県1,080人だった。教職員数は法により子どもの数に応じて算定されるので、子どもが県外に避難すると教職員数が激減して震災対応に不備が生じる。まず加配により教職員数の激減を防ぐことが合理的な判断となる（県内に避難を受け入れたことに対応する加配についてはここでは割愛する）。東日本大震災後の初年度の加配は、①４月に文科省が方針を出し、②県教委が申請をして、③同月と６月に文科省が加配を決める手続きで進んだ。今後の巨大震災時については、県教委の申請を省略し、（１）震災後に文科省が直ちに震災前に見込まれていた教職員数を措置して（そのための加配をして）、（２）文科省の加配基準策定と県教委の申請事務にかかる労力を省略し、加配基準が形式的に一人歩きして被災実態と乖離した配置となることを防ぎ、（３）県教委が県教組と協議して震災後の教職員配置を進める手続きとすることを提案したい。県教委と県教組には利害の対立もあるが、震災時はそれを棚上げにして、子どもの命を守るため双方の情報と資源を生かした被災実態に合った教職員配置を行うことが望ましい。なお、兵庫では加配の128人を「教育復興担当教員」と位置付けて、各校における「１」「２」「４」を進めた。今次も岩手から、加配された教員が「１」「２」「３」を進めた教育実践記録が５件上がっていることをふまえ、（３）の協議においては「教育復興担当教員」の位置づけを行うことを併せて提案したい。

本書を閉じるに際して、まだ記録されていない無数の教育実践があることと、まだ公表には至らない幾多の教育実践記録があることを、心にとめておきたい。

自然災害と原発災害の被害の大きさを前にしたとき、一篇の教育実践記録により３・11後の教育の諸課題について語り尽くすことは出来なくても、数十の教育実践記録があれば、そこにまぎれもない教職員たちのとりくみの軌跡と今日にひきつがれる教訓が見えてくるのではないか。このように考えて、自然災害と教育を主題とする本書と、原発災害と教育を主題とするもうひとつの書『３・11後の教育実践記録　第2巻』を纏めた。一人でも多くの方々に、両書が届くことを切望してやまない。

2021年３月

編著者

■大森直樹（おおもりなおき）

東京学芸大学 特別支援教育・教育臨床サポートセンター教授。専門は教育史。著書に『子どもたちとの七万三千日－教師の生き方と学校の風景』（東京学芸大学出版会）、『道徳教育と愛国心－「道徳」の教科化にどう向き合うか』（岩波書店）、『福島から問う教育と命』（岩波書店・共著）、『資料集 東日本大震災と教育界－法規・提言・記録・声』（明石書店・共編）など。教育総研『資料集 東日本大震災・原発災害と学校－岩手・宮城・福島の教育行政と教職員組合の記録』（明石書店）の刊行に際してはＰＴの委員となり、教育総研「東日本大震災・原発災害と学校」研究委員会では委員長をつとめた。

■大橋保明（おおはしやすあき）

名古屋外国語大学 教職センター教授、教職センター長。専門は教育社会学。著書に『コミュニティ教育学への招待』（解放出版社・共著）など。震災当時は福島県のいわき明星大学（現・医療創生大学）人文学部准教授として、いわき市教育委員会「人づくり教育懇談会」や福島県教育委員会「地域家庭教育推進協議会いわきブロック会議」の座長を歴任し、教育総研「東日本大震災・原発災害と学校」研究委員会では委員をつとめた。

編者

■一般財団法人 教育文化総合研究所（教育総研）

前身の国民教育文化総合研究所（1991年発足）を経て、2016年設立。

所在地　〒101-0003　東京都千代田区一ツ橋2-6-2　日本教育会館内
電　話　03-3230-0564　ＦＡＸ　　03-3222-5416
ＵＲＬ　http://www.k-soken.gr.jp/

3・11後の教育実践記録
第1巻　地震・津波被災校と3・11受入校

2021年4月30日　発行

編著者	大森直樹・大橋保明
編　者	一般財団法人 教育文化総合研究所
発行者	則松佳子
発行所	株式会社 アドバンテージサーバー
	〒101-0003
	東京都千代田区一ツ橋2-6-2　日本教育会館
	TEL：03-5210-9171　FAX：03-5210-9173
	https://www.adosava.co.jp/
印刷・製本	モリモト印刷株式会社

ISBN978-4-86446-072-9　C3037